산업보안의 뉴패러다임

산업보안리스크

BUSINESS SECURITY RISK MANAGEMENT

최선태, CPP

도서출판 진영사

BUSINESS SECURITY RISK MANAGEMENT

산업보안리스크

BUSINESS SECURITY RISK MANAGEMENT

최선태, CPP

2016년 11월 01일 초판인쇄

2016년 11월 07일 초판발행

발행인 박 진 영

발행처 도서출판 진영사

인천광역시 부평구 부평동 134-16 태승빌딩 4층

전화 : 032)505-4207

팩스 : 032)505-4206

E-mail : 0183734207@hanmail.net

등록 : 122-91-77317

ISBN 978-89-6541-294-6 93320

값 25,000원

머 리 말

최근 들어 심각하게 대두하고 있는 대한민국의 경제성장 동력의 한계와 본격적인 저성장기조의 도래에 따른 중산층의 붕괴, 출산율 급감과 노인인구의 급증은 우리사회에 근본적인 변화를 요구하는 추동력이 될 것이며, 급변하는 환경에 어떻게 대응하고 삶의 안전성을 유지시키는 가는 오늘을 사는 우리의 과제다.

보안리스크란 21세기를 살고 있는 현대인의 불안전성에 대한 불안감을 함축적으로 표현한 생경한 어휘이다. 이 책은 주로 산업보안에 중점을 둔 내용이나 일반적인 개념들은 대부분의 조직과 개인에게도 적용되는 보편적인 내용이다.

찰스 다윈은 진화론의 말미에 미래에는 인간의 정신능력과 역할의 진화에 대한 무한대의 미지세계의 탐험이 시작될 것이라고 갈파하였다. 호모 사피엔스에겐 물질적인 풍요로움과 마찬가지로 이러한 세상을 바라보는 감각의 풍요로움에 대한 고려도 중요하다. 진화심리학과 같은 인간심리의 진화에 대한 연구와 더불어 인공지능의 발전은 미래에는 컴퓨터가 인간의 생각을 대신할 수 도 있으나 동시에 인간 존재성의 의미도 상실될 수 있다는 우려가 된다.

급변하는 지구촌의 상황은 현존하는 모든 인류의 삶의 안정성과 지속성에 대한 두려움과 더불어 바람이 증가하고 있다. 그러나 이러한 바람은 우려스러운 현실이 되어 인간이 인간의 삶의 가장 큰 걸림돌이 될 수 도 있는 사건과 현상들이 지구촌 곳곳에서 빈발하고 있다.

2014년 4월 16일 안산 단원고 학생 325명을 포함해 476명의 승객을 태우고 인천을 출발해 제주도로 향하던 세월호가 전남 진도군 앞바다에서 침몰하여 304명의 사망·실종자가 발생하는 참사였으나, 2년여가 지난 지금까지도 침몰 원인에 대한 규명작업은 지지부진하고 있는 가운데, 2016년 9월 12일 초저녁 시간에 경주 지역에서 발생한 진도 5.8의 지진에 대한 정부의 무기력한 위기대응력에 대한 공포의 트라우마가 우리들의 해마에 깊숙이 각인되어 국가의 위기대응력에 대한 불신이 일생생활에 분노와 불안감으로 자리 잡고 있다.

그러나 한편으론 이러한 참사와 재난에 대해 우리가 학습하고 대비하는 자세는 또 다른 참사를 예고하는 것과 같이 안이하다. 현대사회의 과학기술의 편리함에 대비한 위해의 파급력은 우리의 상상을 초월할 수 있다. 이제 우리 스스로 이러한 위해에 대하여 스스로 성찰하고 대비하는 자세가 필요한 시기이다. 보안은 단순히 기술에 대한 대응이라기보다는 인간생활과 인간의 생각에 대한 성찰이다.

20세기부터 급격하게 진행 중인 지구촌의 과밀화는 최소한의 생활에 필요한 안전공간의 확보에 실패한 도시인들의 불안감이 곧 타인의 삶의 불안감으로 전이되고 있다. 대한민국 도시민의 일반적인 생활공간인 아파트와 같은 공동주택은 이러한 불안감을 증폭시키는 자양분을 공급하는 공간이다.

도시민은 스스로가 벌집 같은 공간에 갇혀서 스스로를 보호하는데 열심이나 공동체와 협력이나 소통은 점점 축소되어 코쿤족(Cocoon族)이 되어 누에고치처럼 외부활동보다는 일상 업무의 대부분을 집안에서 해결하려는 경향을 보이는 '나홀로족'이 급격하게 늘고 있다. 이들은 외부로 나가는 대신 자신만의 공간에서 안락함을 추구하는 대신 점차적으로 이웃이나 공동체와의 소통은 줄어들고 사회적 연대의식이 희박해지면서 이런 환경에서 성장한 물리적으론 강건하나 타자화된 청소년이 신체적 약자나 노약한 노인에게 폭력을 가하는 것에 대해 아무런 죄의식이 없게 되기도 한다.

한편 우리의 산업보안이나 안전에 대한 투자와 관심은 지속적으로 증대되고 있는 반면에 역량 있는 전문가 집단은 부족하다. 더불어 국가나 기업에서 보안업무의 중요성이나 위상은 거의 변화가 없다. 산업이 고도화될수록 이에 대한 편리성에 비례하여 위험성과 치명성이 배가되는데 이에 대한 우리의 태도는 안이하다. 현대인의 삶의 평온함에는 이에 부합하는 보안비용이 필요하고, 값싼 비용으로 얻을 수 있는 풍요롭고 품위 있는 생활은 기대하기 어렵다.

오늘날 72억이 넘는 인류가 살아가고 있는 과밀화된 지구촌에서 공짜 점심은 없다. 특히 우리가 살고 있는 한반도의 특수성은 이러한 의미에서의 보안과 안보에 대한 왜곡된 사고의 재정립을 위한 반성적 성찰이 필요하다.

기업에서도 마찬가지로 기업자산에 비례하여 이에 대한 유지·보호비용이 커지게 되나 규모에 비하여 전문성이나 위상은 걸음마 단계를 벗어나지 못하는 것은 근본적으로 경영진과 구성원들의 보안에 대한 왜곡된 휴리스틱에서 기인한다.

저자가 20여 년 전부터 민간의 보안산업의 중요성을 인식하고 산업보안에 대한 연구를 시작하여 이제 대학에서 전공분야가 개설될 정도로 활성화되었으나, 이에 비하여 관련 연구와 서적은 특정분야에 경도되거나 빈약하다. 이에 산업보안에 대한 포괄적인 구성과 올바른 트렌드 정립의 필요성과 발전방향에 대한 혼란을 방지하고 실무와 연구 분야의 막연함에 대한 아쉬움에 산업보안 관계자에게 도움이 되었으면 하는 바람으로 부족한 글을 썼다.

바라건대 이 책이 산업보안실무자, 공공기관 보안정책입안자, 보안관련 전공자들의 보안리스크에 대한 이해정립과 실무자의 전문성과 시야확장에 조금이나마 도움이 되었으면 한다. 끝으로, 졸저의 출간에 흔쾌히 응해 주신 진영사의 박진영 사장님께 감사드리며 면학 중에도 부족한 시간을 내어 교정을 도와준 조카 한울에게 고마움을 전한다.

2016년 10월 31일

일산에서 저자 씀

목 차

제1장 보안리스크 환경

제2장 보안리스크 진화

제4장 보안리스크 프로그램

부 록

제1장

보안리스크 환경

제 1 장

보안리스크 환경

제1절 산업보안 트렌드

1. 보안리스크의 대두

유사 이전부터 인류역사는 전쟁의 역사라고 하여도 과언은 아니다. 인류에게 폭력을 이용한 부족이나 국가 간의 전쟁은 인간의 생존도구의 하나이며 현 인류의 DNA에 체화되어 이어지고 있다. 이것은 인간의 폭력성이 체계적인 교육이나 제도적인 통제를 통하여 순화·통제될 수 있는가에 대한 논란은 차치하고 오늘도 다양한 형태의 폭력은 지구촌 곳곳에서 분출하고 있다.

인류는 폭력과 전쟁을 통하여 경쟁자의 생명과 자산을 빼앗고 자신과 자신이 속한 집단을 유지·발전시켜 왔다. 인간은 살인을 함으로써 주요한 적대자를 제거한다.[1] 그러나 전쟁은 결코 억제할 수 없는 충동이 아니다. 그것은 하나의 선택일 뿐이다.[2] 일반적으로 공격성은 동물들이 적절한 공간을 유지하게 함으로써 지나친 번식을 방지해 주변 환경이 파괴되는 것을 막고 환경과 조화를 이루며

1) David Buss/홍승효 옮김, The Murderer Next Door/이웃집 살인마, 사이언스북스, 2006, p.67.
2) Frans de Waal/이충호 옮김, Our Inner Ape/내안의 유인원: A Leading Primatologist Explains Why We Are Who We Are, 김영사, 2006, p.210.

살아가도록 이끈다.[3] 한 서식지의 이해관계가 다른 서식지의 이해관계와 충돌할 때에만 전쟁이 일어난다.

오늘날에는 서로에게 파괴적인 무력을 앞세운 전면전보다는 자본으로 무장한 다국적기업을 앞세운 자유무역주의가 글로벌 세계경제를 지배하는 상황으로 전이되었다. 국가·기업·개인은 내·외부 위험으로부터 자산의 보호와 생명의 안전은 과거의 적의 침략에 대비하여 성벽을 축조하고 군량미를 비축하는 것과 유사하며 과거의 무기를 자본으로, 경제전쟁에서 전장의 지휘관을 기업가로 치환할 수 있다. 이와 더불어 위기 시 회복탄력성을 유지하는 것은 오늘날 현대경제에서 조직의 연속성유지와 생존을 위한 중요한 업무 중에 하나이다.

우리나라는 6·25전쟁 이후 근 반세기 정도의 짧은 기간에 산업발전과 더불어 산업자본의 규모가 급격하게 확대되었으므로 확대된 자산에 대한 보호대책의 균형 잡힌 투자는 필수적이다. 이것은 이미 많은 선진국들이 제국주의 과정에서 보여준 쟁취한 노획물 보호를 위한 효과적인 보호대책의 수립과 전략에 대한 투자의 우선순위를 설정하거나, 국가·조직·개인의 자산을 확대·유지하는 능력에 비례하여 보호대책이 발전하는 것에서 알 수 있다. 일반적으로 가치 있는 자산을 보존·보호할 능력이 없는 조직은 그것을 소유할 능력이 없는 것과 같다.

특히, 북한의 비대칭적 생존전략으로서 핵무기 개발과 미사일 시험발사는 21세기 동북아시아의 임시적 안정성(metastability)에 불확실성을 더하여 분단한국이라는 위험스러운 환경에 부과된 임시적인 전략적 필요조건이라고 인식한다.[4]

오늘날의 자산가치에서 무형자산의 가치의 중요성이 증가함에 따라 이에 대한 보호대책의 중요성도 계속적으로 증가하고 있다. 과거와 같이 유형 자산을 보호하는 울타리와 같은 물리적 보호조치의 중요성은 여전히 보호대책의 기초를 이루고 있으나, 무형자산의 보호에는 좀 더 전략적인 접근이 필요하다. 좋은 보안대책은 싸지 않으며, 값싼 보안대책은 결코 효과적이지 않으므로, 가치 있는 자산보호에는 이에 부합하는 보안대책과 전문성이 요구된다.

---

3) Edward T. Hall/최효선 옮김, The Hidden Dimension/숨겨진 차원, 한길사, 2005, p.43.
4) Zbigniew Brzeziński/김명석 옮김, The Choice: Domination or Leadership/제국의 선택, 황금가지, 2004, p.167.

이에 반하여 오늘날 대부분의 우리나라 기업들의 보안대책은 재검토하여야 할 필요성이 있다. 우리나라 기업의 보안대책은 조악한 수준의 집합체로써 규모는 크나 결코 효과적이거나 전략적이지 않는 값싼 보안대책이 나열되어 있는 집합소와 같다. 보안정책과 규정은 불명확하고 보안조직에 뛰어난 리더나 전략가도 없다. 오직 임기응변식의 손실복구에만 급급해 하는 것이 산업보안 혹은 기업보안이며, 나아가 사회안전망, 국가안보도 크게 다르지 않다.

과거와 다르게 글로벌 경제환경에서는 보안리스크의 다양성은 크게 확대되었고 사회적인 불만이나 취약성을 가진 집단이나 개인의 조직이나 사회에 대한 불만을 표현하는 방법도 매우 다양하고 가변적이 되었다. 따라서 이에 대한 모든 대책을 수립하여 대응하기에는 한계가 있으며, 결코 비용효과적인 방법이 될 수 없으므로 업무연속성 차원의 회복탄력성의 구축을 통한 조직연속성을 구현하는 것이 바람직하다.

리스크(risk)의 어원은 흥미로운 의미를 담고 있다. 고대 그리스 시대로 거슬러 올라가 리스크의 어원인 'ριζα'(riza)의 의미는 산의 경사면, 뿌리, 돌의 의미와 바다에서 피할 수 없는 난관상황에 대하여 은유적인 의미로써 사용되다가 12세기경에는 라틴어로 언덕이란 의미로 사용되었다. 라틴어 및 라틴어 속어로 언덕은 resicum, risicum, riscus로, 스페인어로 riesgo, 이태리어로 rischio, 프랑스어로 risque로 각각 표기되었다.[5)]

이태리어 'rischio'는 예상하지 못한 상황 때문에 발생한 손실이나 부정적인 결과의 의미로 명확하게 부정적인 내용을 함축하고 있다. 이러한 표현은 13세기 무역업자에 의해 일상적으로 사용되기 시작하였는데, 모험의 의미로 결과를 짐작할 수 없는 업무를 떠맡는 것이나 불확실한 상황에서 위험성이 높은 결과를 발생하는 것의 의미로 사용되었고, 16세기 독일어 'Rysigo'는 비즈니스 분야의 기술적인 용어로 "위험을 무릅쓰거나 수용하다, 기업이나 경제적인 성공에 대한 기대의 의미로 사용되다가 영어의 리스크로 차용되었다.

또 다른 리스크의 어원으로 보편적으로 인정하고 있는 아랍어 'rizq'는 이태리어

---

5) 최선태, 기업보안론, 진영사, 2014, p.15.

'rischio'의 어원으로, 신이 인간에게 보내준 일상의 양식이나, 물질적인 의미뿐만이 아니라 정신적인 의미까지 내포한 일상의 생계를 유지하기 위한 고귀한 자(God)로부터 인간에게 주어진 물질이나 재산의 의미로 코란(Quran)에 자주 등장한다. 이것이 8세기경 이베리아 반도에 아랍인에 의해서 전해지면서 스페인어와 포르투갈어로 '위험을 무릅쓰다'의 의미로 사용되었으며, 영어로 차용되어 '해도가 없는 바닷길을 항해하다'라는 의미로 사용하기 시작하였다.

이와 같이 리스크는 초기에는 해양공간이나 물질의 의미에서 기원하여 시간개념으로 확장되었고, 나중에는 금융이나 보험의 의미까지 그리고 오늘날에는 전자적인 영역까지로 의미의 확장을 계속하고 있다.

학문의 영역에서 리스크란 용어가 사용되기 시작한 것은 시카고학파의 창시자인 프랭크 나이트로 리스크란 측정 가능한 불확실성이라고 정의하였으며[6], A. Willett는 원치 않는 사건과 관계된 객관화된 불확실성이라고 정의하였다.[7]

따라서 위험은 어떤 사건이나 부정적인 영향이 일어날 확률이나 규모 등을 종합적으로 측정한 것으로 개연성(probability)×손해(harm)로도 표현된다. 이 책에서 Risk는 의미전달을 용이하게 하기 위하여 위험과 리스크를 혼용하였다. 그러면 지구촌에 어떤 위험들이 다가오고 있을까?

2. 글로벌 리스크

2016년 1월 세계경제포럼(WEF)이 'Global Risks Report 2016'을 세계 경제에 영향미칠 리스크로 경제, 환경, 지정학, 사회, 기술 등 5개 분야 총 29개를 선정하여 발표하였다.

6) Knight, H. Frank(1921), *Risk Uncertainty and Profit*(Boston: Houghton Mifflin Company, p.233.
7) Allen, H. Willett(1951), *The Economic Theory the Risk and Insurance*(Philadelphia: The University of Pennsylvania Press, pp.9~10.

1) 가장 발생가능성이 높은 리스크로는 대규모 비자발적 인구이동, 극단적 기상이변이 선정되었으며, 발생 시 파급력이 가장 큰 리스크는 기후변화 적응 실패, 대규모 살상무기의 순으로 선정되었다.
2) 가장 연계성이 큰 리스크로 심각한 사회 불안정, 실업/불완전 고용, 기후변화 적응 실패, 대규모 비자발적 인구이동 등을 지적하였고, 리스크 간 연계성이 증대되었으며 보다 작은 수의 리스크가 더욱 큰 영향력을 발휘하는 것으로 평가되었다.
3) 장단기별로는 18개월 내 리스크에 대규모 비자발적 인구이동, 국가 붕괴/위기, 역내 국가 간 분쟁, 구조적 실업/불완전 고용, 국가 지배구조 실패 등이, 10년 내 리스크에 수자원 위기, 기후변화 적응 실패 등이 포함되었다.
4) 지역별 리스크 인식에 있어서는 실업/불완전 고용, 에너지가격 충격이 수위를 차지했으며 다음으로는 국가 지배구조 실패, 재정위기, 자산 가격 버블, 사이버 공격이다.
5) 한편 2015년에 이어 13대 트렌드를 제시하였다. 글로벌 리스크에 영향을 미치며 현재 진행 중인 경제현상으로 ① 인구 고령화, ② 국제 거버넌스 약화, ③ 기후 변화, ④ 환경 악화, ⑤ 신흥국 중산층 증가, ⑥ 민족 감정, ⑦ 사회 양극화, ⑧ 만성질병 증가, ⑨ 사이버 의존, ⑩ 지리적 이동, ⑪ 소득 불균형, ⑫ 권력 이동, ⑬ 도시화이다.

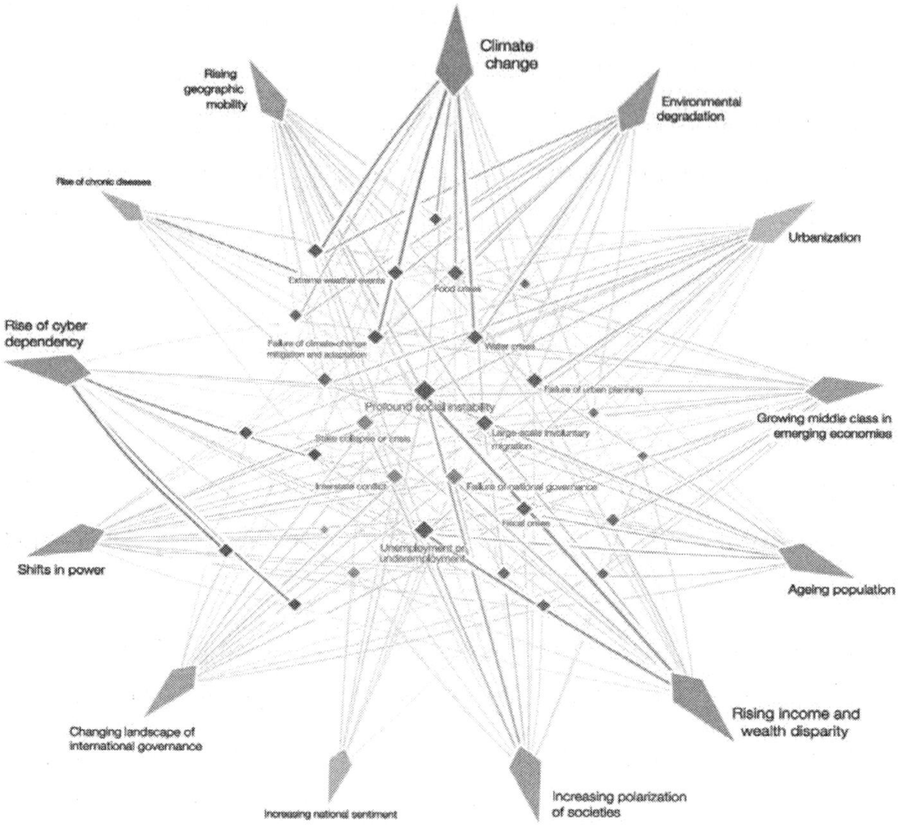

(그림 1-1) 2016년 글로벌 리스크 상호연계지도

2016년 6월 24일 전 세계 금융시장은 브렉시트(Brexit, 영국의 유럽연합 탈퇴)라는 충격으로 휘청댔다. 경제적으로 볼 때 브렉시트는 모두에게 손해인 게임이나 밀려드는 난민과 테러 앞에서 영국인의 정치적 선택은 일상생활의 안정성이 경제적 이해보다 우선하였다. 유럽 각국은 급격한 난민유입을 우려해 국경을 폐쇄하고 난민을 되돌려 보내는 등의 자국방어에 나서고 있다. 세계화의 악영향으로 지구촌으로 확산되고 있는 이런 신고립주의가 보호무역과 투자 장벽을 높이는 쪽으로 진행되고 있다.

(표 1-1) 2016년 29가지 글로벌 리스크

구 분	주요 리스크
경제 리스크	주요국 자산버블, 주요국 디플레이션, 주요 금융 메커니즘 및 제도 실패, 주요국 인프라 실패/부족, 주요국 재정위기, 높은 구조적 실업/불완전 고용, 불법 무역거래, 에너지 가격 쇼크, 관리 불가능한 인플레이션
환경 리스크	극단적 기후 변화(홍수, 태풍), 기후변화 적응 실패, 대형 생태계 손실 및 파괴, 대형 자연재해(지진, 쓰나미, 화산폭발), 대형 인재(원유 누출, 핵물질사고)
지정학적 리스크	국가 지배구조 실패(부패, 정치), 역내 국가 간 분쟁, 대규모 테러 공격, 국가 붕괴/위기(내란, 쿠데타), 대량살상무기
사회적 리스크	도시계획의 실패, 식량위기, 대규모 비자발적 인구이동, 심각한 사회 불안정, 전염병의 대규모 확산, 수자원 위기
기술적 리스크	기술발전의 부작용, 중요 정보인프라/네트워크 파괴, 대규모 사이버 공격, 대규모 사기/절도

(표 1-2) 2016년 상위 10대 글로벌 리스크

순 서	가능성 측면	영향력 측면
1	난민 위기	기후변화 대응 실패
2	기상이변	대량살상무기
3	기후변화 대응 실패	물위기
4	국가 간 갈등	난민 위기
5	자연재해	에너지 가격 충격
6	국가통치구조 실패	생태계 파괴
7	실업, 불완전 고용	재정 위기
8	데이터 범죄	전염병의 확산
9	물위기	자산 버블
10	부정거래	심각한 사회적 불안

현대 기업의 새로운 리스크 중에서 특히 우리나라 기업들이 안이하게 대처하는 분야가 보안리스크이다. 보안리스크는 과거와 다르게 훨씬 대규모이고 전파속도가 빠른 분야이므로, 경영진이 중점적으로 다루어야 하는 주요한 기업리스크 중에 하나이다.

영리기업의 존재목적은 수익창출이다. 기업은 인간가치의 실현을 위해서 존재하기보다는 이윤의 획득을 목적으로 하는 자본의 조직단위로써 기업을 통하여 이윤추구라는 목표를 실현하기 위해서 만든 조직이다. 기업은 이러한 수익창출을 위하여 활용가능한 모든 전략과 기법을 적용한다. 기업의 전략이란 기업이 가능한 최대의 이익을 올리면서 지속가능한 성장을 위해 기업의 총체적인 모든 역량을 개발하고 활용하는 과학과 기술의 총량이다.[8)]

기업은 수익을 추구하지만 어떤 기업을 운영하더라도 리스크를 동반하지 않는 경우는 없다. 특히 자유무역시대에 기업의 리스크 통제와 관리가 글로벌화의 진행에 따라 외부적인 영향력에 좌우됨으로써 기업의 직접적인 통제를 벗어난다. 현대기업에 핵심적인 영향력을 미치는 보안리스크에는 기업 브랜드와 평판의 보호, 생산과 운영의 연속성, 고객신뢰의 유지가 우선한다.

세계화의 물결 속에서 많은 기업들은 시장의 포화상태로 인해 자국의 통제력이 미치지 못하는 리스크가 큰 지역에서의 영업활동을 확대하고 있으나, 이에 부가하여 발생하는 보안리스크에는 효과적으로 대응하지 못하고 있다. 특히 치안력이 미약한 중동과 아프리카, 중남미에서의 비즈니스나 관광객을 상대로 한 암살이나 납치의 빈도는 증가하고 있으나 이에 대한 적절한 보안프로그램의 운영은 미약하다. 최근에야 대기업을 시작으로 해외 보안리스크에 대한 전담 관리자를 두고 있으나 업무수행력은 초보적이다.

8) 유필화/지몬, 유필화와 헤르만 지몬의 경영담론, 오래, 2010.

3. 호모 사피엔스의 진화

21세기 지구촌 인류의 생활환경은 호모 사피엔스 사피엔스 역사상 가장 풍요롭고 역동적이다. 산업기술의 발전이 인류의 편안함과 풍요로움을 창출하였으나, 이에 대한 반대급부도 기하급수적으로 확대되었다. 이러한 물질적 풍부함을 바탕으로 한 인구의 급격한 증가는 지구생명의 영속성을 위협하는 가장 큰 요인이 되기도 한다.

우리는 일상에서 스마트폰을 가지고 인공지능과 게임을 할 수 있고, 기업이나 가정에서 단순 가사노동은 로봇이 대신하고 있으며 이러한 현상은 더 가속화될 것이다. 더 이상 육체노동 자체에 의미를 부여하고 찬양하여야 할 이유가 없어진 것이다. 그러나 인간은 의식을 가지고 쾌락을 느끼는 존재이므로 의식의 숙주인 육체와 감각의 중요성은 여전히 유효하다. 인간이 감각을 느끼지 못하면 존재의 의미나 행복은 존재하지 않는다. 그리고 이러한 인간의 유기체적 세포감각은 결코 변하지 않는다. 이것이 인간의 존재성의 한계이다. 동물 중에서 인간에게만 발달한 전두엽은 이성적인 만족으로도 행복해 할 수 있으나, 또 다른 원시 뇌는 감각적인 만족이 없으면 행복감도 없다. 또한 인간은 이성적으로는 자신의 생명의 유한성을 인식하면서도 본능적으로는 마지막까지 이러한 육체적인 존재성을 위해 투쟁하도록 원초적으로 배선된 뇌를 가진 숙명적인 딜레마를 안고 있다.

동물생태학자 D. Morris는 다음과 같이 주장하였다. 인간의 가장 큰 문제는 문화적 진보가 유전학적 진보보다 앞서간다는 사실에서 비롯된다. 인간의 유전자는 문화적 진보를 따라잡지 못한 채 저만치 뒤에서 꾸물거리고, 인간은 끊임없이 그 사실을 상기할 것이다. 인간은 새로운 환경을 만들어냈지만, 아직도 속마음은 털 없는 원숭이이기 때문이다.[9)]

생물학적으로만 봤을 때, 현대인은 2만 년 전의 원시인과 다름없다. 더구나 인구밀도가 높은 도시 공동체는 더 이상 인간이라는 '종(種)'에게 어울리는 자연스러운 환경이 아닌 것이다. 바로 인간이 아직 문명의 진보에 적응할 생물학적 메

9) Desmond Moris/김석희 옮김, The Naked Ape/털 없는 원숭이, 정신세계사, 1991, p.56.

커니즘을 갖추지 못했기 때문이다. 이러한 불균형이 현대 사회의 인구폭발, 과격 폭탄 테러, 치솟는 자살률, 약물 중독과 엽기 범죄, 스와핑과 원조교제, 광적인 지위 경쟁 등과 같은 비정상적인 행동들을 초래하고 있다.[10]

자본주의가 부여한 자본의 우상화는 현대인에게 인간성의 본질인 극도의 이기심을 노출시키는 동력원이다. 동물의 행동 그리고 나아가서는 인간의 모든 행동은 바로 개인적 이익을 바탕으로 이루어지며, 이타주의자의 살갗을 할퀴어 위선자의 피가 흐르는 것을 보라고 프랑스의 사회생물학자 기셀린(M. T. Ghiselin)은 『자연의 체계와 성의 진화』라는 저서에서 주장하였다. 또한 바르코브(J. H. Barkow)는 '도덕의 자연적 기초'에서 '인간 사회는 거짓말과 속임수로 짜여진 조직'이라고 주장하였다. 이러한 주장을 인용하면 인간이 만들어낸 장기간의 교육프로그램에 의한 교육과정을 성실하게 이수한다고 하여 인간에게 내제된 이기심이 순화·통제된다고 생각하는 것은 착각이며 생물학 측면에서는 오히려 이기심이 자연스러운 인간다움이다. 동물들이 이기적으로 행동하는 것은 그들의 감정회로가 그렇게 배선되어 있기 때문이다.[11] 물론 DNA에겐 감정이 없다. '이기적이다'라는 말은 '자기 자신의 복제 가능성을 높이는 방식으로 행동한다.'는 뜻이다.

결국은 선진국이란 이러한 인간의 이기심을 합리적으로 통제·유지하여 아담스미스가 이야기한 '보이지 않는 손'이 작동하는 시스템을 구축한 나라이다. 우리나라는 현대사회에 부합하는 제도를 구축하여야 하나 기득권세력의 방어막에 막혀 반드시 필요한 합리적인 제도를 구축하지 못하고 법제도적인 모순에서 악순환을 반복하고 있다. 우리나라 형사사법시스템의 대표적인 문제점으로 지적되는 국민으로부터 사실상 허가받은 폭력을 위임받은 검찰의 공정성을 상실한 기소독점주의에 의한 폐해는 대다수 국민들의 법집행의 공정성에 대한 불신을 조장하는 원천이나 이러한 문제점을 해결할 역량을 갖추지 못한 민도가 근간을 이룬다.

디지털시대의 편리함에 대한 반대급부 또한 급증하고 있다. 디지털 정보망을

10) Desmond Moris/김석희 옮김, The Human Zoo/인간 동물원, 물병자리, 2003.

11) Steven Pinker/김한영 옮김, How the Mind Works/마음은 어떻게 작동하는가, 동녘사이언스, pp.612~613.

활용한 직접적인 피해는 물론이거니와 손쉽게 접근 가능한 정보는 이를 악용하려는 자에게는 또 다른 범죄의 도구역할을 한다. 예로서, 현대인은 실시간으로 지구촌 사건사고를 접하고 반응할 수 있으나, 가공되거나 왜곡된 정보도 검증과정 없이 실시간으로 전파되어 이에 따른 피해가능성에 항상 노출되어 있다. 우리의 일상에서 범죄예방을 목적으로 전국에 무차별적으로 설치된 CCTV는 누군가에게는 좋은 감시수단으로 활용되거나 범죄도구가 되기도 한다.

더불어, 이동수단의 발달은 인간이나 물건을 새로운 장소로 신속하게 이동하는 편리성을 제공함과 동시에 각종 위해물질이나 전염병의 이동통로의 역할도 동시에 수행한다. 즉 지구촌 어느 오지에서 발생한 신종 바이러스는 당일 지구 반대편 지역으로 이동할 수 있는 통로가 열린 셈이다.

결국, '연장물의 전이(extension transference)'[12]가 발생하지 않도록 하기 위해서는 아무리 과학기술이 발전할지라도 문명의 이기를 어떻게 활용하여 삶의 유익한 도구로 이용할 것인가에 대한 문제는 동시대를 살고 있는 구성원의 합의와 이용자의 태도에 달려 있다.

4. 보안연극과 행동경제학

인간의 안전에 대한 욕구는 생리적 욕구와는 다르게 감성이나 감각, 환경과 상황에 대한 느낌이 의사를 결정하는데 핵심적인 역할을 한다. 인간의 생리적 욕구인 식욕은 단지 배가 고프면 배가 고픈 사실과 느낌이 거의 동일하여 이에 대한 특별한 다른 착오나 변수가 개입될 여지가 적다. 이에 반하여 보안은 위험에 대한 인간의 느낌, 즉 불안감은 현실적인 불안전성과 개인이 느끼는 불안한 감정이 동일하거나 전혀 다를 수도 있다. 즉, 우리는 대부분 직감적으로 불안정성을 판단하므로 사실은 안전하지 않을 때도 안전하다고 느낄 수 있는 반면, 불안감을

12) 인간이 자신의 연장물을 진화시키면서 스스로 창조한 연장물을 통제할 능력을 상실하는 현상. 예컨대 컴퓨터는 두뇌의 부분적인 연장물이고 전화는 음성을, 바퀴는 다리와 발을 연장시킨 것이다.

느끼더라도 실제는 안전할 수 있다. 사실 보안이라는 단어에는 이와 같이 두 개의 서로 다른 의미가 있으며, 이러한 차이가 보안연극(security theater)이라는 상황을 만들어 냈다.

일반적으로 보안연극은 실제로는 더 안전하지 않으면서 안전하다는 느낌을 주는 것을 목적으로 행하는 모든 조치들로, 실제적으로 보안수준을 향상시키려는 목적보다는 보안감성의 향상을 제공하기 위한 일련의 전시적 대응책에 대한 투자를 말한다.[13] 여기서 중요한 점은 보안연극의 가치에 대해서 축소할 것이 아니라 보안연극이 무엇인가에 대해서 정확히 이해하는 것이다. 보안연극을 통하여 단지 사소한 위험이라도 감수하기 싫어하거나 어리석은 공격의도자를 겁을 주어 쫓아낼 수 있다. 또한 조직에서 실재적인 보안조치를 하는 대신에 모형 CCTV와 같이 저렴한 비용으로 사용자에게 보안과 관련 없는 실제적인 편익을 제공한다.

보안은 직감적으론 대부분 마음의 상태이며, 그리고 분석적으로도 부분적으로 마음의 상태가 좌우한다. 이것이 보편적인 진실이라면 보안대책의 목표 중의 하나는 실제적인 보안대책 대신에 추가적으로 보안에 대한 신뢰감을 사람들에게 제공하는 것을 포함하여야 한다. 이것은 단지 보안연극에 불과하나 임시방편으로 최고의 대책으로 인간의 뇌가 스스로를 속이는 것이다. 그러나 이에 대한 단점으로는 이러한 조치에도 당연히 실제적인 많은 비용이 필요한 반면에 종종 보안편익은 없거나 비용에 비하여 매우 적을 수 있다는 것이다.[14]

그러면 어떤 것이 보안연극이고 어떤 것이 실제적인 보안조치인지 판단해 보자. 전국방방 곳곳에 설치된 CCTV, 아파트 경비원과 출입카드, 공항의 출입국 보안절차, 컴퓨터의 공인인증서, 정부종합청사의 보안절차, 국가적인 군사력 과시, 북한의 미사일 발사와 사드 미사일 요격 영상 등, 어떤 것은 실제적인 필요성에 의한 것이나 일부분은 특정 의제를 유지하기 위한 보여주기 식의 거래이다. 이러한 취약점을 잘 활용하는 정치인들의 의제는 보안문제보다는 보안과 관련 없는 고려가 보안의제를 압도한다. 즉, 정치적 이득을 목적으로 보안을 수단화한다.

---

13) Schneier, Bruce(2003). *Beyond Fear: Thinking Sensibly about Security in an Uncertain World*. Copernicus Books. pp.38~39.

14) https://en.wikipedia.org/wiki/Security_theater.

보안현실과 보안감정은 다르나 서로 밀접하게 관련되어 있다. 우리는 최적의 보안 상충관계를 만들고 상충관계는 우리의 보안감정과 현실보안이 부합할 때 가장 합리적인 비용을 지불하는 것으로 진정한 안정성을 우리에게 가져다준다. 경제적으로 보면 보안은 감정적인 안정성을 원하는 개인, 조직이 지향하는 보안 수준과 그것을 달성하는데 필요한 비용을 의미한다. 일정한 수준의 안정성을 달성하려면 이에 대한 어떤 대가를 반드시 치러야 한다. 따라서 보안현실과 감정이 서로 부합하지 않을 때 우리는 잘못된 보안선택을 하게 된다.

이러한 인간의 불안감에 대한 개별적인 차이나 한계로 인하여 우리는 보안연극과 같이 너무나 많은 필요 없는 보안비용을 지불하기도 하고 실제적으로 많은 비용과 노력이 필요함에도 불구하고 위협요소를 간과하거나 인식하지 못하므로 현실에서 더 많은 대가를 치러야 하는 경우도 빈번하다. 이러한 결과의 어느 정도는 인간의 지각능력의 한계이다.

인간의 불안감을 완화시키기 위한 보안연극은 일반적으로 매우 가시적이고 구체적인 방법으로 사람들의 행동이나 환경측면을 제한하거나 변경시키는 것을 포함하게 된다. 여기에는 항공기를 탑승하는 경우에 작은 물병을 수거하는 것에서부터 개인적으로 괴로움을 느낄 정도로 장기간 지속되는 공항검색대에서의 보안검색까지 잠재적으로 사람들의 자유와 사생활의 통제를 포함한다.

그러나 보안연극은 사람들에게 역효과를 가져오는 정치적인 결정에 대한 정보를 제공하지 않는다. 또한 보안연극활동의 취약점을 활용하려는 자들의 반응으로 인한 혼란, 비용, 공포는 비록 목숨을 잃지 않는다 하더라도 많은 경제적인 비용이 소요된다. 이와 같이 안전한 감정이나 안전에 대한 바람은 실제적으로 현실적 위험을 증가시킨다.

미국시민자유연합은 보안연극의 이익은 일시적이고 보안대책들이 불가피하게 실패하게 되면 불안감은 증가할 뿐만 아니라 보안책임기관의 역량에 대한 신뢰를 상실하게 되어 환상에 불과하게 된다고 비판한다.

물론 보안연극 활동에도 현실보안에서와 마찬가지로 비용이 든다. 여기의 비용은 현금, 시간, 역량, 자유 등과 같은 것이 포함된다. 대체적으로 이러한 비용은 편익을 능가한다. 보안연극으로는 보안현실을 대체되지 못한다. 더군다나, 너무 많은 보안연극은 보안에 대한 사람들의 보안감정을 실제적인 것보다 더 높은 수준으로 고양시키므로 오히려 바람직하지 않다. 그러나 보안현실과 함께 잘 연계함으로써 상당히 좋은 방법으로 설치된 보안연극은 우리가 필요로 하는 실제보안과 더 안전하다고 느끼는 감정 모두를 확실히 달성할 수 있을 것이다.

B. Schneier는 "보안연극은 대중과 리더의 상호작용에서 나타나는 경향이 있으므로, 사람들이 두려워하면 그들은 실질적으로 안전을 보장하지는 못하더라도 안전하다고 느낄 수 있게 만드는 어떤 조치를 필요로 한다. 정치가들은 태생적으로 말이 안 되는 것이라도 위기에 어떤 대응을 하길 원한다."고 지적하고, 단지 보안연극으로 사람들을 안전하게 느끼게 하는 임시적인 보안대책을 비판했다. 그러나 보안연극도 정확하게 사용되어, 실제적인 보안과 밀접하게 부합하도록 하면 보안에 대한 사람들의 감정을 향상시키는 방법이 된다.

문제는 우리가 어떤 보안대책을 원할 때는 그것이 우리를 더 안전하게 하는 것과 더불어 그 대가를 지불할 가치가 있는가를 판단해야 된다. 현대사회에서의 보안대책은 철저하게 비용편익 측면에서 생각해야 한다. 우리는 비용편익 분석을 할 때 직관적으로 선호하는 것이 각각 다르나 우리는 직관적인 결정을 비용편익에 따라 가치판단을 하고 그에 따른 결정을 내리는데 아주 서툴다. 여기에서 등장한 것이 경제학과 심리학이 결합된 행동경제학(behavioral economics)이다. 행동경제학은 인간이 완벽하게 이성적이거나 계산기처럼 정확하다는 가정을 하지 않는다. 심리학자 입장에서 인간은 완전히 합리적이지도, 이기적이지도 않으며 취향도 불안전하다. 인간이 실제로 어떤 식으로 행동하는지를 관찰하는 행동경제학자들은 그래서 인간이 비이성적인 존재라는 결론을 내린다.

행동경제학은 인간의 감성, 사회, 인지편향에 대해서 살펴보고 이것이 어떻게 의사결정에 영향을 주는가를 연구한다. 완벽한 합리성(perfect rationality)을 전제로 정립된 경제학의 몇몇 전제들, 이를테면 사람들은 언제나 최선의 선택을 한다, 많은 액수의 돈이 걸려 있는 경우 실수를 범할 가능성은 줄어든다, 시장은 자정능력을 가지고 있다 등의 전제들은 엄청난 판단착오로 이어질 수 있다.[15] 인간의 마음이 일반적인 상태일 때 우리는 자신에게 닥친 거의 모든 것에 대해 직관적 느낌과 의견을 갖는다. 당신은 사람들에 대해 많은 걸 알기 훨씬 전부터 그들에게 호불호를 느낀다. 영문도 모른 채 낯선 사람들을 신뢰하거나 혹은 불신한다. 제대로 분석하지 않고도 그 기업이 성공할거라고 느낀다. 말로 표현하건 하지 않건 상관없이, 설명하거나 옹호할 수 없는 증거에 의존한 채 완전히 이해하지도 못하는 질문에 관한 대답을 갖고 있을 때가 자주 있다.[16]

행동경제학에서는 인간이 경제적 행위를 하는데 있어 완전히 합리적으로 행동하는 것이 아니라 제한된 합리성(bounded rationality)을 가지고 행동한다는 것이다. 이 이론은 결정자의 인지적 한계가 그에게 세상을 다루기 위한 간단한 모형을 구성하도록 압력을 준다는 것이다. 제한된 합리성의 핵심 원리는 '만족하기(satisficing)'로 유기체는 최대는 아니지만 어떤 만족스러운 수준의 성취를 얻고자 노력한다는 것이다.

A. Simon은 유기체가 학습과 선택 상황에 아무리 잘 적응한다 해도, 이 적응력은 경제학에서 가정하는 이상적인 '최대화'에 훨씬 못 미친다고 생각했다. 확실히 유기체는 '만족하기'에 충분히 잘 적응하고, 일반적으로는 적응력을 최대화하지 않는다.[17] 행동경제학에서 제한된 합리성을 가진 인간의 판단기준은 '휴리스틱'과 '편향(bias)'이다. 휴리스틱은 합리적이지 못한 의사결정을 내릴 때 근거로 삼는 간편한 수단이 되는 방법이고, 바이어스는 그 결과로 발생하는 판단이나 결정의 편향을 가리킨다. 행동경제학이 보안업무와 직접적인 관계는 없으나, 위험의 개념과 경제적 위험과 관계된 행동경제학 모두를 살펴보면, 의사결정심리는 일반적으로 보안위험의 관점과 밀접하다. 양 분야 모두는 보안현실과 보안감성 사이의 차이와 더불어 더 중요하게는 어디서 이러한 차이가 기원하는지에 대하여 설명하는데 크게 기여한다.

사람이 위험을 인식할 때는 여러 편향이 작용한다. 가장 일반적인 가용성 편향

---

15) Dan Ariery/김원호 옮김, The Upside of Rationality/경제심리학, 청림출판, 2011, p.11.

16) Daniel Kahneman/이진원 옮김, Ibid., p.146.

17) Simon, H. A.(1956), *Rational choice and the structure of the environment*, Psychological Review, Vol 63(2), pp.129~138.

은 쉽게 상상되거나 또는 기억에서 쉽게 떠오르는 사례 수로 사건의 확률이나 빈도를 판단하는 것이다. 가용성 가설에 따르면, 상상이나 회상이 쉬운 사건은 어느 경우이든 인지된 빈도를 증가시킨다. 예를 들어, 치명적 사건의 직접적인 경험은 개인의 판단에 확실히 영향을 미친다. 영화, 텔레비전, 신문, 광고 등을 통한 사건의 간접적인 노출도 영향을 줄 것이다. 가장 심각하게 오판된 사건들의 조사는 이 가설을 간접적으로 지지한다. 사고, 암, 보툴리누스 중독, 폭풍처럼 대중매체가 비중 있게 다루는 사건들의 빈도는 과대평가되고, 천식이나 당뇨의 빈도는 과소평가된다. 이 두 종류의 사건은 별로 치명적인 형태가 아니면서 비교적 흔하고 그 병에 의한 사망이 대중매체로 알려지는 경우가 거의 없다. 유사하게, 화재와 같이 수많은 희생자를 내고 대중매체에 조명되는 극적인 사건은 덜 극적인 1명의 익사 사건보다 더 빈번한 사건으로 인식되는데, 이 두 사건의 실제적인 빈도는 거의 같다.[18)]

이러한 인식적 편향들은 우리와 현실 사이에서 필터와 같은 역할을 한다. 그 결과, 우리의 느낌과 현실 간에 괴리가 생기고, 느낌은 현실과 달라진다. 결과적으로 실제로 안전한 것 보다 더 안전하게 느끼거나 또는 그 반대로 실제는 안전하지만 안전하지 않게 느낀다. 이것이 인간의 인지적 편향이다.

만약에 안전하다는 느낌에 의거해서 경제나 시장의 보안이 좌우되고 사람들이 보안의 비용편익에 대한 가치판단을 한다면 안전, 위험, 위협, 그리고 대응책을 이해하고 그들이 어떻게 작용한다는 것을 이해해야 한다. 사람들이 보안에 대해 잘 알게 되면 현실과 일치하는 보안에 대한 느낌을 가지게 된다. 그러나 인지적 편견, 공포감, 전통적인 믿음은 간단하게 말해 현실과는 다른 미흡한 모델이기 때문에 그런 느낌은 실제와 허구를 혼동시킨다.

느낌과 모델은 우리의 머릿속에 존재하나 현실은 외부 세계다. 그러나 현실은 바뀌지 않고 실제로 존재한다. 느낌은 우리의 직관에 의거한 것이고 모델은 이성적인 생각에 의거한 것으로 그것이 기본적인 차이다. 직관적이라는 말은 간단하

18) Paul Slovlc(1976), *Cognitive Processes and Societal Risk Taking*, Baruch Fischhoff and Sarah Lichtenstein, Cognition and Social Behavior, Edited by John S. Carroll & John W. Payne, p.172.

게 우리가 주어진 상황에 익숙하다는 것이다.

우리는 또한 일반적으로 자신이 알고 있거나 믿는 것과 일치하는 방향으로 모든 것을 해석하고, 범주화하고, 판단하고, 결정하며 선택하려 하는 이러한 인지적 편향을 '확인 편향(confirmation bias)'이라고 부른다. 그것은 우리는 우리의 믿음과 일치하는 데이터는 받아들이고 우리의 믿음과 상반되는 데이터는 거부하는 것이다. 그래서 보안시스템을 디자인하거나, 보안정책에 관련된 사람들이나 심지어는 보안에 관계되는 공공정책에 관여된 사람들은 단순히 현실만 생각할 것이 아니라 느낌과 현실을 동시에 고려해야 한다. 결과적으로 우리의 느낌이 현실과 같으면 우리는 보안에 대한 보다 더 합리적인 판단을 내릴 수 있을 것이므로, 가장 중요한 것은 느낌과 현실이 거의 일치해야 한다는 것이다.[19]

5. 세계화와 변동성

다양한 자유무역협정의 전면적인 시행으로 인하여 그 동안 자급자족경제체제를 유지하였던 국가들조차도 가격 경쟁열위에 있는 상품의 생산을 중단하고 경쟁우위에 있는 상품만을 생산하여야 하는 환경이 조성됨으로서 국가 전체적으로는 경제적인 이익을 도모하게 되었지만 특정산업을 황폐화시키고 타국에 의존하는 상품이나 자국의 경제시스템의 안전성을 외국의 제품유통망에 의존함으로써 국가안정성에 심각한 문제점을 내포하게 되었다.

심지어 조직이 독립적으로 자국에서 운영된다고 하더라도 국제거래에 따르는 법체계는 지정학적 문제에 대하여 자유롭지 않으며, 지정학적 위험에 대한 많은 잘못된 가정은 조직에 적용되지 않는다. 이라크 전쟁은 오일가격이 지구촌 산업활동과 운송이나 여행비용에 심각한 영향을 미치는 것을 보여주었다. 특히 재산분야에는 다양한 영향을 미치게 된다. 정치적으로 중동국가의 내란과 무정부사태

19) http://www.ted.com/talks/bruce_schneier, The security mirage.

로 인한 대량 난민발생이 유럽국가연합의 안정성을 흔들고 있으며, 지구촌 많은 지역에서의 경기상승 또는 경기침체는 원유와 광산과 같은 원자재 분야의 투자와 직결되어 유례없는 수준의 국제적인 영향력을 미치게 되었다.

기업의 국제적인 교류와 영향력이 증가함에 따라 기업은 지역적인 갈등과 지정학적 위험에 노출될 가능성이 커지게 된다. 이렇게 지구촌의 물리적인 거리가 축소됨에 따라 상대적으로 최근까지의 전략은 이전의 안정적인 지정학적인 관계를 토대로 운영되었으나 오늘날 대부분의 조직의 취약성은 증가하게 되었다. 이러한 맥락에서 오늘날 지구촌 플레이어로 살아남기 위해서 조직은 경제적인 변화환경에 대한 적응력과 더불어 지정학적인 상황전개에 대한 생존전략을 수립하여야 한다.

세계화의 안전한 전개를 위해서는 특히, 지구촌의 의미와 통제력의 정도가 매우 다양하기 때문에 세계화의 전개에 따른 영향력을 위험에 포함하여야 한다. 전통적인 정치적인 위험인 부정부패와 공정하지 못한 거래는 아직까지도 계속되나 정부통제권 밖이나 무관심에서 발생하는 정치적 · 경제적 활동의 스펙트럼의 증가는 세계화의 네트워크를 통하여 증가되는 취약성이다.

여러 국가에서 다국적으로 운영되는 초국가 조직은 국제적인 이슈가 위험관리에 차원으로 추가되나 이러한 문제들에 대하여 우리는 아직까지 완벽하게 이해하지 못하고 있다. 가장 안전한 국가라고 하더라도 역외 법률의 책임, 환율 위험, 잠재된 문화적 · 인종적 장벽은 일상의 조직운영에 복잡성을 가중시킨다. 따라서 대부분의 해외에서 운영되는 조직에선 직장보건과 안전, 프로젝트관리, 독특한 지역적 · 문화적 위협요소에 따른 재무위험과 같은 익숙해진 위험에 대해서 관심을 기울인다. 더불어 지역적으로 독특한 형태인 난민 유입, 인간 밀매, 종교적 갈등, 문화적 민감성, 밀수, 시민소요, 산림파괴와 같은 위험도 추가되어야 한다.

이와 같이 변화하는 글로벌 보안환경의 전개에 따라 다국적기업의 경영형태와 방향에 직접적으로 영향을 미치나, 이것은 글로벌 비즈니스에서 직면하는 많은 노출된 위험 중에 하나에 불과하다. 글로벌 비즈니스 환경이 점차적으로 불안전하게 진행되면서 비즈니스 비용은 비례하여 증가하고 있으며, 이것은 더 높은 위험프리미엄(Risk Premium)[20]과 초국가 보안이슈에 대한 증가된 관심을 요구하게 되었다.

그렇다면 최저가 상품의 제조업체, 갑자기 부상하는 비즈니스에 부합하는 기간 산업을 갖춘 국가, 지역에 확립된 토대를 가진 다국적기업 중에서 누구 글로벌 시장에서 승자가 될 것인가? 새로운 패러다임에서는 경쟁력 있는 조직은 갑자기 부상하는 리스크를 잘 관리하는 전략적·경쟁적 우위에 있어야 한다. 따라서 지정학적 위험을 잘 관리하는 조직의 명확한 메시지는 네트워크화된 21세기에서 살아남기 위해서는 조직이 하나가 되어야 한다는 것이다.

현대 조직들은 반드시 세계화와 지정학적인 구체적인 관련성에 대하여 이해하여야 하고 조직 활동에서의 위험지역을 규명하고 발생하는 위협요소에 부합하여 조직탄력성을 제고하기 위한 다양한 예측도구를 준비하여야 할 것이다.

따라서 대부분의 조직에서 지정학적 위험성에 대한 분석과 보안리스크관리는 조직의 성공과 복잡하게 얽혀 있으므로 거점 지역마다 체계화된 위기관리 네트워크의 구축을 통한 살아 있는 정보의 수집과 모든 조직역량이 집적된 정보분석력을 바탕으로 한 조직과 관련된 트렌드에 대한 미래예측력을 높임으로써 회복탄력성을 제고하도록 하여야 한다.

제2절 보안환경의 변화

과학기술의 발전에 따른 이동수단의 발달과 무역자유화로 현대사회는 복잡성과 상호의존성이 증가하고 있으며, 지식정보사회의 고도화에 따라 정보와 같은

20) 미래의 리스크를 회피하기 위해 지불하는 보상으로 더 많은 리스크를 부담하게 되면 더 많은 수익을 얻게 된다는 의미이다.

무형자산의 가치가 유형 자산의 가치에 비해 중요성이 증가하고 있다.

21세기 위험관리활동은 과거의 규정준수와 손실 최소화에서 기회의 실현으로 중심축이 이동하고 있다. 비록 보안위험관리가 건전한 위협관리와 손실감소를 계속적으로 요구하고 있지만, 이미 위협 감소는 보안업무의 독립적인 원칙이 아니라 조직의 기본관리업무의 한 부분으로 인식되고 있다.

오늘날 사회와 조직은 위험의 본질에 대하여 더 많은 이해를 추구하고 있다. 이것은 위험관리에 관한 이타적 혹은 본질적 욕구가 아니라, 더 발전된 기회를 찾고 손실을 최소화하기 위함이다. 이러한 경향은 실질적으로 과거에 조직에서 전형적으로 규정준수와 손실최소화에 중점을 두고 위험통제자로의 역할을 하였다면, 시간이 흐름에 따라 조직전반에 걸쳐 통합된 보안위험관리의 특성에 운영효율화를 부가하게 되면서 보안위험관리는 조직의 회복탄력성과 기회실현에 주요한 요소가 되었다.

그러나 오늘날에도 어떤 조직에서는 항상 보안을 수익의 관점보다는 비용으로서 간주하고 있다. 그럼에도 불구하고 적소에 건전한 보안위험관리를 적용하게 되면 다음과 같은 분야에서 경쟁이익을 얻게 될 것이다.

① 신분확인절차의 운영은 지원자 중에서 최고의 적임자를 선발하게 하고 자신의 지적 자산이나 자금을 보호하는 업무에 관심을 가진 고객의 시장성을 향상시키는 역할을 한다.

② 정보보안관리는 경쟁사보다 앞선 기술을 가지고 시장에 제품을 출시할 기회를 제공한다.

③ 적절한 시설보안은 고객들이 현장에서 안전하고 조직을 방문하는 경우에 자신의 차량이 안전하게 보관되고 시설물의 안전성을 인식하게 함으로써 수익성을 증가시키게 한다.

④ 적절한 보안위험관리시스템을 개발하는 조직들은 그들의 경쟁자들보다 높은 위험분야를 안전하고 신속하게 선점함으로써 앞선 기회우위를 점하게 된다.

⑤ 적절한 보안이란 관리자들은 사고보고서를 작성하거나 분실 장비를 찾는 업무보다는 기회실현에 중점을 두도록 한다는 의미이다.

위협요소가 손실로 전이되는 것을 피하기 위한 위협방지처럼, 기회가 이익으로 전환되는 방법을 찾는 것이 기회실현이다. 대부분의 인간들은 본능적으로 보안위험관리가 기회실현의 필수적인 부분이라는 것을 알고 있지만, 과거의 위험통제자가 오늘의 위험전환자로 전환되는 구성과 방법을 보여주는 것은 상대적으로 미숙하다. 따라서 보안위험관리가 비용에서 수익으로 이동하는 과정이 조직의 효과적인 보안위험관리를 성취하는 핵심이다.

1. 보안리스크의 이해

위험(risk)은 비즈니스 기업에 자연스럽고 핵심적인 요소이다. 기업은 기업 가치와 수익성을 증가시키기 위하여 의도적으로 위험을 수용하므로 위험수용이나 위험관리는 항상 비즈니스의 고유한 특성이다. 따라서 경영자는 항상 위험을 최소화하는 것이 아니라 올바르게 위험을 수용하면서 전진하여야 한다.

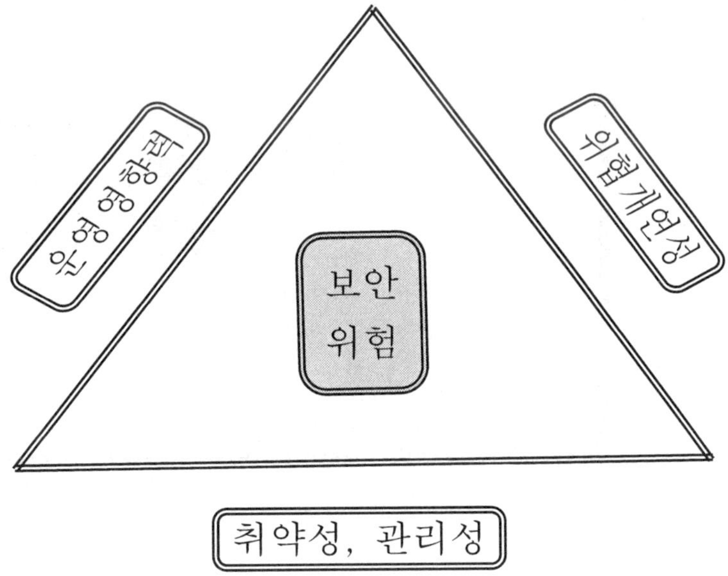

(그림 1-2) 보안위험 구성 3요소

오늘날 기업의 구조조정, 핵심임직원의 채용, 신상품의 출시, 브랜드 쇄신 등을 포함하여 일부 위험은 기업내부에 존재하는 반면에, 외부적인 요인으로는 금리변동, 시장수요의 변동, 새로운 경쟁자의 진입이나 경쟁사의 신상품 출시, 환율변화, 정치적 불안정 등이 있다.

18세기 초 보험산업에서는 원치 않는 사고에 대한 예상 비용이나 손실의 발생 가능성을 곱하여 회계연도의 위험을 계산가능하다는 것을 알았다. 이러한 보험료 계산을 기초로 하여 오늘날 우리가 알고 있는 보안 산업이 탄생하였다.

산업안전보건 영역은 사건의 영향력과 개연성을 확립하는 이와 동일한 원리를 적용함으로써 20세기 중반에 정립되었다. 여기에서 그들은 취약성을 고려하였고 위험 축소 결정의 토대로 영향력과 개연성을 사용하였다. 이것은 의사결정에서 건전하고 책임 있는 근거를 제공하고 안전실무자가 규정된 영역에서 최고의 위험이 무엇인가를 인지하게 하고 이에 따라 위험처리의 우선순위를 정하게 한다. 최근에는 안전위험평가가 강제사항은 아니지만 대부분의 사업장에서 일반적으로 시행된다.

1960년대에 위험관리는 비즈니스 관리 자체의 도구로 인식되게 되었으며, 비즈니스의 성장은 본질적으로 위험과 기회가 연계되었음을 알게 되었다. 이러한 상황이 새로운 비즈니스 위험관리자라는 직업을 생기게 하였다.

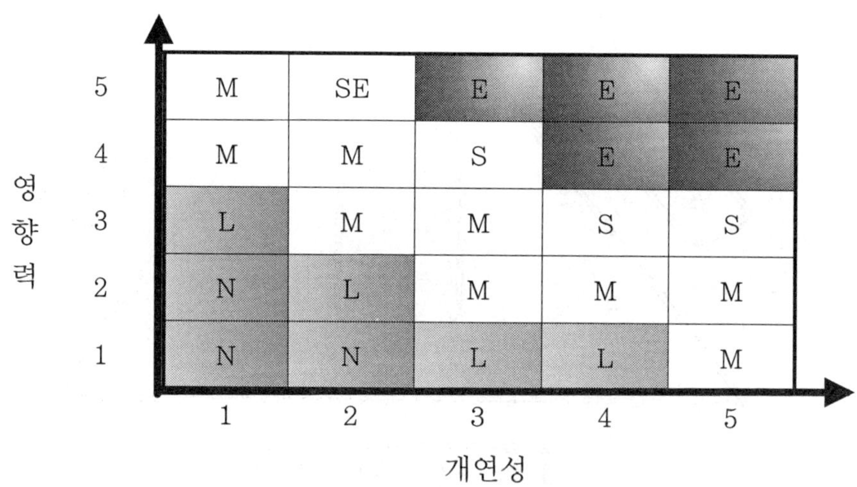

(그림 1-3) 영향력 vs. 개연성

보안관리직무에서 위험관리원칙의 중요한 가치의 인식을 의미하는 훈련과 교육에 대한 표준화의 부족은 상당히 천천히 진행되었고 실제적으로 20세기 후반에 들어서야 광범위하게 인식되게 되었다.

위험관리는 현대 비즈니스 활동의 많은 분야에서 필수적인 기본방법론이 되었다. 그러므로 수익의 관점에서 보안과 비즈니스 통합이 권고되며, 가능하면 기본적인 위험관리공정과 용어는 보안 관리자에게 다소 난해한 영역으로 구분되어 사용되지 않도록 하여야 한다. 또한 보안 관리자에게 보안위험은 공통적인 방법론을 이용하여 포괄적인 비즈니스 위험분석의 일부분으로써 경영관리 차원에서 평가된다는 것을 보장해야 한다.

보안리스크[21]는 조직재산의 잠재적 손실에 대한 위험성으로 만약 침입자의 악의적 의도에 따라 조직의 취약성을 이용하여 위험상황의 발생가능성을 말한다.

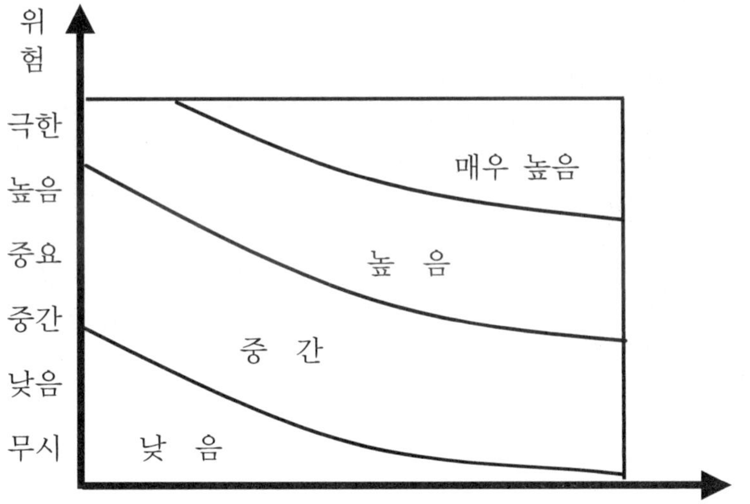

(그림 1-4) 위험 vs. 통제력

21) Douglas Landoll(2011), *The Security Risk Assessment Handbook: A Complete Guide for Performing Security Risk Assessments*, Second Edition, pp.30~31, CRC Press.

물론, 여기에는 모든 리스크관리와 같이 근본적인 한계가 존재한다. 인간의도에 따른 보안리스크 발생가능성을 통계적 확률론으로 수치화하는 것의 개연성이나 정확성에 대한 믿음이다. 이러한 모호성을 피터 번스타인은 "수학적으로 움직이는 현대의 리스크 관리장치는 인간성 말살과 자기 파괴적인 기술을 잉태할 가능성이 있다."고 갈파했고 노벨상 수상자인 케네스 애로(Kenneth Arrow)는 "사회나 자연을 다스리는 섭리에 대한 인식은 모호성이라는 구름을 길게 드리우며 다가온다. 방대한 재앙이 확실성에 대한 신념을 뒤따른다."라고 경고하였다.[22]

(표 1-3) 단계별 보안위험분석[23]

1	위험이 존재하는 장소의 상황과 재산을 파악한다.	재산의 유형: 사람, 소유물, 정보, 기업이미지와 브랜드 평판, 운영의 연속성과 활동, 환경 등
2	개별적으로 작업 단위 또는 시스템에 의하여 재산유형에 따라 집합적으로 개별 재산이 위험에 노출된 위협요소를 파악한다. 예를 들어, 운송차량의 강탈은 운전자와 고객과 같은 사람, 차량과 적재물의 재산, 만약 강탈 차량이 유일한 운송수단이었다면 운영연속성도 고려하여야 한다.	위협요소의 유형: 절도(강도, 절도, 차량강탈, 제품 유용 등), 부정행위, 위조, 공장과 제품에 대한 사보타지, 강탈, 경미한 절도와 같이 허용된 관행, 범죄 피해, 테러리즘, 정치적·인종적 불안정성, 납치, 정보통신망 잠입, 기업스파이와 정보절도, 도청 등 (표 1-6) 보안리스크의 유형 참조

22) Peter L. Berstein/안진환 · 김성우 옮김, Against The Gods/리스크, 한국경제신문사, 2008, 서문.
23) ARC Training(2008), *Security Management stage 1(core skills), section 2, Understanding Security Risk Management*, pp.4~6.

3	위협요소의 발생개연성을 1-5 단계로 세분하여 결정한다.	정량적 방법: ㉠ 한 번 발생에 30년 이상인 경우, ㉡ 10-30년 사이에 한 번 발생, ㉢ 1-10년 사이에 한 번 발생, ㉣ 1-12개월 사이에 한 번 발생, ㉤ 1달에 한 번 이상 발생한 경우. 정성적 방법: ㉠ 필연적이지 않음, ㉡ 가능성 있음, ㉢ 개연성이 있음, ㉣ 개연성이 높음, ㉤ 정기적으로 발생함.
4	위협요소가 발생하는 경우의 영향력에 대하여 결정하고, 1-5단계로 나누어 직접적이고 파급적인 손실에 대하여 고려한다. * 실제적인 범위의 선정은 조직 규모와 비즈니스 상황을 고려하여 결정한다.	정량적 방법: ㉠ 100만 원 이하, ㉡ 100만 원-5천 만 원 사이, ㉢ 5천만 원-5억 원 사이, ㉣ 5억 원-50억 원 사이, ㉤ 50억 원. 정성적 방법: ㉠ 무시 가능함, ㉡ 보통임, ㉢ 심각함, ㉣ 매우 심각함, ㉤ 치명적임(비즈니스 생존에 위협이 될 정도에 심각한 상황).
5	잠재적 위험을 결정하기 위한 그래프에서의 개연성과 영향력의 도표 값을 표시한다.	N=무시 가능함, L=낮음, M=보통, H=높음, E=최대 (그림 1-3) 영향력 vs. 개연성 참조
6	보호(관리성 또는 통제)값에 대한 5단계의 도표(그림 1-3) 결과, 또는 역으로 취약성에 대한 결과를 그래프로 보여준다. 여기에서 개별적인 위험의 우선순위를 알 수 있다.	(그림 1-4) 위험 vs. 통제력 참조
7	가장 적절하고, 실행가능하며 수용할 수 있는 위험처리방법을 적용한다.	위험처리에 대한 다음과 같은 다양한 선택이 존재한다. 위험의 제거, 수용, 보유, 감소, 대체, 집중, 이전, 전개, 우발대책의 수립, 상호원조, 공유하는 방식으로 조직의 상황과 비즈니스 성격에 맞게 적용한다.

8	모든 운영상, 위협요소의 변화에 대하여 주의를 기울이며 상시 점검한다. 보안 관리자와 현장관리 사이의 효율적이고 적절한 정보교환이 의사소통을 강화시킨다. 우측모형은 위험관리 6단계별 위험도를 시각적으로 보여주는 위험 수레바퀴 모형(Risk Wheel)이다. 이 그림은 단계별로 위험처리 노력에 대한 각 계층의 다양한 태도를 시각적으로 보여줘 이 문제를 해결하는 데 많은 도움을 줄 것이다.	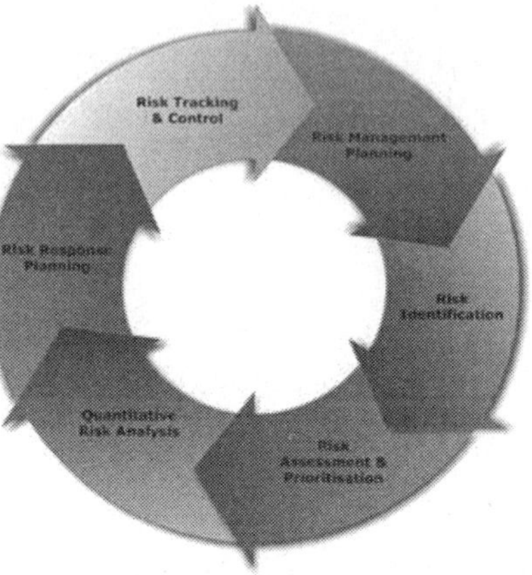

2. 보안리스크 유형

보안리스크는 개인이나 조직의 자산을 손상시키는 결과를 야기하는 모든 상황을 의미한다. 여기에는 수익을 목적으로 조직자산의 변경, 내부기밀의 폭로, 재산의 손상이나 손실, 조직자산을 불법적으로 사적인 이익을 위해 사용, 개인이나 집단의 정치적인 이익 활동, 자산손상을 야기하는 조직체나 사람에게 피해를 주는 위험을 포함한다. 모든 조직자산의 손상은 기업체, 비즈니스 집단, 고객에게 불이익을 야기한다. 따라서 자산보호와 손실예방에 대한 보안리스크의 이해가 위험관리의 필수적인 구성요소이다.

(표 1-4) 위협요소의 구분

구 분(출처)	동 기	운용방법
범 죄	이익	절도, 강도, 습격, 사기, 폭로
테러리스트	정치적인 조작	폭발, 하이재킹, 납치, 살인
해외 정보서비스	전략, 군사, 정치, 경제적인 이익	스파이, 사보타지, 전복이나 파괴, 폭로
산업 경쟁자	이익, 경쟁우위	산업스파이
악의적인 인간	복수, 분노, 불신	폭로, 파괴, 반달리즘

(표 1-5) 자산의 구분

조직자산	리스크	위협요소
건물, 시설물	파괴와 손상, 건물이나 시설물의 가용성의 손상	화재, 폭발, 거짓 위협, 전력공급 중단, 오염, 불법적인 출입
정보시스템	비밀자료의 손상이나 손실, 기밀성, 가용성, 무결성의 손실	불법적인 사용, 디스크검사 포렌식, 출력물의 부주의한 관리, 부주의한 전달
비즈니스나 프로그램의 경영진의 신뢰	비즈니스 집단이나 프로그램, 공정의 내외 공신력과 경영손실	중요 데이터의 오사용, 서비스 제공과 정책의 불일치, 매스컴 보도의 역풍
조직 평판	조직 평판의 손실	잘못된 서비스, 중요 데이터의 오사용, 서비스 제공과 정책의 불일치, 매스컴 보도의 역풍

상기의 도표는 보안위험이 전이되는 위협원인을 규정하기 위한 또 다른 방법으로 조직이 조직목표를 수행하기 위한 핵심적인 역할을 하는 조직자산에 중점

을 두고 분석하여 위협과 파급위험에 따라 분류한 표이다.

마지막 방법은 조직의 위험노출과 취약성에 대하여 확인하고 현용하는 보안통제의 적합성을 검토하는데 사용한다.

(표 1-6) 보안리스크의 유형

자산 유형	위험노출 가능성과 취약성
인적자산	납치, 암살, 공격, 희롱, 폭발, 시민소요, 복합건물의 고위험 임차인의 재배치, 회의와 전시, 범죄, 문화적·종교적 차이, 차별과 편견, 불만인 직원, 국내 폭력, 차량 충격, 가정 내 영향, 재정적 압력, 사원의 인격화, 부적절한 절차, 부적절한 훈련, 부적절한 조사, 고립, 납치, 어휘, 충성/강요/부패/공모, 우편물 수거, 실수, 조직구조와 평판, 물리적 공격, 독극물 투여, 보안정책의 적용의 거부, 강도, 성폭력, 성적인 선호와 차별, 행동과 관련된 스트레스, 여행, 언어폭력이나 학대, 직장폭력, 국민의 인식, 직원 모집 및 유지
정보자산	파괴나 부정, 서비스의 중단, 산업스파이, 화재나 방화, 부정행위, 부주위한 위험노출, 정보유출, 중요 거래정보의 손실, 정보조작, 사보타지, 직원의 성실도
물리적 자산/정보통신 기술	침입, 고위험 임차인과 동일 건물사용, 산업스파이-전자적인 감시와 감청, 화재와 방화, 부적절한 비상관리절차, 위협요소에 대한 구체적 정보의 부적절성, 장비의 불량, 해킹, 재정지출, 메일 조작, 유지보수, 구매 방법, 허가되지 않는 강제적 출입, 반달리즘, 차량폭탄, 사보타지, 절도

보안진단을 통하여 확인된 위협요인은 보안리스크의 원천이다. 따라서 공식적인 위협요소평가를 통하여 얻어진 정보는 특정한 리스크가 발생할 가능성에 대한 중요한 고려요소로 활용된다.

3. 보안위험관리 체계

현대사회에서의 보안위험관리는 모든 개별 조직이나 공동체의 광범위한 위험관리활동의 핵심적인 부분이다. 그러나 보안위험관리체계에 완벽한 안전성은 없으며 모든 보안활동에는 상충관계가 포함된다. 예를 들어, 우리들의 대부분은 현대사회를 사는데 편리성의 대가로 차량사고나 폭행에 대한 위협이 존재하는 것을 수용한다. 만약 우리가 폭력의 위험이 전혀 없는 상황을 원한다면 사람이 전혀 살지 않는 불모지대에 살아야 할 것이다. 그러나 이러한 불모지대의 선택은 또 다른 위험인 의료서비스의 결핍으로 수명의 단축을 감수하여야 하는 위험성을 증가하게 한다. 또한 우리가 출입문에 추가적인 출입통제장치를 설치한다면 외부침입에 대한 가능성을 줄어드는 대신에 출입 시에 불편함을 감수하여야 한다. 유사하게, 우리는 비행기를 이용할 경우에 긴 시간의 보안확인절차를 받아들이고 추가적인 비용을 기꺼이 지불하는 것에 동의하는 것은 이것이 실제적이거나 인식된 위험을 감소시키는 것으로 인식하기 때문이다.

간단하게, 보안이란 위험이나 손실에 대하여 보호되는 것을 말한다. 일반적으로 안전성(security)은 의도적 혹은 타인의 보증되지 않는(unwarranted) 행동과 연관된 부정적인 결과를 완화시킴으로서 달성된다.

일반적인 용어로 보안은 안전(safety)과 유사한 개념이나 기술적인 용어로서 보안은 무언가 현재 안전하다는 의미뿐만 아니라 과거에서 지금까지 계속하여 안전하였다는 의미를 내포한다. 이에 관련하여, 보안은 전체적으로 조직력을 유지·가능·창조하기 위하여 중요한 조직자산을 보호하기 위한 조치들을 의미한다.

이런 자산은 조직업무에 따라 다르나, 일반적으로 핵심정보, 가치 있는 물리적 자산, 인적 자원, 특별한 공정, 기기나 협력관계, 지식재산이 포함되고, 보호 상태를 침해하는 개인이나 행동으로 인하여 보안위반이 발생한다.

앞에서 언급한 '보증되지 않는'의 개념은 최소한 방어자의 시각에서 법적으로 수용할 수 있는 의도적 행동으로 보안의 범주에서 제외된다.

예를 들면, 파생상품 거래나 기업에서 경쟁기업에 대한 행위는 부정적인 결과를 발생할 수 있으므로, 합법적이고 일반적으로 발생 가능한 파급결과에 대한 보호활동은 재무위험관리와 같은 분야에서 특히 중요하다. 그러나 부정행위나 유사한 상황이 포함되지 않는 경우에는 일반적으로 보안문제로 보지 않는다. 유사하게 '의도적(intentional)'이란 용어의 사용은 보안(security)과 안전 영역을 명확하게 구분한다. 보안은 사람의 의도적인 행위로부터의 보호를 포함하는데 반하여, 산업안전에서의 위험관리는 자동차사고나 추락·폭발과 같은 의도하지 않는 우발적 사고로부터의 위험관리를 포함한다.

이와 같이 보안과 안전 사이에는 긴밀한 중첩관계가 존재하는데, 실제적으로 지금까지의 대부분의 언어에서는 보안과 안전의 개념이 하나의 어휘로 존재하였다. 많은 활동에는 서로 다른 원천(예를 들어, 치안이 불안한 나라로 여행 시의 범죄, 환율의 변동, 노상안전 등의 위험성)에서 광범위한 위협요인이 존재한다.

종종 우리는 안전의 일부분으로 보안을 취급하기도 하며, 일정부분은 적절하다. 예를 들어, 비밀로 분류된 국가정보의 보호는 국민의 생활이나 정보 분야의 정보원의 신원보호와 관련된다. 그러나 사기, 횡령, 산업스파이, 웹사이트 해킹과 같은 금융, 재산위협을 고려할 경우에는 개인안전에 대한 영향은 미미하므로 안전의 일부분으로 보안을 취급하는 것은 부적절하다.

보안위험관리는 조직자산에 대한 타인의 의도적인 보증되지 않는 행동과 결부되어 이익을 극대화하고 부정적인 영향을 최소화하기 위한 문화·공정·체계이다.

보안위험관리체계의 핵심은 인간의 직접적이고 보증되지 않는 행동을 지향한다. 여기에서 사용되는 보안 'security' 용어는 우리의 관념보다 더 광범위한 의미로 사용된다. 예를 들어, 위험이나 위해, 손실이나 부상으로부터 보호되는 상태에 사용된다면, 여기에는 자연재해로부터 보호의 구성요소와 조직의 탄력성의 개념도 포함한다.

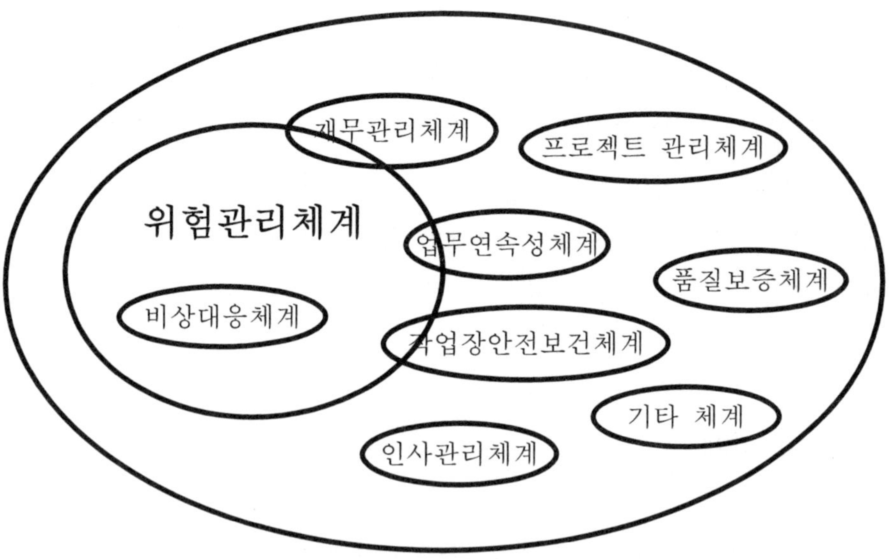

(그림 1-5) 위험관리체계 연계관계

보안위험관리체계에 의하면 비록 사람의 의도적인 행위에 중점을 두나, 모든 위해요소를 포함하는 접근에는 환경과의 광범위한 상호작용과 조직이나 개인에게 영향을 미치는 모든 요소들이 고려되어야 한다. 예를 들어, 자연재해의 관점에서 조직의 탄력성은 자연재해의 직접적인 영향력과 화재, 약탈, 시민동요와 같은 간접적인 영향력을 동시에 고려한다.

보안위험관리는 실제로 조직의 탄력성을 유지하기 위하여 모든 위험요소들은 준비, 보호, 인명보호, 자산, 정보, 조직의 역량의 지원에 의하여 보완 · 지지된다. 비록 보안위험관리에서 사용되는 몇 가지 용어는 다른 위험관리의 형태와 공통적이나, 조직목표의 진행과정에서 보안위험관리업무와 핵심적인 역할의 대부분은 위협평가공정과 위험처리에서는 독특함을 보인다.

대부분의 보안전문가와 같이, 보안위험관리체계에서는 서로 다른 개념으로서 위협요소(threat)와 위험(risk)을 구분한다. 위협요소는 해저드나 위험원으로 종종 의도나 가능성의 관점으로 사용되는 반면에, 위험은 자산에 가장 신뢰할 만한 영향력이나 결과를 가져오는 공격가능성 측면으로 고려된다. 그러므로 보안위험관리에서는 위협요소를 결정하여야 할 목표이므로 위험(위협요소)을 관리하여야 할 대응책을 적용한다. 그러면 보안위험관리체계와 위험관리는 어떤 관련성이 있는가? 현대 조직에서 보안위험관리는 광범위한 위험관리시스템의 일부분이나 핵심적인 부분이다. 오늘날 위험관리는 조직에 부정적인 영향을 미치는 요소들을 관리하면서 잠재적인 기회실현을 이끌어 나가는 문화 · 공정 · 구조이다. 즉 위험관리는 위험과 관련된 조직을 통제 · 관리하는 조정활동을 의미한다.

4. 보안리스크의 미래

21세기 보안위험관리의 스토리는 기술진보, 절차개선, 위험요소로부터 부당한 이익을 쟁취하려는 자들의 벼랑 끝 전술과의 계속되는 전투에 대한 이야기로 채워진다. 언제나 그랬듯이 우리가 우리의 보안통제를 개선시키는 동시에 공격자들은 우리들의 또 다른 틈새를 찾아낼 것이다. 보안산업에 대한 유명한 문구는 "우리는 침입자들이 지금 당장 사용하는 방법 외에는 책에 있는 모든 속임수에 대해서 알고 있다는 것이다."

창과 방패와 같은 이러한 치열한 두뇌싸움은 미래에도 계속될 것이며, 유전공학, 나노기술, 로봇공학과 같은 첨단기술이 이러한 복잡성을 가중시킬 것이다. 전문가들은 보안분야에서 인간보다 뛰어난 동등한 인공지능을 가진 컴퓨터 기술의 기하급수적인 진보를 경험하게 될 것이고 미래의 컴퓨터는 2027년까지 Turing test[24]을 통과하는 능력을 가질 것으로 예상하였다.

튜링시험이 통과하기까지 상당한 기간이 요구됨에도 불구하고 현실화는 멀지 않았으며, 인공지능시스템의 사회에 대한 영향력은 증가하게 될 것이다. 교통통제에 대한 기본적인 요소, 동력생산, 제조업에서의 인공지능의 활용은 우리가 생각하는 보안에 대한 근본적 변화를 가져올 것이다. 미래학자 레이 커즈와일은

24) 인간이 두 상대방(기계와 인간)에 질문을 하여 응답자가 기계인지 인간인지를 구별하는 방법으로 구별할 수 없는 경우에는 그 기계는 지능이 있다고 판단하는 개념이다.

2045년 인공지능이 인간지능을 뛰어넘는 '특이점(singularity)'[25]에 도달하고 그 이후에는 통제 불가능한 상황이 전개될 것이라고 주장한다.

대부분의 조직에서 핵심 시스템에 대한 접근통제를 위한 방화벽이나 직원선발과 같은 다양한 보안시스템이 활용되지만 컴퓨팅시스템이 직원인 경우에는 '직원선발'이란 용어를 재정의하여야 할 것이다. 실제로 멀지 않는 미래에 우리는 새로운 불확실한 위험에 직면하게 될 것이며, 빈번하게 블루투스 시스템에 대한 해킹을 목격하게 될 것이다. 따라서 보안위험관리는 미래에는 정보기술에 대한 놀라운 발전과 함께하여야 할 필요성이 대두된다. 보안위험관리의 영원한 본질은 미래의 성공적인 비즈니스 특징임과 동시에 조직 관리시스템의 기본요소가 될 것이라는 것만은 분명하다. 더불어 제품과 서비스의 개념이 더욱 가상공간과 기술진보에 따라 지식재산의 중요성이 강조됨에 따라, 정보보안기술과 더욱 정교화된 보안장벽의 활용의 중요성이 보안위험관리에서 강조될 것이다.

또한 새로운 보안환경에 대한 교육과 훈련은 보안위험의 복잡성과 해결책의 증가에 따라 중요성이 강조된다. 특정분야의 전문성은 추동력을 응집하는 새로운 트렌드가 될 것이다. 그럼에도 불구하고 인간은 새로운 방정식에서도 항상 핵심적인 요소로서 존재하게 될 것이며 보안대책은 공격자를 제지하거나 공격을 지연시키는 기본적인 원리에 충실하게 될 것이다.

21세기의 진행에 따라 점차적으로 보안취약성의 발견은 어려운데 반하여 기업이나 단체가 직면한 위협은 효과적으로 통제되어야 한다. 따라서 다음의 내용들은 오늘날의 보안트렌드와 보안업무에 대한 도전으로 보안과 손실예방업무에서 전문가 집단에게 영향을 줄 것이다.[26]

① 기술발전은 축복과 동시에 부담이다. 대표적으로 정보기술은 우리의 생활을 편리하게 하는 동시에 침입자에게 불법적으로 이용되기 쉽다. 범죄조직들은 점점 국제화되어 정보와 기술혁명을 정부나 기업보다도 더 잘 이용한다.[27]

---

25) 인간 이상의 지능과 마음을 기술적으로 창조하는 아이디어처럼 인간의 사고 능력으로 예상하기 힘들 정도로 획기적인 첨단 기술이 구현되어 인간을 초월하는 시기.

26) 최선태, 기업손실예방론, 백산출판사, 2005, pp.887~892 편집.

27) Richter H. Moore, 'Private Security in the 21st Century: An Opinion,' Journal of Security Administration 18, no. 1(1995), pp.3~13.

② 침입과 방어의 사이클은 계속되어 새로운 기술이 개발됨에 따라서 침입자는 이것을 이용할 것이고 보안전문가와 침입자는 항상 경쟁관계에서 한 집단은 방어하기 위해서 최선을 다하고 다른 집단은 방어를 무력화시키려고 사력을 다한다. 결과적으로 양측 모두 '전투'에서는 승리하지만 '전쟁'에서는 누구도 승리하지 못한다.

③ 범죄조직의 리더는 점점 잘 교육 · 훈련되어지고 있으며 범죄자들은 점점 대학 학위와 컴퓨터 · 공학 · 자금의 관리 · 투자 · 회계의 경험을 가진 자들이 증가하고 있다. 마찬가지로 여기에 대응하려면 보안전문가들도 유사한 지식과 이력이 요구되며, 오늘날 최고 보안관리자들은 최신 기술을 잘 교육받고 훈련이 되어져야 하고 대체적으로 기업경영의 경험을 도태로 보안분야에서 전문적인 기업가로 활동한다.

④ 무수히 많은 정부기관과 민간부문의 서비스회사들이 세계로부터 사람과 비즈니스, 그리고 조직에 관한 데이터를 수집하고 첨단기술은 원격지로부터 세계전역의 정보를 전달하는 능력을 제공해준다. 이러한 정보는 군대의 전초부대나 이동 경찰차량, 신용카드사용 사무실, 회사 사무실, 재택 사무실, 어디든 간에 전달되고 개인이나 집단은 이러한 정보에 합법적 또는 불법으로 접속하여 엄청난 힘을 가지게 되었다.

⑤ 21세기 들어서 컴퓨터 바이러스는 더 지능적이고 골치 아픈 대상이 되었다. 해커들은 더욱 정교화 · 지능화되어 가고 있고 컴퓨터가 모든 사회분야에 영향을 미침으로 그 취약성은 끝이 없다. 따라서 침입자는 세계 어느 곳에서나 금융기관의 기록들을 조작하고, 범죄기록 파일을 변경시키며, 새로운 신원(분)을 만들어내고, 원거리에서 생산 공정을 변경시킬 수도 있다.

⑥ 21세기는 정보화시대이기 때문에 중요한 정보(예, 지식자산, 영업비밀)의 보호는 더 많은 책임이 요구된다. 그러므로 21세기 기업의 생존은 필수적으로 중요한 정보의 보호에 달려 있다.

⑦ 현금이 필요 없는 사회가 도래함에 따라 침입자들은 불법적으로 시스템의 취약점을 찾으려 하고, 대량 살상무기(예, 핵 · 생물학 무기)의 암시장에서의 거래와 같은 새로운 위협요소가 증가하고 있다.

⑧ 기업형 범죄집단은 점점 금융기관의 운영에 대한 지식과 그들의 취약점을 알게 되었고 이 목표가 최우선 순위가 됨에 따라 그들의 목적을 위해서 금융기관에 침투하고 데이터를 조작하는 시도를 계속한다. 또한 금융 보안전문가들은 외부적인 침입뿐만 아니라 내부적인 도전에 직면해 있다.

⑨ 위성은 전 세계를 통하여 즉각적인 통신의 이용으로 보안에 도움을 주며 이것은 사람과 재산을 좀 더 쉽게 추적할 수 있게 되었으며, 이러한 기술은 납치와 수송중인 화물의 강탈(hijacking)의 수사에 도움을 준다.

⑩ 기업은 한정된 재원으로 기업재산의 보호의 우선순위의 확립을 요구하므로 보안리스크분석(security risk analysis)은 보안책임자에게는 더욱 도전적인 요인이 되었으므로 보안리스크분석을 위한 향상된 연구 방법론을 토대로 더 좋은 판단을 내려야 하고 조직의 모든 분야의 취약성에 동일한 보호 기법을 적용하지 못하기 때문에, 위험분석의 기법과 연구 그리고 판단은 절대적으로 중요하다.

⑪ 다운사이징과 엄격한 예산은 보안부서에 추가적인 임무(예, 산업안전 · 소방 · 주차관리)를 처리할 것을 요구하거나, 새로운 분야(예, 위기관리 · 컴퓨터 보안)로 전문화하거나, 또는 경영자의 의식부족으로 보안부서가 축소되거나 다른(예, 시설관리 · 건강과 산업안전) 부서와 통합되기도 하므로 21세기 보안전문가의 전문성 개발은 필수적이다.

⑫ 기업이나 기관들의 변화는 직원들의 사기에 영향을 미친다. 다운사이징 과정에서 품질향상의 목표와 동시에 직장에서는 근로자들에게 그들의 몸값만큼의 성실성을 요구한다. 근로자의 성실성은 현대 보안프로그램의 핵심으로 구성원에 의한 손실을 방지하는 방법이 오늘날 주요한 문제이므로 이에 대한 연구와 새로운 혁신적인 전략이 요구된다.

⑬ 여성이나 노인 그리고 장애를 지닌 사람들에게는 직장에서 많은 부분을 배려해 주어야 한다. 현재 이러한 집단들의 보안문제는 새로운 도전에 직면해 있다. 여성과 노인들은 직장에서뿐만 아니라 집이나 여행 중에도 보호가 필요하고 가정폭력의 경우나 성희롱 · 스토커에 대한 대응에 보안전문가들의

많은 부분을 차지하게 될 것이다. 여성이나 노인은 직장범죄에서 더 높은 비율을 차지하며 만약 장애를 가진 사람의 고용이 증가한다면, 그들은 갱(gang)의 문제나 불법적인 약물의 문제를 발생할 가능성이 증가할 것이다.[28)]

⑭ 보안분야에서 더 많은 연구가 소수집단 구성원과 여성들에게 중점이 되어야 한다. 한 여성 보안관리자의 연구에 의하면 대부분의 여성은 상대적으로 많은 성적차별, 성희롱, 업무에서의 스트레스를 경험하며, 더불어 같은 업무에서 남자들보다 적은 급여를 받고 있다고 느끼는 것으로 나타났다. 그러나 남성중심의 휴가와 같은 문제점에도 불구하고, 조사된 $\frac{3}{4}$의 여성은 그들의 직업에 만족한다고 연구결과에서 나타났다.[29)]

⑮ 보안은 다국적·다문화적 근로자에서도 적절하게 적용되어야 한다. 근로자의 유형이 변화함에 따라서 보안전문가는 다양성에 대하여 관심을 가지고 이것을 업무의 장점으로 이용한다. 따라서 이들과의 원활한 의사소통은 보안과 업무능률을 향상시키고 심지어 새로운 시장의 개발에도 도움을 준다.

⑯ 세계화는 보안업무에서 각각의 특유한 지역적인 문화와 관련된 위험에 관심을 가질 것을 요구한다.

⑰ 21세기 경찰은 그들의 역량을 재산범죄에 대한 대응은 작은 부분을 차지하는 대신에, 폭력범죄를 억제하는데 그들의 시간과 역량을 대부분 소모하게 될 것이다. 그 결과로 민간 보안서비스가 이 공간을 대신하게 될 것이다.

⑱ 많은 시민들과 기업인들이 범죄를 억제하는 경찰의 재원이나 역량의 한계를 느끼고 있으며, 경찰은 주로 수동적으로 '반응한다.' 이것의 의미는 경찰은 시민들이 요청할 경우에만 치안서비스와 조사를 실시하며 경찰은 가끔 심각한 문제를 해결하기 위해서 엄청난 압박감을 느낀다. 그러나 경찰의 재원이 한정되어 있으므로, 경찰이 더 '적극적으로' 범죄예방활동을 할 수가 없다. 그러나 범죄는 발생하기 전에 예방되어야 하므로 민간부문이 이 공백을 대체하게 될 것이다.

---

28) 'Here Comes the 21st Century: What Does It Hold for Security?' Security Management Bulletin(March 25, 1997), pp.4~7.

29) 'Survey Studies Woman in Security,' Security Management(February 1996), pp.87~88.

⑲ 미국의 법집행 전문가에 의하면 2035년에는 미국에서 민간보안서비스 기관들이 법집행 책임의 50% 이상을 수행할 것 이라고 예상하였다.[30)]

⑳ 오늘날과 미래의 보안전문가들에게 도움이 되는 3가지 주요한 요소는 광범위한 교육(예, 경영 · 보안 · 컴퓨터)과 투자에 대한 결과를 보여줄 수 있는 보안전략의 기술, 급변하는 환경에 적응하는 유연성이다.

5. 보안 비즈니스 케이스

경영진에서 보안기능을 경영전략차원에서 수용하는 것은 보안기능에 대한 전략적 접근을 가능하게 하고 조직에서의 위상과 역할을 좌우하는 핵심적인 요소이다. 컨퍼런스보드에 의해 진행된 연구에서 보여주듯이 어떻게 기업보안의 영향력을 미치는가에 대하여 최고경영진까지 비즈니스 케이스로서 확신하게 된다. 최고경영진을 대상으로 조사된 기업 중에 보안이 비즈니스 가치를 향상시킨다고 믿는 기업 중에 $\frac{2}{3}$가 9 · 11 이후에 보안비용을 증가한 반면에, 보안을 비용으로 평가한 61%의 기업들은 보안비용이 증가하지 않았다.[31)]

비즈니스 케이스(business case)는 연도별 투자금액과 그 투자로 인해 발생하는 연도별 효과를 표기하고 몇 년 안에 투자금액이 회수가 되며 그 이후로 어떤 투자효과가 발생하는지를 보여주는 것으로 투자결정을 판단하는 근거가 되며 이에 따라 다음과 같은 역할을 가능하게 한다.

① 비즈니스 케이스 공정은 적용가능하고, 지속적이며, 비즈니스 지향적이며, 포괄적이고, 이해가능하며, 측정가능하고, 투명하고 책임질 수 있고, 업무를 시작하는 이유를 파악할 수 있어야 한다.

② 비즈니스 케이스는 무언가를 실시하는 타당한 이유를 설명하는 것으로 비

30) William L. Tafoya, 'The Future of Law Enforcement? A Chronology of Events,' C J International 7(May-June 1991), p.4.

31) 최선태, 21세기 산업보안론, p.180.

즈니스의 행동과정에 대한 이익을 설명한다.

③ 비즈니스 케이스는 어떤 행동에 대한 의사결정자의 승인에 대한 확신을 갖도록 의도한다. 일반적으로 비즈니스 케이스는 투자대비 매력적인 결과에 관한 명확한 경로를 보여준다.

④ 핵심 의사결정자가 특정한 행동과정에 대한 장점에 대하여 확신을 가지도록 의도한다.

⑤ 비즈니스 개선을 위한 체계적인 제안으로 조직의사결정자의 의사결정 기능이다.

⑥ 비즈니스 케이스는 비즈니스 공정수행에 대한 분석과 관련된 필요성이나 문제점, 제안된 대안 해결책, 가정, 제한, 위험조정 비용편익분석을 포함한다.

보안투자대비 효과(Return on Security Investment: ROSI)에서 비즈니스 케이스는 다양한 목적으로 만들어진다. 보안투자대비 효과의 일반적인 정의는 아래와 같다.

$$ROSI = \frac{위험노출*위험완화\% - 보안투자}{보안투자}$$

여기에서 Risk Exposure(위험노출)=ALE(연간기대손실)=SLE(단일기대손실)×ARO(연간위협빈도)을 나타낸다.

ROI처럼 ROSI을 증가시키는 방안은 운영손실의 최소화, 투자액의 최적화, 긍정적인 결과물의 최대화, 결과발생 시기의 단축 등이 있다. 그러나 현실적으로 잠재적 위험을 의미하는 리스크로 인해 잃게 될 기회비용과 손실가능성을 수치화하는 것 등은 사례분석의 한계로 정확하게 산출하기는 쉽지 않으나 ROSI을 산출하는 궁극적인 목적은 기업의 비즈니스 목표에 부합하여야 함을 항상 염두에 두어야 한다. 따라서 보안투자대비 효과는 내년도 예산계획수립의 활동내역을 이해하기 위한 비즈니스 계획수립을 목적으로 하는 반면에 의사결정의 지원을 목적으로 하기도 한다. 참여자들은 비즈니스 케이스의 결과를 확인한 다음 처음의 의도에 부합하도록 수행되었는가를 검토하기 위하여 비즈니스 케이스의 목적에 대하여 명확하게 이해하여야 한다.

제3절 보안리스크 증가 원인

1. 인구의 과밀화

지난 20세기는 전대미문의 세계적인 인구 폭발의 시대였다. 1750년에서 1900년까지 150년 동안 전 세계의 인구수가 8억 명에서 16억 명으로 2배 증가했지만, 20세기에는 61억 명으로 약 4배까지 늘어났다. 더불어 여기에 지난 15년 동안에만 12억 명 이상이 더 늘어났다. 인구 과잉 문제는 아시아에서부터 아프리카 국가들까지 지구촌 모든 곳에서 나타나고 있다.

제2차 세계대전 무렵, 몇몇 과학자들은 인구조절에서 약탈자나 식량공급 이상의 요인이 있거나 북극쥐와 토끼의 행동에 그 밖의 다른 요인이 숨겨져 있을지도 모른다고 의심하기 시작했다. 대량사망의 시기에는 오히려 식량이 풍부했던 것으로 나타났으며 사체에서도 기아의 흔적을 찾아 볼 수 없었다.[32] 이 현상을 연구하던 과학자들 중에 병리학을 수련한 동물행동학자 크리스천이 있었는데 그는 1950년 포유동물의 수적 증감은 '밀도'에 반응하는 생리학적 메커니즘에 의해 조절된다는 이론을 제시했다. 그는 일정 지역 내에서 동물의 수가 증가하면 스트레스도 커지다가 마침내 인구붕괴를 몰고 오는 내분비 반응이 촉발되고 마는 현상을 입증했다.

적합한 공간사용에 대한 인간의 느낌은 뿌리 깊은 것이다. 그러한 인식은 궁극적으로 생존 및 건전한 정신과 직결된다. 공간 감각을 잃는다는 것은 정신이상이 되는 것이다. 긴급 상황에서는 반사적인 행동과 생각이 요구되는 행동의 차이가 생사를 판가름할 수도 있다. 이것은 붐비는 고속도로를 빠져나가는 운전자나 포식자를 피해 다니는 토끼에게도 똑같이 적용되는 법칙이다.[33]

32) Edward T. Hall/최효선 옮김, 전게서, p.63.
33) Edward T. Hall, 상게서, p.166.

D. Morris는 객관적인 동물행동학자의 눈으로 보면, 지나치게 과밀한 동물의 폭력 행동은 그 종의 개체수를 스스로 제한하는 적응 메커니즘이다. 이것은 종 전체의 생존을 위해 각 개체한테 잔인하게 구는 것으로 설명할 수도 있다. 모든 동물은 나름대로 특정한 개체수 '상한선'을 갖고 있다. 개체수가 상한선을 넘으면 일종의 치명적인 활동이 개입하여 다시 개체수를 줄인다. 이런 관점에서 잠시 인간의 폭력성을 생각해 볼 필요가 있다.[34]

최근의 더블링 타임(Doubling Time, 인구가 두 배로 늘어나는 데 걸리는 시간)의 수치를 보면 서유럽이 700년, 미국의 경우 100년이다. 인구 과잉의 위협에서 이제 어느 정도 안심해도 된다고 생각한다면 천만의 말씀이다. 나머지 국가들의 사정은 전혀 다르기 때문이다. 아프리카의 경우 더블링 타임은 24년밖에 안 된다. 1세기 뒤 아프리카 대륙은 어떻게 될 것인지는 짐작하기 어렵지 않다. 특별한 사전 대책을 강구하지 않으면 우리는 '카오스'라는 낱말에 새로운 뜻을 부여해야 할 것이다.[35] UN은 세계 인구가 2025년엔 80억 명, 그리고 2083년엔 100억 명에 달할 것으로 추산하고 있어 식량부족이 점점 더 심해질 것이란 전망이라 인간 동물원의 딜레마는 결코 사라질 수 있는 문제가 아니다.

상식적으로 이러한 지구촌 과밀화는 인간생존의 근본적인 불안요인이 될 것이다. 지구 생물권은 이미 기후 변화, 생물 다양성 손실, 질소 순환, 환경오염 등에서 회복 탄력성을 넘어섰고, 토지 이용, 담수 사용량, 해양 산성화 등에서 그 문턱에 육박하고 있다.

예건대 문명화된 인간이 과밀의 결과에 관해 기층문화의 수준에서 얻은 자료들을 계속 무시한다면 아직 행동의 싱크(sink)[36]현상에 처하지는 않았더라도 그와 진배없는 상황을 만들 위험에 처할 수 있다. 제임스 섬 사슴[37]의 경험은 오싹할 정도로 14세기 중반 유럽 인구의 3분의 2를 앗아갔던 흑사병을 연상시킨다. 이 대량사망의 직접적인 원인은 페스트균이겠지만 중세 마을과 도시의 과밀한 생활

---

34) Desmond Moris/김석희 옮김, The Human Zoo, 전게서, p.202.
35) Desmond Moris, 상게서, p.10.
36) 싱크라는 말은 오물이나 폐기물을 받는 그릇이라는 상징적인 의미로 쓴 것이다.
37) 제임스 섬 사슴의 대량사망 원인에 대한 상세한 내용은 상게서, pp.63~66.

환경 때문에 저하된 저항력이 사태를 악화시켰음은 의심할 여지가 없다.[38]

인구감소를 고민하고 있는 아시아 국가 가운데 5,150만이 넘는 인구를 가진 대한민국의 인구밀도는 2015년 기준 517명/㎢로서 전 세계에서도 가장 높은 편이다. 특히, 수도권은 면적이 1만 1817㎢ 정도인데 반하여 대한민국 인구의 반이 거주하고 있으므로 인구밀도는 2180/㎢명으로 세계에서 인구밀도가 가장 높은 방글라데시의 2배 수준이다. 인구 2,300만의 대만은 646/㎢명, 1억 2,700만 명의 인구를 가진 일본은 337/㎢명으로 전 세계에서 인구밀도가 상대적으로 높다. 이것은 행정통제력의 작동이 원활한 일부 도시국가나 인구가 천만 명이 되지 않는 작은 국토면적에 비하여 많은 인구를 가진 국가를 제외한 국가들과 비교하여 상대적으로 과밀화되어 있음을 보여준다.

단위 면적당 인간이 살 수 있는 적정인구가 어느 정도인지에 대해서는 정해지지 않았다. 이것은 인간이 살 수 있는 지역, 경제, 기후와 사회제도적인 환경 등 매우 다양한 요소들에 의해서 영향을 받기 때문이다. 그러나 지난 20세기 동안의 급격한 인구증가의 반작용으로 인한 완만한 인구감소와 더불어 평균수명의 연장에 따른 노령인구의 급격한 증가는 21세기 지구촌에 살고 있는 모든 인간생활에 근본적인 영향을 끼치게 될 것이다. 특히 인간의 삶의 안정성과 안전에 관한 모든 패러다임에 근본적인 변화가 열리게 될 것이다.

2. 산업자산의 증가

한국은행과 통계청이 발표한 2015년 국민대차대조표에 따르면 우리나라의 국부(國富)가 1경 2,359조이 넘고 우리나라에서 1년 동안 가계, 기업, 정부 등의 경제주체가 생산한 부가가치인 명목 GDP(1,558조 6천억 원)의 7.9배 수준이다. 가구당 순자산은 가구당(2.55인) 평균 순자산은 3억 6,152만 원, 국민 1인당 1억 4,460만

38) 전게서, p.180.

원으로 추산됐다.

1953년 13억 달러에 불과했던 한국의 명목 국내총생산(GDP)은 2015년 62년 사이에 1,115배(1조 4,495억 달러) 증가했다. 유럽국가가 200년 넘게 걸린 경제발전과 근대화를 우리나라는 50년이라는 단기간에 압축성장을 했다.

한국은행과 통계청의 결과 우리나라의 국부에 해당하는 국민순자산이 2008년말 8,118조 5천억 원에서 2015년 1경 2,359조 원으로 52% 증가하였다.

IMF가 발표한 2015년 대한민국의 GDP는 1조 8,485억 달러로 세계 12위에 달하고 전 세계 생산의 1.63%를 차지하는 것으로 나타났다. 1953년에 처음 집계한 GDP는 477억 원이었다. 광복 70년 만에 GDP가 3만 천 배 증가하였다고 통계청이 '통계로 본 광복 70년 한국사회의 변화' 보고서에서 발표하였다.

지금 우리나라는 그 동안의 원조를 받는 나라에서 원조를 제공하는 나라로 기술과 자본을 빌려오는 나라에서 빌려주는 나라로 변화하였으나, 저성장 국면으로 들어서 성장의 정체현상이 나타나기 시작하였다. 이제는 얼마나 효과적으로 지금까지 축적된 인적·물적 자원을 활용하고 혁신을 이루는가에 따라서 경제발전에 영향을 미치게 된다.

특히 지구촌 선진국간의 기술경쟁에서 살아남기 위해서는 먼저 동북아 3국 중에 우리나라보다는 앞선 기술력을 가진 일본과의 기술경쟁을 계속하여야 하고 3조 달러가 넘는 막강한 자본을 축적한 중국과의 산업기술 쟁탈전에서의 성패가 내일의 대한민국의 청사진이 걸린 4차 산업 전쟁의 국가적인 의제이므로 지금의 산업화 시대의 보호방법론에서 벗어나 세계 산업의 패러다임에 맞는 혁신적인 보호전략의 수립과 효율적인 시행은 반복하여 강조하여도 지나침이 없다.

결과적으로 대한민국의 산업자산이 증가하였다는 것은 경쟁자나 경쟁국가에게는 매우 위협적이며 한편으론 매력적인 대상이 되었다는 것이다. 역사적·지정학적으로 한반도는 항상 강대국의 각축장이었고 우리가 살고 있는 21세기에도 이러한 역사적 교훈은 유효하다. 따라서 산업자산의 증가에 따른 이것을 지키고 유지하는 전략적 대응과 자산가치에 부합하는 보호대책이나 유지가능성을 높이는 전략은 필수적이다.

3. 정보통신 발달

인간의 자기보존 욕구는 외부 상황에 대하여 끊임 없이 신속한 정보를 얻는 것을 생존전략의 기본으로 한다. 이러한 신속한 정보수집을 바탕으로 외부 환경을 분석 · 평가하고 자신의 대응력을 높이게 된다.

마라톤의 유래는 기원전 490년 페르시아와 아테네와의 마라톤 평원에서의 승전보를 전하기 위해 병사가 42Km의 거리를 달려가 "우리 아테네군이 승리했다."는 말을 전하고 숨을 거두었다는 전설에서 기원한다. 정보통신이 발전하기 이전에는 전쟁에서의 정보 전달의 신속성이 가장 중요하였지만 오늘날에는 모든 분야에서의 신속한 정보전달과 습득은 경쟁우위의 발판이 된다. 유사 이래로 다양한 통신수단의 발전을 거듭하여 오늘날에는 전 세계가 실시간 온라인으로 연결되어 있다. 우리 모두가 데이터를 생산하고 소모하는 디지털 프로슈머 시대가 열린 것이다.

현대인은 실시간으로 지구촌 어디에서 발생한 이벤트에 대한 상황도 알 수 있으나, 한편으론 뛰어난 플랫폼을 보유한 구글, 페이스북, 아마존 같은 거대 IT 기업이 플랫폼을 통하여 수집한 데이터를 독점하고 빅데이터를 분석하여 기업활동에 활용하고 있으며, 이것은 또한 빅브라더 사회의 위험성도 내포하고 있다. 또한 특정 조직이나 목적을 위하여 가공되거나 왜곡된 정보의 실시간 전파는 과거보다는 배가된 피해를 양산하게 될 것이다.

이와 같이 정보통신기술의 발전에 따라 현대인의 생활의 편리성은 급격하게 향상되었다. 인터넷과 휴대폰 사용이 일상화되면서 직종에 따라서는 대부분의 일처리를 집에서 실시간으로 실시할 수도 있게 되었다. 많은 직종에서 점차적으로 재택근무가 가능하게 되었고 업무보고와 결제 또한 인터넷을 통하여 가능하게 되었으며, 원격조작을 통하여 가정의 가전도구를 조정할 수도 있게 되었다. 이러한 정보통신의 발달은 편리함과 더불어 이를 악용한 범죄행위도 증가하게 된다.

우리의 주민등록번호가 인터넷을 통하여 거래되고, 컴퓨터에 대한 전문성이 없더라고 보안이 허술한 사이트를 해킹할 수 있는 해킹프로그램을 인터넷을 통하여 다운로드 받을 수도 있으며, 범죄에 악용될 수 있는 각종 위험물질의 제조법도 인터넷에서 유통된다. 특히, 인터넷을 통하여 이동하는 모든 정보는 특정한 서버나 통신망을 거치게 되므로 언제나 누군가에게 노출될 수 있고 악용될 가능성을 수반하게 된다.

또한 정보통신기술의 발전은 익명성을 이용한 타인에 대한 무차별적인 비난의 통로가 되었으며, 과거에는 알지 못하던 부자나 유명인들의 사생활이 상세하게 인터넷을 통하여 공개되게 되었고 이것을 알게 된 상대적 빈자들의 박탈감과 열등감이 타인에 대한 맹목적인 증오와 분노로 전이되기도 한다. 이것이 어떤 특정한 이념이나 집단과 결합되는 경우에는 엄청난 파괴력을 보이기도 한다.

4. 빈부격차 증가

지구촌의 물질적인 부의 팽창은 계속되지만 오늘날 지구촌에는 하루 2달러 미만으로 사는 인류가 40%에 육박하는 70억 인구 중 27억 명이 하루 2달러 이하로 살고 있는 반면 인구의 2%가 전체 자산의 절반 이상을 소유하고 있으며, 2010년에는 세계 최대 갑부 388명의 자산이 하위 50%의 자산을 합한 것과 같았으나 2014년에는 세계 거부 80명의 자산이 세계 인구의 절반인 35억 명의 자산 총액과 같았고, 2015년에는 62명이 가진 재산이 하위 50% 재산과 맞먹는다는 국제 구호단체 옥스팜의 연구 결과가 나왔다. 경제전문지 포브스가 선정한 세계 최고 부자 1645명 가운데 3분의 1이 전 재산 혹은 대부분의 재산을 자녀에게 상속함으로써 부의 대물림이 심화되고 있다.

2015년 통계청과 한국은행에 따르면, 1990년 197조 7,120억 원이었던 우리나라 명목 국내총생산(GDP)은 2014년에는 1,485조 780억 원으로 651배 급증한다. 그런데 같은 기간 소득 상위 10%의 실질소득이 112.4% 늘어날 때 하위 10%의 실질소득은 44.8% 오르는 데 그쳤다. 더 큰 문제는 자산 불평등이다.

2014년 통계청이 전체 가구의 자산을 최하위 20%부터 최상위 20%까지 5분위로 나눠 평균 자산과 연간 평균 소득을 비교한 결과, 자산 최하위 20%의 평균 자산은 2,845만원인 데 반해 최상위 20%의 평균 자산은 9억 8,223만원이었다. 최상위 20%의 소득은 최하위 20%보다 4.1배 많았지만 자산은 34.5배나 차이가 났다. 최상위 계층의 자산에는 금융이나 부동산 등으로 불린 불로소득도 상당 부분을 차지했고 재산은 자식으로 대물림된다는 점에서 특정 소수에 의한 부의 독점은 한층 심화될 가능성이 크다.

'불평등'은 건전한 경제의 최대 위협요인이다. 이러한 극심한 빈부격차는 거의 전부를 소유한 인간과 거의 아무것도 없는 인간이 서로 투쟁하여야 할 대상이 된 것이다. 사회적인 불평등이 심해지면 사회에서 긴장과 경쟁, 갈등 그리고 서로간의 적대문화가 커지게 되고 빈부격차의 심화에 따라 사회적 신뢰와 유대감이 약화되면서 타인을 경쟁자로 인식하게 된다. 자기 보존욕구를 가진 인간에게 빈곤은 범죄의 가장 주요한 동인이라는 것은 상식이다.

그리고 오늘날에는 자신과 다르거나 배타적인 타자에 대한 불만과 응징하기 위한 훨씬 다양한 수단과 방법습득의 용이하다. 따라서 이러한 사회에서 자기방어력이 취약하거나 불특정 다수에게 무차별적으로 투사되는 범죄나 폭력에서 자유로운 사람은 없다.

오늘날 승자독식의 자본주의 구조나 경쟁과 효율을 강조하는 교육시스템이 이러한 현상을 부채질하고 있다. 개인의 입신양명을 제일의 목표로 삼는 교육시스템이 사회적 약자를 이해하고 배려할 수 있는 여유 공간을 몰아내고 있다. 이러한 교육체계에서 성장한 타인에 대한 배려가 부족한 엘리트일수록 조직에게는 오히려 잠재적인 위협요소이다.

5. 조직투명성 부족

2016년 스위스 국제경영개발원(IMD)이 회계투명성지수를 평가한 결과 한국은 세계 61개국 중 61위로 국제경쟁력 평가 세부 항목에서 '회계 및 감사의 적절성'은 대상국가 61개 국가 중에 최하위로 중국, 몽골, 베네수엘라 등 개발도상국들도 한국보다 순위가 높았다. 세계경제포럼(WEF) 기준 우리나라의 회계투명성은 2011년 96위에서 2015년에 72위로 올랐다. 얼핏 보면 회계투명성이 개선된 것처럼 보이지만 73위가 아프리카 케냐였던 점을 감안하면 국내 회계투명성은 후진국 수준이다.

21세기 초반의 대한민국은 대기업 재벌총수 일가가 1~3%의 지분으로 그룹 대부분의 경영권을 장악하고 전횡을 행사하며, 외부 회계감사 조직이 의뢰 기업의 회계조작을 도와주거나 부정행위의 은폐를 묵인하는 분식회계[39]가 빈번하게 발생하고 법정관리를 받거나 파산하는 기업은 국책은행이 국가세금을 투입하여 갱생하는 부정과 부패의 악순환이 계속되는 상황이다.

국제적인 반부패운동 단체인 국제투명성기구(TI)의 '2015년 부패인식지수(CPI: Corruption Perceptions Index)'에서 우리나라는 경제협력개발기구(OECD) 34개 회원국 중에서는 공동 27위로 하위권에 머물렀다. 따라서 대한민국에서 사업하면서 공정성과 정직을 내세우는 것은 상당히 어리석은 태도일수도 있다.

거의 매일 대중매체를 통하여 보도되는 사회지도층이라는 기업가나 권력자의 부정부패에 대한 보도는 실로 대한민국 사회가 자정능력을 상실한 부패공화국이라는 말까지 들린다. 이미 수십 년 전인 산업화시대에 형성된 기득권과 권력구조를 네트워크 시대에도 그대로 적용·유지하면서 변화된 현시대의 역학관계를 수용하지 못하면서 발생하는 부조리한 현상으로, 권력이 집중된 기관이나 집단에 대한 균형 잡힌 견제장치가 없으므로, 그만큼 우리사회에 부정부패가 만연하여 있고 점차적으로 국민의 부정부패에 대한 용인정도가 커지게 되면서 일정정도의 부정부패에 대해선 둔감하고 오히려 부패집단에 편승하거나 누구나 권력이나 기회가 생기면 이러한 부정행위를 할 수 있는 잠재성을 가지고 있다.

이러한 부정부패는 공정한 경쟁과 건전한 시민의식이나 가치관과 사고방식을 황폐화시키고 부와 권력의 편중을 가속화함으로써 경제성장을 저해하고 결국은 조직을 붕괴시키는 암적인 요소이다. 특히 선진국들의 부정부패에 대한 징벌의

39) 기업이 부실 규모를 숨기거나, 실적을 부풀리기 위해 회계장부 상의 정보를 고의로 조작하는 행위로 2001년 미국의 엔론 사태 이후 "cosmetic accounting"의 일본식 번역어이다.

엄격성과 행위자에 대한 사회적인 공정한 비판에 비하여 대한민국도 증가한 경제력에 부합하는 공정성과 청렴성을 확보하는 것이 선진국으로 도약에 필수적이며, 역사적으로 결코 부패한 조직이 성장지속성을 유지한 사례는 없다.

그러나 우리나라 기업에서의 보안조직의 업무에 구성원의 부정행위를 조사하는 직능을 부여하는 기업이 거의 없는 이유도 이러한 불투명한 기업체 경영자의 의지가 반영된 것이다. 이것은 글로벌 기업의 보안조직의 핵심 업무가 부정행위 조사 업무인 것과는 대조되는 후진적인 기업행태를 보여주는 것으로 기업보안조직의 한계이며 우리나라 기업의 불투명성에 기여한다. 즉, 기업보안활동에서 구성원과 기업 활동에서 발생하는 각종 부정행위에 대한 조사업무가 기업보안활동의 핵심적인 업무임에도 우리나라 기업에서 부정행위조사 권한을 가진 보안부서가 없다는 것은 기업투명성이 부족한 것과 관련되어 있으며, 한국기업에서 보안업무의 전문성과 독립성이 부족한 원인이기도 하다.

2014년 4월 16일 발생한 '세월호 침몰사고'와 같은 대형 재난사고의 이면에 각종 이권과 관련된 부정부패가 숨겨져 있는 것은 이제는 상식이 되었으나 오히려 한국사회에서 기득권 세력의 부정부패는 점차적으로 치밀하고 체계화되어 가고 있으며 이러한 폐해는 고스란히 시민들에게 전가된다. 이러한 만연한 부패에 대한 제도적인 방지대책으로 '부정청탁 및 금품 등 수수의 금지에 관한 법률'이 2016년 9월 28일 시행되었다. 이 법에 대한 국민의 기대는 크나 항상 그렇듯이 법의 운영과정에서의 파열음에 어떻게 대응할 것인가는 우리의 몫이다.

국가의 역할이 자본주의 시장에서 높은 수익률을 추구하는 기업가로부터 공정한 경쟁유도와 시민의 안전을 보장하고 약자의 권리를 보장하는 역할을 하여야 함에도 불구하고 대한민국은 자본과 유착된 권력자들의 탐욕이 시장을 지배하면서 시민 보호에는 취약하다. 오히려 국가권력이 기업가와 유착하여 불공정과 부당한 거래에 대하여 묵인하면서 수익을 추구하는 기업으로부터 시민을 보호하기 위해 국가의 역할을 다했는지 크게 의심스러우나 본질은 이러한 정부를 가진 시민들의 선택에 달려 있다.

6. 보안의 휴리스틱

일반인들에게 위험을 평가하게 하면, 그들은 통계적 증거를 잘 사용하지 못한다. 그들은 문제의 위험에 대하여 그들이 들었거나 관찰한 기억에 기반을 두고 추리한다. 심리학 연구는 그런 상황에서 사람들이 쓰는 일반 추리규칙 몇 가지를 이스라엘의 두 심리학자가 알아냈다(Tversky & Kahneman, 1974). 이 판단규칙들은 휴리스틱(heuristics)[40]이라고 불리며, 머리를 써야 하는 어려운 과제들은 간단하게 푸는데 사용된다. 휴리스틱이 어떤 상황에서는 타당하지만, 다른 경우에는 크고 지속적인 편향을 유도하여 위험평가에 심각한 손상을 줄 수 있다.[41]

휴리스틱이란 쉽게 상상되거나 또는 기억에서 쉽게 인출되는 사례 수로 사건의 확률이나 빈도를 판단하는 것이다. 일상생활에서 빈번한 사건들의 사례들은 덜 빈번한 사건의 사례들보다 더 쉽게 회상되고 발생 가능성이 높은 사건들은 그렇지 않는 사건들보다 더 쉽게 상상된다. 그러므로 심적 가용성은 자주 빈도와 확률 평가에서 타당한 단서가 된다. 그러나 가용성이 최신성과 정서적 현저함처럼 실제의 빈도와 무관한 미묘한 요인들의 영향도 받기 때문에 가용성에 전적으로 의존하면 심각한 오류를 초래할 수 있다.[42]

전문가의 판단이 일반인의 판단과 마찬가지로 편향에 빠지기 쉬운데, 특히 전문가들이 사용할 수 있는 자료의 한계를 넘어서 압력을 받거나 직관에 의존하는 경우에 그러하다(Henrion & Fischhoff, 1986: Kahneman 등, 1982).[43]

우리의 보안에 대한 이미지는 인간의 생존에 필수적인 불안이나 공포로부터의 안전성이나 안전함을 유지하는 긍정적 업무나 활동이라는 개념보다는 전쟁이나

40) 휴리스틱은 '찾다, 발견하다'의 의미의 고대그리스어 헤우리스코(εὑρίσκω)에서 기원한다. 최적이나 완벽함을 보장하지 않으나 즉각적인 목적을 달성하는 데는 충분한 실질적인 방법의 문제해결, 학습, 발견하기 위한 모든 접근방법이다. 최적의 해결책을 추구하는 것이 불가능하거나 비현실적인 경우에 휴리스틱 방법은 만족할만한 해결책을 신속하게 찾는 과정에서 사용된다. 휴리스틱은 의사결정의 인지부하를 경감하는 정신적인 지름길이다. 여기에는 경험칙, 학습된 추정, 본능적 판단, 고정관념, 특징별 분류, 상식과 같은 방법이 사용된다.

41) Paul Slovic/이영애 옮김, The perception of risk/위험판단 심리학, 시그마프레스, 2008, p.125.

42) 상게서, p.45.

43) 상게서, p.257.

국가안보와 같은 물리적인 폭력성과 관련되거나 경직된 이미지의 경호나 경비원의 늙고 초라한 문지기의 부정적 이미지가 기본적인 바탕에 내제되어 있다. 이와 같이 우리의 산업보안의식은 국가안보와 밀접하다. 우리는 한국전쟁 후 미국에 의존한 국방과 방공 국시, 남성만의 징병제도, 경찰국가와 같은 엄격한 치안통제 등이 우리의 보안의식의 바탕을 형성하고 있다.

이러한 왜곡된 이미지의 바탕에는 지금까지의 우리의 '보안'이라는 용어에 대한 이미지는 거의 방송매체나 영화나 광고홍보를 통하여 전달되었거나 보안극장과 같이 가공된 이미지에 대한 부정적인 결과가 대중들에게 보안에 대한 이미지의 대부분을 형성하고 있기 때문이다. 더불어 보안이란 명목으로 이루어진 비밀스런 공작활동의 부정적인 인상이 지배적인 반면에, 보안업무가 전문화된 교육·훈련이 필요한 전문영역으로 현대사회에 필수적인 조직과 개인의 일상의 안전성을 제공하는 긍정적인 활동이라는 이미지의 제공이나 다양한 실제적인 목적을 가진 전문기관의 대중과의 소통은 거의 없었기 때문이다.

Security에 대한 용어도 보안, 경비, 경호, 안보, 안전 등 사용되는 용어에 따라 이미지는 매우 다르다. 특히, 6·25전쟁을 경험한 세대와 이후 세대의 보안이나 안보에 대한 인식에는 상당한 차이가 있어서 세대 간의 갈등의 원인이 되기도 한다. 또한 북한의 핵무기 시험발사나 남북한 국지적인 군사충돌과 같은 한반도의 지정학적 불안이 고조되는 상황에서 한국에 진출한 다국적기업의 대부분은 위기관리프로그램을 점검하고 한국탈출시나리오를 진행하는 반면에 한국인과 한국기업들의 이에 대한 대응은 반복되는 상황에 익숙함인지, 이방인의 시각에서 볼 때는 실로 놀랍도록 담담하다.

인간은 원초적으로 자신의 경험을 바탕으로 새로운 상황에 대하여 경험의 가중치를 두고 평가한다. 따라서 보안에 대한 긍정적인 이미지를 경험하지 못한 사람들은 보안이나 보안활동을 어쩔 수 없이 해야 하는 귀찮은 업무이므로 피할 수 있으면 피하고 싶은 부정적인 이미지를 가지게 된다.

그러나 보안활동은 귀찮은 활동이거나 하지 않아도 되는 업무가 아니라, 인간이 살아가는데 필수적인 생리적 욕구와 같이 중요하므로 이에 대한 합리적인 판단과 효율적인 소비가 필수적이다. 따라서 보안에 대한 투자와 소비를 무조건 축소하거나 보안위험을 최소화하는 것이 보안목표가 아니라 현존하는 위험과 잠재적인 위험요소에 대한 최적화된 대응점을 찾아가는 과정이 보안업무의 목표가 되어야 한다.

7. 전문가의 취약성

오늘날 첨단기술의 발달과 시스템의 복잡성이 증가한 조직에서 보안업무를 원활하게 수행하기 위해서는 보안관리에 대한 전문성과 더불어 다양한 분야에 대한 융합적인 지식을 필요로 한다. 대표적으로 IT · 정치경제 · 경영 · 심리 · 법학 · 공학 · 회계 · 정보관리에 대한 기본적인 지식을 필요로 한다. 더불어 다양한 사회공학과 행위의 주체로서의 인간에 대한 통찰을 요구하기도 한다. 한편 미국의 보안전문가인 B. Schneier는 실험심리학, 행동경제학, 진화심리학, 인지과학, 신경과학, 게임이론, 철학, 사회학, 인류학을 보안학(security science)의 분야에 포함하여야 하고 보안전문가가 학습하여야 할 영역이라고 주장하였다.

이에 반하여 우리나라의 보안분야는 다양한 분야의 전문가들이 서로 협력하여 보안효율성을 제고하는 것이 아니라 군이나 경찰과 같은 경력자나 정보보호와 같은 IT 분야에 한정된 인력이 이질적인 산업보안 분야의 업무를 포괄하여 다루면서 전문성과 업무의 효율성이 떨어지고 있는 실정이다.

현대사회를 융합학문의 시대라고 하고, 보안분야에 융합보안이라는 용어도 빈번하게 사용되지만 실제적으로 현대사회의 복잡성에서 발생하는 보안문제를 해결할 수 있는 융합보안전문가의 양성 프로그램에 대한 연구는 없다. 새로운 프로그램이 사회적인 필요성에 부합하고 미래비전을 제시하면서 진화하는 보안위험에 대한 실제적인 문제해결능력을 배양할 수 있는 실용적 교육프로그램으로 구성되었는지에 대한 검증과정은 반드시 필요하다. 단순하게 구체적인 비전 없이 여러 분야를 다양하게 교육한다고 하여 융합이라고 할 수는 없다.

2016년 3월 26일 오후 9시경 2016년 국가공무원 지역인재 7급 필기시험에 응시한 수험생이 서울의 정부서울청사 16층 인사혁신처에 들어와 시험 담당자의 컴퓨터를 가동하여 자신의 이름을 추가해 합격자 명단을 조작하였다. 이 사건은 2012년 당시 정부중앙청사 화재 사건 이후 보안이 더 강화되었으나 일반인의 침입을 막지 못했고, 거기에다가 공무원 시험을 조작하여 컴퓨터 보안까지 뚫린 경우여서 우리나라의 보안관리 수준의 민낯을 보여주는 사례이다. 이후 보안관리 방식에 신뢰도가 추락하자 정부는 이후 보안을 더 강화하겠다고 밝혔다. 이후 정부대책의 문제점은 무엇인지 과연 또 다른 취약점을 숨기고 있지는 않는지는 또 다른 보안사고가 발생하기 전에 발견이 가능한지 의문스럽다.

대한민국 1급 보안시설에 대한 보안관리도 이렇듯 허술하게 운영되고 있는 것이 현재의 우리나라의 보안시스템의 현실이다. 이것은 절차적인 보안 또는 운영보안에 대한 교육이나 실무자의 통합시스템 운영에 대한 미숙과 전반적인 우리의 보안의식의 휴리스틱에서 기인한다. 산업보안 실무에서 보안직능을 단순하게 보안이라고 하지 않고 보안관리(security management)라고 부르는 이유는 시스템이나 장비의 중요성보다는 이것을 운영하는 운영자의 전략적 사고의 전문성이 중요하기 때문이다. 보안관리는 개별적인 제품의 조합이 아니라 연속되는 공정이므로, 어떠한 첨단장비나 시스템이라고 하더라고 전체적인 보안프로그램을 하나의 연결고리로 유기적으로 판단하는 운영자의 운영능력이 이에 부합하지 않는다면 첨단화된 시스템일수록 오히려 더 많은 취약성을 내제할 수 있으며 언젠가는 이러한 취약점은 노출하기 마련이다.

제4절 보안관리 성공요소

언제, 얼마나, 어느 정도 기간 동안 자산보호에 대한 투자를 할 것인가에 대한 결정은 보호의 필요성 못지않게 중요한 요소이다. 따라서 자산보호에 대한 결정과 규모는 모든 자산소유자와 이해관계자의 판단에 의한다. 보호의 대상이 국가, 기업, 개인, 무형의 가치인 지식자산과 같이 대상의 규모와 특성에 맞추어 가장 효율적이고 최적화된 방법론을 찾아가는 과정이 보안관리이다.

지금까지의 상당부분의 보호전략은 임기응변식으로 체계화되지 못하고 미흡하며 이러한 대응은 과대한 보호비용과 기대에 미치지 못한 효과로 경제 원리에 적합하지 않는 대응이었다.

스스로의 가치판단에 의하지 않은 의존적 의사결정의 사례로, 2016년 미국 공화당 대통령 후보였던 도널드 트럼프는 한국정부가 부담하고 있는 주한미군 방위비 분담금이 적다고 지속적으로 지적하였다. 미국이 한국군을 대신해 한반도를 지켜주고 있는 만큼 주둔비용을 한국정부가 모두 부담해야 한다는 주장하였으나 과연 미군이 한반도에 주둔하고 있는 유일한 목적이 한국방위를 위한 것인가는 의문이다. 한국이 지원하고 있는 주한미군 방위비 분담금은 2015년 현재 주한미군 유지비용의 50% 정도인 것으로 알려져 있다. 하지만 시민단체들은 현금과 현물로 지급되는 방위비 분담금 외에 KATUSA 지원, 미군주둔기지 토지임대 및 보상료, 기지주변 정리, 훈련장 사용지원, 관세 및 지방세 등 세금감면, 공항 및 항만이용료 면제 등 직·간접적인 지원을 감안하면 실제 한국정부가 지원하고 있는 비율은 70%에 육박한다고 반박한다. 이를 반영하면 2015년 기준으로 1조 3천억이 넘는 금액이나 1953년 정전협정 이후로 미국의 방위시스템에 의존하면서 길들여진 대한민국의 안보전략은 오랜 동안 임기응변식 대응에서 벗어나지 못하고 있다.

한반도의 지정학적 위치를 이동시킬 수 없는 대한민국의 방위시스템은 지금과 같이 정보와 전략을 스스로의 역량으로 운영할 수 없는 한계성을 초래했고 이는 미래의 잠재적 위기를 스스로 자초하고 있는 것과 같은 위험한 거래로 미국은 언제든지 한반도의 임시적 안정성을 이용하여 자국의 이익을 실현할 것이다. 특히 한국의 구매력은 미국의 무기산업의 최대 고객으로 등장한 지 오래다.

결국은 자신의 생명과 재산의 보호는 자신의 책임이다. 주한미국의 주둔은 6·25전쟁 이후 한반도의 지정학적인 위치가 세계 강대국의 힘의 경계선 역할을 함으로써 발생한 현상이지만, 언젠가는 우리가 주도적으로 스스로를 보호할 힘이 없다면 역사적 사실에 의존하지 않더라도 명확하게 타국에 굴종하여 우리의 미래를 의존하여야 한다. 결국은 국가안보에 대한 새로운 패러다임의 전환과 더불어 산업자산에 대한 보호대책이나 방법론에 대한 사고의 전환이 필요하다.

해방 이후 우리나라는 산업자산이 거의 전무하였으므로 기업은 새로운 기술의 도입이나 신제품을 카피하여 판매함으로써 기업을 성장시켜 왔지만 이제는 우리의 독자적인 기술과 연구로 세계시장에서 경쟁기업보다 앞선 제품과 기술력을 보유하고 있으나 이에 대한 보호방법은 과거와 다름이 없다.

이것은 지금의 의존적 국가안보에 대한 관념과 더불어, 우리나라 재벌의 기형적인 지배구조와 경영관리기법의 후진성에도 기인한다. 아직 지배구조의 투명성이 명확하게 확보되지 않는 기업일수록 기업의 내부정보에 대한 접근이 어려우며 이러한 불투명한 경영체계에서 보안활동의 역할에는 한계가 있다. 이러한 현상은 기업의 최고경영자의 보안에 대한 인식이 보안조직의 역할과 동력을 좌우하게 되므로 재벌의 보안조직이 경영자의 보안인식에 좌우된다는 한계가 있다.

여기에 이러한 경영자의 의식을 변화시킬 정도의 뛰어난 상황분석력을 가진 보안전문가나 집단이 없다는 것도 이러한 후진적인 모델이 지속되고 있는 조력자의 역할을 하고 있다.

변화를 위해선 우선적으로 우리나라 보안업무나 보안인식의 후진성에 대하여 인정하여야 한다. 세계가 실시간으로 연결된 오늘날에는 이러한 후진적인 보안시스템은 자산보호의 허술함과 더불어 조직의 생존에도 영향을 미치게 된다. 보안에 대한 전술만 있고 보안전략이 없는 보안시스템의 한계는 명확하다.

국가 · 기업 · 개인은 보유하고 있는 자산 가치에 비례하여 자산보호에는 재원이 투자되어야 하므로 보호필요성에 대한 경제적인 분석과 더불어 보안전문성이 접목되어야 가치 있는 자산을 어떻게 보호할 것인가에 대한 청사진이 그려질 것이다. 수용할 수 있는 위험수준보다 더 많은 비용이 드는 보안대책은 경제논리가 지배하는 산업보안에서는 무의미하다. 이러한 보안특성과 환경에 대한 경제적인 패러다임은 국가안보나 사회 안전의 개념에도 적용된다. 즉, 군대를 얼마나 어떻게 운영하는 것이 국가와 국민에게 도움이 되는지에 대한 연구와 경찰력을 어느 정도 유지하는 것이 치안유지에 도움이 되는지에 대한 가장 기본적인 연구가 축적되어야 비용 관점으로서 보안이나 안전이 아니라 투자로서의 보안개념이 정립되어 적극적인 투자나 전략적인 접근이 이루어질 것이다.

지구촌 불확실성의 증가에 대비한 현존하는 인류의 대응은 무책임하고 찰나적이다. 부자와 빈자와의 갈등, 자신의 유일신만을 믿는 신앙인의 타 종교를 인정하지 않아 발생하는 종교 간의 갈등, 지역적으로 극심한 환경오염으로 자연 회복력을 상실한 지구촌은 이미 수용력에 한계에 달하여 비등점이 눈앞으로 다고오고 있다. 지구는 현 인류만이 사용하고 버릴 소모품이 아니므로 미래세대에 지구촌에서의 지속적인 생존을 위해서는 이에 대한 현 일류의 성찰적 대응이 필요한 시점이다.

일반적으로 산업보안에서 조직의 다양한 위험을 관리 · 완화 · 통제하기 위하여 효과적으로 재원을 투입하고 다양한 방법을 활용하여 위험정도를 파악함으로써 재산을 보호하는 것이 보안위험관리의 가장 명확한 방법이다. 이러한 목적을 성공적으로 달성하기 위해서는 ㉠ 정책과 규정, ㉡ 훈련과 과정, ㉢ 운영과 적용, ㉣ 거버넌스와 책무성, ㉤ 지속가능성과 회복탄력성과 같은 5가지 요소들이 필수적이다. 여기에 투입되는 구성요소, 투입물, 통제, 공정, 산출물은 서로 밀접하게 관련되어 있으므로 과정 중에 하나의 요소의 부실이나 취약성이 노출되는 경우에 전체적인 성과의 도미노적인 결함으로 나타나거나 위협요소로 잠재되어 있다가 통제력이 상실되는 경우에 파국적인 상황으로 전개된다.

1. 정책과 규정

보안규정과 정책은 조직의 전반적인 보안프로그램에 대한 포괄적인 규정을 만들어 통제하는 역할을 하며 조직의 모든 프로그램에 대한 지침이다. 보안규정과 정책은 세부적인 구체성과 같은 몇 가지 측면에서 한계가 있지만 모든 보안위험관리 성공을 위한 지침을 제공하고 구성요소의 토대를 결정한다.

우리나라 기업의 경우에 정보보호에 관한 정책이나 규정을 수립하여 운영하는 경우는 많지만 조직의 보안정책 전반에 관한 정책과 규정을 수립하여 운영하는 기업의 경우는 많지 않음을 통해 알 수 있듯이 정보보호나 기술보호와 같이 산업보안의 일부분으로 산업보안정책이라고 포장하는 근시안이 문제점의 원인이다.

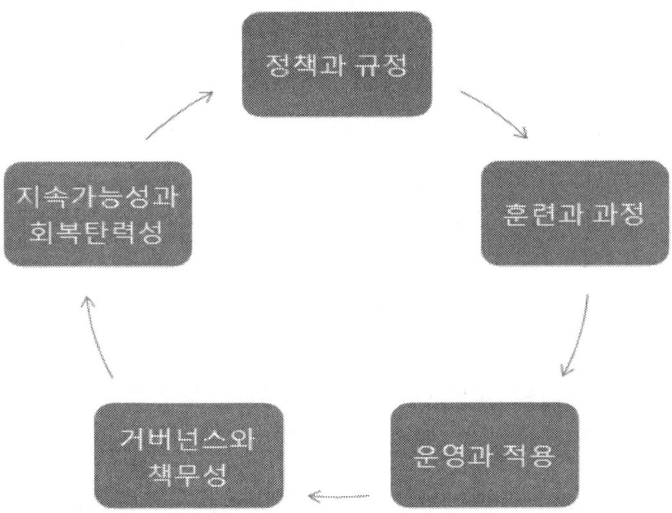

(그림 1-6) 보안위험관리 성공의 5요소

오히려 정보보호에 관한 정책이나 규정의 수립은 온라인에 한정되거나 디지털 분야에 국한되므로 정책의 수립·운영에 용이하나, 비즈니스 연속성과 위기관리를 포함한 기업운영전반에 관한 보안정책과 규정의 수립은 광범위하고 여러 가지 진단과정을 과정을 통한 결과물을 토대로 하여야 하므로 포괄적이지만 보안정책과 규정이 없는 세부적인 보안프로그램은 항상 불안전하다. 조직의 보안정책이 없는 보안프로그램은 헌법이 없이 운영되는 국가와 같다.

보안규정과 정책에서 규정하는 용어는 보안위험관리응용의 토대구축의 의사결정체제의 광범위한 가이드라인을 제공한다. 비록 서로 다른 조직에서 개별적으로 약간씩 다르게 관련 용어를 사용하나 대부분이 강제적으로 적용되거나 가이드라인으로 권고된다.

조직은 규정에는 모든 형태의 관련 법률과 규정을 포함하고 내부 규정의 요구사항, 절차, 감사기준에 관하여 명확하게 언급하여야 한다.

정책은 명확하게 공표된 것과 공표되지 않은 모든 형태가 포함되고 정부와 조직의 비전과 기대를 포함한다. 여기에는 통상적인 업무처리 규범을 구성하는 공적인 정책선언문, 내부정책선언문, 문화적 규범들이 포함된다.

비록 개별적인 지침은 상대적으로 포괄적이지만 이러한 항목들의 형식의 주요한 내용들이 보안위험관리대책에 적용되거나 또한 위협요소나 위험노출환경의 특정 범위에 적용된다. 보안규정과 정책의 중요성은 보안위험관리의 핵심적인 다른 4가지 구성요소가 규정과 정책에 의해서 조직체에서 규정되고 작동하므로 실제적으로 보안위험관리의 청사진에 해당한다.

[한국기업 보안정책]

한국기업(주)은 항상 구성원과 고객의 생명을 제일로 생각하며, 기업자산을 효과적으로 보호하기 위하여 보안부서를 운영하며, 보안부서는 기업의 생산과 서비스 활동에 의해 발생하는 구성원의 책임을 제한하고 직원과 직원의 개인정보, 기업자산, 기업운영과 기업의 재산적 정보를 악의적인 의도를 가진 침입자나 범죄행위로부터 보호하기 위한 보안 프로그램과 절차를 설계하고 기준을 적용함으로써 경영진을 지원하는 책임을 진다.
한국기업(주) 최고보안관리자는 기업의 주요한 활동인 글로벌 에너지와 생명공학과 에너지 제품에 관한 모든 특정한 보안책임과 책임추적성을 관리하고 이사회에 참석한다.
보안 부서에 의하여 지원된 각 경영부서는 기업 보안 프로그램을 적용하고 유지하며, 해당 부서장은 담당 부서에서 발생하는 보안관련 사고에 대하여 전반적인 책임을 진다. 보안 목적을 위하여 수집·유지되고 있는 조직정보와 구성원들에 관한 모든 정보는 기업정보관리지침에 따른다.

2. 훈련과 과정

훈련과 과정은 보안위험관리시스템의 적용에서 실제적인 영역의 출발점이다. 한 번 정책적 환경이 확립되고 핵심목표가 정해지면 의사소통과 보안위험관리시스템과 관련된 공정측면에서 조직단위와 개인에 대한 적절한 교육훈련이 없이는 거의 실제적인 성공을 달성하기 어렵다. 유사하게, 프로젝트관리 방법과 일반관리 처리규범이 정확하게 적용되기 위한 더 분명한 보안대책의 보장을 요구하게 된다.

이러한 교육과정은 보안실무자에 대한 훈련이 아니라 더 구체적으로 보안위험관리체계의 내용, 조직의 역량을 유지하기 위한 훈련전달 프로그램과 훈련 필요성 분석을 건전한 체계를 토대로 모든 수준에서 조직역량을 개발하여야 한다.

이러한 공정은 물리적 요소나 정보를 토대로 하거나 개념적 적용 프로그램과 같은 시스템의 모든 구성요소의 적용에서 선행조건으로 고려하여야 하고 연속되는 핵심요소의 적용에 초석이 된다.

의무적인 훈련시스템은 드물게 발생하는 고도로 위험한 상황에 직면하여 신속한 의사결정과 즉각적인 행동이 요구되는 경우에 보안위험관리의 경우보다 결코 많지는 않지만 모든 수준에서 조직역량의 개발의 핵심적인 요소이다. 따라서 일련의 훈련은 연속되는 개별적인 조력요소의 전달에 토대가 된다.

정책과 규정의 실제적인 운영에 대한 모든 관계자들의 업무수행에 적절한 교육훈련 프로그램의 개발과 실무자의 운영능력을 향상시키는 과정은 모든 프로그램 운영의 성패에 영향을 미칠 만큼 중요하다.

3. 운영과 적용

보안위험관리 실무에서의 연속적인 적용과정은 모든 분야에서 자산보호나 손실예방과 같은 보호업무를 가능하게 하는 기초적인 조치이다. 조직목표에 부합하게 설계된 보안디자인, 주어진 업무나 지시사항에 대한 정확한 전달, 업무역량의 유지활동의 조합은 보안 분야에서 핵심적인 업무이다.

현대 조직에서 많은 경영관리 업무처리 규범(best practice)은 핵심적인 비즈니스로 간주된다. 특히 보안위험관리 적용에 실패하거나 위험인식에 실패하는 경우에는 핵심보호대상인 생명에 위협이 되는 것이 보안업무의 중요성이다. 따라서 보안은 조직의 모든 영역에서의 조력자라는 사실을 포함하여 보안위험관리운영의 중요한 차이점을 발견하는 것이 중요하고, 유사하게 상황에 따라 서로 다른 대책들이 모든 경영관리 원리에 부합하도록 한다.

특히 보안위험관리는 산업안전보건 위험관리와 매우 긴밀하게 연계되어 있다. 이러한 연계는 물리적 보안과 정보보안 업무처리에서 명확하다. 심지어 정보보안에서 손실이나 위해로부터 인간을 보호하기 위한 정보보호와 핵심적으로 관련되어 있다.

많은 경영관리 업무처리 규범은 핵심적인 비즈니스로 고려되나, 단지 계속적인 결과의 적용과 전달이 실패하게 되는 경우에 운영활동의 일부분만이 실제적으로 생명의 위협요소로서 고려된다. 보안이 이런 분야 중의 하나이고 지속적인 운영과 적용의 조력자는 모든 인식된 실패 또는 실제적인 실패가 발생하는 경우에 이해관계자의 분명한 인식에서 출발한다.

4. 거버넌스와 책무성

거버넌스와 책무성은 두 개의 체계로서 규정과 정책의 틀 안에서 감독과 관리 시스템을 확립하고, 이러한 체계가 의도한 대로 적용되도록 보장하는 역할을 한다. 거버넌스(governance)는 그리스어 동사인 'κυβερνάω(kubernáo)'에서 유래된 말로, '방향을 조종하다(steer)'라는 의미를 갖고 있었으며 플라톤이 처음으로 은유적인 의미로 사용했다.[44]

오늘날 거버넌스는 비록 상황에 따라 여러 가지 의미로 해석이 가능하지만 통상적으로 이러한 조정감각은 보안위험관리환경의 다양성과 다면성과 관련된다. 조정 또는 안내하는 동력으로써의 거버넌스는 지침을 제공하고 보안위험관리 업무처리규범을 적용하도록 하며 어떤 의미에서는 그들 자신이 발견한 위협환경과 관련된 활동의 편익에 도움을 준다.

책무(accountability)란 책임(responsibility)보다는 포괄적인 성격의 용어로 책임감이 특정 업무의 수행에 대해 책임을 지는 것을 의미한다면, 책무성은 그 수행의 정당성까지도 고려하는 확장된 개념이다. 즉, 책무성이란 수행의 결과에 대한 책임감과 함께 투입 단계에서부터 산출 단계까지 공정의 정당성도 요구한다.

조직에서 책무성은 프로그램 혹은 조직이 주어진 자원을 가지고 어떤 구체적인 목적을 얼마나 효과적 또는 효율적으로 달성했는가 하는 것을 객관적으로 증명할 것을 요구한다. 따라서 책무성은 해당 프로그램과 연관된 이해관련 당사자(stakeholder)들에게 프로그램이 효과적이며 적용 범위, 서비스, 법적, 재정적 필요조건들을 준수하고 있다는 증거를 제공한다.

더불어 책임성은 얼마 정도의 재원으로 어떤 것이 성취되었는가를 위한 객관적인 증거의 기초 위에서 프로그램의 정당성을 입증하기 위한 능력이다. 즉, 필요한 자원이 적재적소에 필요한 만큼 적절하게 사용되었는가 그리고 적절한 자원을 활용하여 프로그램의 목적과 목표가 달성되었는가가 책무성에서는 더욱 강조된다. 따라서 효과성과 함께 재원의 적당한 분배 즉, 적절성이 책임성의 중요한 기본 가치이다.

종종 보안위험의 특성의 성패는 방향키(steering) 단독 역할로는 주의의무에 부합하기에 충분하지 않다. 따라서 추가적으로 책무성 개념에 부합하는 것이 필수적이므로 개인과 조직에게 적절한 훈련과정을 통하여 자신의 행위에 대한 결과에 올바르게 책무를 지도록 한다.

보안위험관리의 거버넌스 체계는 개별적으로 구체적이어야 하고 가변적인 위협요소에 대응하기 위하여 충분히 유연하여야 할 필요성이 있으므로, 모든 수준에서의 책무성은 보안위험관리 업무처리가 성공적으로 이루어지기 위한 필수요소이다.

44) https://en.wikipedia.org/wiki/Governance.

5. 지속가능성과 회복탄력성

지속가능성이란 일반적으로, 특정한 과정이나 상태를 유지할 수 있는 능력을 말하며, 인간 사회의 환경, 경제, 사회적 양상의 연속성에 관련된 체계적 개념으로 경제학에서 지속가능한 성장이란 장기간 지속되는 실제 이익과 생산의 증가를 의미한다.

일반적으로 '지속가능성과 회복탄력성'은 '비즈니스 연속성'의 개념과 유사한 용어로 사용되기도 하나 조직대책, 시스템, 위협처리와 같은 더 포괄적인 의미를 함유하고 있으며 더 나아가서는 조직문화, 사명, 가치를 표현한다.

이러한 맥락에서 회복탄력성은 그 자체가 목표가 아니라 자산보호와 지속적인 역량유지를 지원하기 위한 조력자로서 토대가 된다. 지속가능성(sustainability)과 회복탄력성의 두 가지 개념은 조직과 공동체, 개인이 역경에 직면하여 지속적인 조력자의 특성을 가진다. 이러한 개념의 고유한 특징은 과거의 경험과 사고 가능성을 토대로 하여 학습, 성장, 적응하는 조직문화와 지속적인 역량의 개념이다.

UN의 재난감소를 위한 국제전략에서는 '회복탄력성'을 시스템, 공동체, 사회가 노출된 위험에 잠재적으로 적응·수용할 수 있는 수준으로 기능이나 구조를 유지·도달하기 위하여 저항·변화하는 역량이라고 정의하였다. 또한 회복탄력성은 과거의 재난을 통한 학습으로 더 향상된 보호대책과 위험감소대책의 개선을 통하여 자체적인 역량을 향상시키는 사회적 시스템의 능력정도로 결정된다.

어떤 조직이나 지속적인 존속을 조직의 최고의 목표로 삼는다. 이를 통하여 조직의 구체적인 성취를 달성한다. 그러나 변동성이 구조화된 글로벌 기업환경은 과거와 다른 또 다른 전략적인 연속성의 개념인 지속가능성과 회복탄력성을 개별기업의 실정에 부합하도록 체계화하여 기업의 위기나 예상치 못한 변동성에 대하여 적용하여야 한다.

'생명체의 살아남기'와 마찬가지로 '조직의 살아남기'의 최고의 전략으로서 '지속가능성과 회복탄력성'의 유용성은 지금까지의 학문적 토대 위에 조직경영의 중요한 연구 분야가 될 것이다.

제2장

보안리스크 진화

제 2 장

보안리스크 진화

제1절 보안리스크 전개

급변하는 글로벌 비즈니스 환경에서 보안위험관리는 과거 어느 때보다도 도전적이다. 지정학적인 세계지도는 최근에 극적으로 변화하였고 이러한 급격한 세계화의 추세에 대한 반감의 징후도 지구촌 곳곳에서 나타나고 있다. 세계화를 기치로 다국적 기업을 선봉으로 하는 자본주의 경제질서에서 비즈니스의 구조화된 변동성과 재무적 위험은 기업이나 경영진이 매일 접하게 되는 일과가 되었다. 오늘날 기업들은 자국의 법체계에 의하여 운영되던 기업이 국외(특히, 강대국)에서는 쉽게 평가절하되는 상황과 조우하거나 오해하기 쉬운 지역적, 글로벌 지정학적 이슈가 복잡성을 가중시키기도 한다.

오늘날에는 일상적으로 개인이나 조직의 대부분은 이미 국가의 지정학적 경계선을 넘어서 이동하거나 비즈니스를 운영하고 있으며, 세계화와 지구촌의 위험에 노출되어 있다. 많은 다국적기업들은 성장과 새로운 기회를 추구하려고 해외에 관심을 기울이는 반면에, 구호단체나 비정부기구도 조직의 핵심목표의 상당부분을 해외 프로젝트로 운영한다. 조직의 운영에 따른 위험의 범위는 장소의 상황, 개인, 조직, 공동체, 산업분야에 따라 매우 가변적이나, 위험관리는 이러한 요소들에 부합하는 위험관리체계와 관련된다.

현대사회의 리스크의 특성은 다음과 같이 대별된다.[1)]

① 위험은 부정적인 충격의 정도와 발전가능성의 정도가 상호작용한다.
② 위험은 주체의 의도와 관련 없이 역설적인 측면이 있다.
③ 위험은 지구촌을 범위로 하고 그 영향력 또한 서로 연결되어 있다.
④ 위험은 숙명적인 현실보다는 변화가능성 차원에서 접근한다.
⑤ 위험은 결국 인식의 문제다.
⑥ 위험은 불가피하게 일어날 수밖에 없다.

1. 보안개념의 변화

전통적인 관점에서 '암호, 안전과 사회'를 통한 '총, 경비원, 출입구'로 대별되던 보안개념이 손실예방이나 자산보호를 거쳐 오늘날 '회복탄력성의 제공'이라는 역동적인 개념으로 진화하고 있다. 오늘날 기업에서의 보안업무는 다양한 리스크로부터 기업을 보호하는 업무에서 비즈니스 경쟁우위를 확보하기 위한 새로운 경쟁력의 원천으로 변화하고 있다.[2)] 현대사회에서의 이러한 변화는 보안관리분야에 단지 안전이나 발전된 시스템의 운영 또는 데이터 암호화의 역량보다도 조직차원의 의사결정이 필요한 더 많은 것을 요구하기 때문에 당연한 현상이다.

비록 전통적인 의미의 보안이 물리적인 필요성과 안전에 관련된 가치와 연관되어 왔고 계속적으로 이러한 필요성에 부합하여 왔다. 매슬로우의 인간욕구단계설에 의하면 인간은 안전한 환경이 제공한 안전함이 충족되지 않으면 상위단계의 욕구인 사랑과 존경, 자아실현은 달성되지 않는다. 더불어 전체적으로 시민들의 개인공간이 방해받지 않고 계속적으로 평온함이 유지됨이 충족된 다음에 더 높은 욕구를 추구하게 된다.

---

1) 김영욱(2008), 위험, 위기 그리고 커뮤니케이션, 이화여자대학교 출판부, p.66.
2) Rachel Briggs/Charlie Edwards(2006), *The Business of Resilience, Corporate security for the 21st century*, Demos, Cover Story.

현대 과학기술의 진보에 따라 현대인의 생활수준도 상당히 향상되었으나, 우리는 생화학테러나 지구온난화와 같은 더 복잡한 위협요소에 직면하게 되었고 모든 분야에서 우리의 생존을 향상시키기 위한 보호와 안전유지의 필요성에 따라 더 많은 안정성에 대한 요구가 생기게 되었다. 이에 따라 보안에 대한 개념은 회복탄력성, 역량의 유지, 핵심적인 서비스의 보장의 개념을 포함하여 광의적인 안정성유지의 개념으로 확장되었다. 따라서 산업보안에서의 회복탄력성의 개념은 어떤 특정한 자산에 대한 보호보다는 조직역량의 유지로 진화하게 되었다.

오늘날 현대인은 자신이 소속된 정부, 기업, 가정이 우리의 생활에 필수적인 음식, 식수, 안전, 생활양식, 자아실현의 욕구를 충족시켜주길 기대한다. 이것은 전통적인 개념인 사람, 정보, 재산과 같은 자산보호보다는 제공된 자산의 기능이나 능력이 지속적으로 유지되거나 욕구에 부합되기를 기대하는 것이다.

오늘날 특정한 이해관계자들의 필요성과 기대에 부합하기 위한 가능성을 유지할 수 있는 능력은 주어진 시설이나 개인 또는 디자인에 의존하기보다는 제품이나 서비스를 계속적으로 제공할 수 있는 역량이 실제적인 핵심자산이다.

예를 들어, 가스 생산공장을 보호하는 활동보다는 가정집이나 사업장에 지속적으로 가스공급을 제공하는 것이 중요하다. 이것은 가스 생산공장을 보호하는 활동에 의해서보다는 지리적으로 여러 곳에 분산된 소규모 가스 생산공장의 가동을 유지하고, 위기 시에 고객들에게 가스를 공급하기 위한 다른 가스 생산공장을 적시에 준비하여 가장 신뢰성 있고 비용효과적인 해결책을 선택할 수 있도록 제공하는 것에 의해서 달성된다.

또한 조직탄력성과 적응성 유지의 개념은 단지 자산보호보다는 조직이나 국가안보수준에서부터 개인적인 수준까지 동등하게 적용할 수 있다는 의미이다. 궁극적으로, 당신의 가족의 생존에 필요한 무언가를 지속적으로 제공할 수 있는 역량이 어떤 특정한 직업, 가구나 소유물보다도 중요하다. 예를 들어, 전 세계 어느 곳에서나 24시간 동안 당신의 은행계좌에 접속할 수 있는 접근가능성이 당신의 침대 밑의 현금보다 더 중요하다. 유사하게, 제조원가를 꾸준히 감소시키는 방법은 과도하게 공급원을 확대하여 창고에 제고로 쌓아놓는 것보다는 당장 가장 값싼 물품으로 대체하는 것이 더 효과적이다.

2. 법률의 세분화

정보통신과 이동수단의 발달에 따라 지구촌의 쌍방향 이동이 증가하고 물리적인 국경을 넘어 상대적으로 무역과 투자, 사람의 자유로운 이동으로 인하여 지정학적 위험을 규정하고 관리하는 업무는 쉽지 않다.

지정학적 위험의 광의적 정의는 정치와 사회, 보안, 비즈니스 활동에 대한 이슈를 포함하며 조직의 목표를 달성하고자 하는 조직의 역량에 대한 부정적인 영향력을 의미한다. 여기에는 외국정부나 단체, 조직의 국가나 제3자의 예상치 않은 행동을 포함한다.

새롭게 국외에서 업무를 시작하는 많은 조직들은 국외조직에도 현지 국가의 독특한 법률과 관행이 적용되는 것에 대해 매우 당혹스러워 한다. 점차적으로 외국에서 운영 중인 모든 조직에 자국의 법적인 통제와 외국의 잠재적인 법적통제 모두에 대응하게 될 것이다. 심지어 경험이 많은 위험담당자들도 간과하기 쉬운 중요한 위험은 해당 지역의 법 규정에 익숙하지 못하므로 발생한다. 오늘날 관세장벽이 거의 철폐되어 가는 반면에 지역만의 독특한 안전규정과 같은 비관세 장벽이 속속히 등장하여 외국계기업의 활동에 걸림돌이 되고 있다. 많은 전문가들이 이전 지역에서 적용하였던 기준을 다른 지역에도 적용하고자 하는 유혹에 빠지기 쉬우나, 현지의 실질적 위험을 토대로 한 신중한 의사결정은 매우 중요하므로 일률적인 접근은 종종 부적합하거나 잘못된 결과를 초래한다. 적절하지 못한 위험관리의 결과는 명확하다. 그러나 적절하지 못한 과도한 보호조치는 단지 불필요한 비용을 지불하게 되지만, 임직원이 보호조치 필요성에 대한 인식이 없이 보호조치에 대한 지시를 무시하는 경우에는 규정준수의 위반으로 간주되어야 하며 이는 조직의 신뢰를 져버리는 행위이다.

지역 간의 이동이 자유로워진 오늘날에는 전통적인 보안과 관련된 이슈인 경미한 범죄, 절도, 납치와는 거리가 있는 지정학적 위험요소들의 증가하고 있다. 테러리즘 공격은 오늘날 우리가 접하는 일상의 대부분이 고려대상으로 전 세계 지역이 어디든 간에 보안환경은 계속적으로 악화되고 있다. 이와 같이 지구촌 보안환경은 계속적으로 변화하고 있으며, 지구촌의 평화, 안전, 번영은 새로운 종류의 초국가적 테러리즘의 직접적인 목표물이 되어 위협받고 있다.

21세기 들어와 100명 이상이 사망한 참혹한 테러리즘은 2001년 9월 11일 미국 뉴욕의 세계무역센터와 워싱턴 D.C.의 미국 국방부 청사인 펜타곤에 충돌하여 2천977명 사망, 2002년 10월 인도네시아 발리 테러, 2004년 3월 스페인 마드리드 기차역 테러, 2015년 10월 터키 앙카라역 광장에서 자살 폭탄 테러, 2015년 11월 프랑스 파리 테러, 2016년 7월 이라크 바그다드의 비극적인 테러리즘은 테러의 위험에 대한 감시와 관리의 중요성을 강조하고 있다. 전 세계적으로 보안리스크는 비즈니스 운영에 심각한 장애요인으로 이에 따라 보안리스크 보험과 보호대책에 대한 비용이 급격히 증가하고 있다. 보안과 보험, 일반운영비의 증가는 경쟁의 심화와 긴축경영에 따른 운영비에 부담을 주고 잠재적으로 다른 운영위험을 촉발하게 되면서 예상치 않는 비용이 극적으로 증가하게 되었다.

예를 들어, 페르시아 만에 위치한 두바이에서 다국적 기업과 자국기업들이 가장 안전한 건물을 차지하기 위하여 경쟁함으로써, 두바이 부동산시장은 기준에 비하여 임대료가 20% 이상 오르는 결과를 낳았다. 따라서 글로벌 활동에 대한 미래전망은 자신과 조직의 보안과 운영위험을 관리할 수 있는 글로벌 조직은 더 위험한 환경에서도 성공적으로 운영될 것이다.

3. 분산과 집중

변동환율제에 의해 움직이는 외환시장의 장단점과 마찬가지로 기술의 발전은 위험을 증가시키는 역할과 동시에 통제하는 기능도 한다. 또한 기술은 글로벌 협력을 촉진시키는 역할뿐만 아니라 불법적인 거래와 테러리스트 집단을 돕는 역할도 한다. 오늘날 통신과 교통시스템의 글로벌 의존성은 꾸준하게 증가하고 있으며 복잡성의 증가, 경제적인 중요성, 실시간 반응하는 하부시스템을 복잡하게 구축하고 있다.

21세기 지정학적 위험은 전 세계적으로 네트워크화된 시스템으로 특정 산업에 국한되지 않는다. 표면적으론 국내에서 전개된 사건이나 유통망의 혼란은 대부분 거대 다국적기업에게만 영향을 미치는 것으로 보이나 치솟는 보험료와 강화된 보안조치는 모든 규모의 조직에 적용된다. 오늘날 지구촌은 거대한 국제거래지대와 지정학적 복잡성이 증대되는 시대에 접어들었다. 그러나 대부분의 조직들은 기본적으로 안정적인 지정학적 관계를 가정하고 이를 토대로 한 전략을 수립 · 유지하고 있으므로 지정학적 상황변화에 따라 갈등노출과 새로운 취약성이 연쇄적으로 증가하고 있다.

위험관리에 관한 기본적인 원칙은 "집중은 피하고, 분산하라."이다. 그러나 '어떻게 분산할 것인가' 하는 것이 문제이다. 비즈니스 환경의 경쟁 심화에 따라 많은 조직들은 조직성장과 수입의 안전성, 시장 사이클에서 안정성을 성취하는 방법으로 지정학적인 분산전략을 추구하고 있다. 개발도상국과 같은 위험성이 높은 시장 환경에서 위험전가의 가장 일반적인 형태는 정치적 위험보험(Political Risk Insurance)[3)]을 가입하는 것이다. 이러한 보험은 공공과 민간 모두에서 유용하여 국제적인 이해관계자들이나 비즈니스에서 광범위하게 가입하고 있다.

거대조직들은 일반적으로 잘 정비된 시스템과 경험을 보유하고 있으므로, 새로운 국가에 대한 확장계획을 수립하는 경우에 새로운 장소의 새로운 위험에 대하여 적절한 분석이 가능하다. 그러나 여행안전과 도로안전에 대한 주의와 같은 경우에는 실시간 잘 준비된 위험관리 체계가 지원되지 않는 경우에는 거의 아무런 의미가 없다. 따라서 많은 조직에서는 보안위험컨설턴트에게서 위기관리계획의 수립과 여러 분야 위기관리 전문가에게 조언을 구한다. 그리고 조직은 일관성 있고 체계적인 위험관리와 의사결정 체계를 개발 · 유지하는 것이 자신들의 조직운영을 보호하는 핵심이다. 따라서 적절하게 벤치마킹된 기준과 프로그램은 인명, 재산과 평판을 보호하고 모든 잠재적인 법적 책임을 완화시키는 가장 비용효과

3) 주로 개발도상국가와 같이 정치적으로 불안한 나라의 시장에 진출할 때 정치적 위험을 보상하는 것으로 비상업적 위험 보증이라고도 한다. 투자 대상국에서 수용, 전쟁, 송금제한 등이 발생해 투자기업이 배당금, 원리금 등을 회수할 수 없을 경우 그 손실을 보상하는 제도로 일반적으로 사업 자체의 위험으로 발생하는 원금 미회수 위험은 보상하지 않는다.

적인 방법이 될 것이다.

어떤 상황에서는 위험은 직접적인 행동에 의해서 관리되어야 한다. 납치와 같은 경우에는 경호원을 고용하거나 납치 발생가능성을 낮추기 위해서 사전에 보호조치를 취하는 것이 중요하다. 빈번하게 발생하는 외국에서의 위험관리는 수평적 사고(lateral thinking)[4]가 필요하다. 정치적 위험을 관리하기 위한 하나의 접근방법은 과세경감과 같은 주재국 정부와 적절한 거래협력을 하는 것이다. 물론 해당 조직이 비즈니스 운영의 결과나 이슈에 대한 문화적 전후관계에 대하여 정통한 경우에는 자체적으로 처리가 가능하다. 이러한 절차를 통한 보안위험관리는 직접적으로 조직의 자산이 된다.

4. 정치적 협력

조직이 업무를 수행하는 지역의 국가나 정부와의 긴밀한 협력관계의 유지는 업무수행에서 조직의 비즈니스 환경을 향상시키고 업무상 발생하는 위험을 관리하고 회피하는데 도움이 된다. 한편으로는 해당 정부와의 협력이나 제휴하는 것 자체가 일정한 위험을 내포하고 있으나, 이러한 관계설정이 적극적인 위험관리 방법 중 하나이다. 예를 들어, 중요 지역에서 핵심적인 의사결정자의 협력은 조직의 어려움을 극복하는데 도움이 되고 새롭게 발생하는 기회를 선점할 수도 있다.

지역공동체와의 원만한 관계를 유지하는 것은 경험 있는 조직의 핵심적인 활동으로 주로 개발도상국에서 이용된다. 치안이 불안전한 지역에서 가장 빈번하게 발생하는 불안정한 위험척도 중의 하나인 민간 소요사태는 만약 조직이 지역공동체의 대한 기대에 부합하지 않거나 프로젝트의 수익분배가 공정하지 않는 경우에 폭발하게 된다. 따라서 학교, 의료시설과 같은 서비스에 대한 투자뿐만 아

4) 기존의 시각이나 이미 확립된 패턴에 따라 논리적으로 접근하는 것이 아니라 통찰력이나 창의성을 발휘하여 기발한 해결책을 찾는 사고 방법을 말한다. 이 기법은 기존의 문제해결 방식으로 해결하기 힘든 문제의 대안을 개발하는데 적합하다.

니라 지역공동체 대표자와의 지속적인 관계형성과 의사소통과정은 조직에 계속적인 수익을 가능하게 할 것이다. 많은 사례에서 알 수 있듯, 이러한 상대적으로 단순한 것 같은 공동체와의 긴밀한 관계형성은 조직이 공동체에서 계속적으로 운영하게도 하지만 조직의 운영을 중지하게 할 만큼의 차이를 만들어낼 정도로 많은 보상을 받아내기도 한다.

신규 사업으로 지구촌 어느 지역이 조직을 확장하기에 가장 적합한 장소인가에 대한 판단을 얻는 것은 체계적인 분석을 요구하고 어려운 업무임에도 불구하고 대부분의 조직에서는 이 업무에 대한 전략적 지원을 하고 있다. 글로벌 다국적 보험업체, 투자은행과 국제적인 위험관리컨설팅조직은 정기적으로 기업이 비즈니스 업무를 수행하면서 직면하는 정치경제적 위험에 대한 검토보고서를 발행한다. 이러한 정보는 온라인을 통하여 쉽게 접할 수 있거나 구독서비스를 신청하여 활용하는데, 보고서의 내용에는 지역정부의 간섭, 법적 문제와 규정, 테러리즘과 전쟁, 환율과 신용위험에 대한 내용이 최신자료로 제공된다.

일반적으로 통용되는 국가화폐의 평가절하, 실패한 경제계획, 규정의 변경, 쿠데타와 시민소요, 기타 많은 국가의 재정적인 충격은 예상하기가 매우 어려우나 아무런 대비 없이 직면한 상황변화는 다국적 조직에게는 재앙적인 결과를 가져오기도 하므로 현재의 위험수준을 가급적 신속하게 평가하는 것이 중요하다.

2001년 미 국방부는 정보선물시장의 개발을 위해 자금을 배정했다. 이 프로젝트는 중동 8개국(이집트, 이라크, 이스라엘, 요르단, 사우디아라비아, 시리아, 터키)의 지정학적 데이터를 근거로 하며 테러리즘에 대응하기 위하여 정부가 전쟁을 수행하는데 필요한 정확한 정보를 수집하기 위해 고안되었다.

정책분석시장(Policy Analysis Market)으로 알려진 온라인상의 인터넷포럼에는 중동과 관련된 군사 활동, 정치적 안정성, 경제활동이나 미국의 정책에 관하여 정부 내·외부 인사가 참여하여 의견을 제시하는 것이 가능하였다. 특히 웹을 기반으로 한 미래무역포럼에는 가능한 미래 테러리스트의 활동에 관한 전문가의 의견을 수집하는 것에 대한 계획으로 타인의 불행을 수익으로 한다는 거래자들의 맹렬한 비난에 직면하였고 결국 미숙한 연구계획은 대중에게 알려진 지 불과 2

일 만에 전격 취소되었다.

PAM 대신이나 이와 유사한 지정학적 위험관리에 대한 프로젝트는 정확하게 위험을 규정하기 위하여 여러 전문분야에 걸친 조직이 필요하고 의사결정을 위하여 위험에 정통한 전문지식을 가진 포괄적인 접근이 필요하다. 어떤 조직에 가장 불안전한 위험인자에 대하여 명확하게 규명·이해하는 것과 지속적인 모니터링이 필수적이다. 실례로, 은행의 경우엔 조직평판이 중요하고, 광산의 가장 불안전한 위험은 환경사고가 될 것이다. 이와 같이 많은 조직마다 개별적인 상황이 다르나, 현대조직에서 사전에 위험의 실체에 대하여 아는 것은 필수적이며 우발상황에 대한 관리계획, 미디어 대책, 탈출계획과 같이 실제로 모의시험을 하고 준비계획을 수립하는 것은 조직생존에 필수적이다.

5. 보안패러다임의 변화

진화하는 보안환경의 변화는 다국적 비즈니스 형식과 과정에 직접적으로 영향을 미치고 있고 지구촌 비즈니스가 직면한 많은 위험 중에 하나이다. 세계는 점차적으로 안전성이 감소하는 반면에 비즈니스 수행에는 비용이 증가되고 있으므로 이러한 불확실성의 척도인 높은 리스크 프리미엄(risk premium)을 요구한다. 개발도상국에 대한 투자가 선진국에 대한 투자보다 위험성이 높다는 것은 상식이다. 일반적으로 국내에서의 조직 활동은 외국에서 보다 자국의 위험에 대한 대응역량이나 지식이 우월하다고 생각한다. 외국에서는 대부분의 위험을 다양한 유형의 보험으로 보호하고, 언제나 이러한 조직들은 국내 이해관계자들보다 돌발문제를 다루는데 더 많은 재원과 의존적인 선택권을 갖는다.

(표 2-1) 보안위험관리의 패러다임의 변화[5)]

기 준	과거 패러다임 산업화 시대	새로운 패러다임 정보화 시대	21세기 패러다임 네트워크 시대
위험원/경쟁자	국가 vs. 국가	국가 vs. 국가 + 국가 vs. 폭력화된 비정부 기구	비대칭적 세력
위험원/세력	기동화된 국가세력	정착된 국가세력	분산되어 통제하기 어려운 다양한 세력
사회/기술적 변화의 정도	안 정	변 화	계속적인 유동성
힘의 행사	통 제	권한 이양	협 치
시장원리	경 쟁	협 력	협력형 경쟁
조직의 핵심	물 건	사람과 관계	적 응
사회/조직적 특성	일관성	다양성	목적에 부합
핵심자산	물리적 생산품	사람, 제품, 정보	사람, 유형재산과 지식재산
보안통제 방법	공식적인 순응 (Conformance)	수동적인 순응 (Compliance)	보장을 핵심으로 역동적 위원회가 개입
보안기획 방법	최상의 시나리오	최악의 시나리오	가장 확실한 최악의 시나리오
보안대응 방법	대 체	복 구	회복탄력성
의사소통 방법	단방향 대화 (투자자와 소통)	쌍방향 대화	다면으로 상호 연결된 대화

5) Julian Talbot/Miles Jackman(2009), *Security Risk Management Body of Knowledge*, John Wiley & Sons, Inc. p.28.

IMF는 2004년 9월 15일 반년마다 발간되는 글로벌 재무안정성보고서에서 강건한 지구촌 성장과 위험분산이 세계시장의 중요한 탄력성을 얻는데 도움을 주었다고 언급하였다. 그럼에도 불구하고 세계화된 시장의 증가는 글로벌 증권시장의 잠재력을 붕괴시키고, 세계무역에서 소수의 강대국 역할의 증대와 시장의 불균형으로 인해 신흥시장에 더 심각한 영향을 미치게 되었다.

제2절 보안 거버넌스

기업에서 거버넌스는 기업의 이해 관계자인 이사회, 부서 관리자와 임직원, 투자자 등과 같은 기업의 다양한 참여자들에게 권리와 책임을 분배하고, 기업과 관련된 목표와 전략, 문제점에 대해 의사결정을 내리는 규칙과 절차를 정해놓은 것이다. 따라서 기업 거버넌스는 기업의 전략과 목적을 달성하기 위해 여러 이해당사자들 사이의 힘의 균형을 맞추는 것이다. 즉 개별 이해당사자가 해야 할 의사결정과 역할을 자신의 위치에서 최선을 다함으로써 기업의 목표와 목적을 달성한다는 의미이다.

보안위험관리업무에서 조직의 경영진이나 동등한 구조의 위원회는 조직의 보안위험관리체제가 주의의무에 부합하는 것을 보장하기 위해 각각의 요소에 대한 충분한 감시와 지식을 보유하고 있음을 보장해야 한다. 상급 관리자와 리더는 조직에서 제공한 전략적 지침을 통하여 어떤 가치를 창조하고 버릴 것인가를 이해해야 한다. 위험에 노출되는 것은 매우 복잡하고 다양하며 역동적인 상황이 되므로 순차적으로 기회를 추구할 경우에는 반드시 수용할 위험과 피해야 할 위험에 대한 이해가 필요하다. 기술, 통신, 교통, 글로벌 재무네트워크의 변화와 변화의 정도는 대부분의 조직이 불과 10년 전과 비교하여 완전히 다른 환경으로 운영되고 있음을 의미한다.

무형 사건의 결과는 조직과 공동체에 광범위하게 영향을 미치게 되므로 건전한 위험관리를 위한 필수적인 부분이 보안위험관리이다. 전체적인 관리시스템의 한 부분으로서 보안리스크에 대한 이해 정도는 건전한 보호시스템을 제공하는 것과 더불어 많은 조직에 핵심적인 경쟁우위의 토대를 제공하게 될 것이다.

보안 거버넌스는 조직운영에 있어서 공정과 관리시스템을 다루게 된다. 이러한 체제에 제공되는 인력, 정책, 절차는 관리자에게 충분한 지침을 주고, 책임자가 책임을 지고 의사판단과 자신의 책임한도에서 결과를 최적화할 수 있도록 보장해야 한다.

보안 거버넌스의 의미는 무엇인가? 보안위험관리와 보안 거버넌스는 상호 의존적이나 동일한 의미는 아니다. 보안 거버넌스는 관리시스템의 총괄적인 적용과 설계, 모든 보안기능들이 설계되어 적용되고, 효과적으로 운영되는 것을 보장하기 위한 조직을 도울 수 있는 체제를 필요로 한다.

보안 거버넌스는 조직의 상층부에서 시작하여 하층부에 외형과 책임 권한을 부여하고 적절한 보안위험관리규범에 관한 책임문화로서 정착된다. 보안관리시스템은 보안 거버넌스 체제의 정책과 절차, 그리고 관련된 내부와 하부조직의 통제를 확립한다. 이러한 보안통제의 적용과 유지가 보안운영책임자와 실무 관리자의 책임이다.

1. 주의의무

주의의무(注意義務, duty of care)는 어떤 행위를 함에 있어서 일정한 주의를 하여야 할 의무이다. 그 기준에 따라서 선량한 관리자의 주의와 자기를 위하는 것과 동일한 주의로 나누어진다. 주의의무를 위반하면 과실이 발생하게 되어 여러 가지 책임을 지게 된다. 불법행위에서 주의의무는 모든 행위를 할 때 타인에게 예상되는 손해에 대하여 사려 깊은 주의기준을 엄수하도록 개인에게 부과되는 법적 의무이다. 불법행위(tort law)란 계약위반 외의 권리침해로 계약의 파기를 제외하고 민사소송의 대상이 될 수 있는 잘못된 행위를 말한다. 일반적으로 영미법에서 불법행위의 주의의무란 모든 행위를 할 때 타인에게 예상되는 손해에 대하여 사려 깊은 주의기준을 엄수하도록 개인에게 부과되는 법적의무이다.

주의의무의 개념은 보안 거버넌스의 원리에서도 적용되어 우리의 주변부와 다양한 이해관계자들에 대한 관계유지의 토대가 된다. 위험요소로부터 이러한 사람들에 대한 거버넌스 체제는 주의의무의 기본적인 원리를 반영하는 방법으로 개발되어야 한다. 따라서 모든 경영진들은 안전하고 건강한 업무환경을 제공하기 위하여 법률과 조직 원리에 충실해야 한다.

기업의 감독자나 공무원, 비정부조직, 정부기관은 조직원의 안전과 보안에 관리하므로 주의의무를 충족시키기 위한 책임에 직면하게 된다. 기업의 이해관계자에 대한 주의의무는 기업에 관하여 규정하고 있는 각종 법률에 반영하여 이에 부합하게 적용한다.

이해관계자들은 민간조직에 더 많은 책임을 요구하는데 반하여, 규제와 법규들을 더 광범위한 분야에 적용이 증가하고 있다. 특히 사법제도와 규제의 적용은 많은 분야에서 사회적 시각을 반영하여야 한다. 물론 주의의무는 법령에 규정된 의무에 한정되지 않으므로 모든 조직은 주주, 납세자, 개인에 상관없이 하나 또는 다수의 이해관계자에 대하여 궁극적인 책임을 져야 한다. 따라서 대부분의 조직에서의 주의의무는 조직의 목적이나 내부정책에 비록 간접적이라 하더라도 대략적인 지침이 규정되어 있다.

보안위험관리의 핵심적인 목적은 비즈니스 탄력성체제에서 이러한 목적을 지원하는 것이다. 또한 주의의무는 이해관계자의 가치를 향상시키고 보호하기 위한 조직의 책임을 확대한다. 이러한 책임이행의 일부로 보안관리시스템과 거버넌스를 제공하는 것이 포함되는데 이것은 조직역량을 강화하고 기대성과의 확실성에 기여하게 된다. 이 부분에서는 중요한 보안틈새가 이해관계자의 가치를 훼손시킬 수 있는 것은 자명하지만 부정적인 영향을 정량적으로 평가하기가 어렵다. 실질적으로 재앙에 의한 영향력의 중요성을 어떻게 평가할 것인가는 명확하지 않다.

1980년 이래로 주식회사에서 발생한 15가지의 인재(人災)에 관한 Rory Knight와 Deborah Pretty의 연구[6]에 의하면 전체적인 재정손실은 대략 190억 달러에 달한다. 이 연구에 의하면 재난발생 후 며칠 동안에 해당 기업의 주가는 5~8% 정도 하락하였다. 일반적으로 주가의 복구는 얼마나 잘 복구를 수행하느냐에 좌우되었다. 연구에 의하면 기업들은 재난으로부터 명확하게 구분되는 두 가지 부류의 집단, 즉 복구를 잘하는 기업과 복구하지 못하는 기업으로 나누어졌다.

① 신속한 통제력을 발휘하고 기업의 운영역량을 재정립함으로써 이해관계자의 신뢰를 다시 얻은 기업의 주가는 초기의 손실을 회복하였을 뿐만 아니라 100일 정도 이내에 10~15%가량 사고발생 이전의 주가보다 상승하였다.

② 사고 이후에 신속한 복구를 하지 못하는 기업은 사고 이전의 주가보다 10% 정도 하락하였다.

흥미로운 사실은 사고손실의 전부를 보험으로 충당하였음에도 이것은 큰 영향을 미치지 않는 것으로 나타났다.

비록 주요사고에 의한 주가하락에 대한 영향은 대부분의 조직의 통제권을 벗어나나, 이 연구에서는 다른 상황을 제시한다. 만약 사고가 난 기업이 이해관계자나 주주들과 사고에 대한 복구가 잘 관리되고 있고 소통이 원활한 경우에는 기업에 대한 영향력은 일반적으로 긍정적이었다.

예를 들어, 1982년 가을 미국 시카고에서 처방전 없이 살 수 있는 약인 타이레놀을 먹고 7명이 목숨을 잃었다. 누군가 타이레놀 진통제 캡슐에 '청산가리(cyanide)'를 넣었다. 타이레놀 제조사인 '존슨 앤 존슨'사는 3천 백만 병의 캡슐을 회수하였으나, 1982년 첫 번째 타이레놀 형질변경 사고가 발생하였을 당시에 존슨 앤 존슨의 대응계획은 그렇게 적절하지 않았다. 결과적으로 J&J의 주가는 사고 초기 50일 동안 10% 하락하였고, 계속적으로 180일 동안에 18%의 주가하락을 경험하였다. 이에 반하여 1986년 2번째 동일한 사고가 발생할 당시에는 즉시 수립된 대응계획에 따라서 효과적으로 대응하였다.

---

6) Knight, R. and Pretty, D(2000), *The Impact of Catastrophes on Shareholder Value*, Oxford Executive Research Briefings, University of Oxford, U.K.

이 대응계획의 핵심은 대중들에게 최고경영진이 직접 사고에 대하여 사실 그대로 설명하고 대중의 인식에 민감하게 대응하는 경우에는 대중의 신뢰를 회복한다는 것이다. 이 결과 사고 초기 50일 후의 주가는 사고 전보다 오히려 5% 상승하였으며, 180일 후에는 11% 상승하였다. 이 연구에서 제시하는 핵심은 기업의 평판, 인식된 위험이나 실질적 위험과 같은 무형의 가치를 다루는 방법은 신중한 계획과 조직의 모든 구성원이 참여하여야 한다는 점이다. 이 보고서에서 언급하듯이 "비록 모든 재난이 기업 가치에 초기에는 부정적인 영향을 미치게 되지만, 역설적으로 이러한 난관을 지혜롭게 관리하는 조직의 역량을 보여주는 경영진에게는 도약의 기회가 되기도 한다는 점이다."

2. 거버넌스 체계

보안리스크를 포함한 효과적인 리스크관리는 건전한 거버넌스의 초석이다. 보안위험관리 지식체계의 핵심적인 분야는 합의된 모델을 개발하고 거버넌스 계획이 실무자의 핵심적인 지침으로 제공되도록 하며 이것을 경영자가 책임지도록 하는 것이다.

기업경영진과 이사회는 전통적으로 거버넌스, 위험관리, 지침의 준수를 신중하게 관리하였으며 서로 분리된 활동으로서 취급하였다. 이러한 활동은 종종 지배권, 통제, 책임과 같은 단일 지점이 아닌 조직전체의 많은 분리된 운영 분야와 연결되어 있다. 그러나 이러한 접근방법은 보고와 의사전달 차이뿐만 아니라 중복성과 혼란을 초래한다.[7)]

오늘날 조직에서의 이해관계자의 도덕성에 대한 요구가 급증함에 따라 이러한 차이는 기업가치에 매우 부정적인 영향을 미치게 된다. 내 · 외부로부터 분출되는 새로운 정의, 요구, 기준과 같은 원동력은 회사 위원회와 관리자에게 역할과 책

7) Governance(2004), *Risk management and compliance: The value of integrated GRC in highly regulated industries*, 80-20 Software.

임 그리고 분리된 거버넌스, 위기관리, 지침준수 활동의 역할과 책임, 관계에 대해 재고하게 하였다.

기본적으로 기업의 거버넌스는 표준관리기법으로 구성된 지침체계로 조직에 적합하도록 고안된 거버넌스 체계이다. 이러한 기법은 공통관리도구로서 기본적으로 모든 것을 논리적 틀 안으로 끌어들이고 결과를 달성하는데 중점을 두며 서로가 상호 밀접한 관계가 있다. 이러한 거버넌스 체계는 조직의 규모나 법령과 규정에 상관없이 적용할 수 있다.

조직에서의 거버넌스의 핵심은 경영진에게 다음의 내용을 요구한다.

① 조직의 보안리스크성에 대하여 적절한 관리와 이해를 위해서 자신의 직책에서 충분한 전문지식이 필요하다.

② 기업의 거버넌스, 위험관리, 통제, 전략과의 관계에 대한 이해와 계속적인 개선이 필요하다.

③ 거버넌스, 위험, 규정준수로부터의 향상된 업무수행과 가치를 얻기 위한 열정이 필요하다.

다음과 같은 내용에 기여하기 위하여 경영진에게 적시에 필요한 내용이다.

① 조직의 가치, 윤리, 행동기대는 조직에 충분히 알려져 있으며, 명확하게 의사소통이 이루어지며, 역동적으로 적용되어야 한다.

② 비즈니스 전략과 목표는 이해되고 조직의 구성원, 공정, 기술은 전략적 목표의 성취를 지원하기 위하여 제휴되어야 한다.

③ 비즈니스 단위에서의 위험성향과 내성은 적절하여야 하고 기업의 리더십과 이해관계자의 기대에 부응하여야 한다.

④ 핵심적인 위협요소와 위험은 규명, 평가되어야 하고 적극적으로 관리되어야 한다.

⑤ 적시에 업무수행과 기대되는 보고에 부응하기 위하여 충분한 기업문화, 공정과 기술통제가 요구된다.

⑥ 정보는 경영진, 위원회, 이해관계자에게 정확, 신뢰, 적시, 완전하게 보고되어야 한다.

⑦ 규정준수와 확신에 대한 기대는 규명되어야 하고 효과적으로 전달되며, 행동은 적시에 취해져야 한다.

⑧ 적시에 최적의 운영모델은 지속가능한 업무수행을 추동하고 이해관계자의 가치를 실현하게 한다.

모든 상위 관리진은 효과적인 거버넌스를 성취하는데 어려움에 대하여 다음과 같이 행동하여야 한다.

① 정책과 전략, 운영원리는 조직의 경영진과 더불어 모든 운영진에게 효과적인 의사소통이 이루어져야 한다.

② 운영상의 업무수행을 효과적으로 관찰하고 적절하게 재원을 배분한다.

③ 내·외부 정책과 규정의 이행여부에 대하여 관찰하고 측정할 수 있다.

④ 시장에서의 운영의 실제적인 투명성이 성취되고 지켜져야 한다.

⑤ 사실에 근거하여 기업의 위험노출된 모든 제시된 정보에 관한 보호정책이 수립되어야 한다.

⑥ 규정준수 의무에 부합하도록 이해관계자나 대중의 생각에 합리적으로 부합되도록 규정을 수립한다.

3. 보안문화와 사고관리

1) 보안문화

보안문화는 모든 구성원의 상당한 노력으로 확립된 보안인식프로그램의 논리적 결과물이다. 어떤 상황에서나 인간은 위협요소에 대해 인식하게 되면 본능적으로 위협요소에 민감하게 반응하게 된다. 인간이 위협요소에 대해서 걱정하게 되면 동기화된 사람은 직면한 문제를 해결하기를 원한다.

추상적 개념인 보안문화는 그 자체가 목표는 아니나 구성원의 생각의 상태이고 '주변에서 일이 완성되어야 하는 방법'으로 광의의 목표를 성취하는데 지원하는 역할을 한다. 그러나 실제적인 시행이나 보안문화를 규정하는 것은 실제적으로 단순하지 않으며, 구성원의 행동과 태도 그리고 신뢰를 형성하는 다양한 요소에 의해 좌우된다.

무엇이 높은 수행력을 가진 보안문화를 형성하는가에 대한 뛰어난 연구는 Human Factors의 연구원 James Reason에 의해서 실시되었는데 그는 수년 동안 구체적이고 설득력 있는 주장에 대하여 발전시켰으며 안전문화는 구성원이 안전에 대한 지식이 풍부한 문화(Informed Culture)라고 하였다.[8)]

James Reason은 안전문화 특징을 지식이 풍부한 문화(Informed Culture) 외에 안전 관련 지식이 풍부한 문화를 보장하기 위하여 보고 문화(Reporting Culture), 학습 문화(Learning Culture), 융통성 있는 문화(Flexible Culture) 그리고 공정한 문화(Just Culture) 4가지가 인간에게 안전에 대해 정통하고 안전을 유지하게 하는데 필요하다고 주장하였다.

안전과 보안을 유사의미로 감안하면, 동일하게 보안문화의 높은 업무수행력은 보안에 대한 지식이 풍부한 문화라고 할 수 있다. 보안분야에 Reason의 연구를 적용하면 관련된 지식이 풍부한 문화는 보안시스템을 관리, 운영, 적용을 누가하는가에 따라서 구성되고 전체로서의 보안시스템의 효율성을 결정하는 인간, 기술, 조직, 환경요소에 관한 시사적인 지식을 가져야 한다.

2) 사고관리와 보고

보안사고와 관련된 보고, 분석, 데이터관리는 사고분석을 통하여 규명된 실제적인 보고내용과 경향 모두를 감안한 정보의 실행가능성에 중점을 둔 사고관리와 보고에 관한 보안위험관리체계의 지침에서 구체적으로 다뤄진다. 다른 조직의 기준과 일치하는 방법으로 정보의 분류와 사고보고분석은 적시보고와 보고의 질을 보장하는 기본일 뿐만 아니라 접수된 정보의 가치를 극대화하는 필수요건이다.

조직문화는 사고보고에서 핵심적인 역할을 한다. 보안문화는 희박한 사고나 실수 그리고 아차사고로부터 획득된 지식에 좌우된다. 특히 아차사고는 비용을 지불

8) Reason James(1997), *Managing the Risks of Organizational Accidents*, Ashgate Publishing, London, U.K.

하지 않고 학습할 수 있는 최적의 교육자료이며 시스템의 건강을 확인하는 창문이다. 여기에서 핵심적인 요소는 조직문화가 아차사고나 경미사고에 대한 보고를 꺼려하지 않고 이러한 보고가 전혀 부자연스럽지 않도록 하는 것에 달려 있다.

사고보고체계는 과거의 문제점에 대한 지체된 지침이라기보다 적극적인 보안대책으로 보아야 한다. 이러한 아차사고와 위험요인에 대한 보고체계는 주기적인 시간과 재원의 많은 투자를 필요로 하는 사고 이후에 즉각적으로 수행되는 전통적인 접근방식보다는 계속적으로 시스템을 개선하는데 핵심적인 견인차가 될 것이다. 또한 아차사고와 위험요소에 대한 보고체계는 시스템에 문제가 발생하는 경우에 시스템 사용자가 자연스럽게 시스템에 대한 통찰력을 얻는 기회를 제공하게 된다.

조사와 보안보고서의 후속조치는 다른 환경과는 약간의 차이가 존재한다. 보안조사의 주요한 어려움은 조직에 존재하는 강력한 기준에 따라 잠재된 문제점을 입수하는 거나 알려지지 않는 공격벡터와 후속적인 실패와는 관계없다. 더불어, 금고 비밀번호에서 국제전략까지 모든 수준에서 필요한 사람만이 아는(need to know) 원칙을 유지하는 것이 필수적이다.

4. 보안위험관리

보안리스크 관리지침이나 원칙은 위원회의 운영, 기술, 사용자 수준에 대한 기준의 개요를 제시한다. 일반적으로 조직은 개별적 비즈니스의 본질과 관리해야 할 정보를 토대로 하여 보안리스크를 평가하므로 여기에 제시된 원칙은 자산을 보호하는데 적용하고 조직의 회복탄력성을 보장하여야 한다. 성공적인 보안위험관리는 다음의 내역에 좌우된다.

① 보안 거버넌스의 효과적인 적용과 협력, 지식 영역, 능력 영역, 적용 영역, 조정자와 자산

② 약속, 경험, 태도, 책임자 역할을 수행하는 보안실무자나 관리자의 역량

1) 보안 원칙

가장 주요한 원칙은 경영진의 리더십과 약속이다. 핵심 비즈니스에 안전한 보안과 위험문화의 통합된 공정을 진행해야 하기 때문에 경영진의 약속과 리더십이 필수적이다. 리더십의 제공에서 최고경영진은 반드시 보안위험관리에 대하여 약속하고 적절한 인적, 재무적 지원을 보장하여야 한다. 이러한 조치가 다른 관리시스템에 보안위험관리의 통합과 수행을 가능하게 한다. 또한 최고경영진은 조직의 현재위상에 대한 초기 평가에 적극적으로 참여하고 후속적인 평가에도 참여한다. 이러한 과정이 시간이 지남에 따라 업무수행에 대한 명확한 상황을 제공하므로 여기에는 다음과 같은 내용을 포함한다.

① 보안과 관련된 사고가 빈발하는 장소나 비즈니스 부서를 포함한다.

② 보안과 안전의 트렌드를 포함한다.

③ 보안평가와 통제에 적용되는 방법들의 효율성을 포함한다.

④ 시스템의 식별력의 차이를 포함한다.

⑤ 법률과 규정, 운영상의 요구사항 전반에 대한 규정준수를 포함한다.

2) 보안지침의 제시

최고경영진은 보안과 위험관리의 중요성에 관하여 보안정책과 선언문을 통하여 구성원, 이해관계자, 대외적으로 조직의 명확한 방향을 제시하여야 한다.

이러한 과정의 일부분으로써, 조직은 중요자산을 분류하여 보유, 관리, 생성에 관한 명확한 일련의 지침과 민감도와 기밀성, 법률, 규정, 계약을 바탕으로 한 비즈니스 중요성을 규정하고 출간하여야 한다. 더불어 자산보호에 관한 가장 적절한 수준을 유지하기 위하여 조직의 보안유지에 책임을 부여해야 한다.

조직의 정책은 환경적인 요소, 비즈니스 공정, 보안리스크에 따라 검토·평가되어야 한다. 그런 다음 정책은 모든 임직원, 공급업체, 이해관계자, 고객들에게 적절한 방법으로 전달되어야 한다.

정책은 조직환경에 따른 지속적인 개선을 위한 조직의 약속뿐만 아니라 보안위험관리시스템이 어떻게 제도와 기업목적에 연계되어 있고, 부여된 책임, 절차와 지침 그리고 기준과 정책으로 문서화된 계층으로 구성된다. 이러한 문서화된 계층은 광의의 내용과 규정체계의 한 부분으로서 구성된다.

조직은 어떻게 정책과 약속이 부합하는지에 대하여 다음과 같은 개요를 통하여 제시한다.

① 기관의 요구조건과의 교류
② 보안에 대한 이해와 보안위험관리 시스템 훈련
③ 연간 예산요구를 결정하기 위한 보안리스크평가의 완료
④ 모니터링과 위협평가의 활용, 위험유형의 갱신과 한정하기 위한 정보수신
⑤ 보안사고의 보고와 분석의 착수
⑥ 재원의 배분과 가능한 수용할 수 있는 수준으로 위험을 완화시키기 위한 필수적인 물리적 자산의 제공
⑦ 위험유형을 토대로 한 연쇄적인 보안리스크평가에 착수
⑧ 효율성을 평가하기 위하여 결과에 대한 벤치마킹
⑨ 결과에 대하여 경영진에 보고와 조정하기 위한 필요성

궁극적으로 여기에서의 전략은 최고경영진이 의도하는 것과 비즈니스 단위에서 시행하는 의도와의 차이를 통한 인과관계를 보여주는 것이다.

모든 프로그램과 정책을 통한 궁극적인 목표는 모든 임직원이 직위에 상관없이 보안과 안전리스크에 대한 인식을 제고하는 것이다. 이러한 인식의 변화가 최고로 중요한 요소이므로 보안리스크에 대한 정보는 즉시 가용될 수 있어야 하고 경영진과 임직원은 보안리스크 관리에 대한 책임을 지게 한다. 이에 따라 보안리스크에 대한 교육과 훈련, 보안인식에 대한 설명은 모든 계획수립의 핵심부분이 되어야 한다. 더불어 비즈니스 단위의 관리자들은 다른 기업 거버넌스 계획의 관련 요소를 보안위험관리 활동과 통합하여야 할 필요성이 있다. 여기에 기업연속성계획, 비상상황과 위기관리, 광의의 위기관리시스템에 관한 내용이 포함되어야 한다.

실제적인 시행을 위한 계획 수립에서 비즈니스 관리자는 관련 내용을 세분화하고 공식적으로 다음의 내용을 문서화한다.

① 시행의 우선순위, 목적과 목표, 수행 지표에 대한 세부내용
② 책임의 부여와 재정과 인적 재원을 해당 목적을 성취하는데 지원하기 위한 배분
③ 관리시스템의 시행이나 개선정보를 제공하는 임직원을 위한 의사전달 장치
④ 핵심 비즈니스 활동에서 현재 혹은 시행할 보안과 안전에 관한 감사절차의 특수성
⑤ 비즈니스 단위에 전반적인 규정준수와 관련된 모든 법규와 정책을 적용하는 활동
⑥ 시스템의 정기적인 모니터링과 평가를 가능하게 하는 절차

3) 위험한계점의 확립

비즈니스 조직의 기능과 보안에 대한 관심에 상관없이 보안위험관리와 관련된 명확한 메시지는 다음과 같다.

① 불합리한 위험은 거부한다. 불합리한 위험이란 위험을 수용하는 대가로서의 이익이나 기회가 위험에 비례하지 않는 것을 말한다. 따라서 주어진 임무를 수행하는 가장 논리적인 선택은 모든 비즈니스에 불가피한 최소한의 위험에 부합하도록 해야 한다. 수용할 수 있는 위험한계점에도 불구하고 주어진 임무에 부합하여야 하고, 위험은 잔존 위험이 존재하는 장소에는 가능한 합리적으로 수용 가능한 가장 낮은 수준(ALARP)으로 관리되도록 판단되어야 한다. ALARP는 As Low As Reasonably Practicable의 약자로 'ALARP 원칙'은 '위험을 합리적으로 실행 가능한 최대한 낮게 유지해야 한다'는 의미이다. ALARP의 판단의 근거는 차후 잔존하는 위험비용이 발생하는 시점과 비교하여 위험을 감소시키는데 투입되는 비용과, 추가적인 처리비용이 없거나 위험이 무시할 정도로 경미한 경우와 비교하여 처리된다. 위험의 파급효과를 완화시키기 위한 선택은 가용 가능한 재원으로 합리적으로 성취가능한 선에서 수용한다.

② 편익이 위험처리나 관리 비용보다 클 경우에는 위험을 수용한다. 위험을 수용할 수 있으려면 조직 임무의 중요성과 이익이 임무와 관련된 위험을 수용할 수 있는 규모보다 클 경우는 정당화될 수 있다. 그러므로 위험은 실제적으로 이러한 경우를 실행할 때 위험을 무시할 정도의 수준까지 감소시킬 수 있는 활동이 가능하다면 수용할 수 있다.

③ 가장 적절한 수준으로 위험판단을 한다. 관리시스템의 기본원리는 위험평가와 의사결정 공정을 포함하여 업무의 성패에 책임이 있다. 그럼에도 지휘계통에서 다음 단계의 의사결정을 하기위하여 최적의 위험판단이 필요하나, 긴급한 운영상황, 위험관리선택을 고려하여 결정할 경우에는 잔존위험을 수용할 수준까지 감소시키지 못한다.

4) 인사보안

보안위험관리에서 인간은 가장 강력한 연결고리인 반면에 또한 가장 취약한 연결고리이다. 조직은 직원의 채용과 감독을 포함하여 보안통제와 더불어 모든 임직원, 협력업체, 공급업체, 고객들 기타 조직자산에 접근이 가능한 개인들의 진행공정을 서로 분리하여 자산의 오용과 손실위험을 최소화하여야 한다.

지속적인 보안의식의 개선을 위해서 보안교육을 조직훈련 프로그램과 통합되어야 하고 기업정보와 시스템의 적절한 사용에 관한 구성원의 책임과 징계절차에 대하여 모든 구성원들이 숙지하도록 한다.

① 물리적 환경적 보안: 보안통제는 조직의 모든 자산을 적절하게 보호하기 위하여 적합한 장소에 물리적 보안조치가 이루어져야 한다. 물리적 보안에 적용된 통제수준은 장비와 물리적 자산의 위험을 최소화하기 위하여 허가되지 않는 재산이동의 통제와 허가되지 않는 사람이 물리적 자산에 접근하거나 이용할 수 없도록 하는 조치를 취한다.

② 운영보안관리: 보안통제는 모든 운영과 시스템에 대한 보호조치를 적시에 하여야 한다. 운영보안통제는 업무 환경에서 정보의 무결성, 유용성, 기밀성

과 온라인 서비스의 제공, 내·외부 정보환경에서 모든 수단을 통한 정보교환의 위험을 최소화하는 것을 보장하여야 한다.

③ 비즈니스 연속성과 회복탄력성: 문서화된 계획을 포함한 관리된 공정은 재난상황이나 보안실패가 발생하는 경우에 신속하게 복구되거나 자료가 저장되도록 운영환경의 적절성이 보장되어야 한다. 이러한 계획에는 재난이나 예상치 않는 운영실패가 발생하는 경우에 비즈니스 활동의 연속성을 보장하기 위한 행동을 명확하게 규정하고 비즈니스 연속성에서 알려진 위험을 감소시키는 방법을 포함한다.

5) 시행과 시험

한 번 적시에 제안된 시스템은 조직에서의 시스템의 효율성을 모니터링하기 위하여 시스템이 필요한 장소를 규정하고 지속적인 개선과정을 보장하여 시스템을 조정하고 시험과 측정 그리고 평가되어야 한다.

시험의 유형과 도구는 무엇이 평가되는가에 따라서 매우 다양하다. 예를 들어, 보안의식훈련 프로그램의 유용성에 대한 평가는 '프로그램을 좋아하는가? 제안된 자료는 업무와 관련성이 있는가? 어떻게 해당 프로그램은 개선되었는가?'와 같은 질문을 하고 참가자의 피드백을 통한 이해를 바탕으로 실시된다.

또 다른 대안으로 위험평가가 최근에 심각한 보안사고가 발생한 장소에서 실시되는 경우에는 더 세부적인 문제점의 발견하기 위하여 분석이 뛰어난 위험평가자에 의해 실시되어야 한다.

일정이 정해진 테스트 활동의 시기는 계획수립 요소의 일부분으로써 비즈니스 부서관리자에 의해서 다음과 같이 준비된 문서에 통합되어야 한다.

① 계획된 목록의 목적과 범위가 적합하여야 한다.

② 재원과 장비를 포함한 예산은 동의된 한도를 초과하지 않아야 한다.

③ 모든 구체화된 부가가치나 질적인 요구사항은 성취되어야 한다.

6) 측정과 검토

시스템의 평가와 측정을 계획하는 동안에 구성요소와 절차를 개발하여야 한다. 이러한 절차에는 다음의 정보를 제공하여야 한다.

① 모니터링과 평가공정의 책임자

② 보안관리정보시스템의 기록과 같은 업무수행 평가를 위해 개발된 시스템

③ 평가의 횟수, 사고의 유형과 빈도, 심각성과 결과 등

④ 조직의 목표와 목적에 실적이 미흡하게 된 이유

⑤ 법령이나 규정의 요구사항에 따르지 않는 모든 사례

⑥ 시스템의 개선을 통한 실적개선의 기회

⑦ 필요한 변화와 이전에 수행된 모든 변화의 효율성

사용된 감사절차와 도구는 현재 시스템의 효율성과 최적의 업무처리 지침으로 고려된 시스템과의 차이를 독립적으로 확정한다. 이러한 이유로 필요한 경우에는 예방조치와 교정조치를 포함한 모든 상황에 적용된다. 보안위험관리의 대부분의 발전은 사고발생 이후에 대응조치의 결과과정에서 기인한다. 일반적으로 이러한 사고들은 무엇이 문제인가를 조사하고 이러한 위험을 반복하지 않거나 노출되지 않게 하기 위해서 미래의 어떤 위험을 통제해야 하는지를 생각하게 된다. 사고조사 과정에서 동일한 사고가 재발하지 않게 하기 위해서 사후 교정활동을 확인하거나, 위험의 최소화 조치가 가능하다면 임직원과 관련된 안전과 건강에 대한 위험이 최소화되도록 적시에 가장 적절한 조치를 취한다.

7) 문서 통제

조직은 보안위험관리시스템에 명기된 모든 관련된 문서와 데이터를 통제하기 위한 다음과 같은 내용이 포함된 절차를 수립하고 관리 · 시행하여야 한다.

① 모든 문서는 열람이 허용된 사람에게 즉시 접근 가능하여야 한다.

② 문서는 주기적으로 검토되고 필요할 경우 개정되며, 권한을 가진 책임자에 의해 승인되어야 한다.

③ 관련 문서와 데이터의 최신 버전은 관리시스템의 효과적인 기능수행에 필수적인 모든 장소에서 활용 가능하여야 한다.

④ 구식 문서와 데이터는 이슈가 발생하는 모든 장소에서 즉시 제거되거나 의도하지 않는 사용으로부터 격리되도록 한다.

⑤ 기록문서와 데이터는 법적인 규정의 준수와 기록물 저장을 위하여 보관되어야 하고 적절하게 식별 가능하도록 유지한다.

문서와 데이터는 읽기 쉽도록 갱신되고, 신속하게 찾기 쉽도록 구체적인 기간 동안 날짜순으로 분류하여 보관된다. 또한 시설이나 조직에 관한 절차와 책임에 대한 규정을 수립 · 유지하고 다양한 유형의 문서와 데이터에 대한 개정절차와 구식 문서사용의 배제방법을 규정할 필요가 있다.

모든 자산과 절차, 시스템 그리고 하부구조에 관한 조직의 보안통제는 조직운영에 따라 적용되는 모든 법적의무와 규정에 부합하여야 한다.

5. 유통망 리스크관리

일반적으로 위험노출에 대한 평가는 조직이나 개인의 다음과 같은 외부에 대한 통제와 요소에 따라 매우 역동적이며 가변적이다.

① 정치적 요소(Political): 정부의 교체, 정책의 변화, 정부기구의 변화

② 경제적 요소(Economic): 노동시장, 환율, 글로벌 경제

③ 사회문화적 요소(Sociocultural): 인구이동, 이해관계자 기대의 변화

④ 기술적 요소(Technological): 구식, 현재기술을 취득하기 위한 비용, 기술개발 기회

⑤ 환경적 요소(Environmental): 환경보호의 의무와 기대

⑥ 법적인 요소(Legal): 규정의 변화, 기업에 관한 법률, 규정이행 환경

상기의 요소들의 집합은 PESTEL 모델에서 공통적으로 언급된다.

1) 유통망의 보안리스크

운송수단의 발달에 따라 유통망의 복잡성과 경향성의 변화가 증가하고 지구촌으로 유통망이 확대됨으로써, 이에 비례하여 조직은 유통망의 붕괴에 더욱 취약하게 되었다. 따라서 대부분의 조직은 이미 유통망 효율성의 개선과 비용의 절약의 관점에서 유통망 가치의 중요성에 주목하였다. 그러나 많은 경영자들이 유통망의 붕괴로 인한 연쇄적인 경제적 피해에 대한 인식에는 한계가 있다.

Hendricks와 Singhal의 보고서에 의하면 유통망의 붕괴가 잠재적으로 영업수익은 107% 급감하고, 매출액 증가는 7% 감소, 비용은 11% 증가와 더불어 유통망 붕괴 이후에 최소 2년간은 저조한 경영실적을 보인다고 하였다.[9] 이 보고서에선 또한 유통망을 더 효율적으로 운영하고 경제적인 관점에서만 관심을 기울이는데 반하여 조직은 이러한 경제적인 편리성과 효율성에만 매달리는 운영방법은 더 큰 유통망 붕괴위험에 직면할 수 있다고 경고하였다. 많은 사례에서 보이듯이 유통망에 대한 투자와 계획은 비용절감이 목적이 아니라 유통망에 대한 신뢰도 향상을 위해 노력하는 데 의미가 있다.

유통망관리는 가능한 효율적으로 고객의 요구를 만족시키기 위하여 유통망의 운영에 대한 통제, 기획, 시행하는 공정이다. 유통망관리는 원재료의 모든 이동과 저장, 제공품의 재고품, 원산지에서 소비자까지의 완제품 모두를 망라한다.

유통망 보안위험관리는 조직의 유통망의 모든 단계에서의 보안리스크에 관한 관리와 평가, 경감하는 공정이다. 이러한 공정은 유통망의 취약성수준과 위협요소에 대한 모니터링과 관리, 측정하기 위한 체계적인 접근법을 통한 공급자로부터의 보안품질보증을 제공한다.

PESTEL과 관련된 개념과 마찬가지로 조직이 위협요소와 위험에 노출되었는지 결정하는 경우에 세계화의 증가에 따라 직면한 많은 위험에 조직외부로부터 제품을 공급받는 외주생산은 조직의 자체적인 유통망이 아직 준비되지 않았으므로

9) Kevin Hendricks/Vinod R. Singhal(2005), *The Effect of Supply Chain Disruptions on Long-term Shareholder Value, Profitability, and Share Price Volatility*, Richard Ivey School of Business, The University of Western Ontario London, Ontario, Canada. p.2.

조직의 근시안적인 견해만을 주장하지 않는다는 것을 보장할 필요성이 있다. 이와 같은 사례는 다음과 같다.

① 부품이나 원재료의 공급

② 외주주문에 의한 생산방식

③ 인터넷 서비스 제공업자(ISP)는 수많은 조직의 이메일 소통과 종종 호스트 웹사이트, 애플리케이션, 전자상거래가 제공된다.

④ 해상진입로, 정유소, 공항터미널과 같은 여러 가지 핵심적인 기간시설의 소유자.

⑤ 조직의 영내와 핵심재산과 정보에 접근이 허용된 협력업체.

⑥ 입찰 자료나 업무계약과 같은 상업적으로 중요한 재료를 운반하는 운송업자

유통망 위험에 대한 대응에는 현재 저장물의 회수, 손상에 강한 포장제품의 제공, 대중과의 소통 3가지의 핵심적인 요소에 관한 것을 다룬다. 비록 이물질 넣기, 이물질 넣음에 대한 위협, 음식에 독극물 넣는 것은 조직이 고려한 매우 중요한 이슈이나, 주요한 3가지 처리방법은 소비자의 신뢰를 회복하는 것이 핵심이다. 통계적으로 소비자에 대한 실제적인 위협은 발생가능성 측면에서는 중요하지 않으나 기업의 평판과 판매에 관한 잠재적인 손실과 잠재적인 소송은 조직에 영향을 미치는 주요한 충격이다.

유사하게, 밀봉포장은 많은 제약회사나 식품에 소개되었으나 실제적으로 변형을 억제하지 못한다. 예를 들어, 밀봉된 음식에 이물질을 집어넣는 것은 상당히 어려운 일이지만, 완강한 급진주의자들은 상품의 포장지를 피하주사기를 가지고 뚫은 다음 이 구멍을 가격표로 가린다. 대중, 정부기관, 소매업자와 제조업자와 같은 이해관계자의 의제에 대한 상이한 견해에서 가장 중요한 점은 다음의 인식된 위험과 실제 위험의 균형감이 중요한다.

① 대중들과 정부는 제품이 소비자에게 안전하기를 기대한다.

② 제조업자와 소매업자는 제품판매로 인한 수익을 기대한다.

훼손에 강력한 변형억제(tamper-resistant) 포장방식을 적용하는 비용은 실제적으로 쉽게 변경할 수 없는 방식으로 금지될 가능성이 크거나 이전에 쉽게 개봉 가

능한 제품보다 판매량이 감소할 가능성이 크다. 그러므로 보안리스크전문가의 균형 감각은 적절한 비용효과적인 해결책에 대하여 실제적인 위험(독극물)뿐만 아니라 동등하게 인식된 위험(해당 제품이 안전하지 않은 것 같음)도 중요하게 처리하여야 한다는 조언을 제공한다. 그러면 훼손에 강한 포장방식은 이러한 양측의 목적을 성취한다. 제품을 강력하게 포장하는 이러한 조치들은 흔적 없이 제품에 유해물질을 삽입하려는 의도자나 생산자에게 다음과 같은 결과를 낳는다.

① 제품을 선택할 가능성을 감소시킨다.

② 제품의 포장이 훼손된 상품을 구매하거나 소비할 가능성이 감소한다.

③ 유통과정에서 오염된 제품을 발견할 가능성이 증가한다.

2) 유통망 준비계획

조직은 다음과 같은 침입자의 유통망에 대한 의도의 위험성을 알고 있는가?

① 만약 택배사가 조직의 입찰 자료나 업무계약에 관한 계약서 사본을 경쟁자에게 넘겨주면 어떻게 되는가?

② 만약 통신서비스가 며칠 동안 사용 불가능할 경우에 조직은 유지가능한가?

③ 부품이나 원재료의 공급업체가 필요한 재료를 더 이상 공급할 수 없는 상황이 발생할 경우나 파산한 경우에 세부적인 준비계획은 수립되어 있는가?

④ 조직은 사업장에서 멀리 떨어진 장소에 중요정보를 예비로 보관하고 있으며 유통망서비스 제공자에 대한 보안심사는 적절하게 수행되었는가?

⑤ 주의의무에서 언급한 타이레놀과 같은 유형의 위기를 대한 제품포장전략과 방송매체에 대한 대응계획은 수립되어 있는가?

상기와 같은 질문에 대한 적절한 대응책이 없는 경우에는 위험평가의 보안리스크분석 구성요소에는 문제가 있는 것이다.

서비스나 제품조달의 관점에서 조직이 외부서비스제공자와 연관성이 있는 부분에서 상업적으로 중요한 민감정보와 같은 조직재산에 대한 잠재적인 허가되지 않는 접촉이 발생한다. 이에 관한 대응전략은 수립되어 있는가?

외부 서비스를 이용하는 경우에 비록 특정한 조직기능이나 서비스 수행에 대한 사전적이며 자발적인 책임(responsibility)은 외부 서비스제공자에게 귀속되나, 조직은 항상 자신의 주주와 이해관계자에 대한 의무를 안전하고 효과적으로 수행해야 하는 사후적인 책임이 남아 있기 때문에 사후적인 책임(accountability)은 외부서비스제공자에게 이전되지 않는다. 따라서 서비스나 제품조달선택에 대한 고려에서 조직은 그들 재산의 보안에 대한 부수적인 위험에 대하여 중점적으로 다루어야 하며, 위험과 통제가 포함된 라인에서의 기능은 다음과 같이 조직의 보안계획의 일부분으로 다룬다.

① 조직이 어느 정도 업무수행을 하는지는 정부와 조직목적에서 필수적이다.
② 기능의 부적절한 수행에 의한 파급효과
③ 기능에 내재하는 위험의 유형
④ 위협요소에 대한 기능의 위험노출의 정도
⑤ 규명된 위험과 시간에 대한 전략
⑥ 계약완료나 종료시기와 같은 과도기의 보안관리계획에서 적절한 보안전략은 재산과 기록 모두가 조직운영의 경미한 업무중지도 없이 서비스제공자의 통제로부터 안전하게 인계되는 것을 보장하여야 한다.

한 번 보안리스크 이슈가 표면화되거나 기업이 시장의 안전이나 외주 제품과 서비스에 대한 접근법에 동의한다면 서비스조달문서에는 조달할 모든 재산과 서비스와 관련된 보안조항을 포함하는 계약초안을 작성해야 하고, 조항은 의무적으로 최소한의 기업표준에 부합할 뿐만 아니라 조항들을 구매자가 선택할 수 있거나 구매의도나 상황에 부합하여야 한다. 이러한 보안리스크 조항은 또한 구매와 서비스제공자를 선택하는 경우에 업체평가계획에 적절하게 반영하여야 한다.

3) 서비스 계약

조직과 서비스제공자 사이의 계약은 외주를 준 조직의 업무기능에 대한 통제와 관리감독의 근거가 된다. 계약서의 역할은 조직과 서비스제공자의 업무관계에 대한 기초적인 역할을 명확하게 규정한다. 이 계약서에는 서비스제공자의 보안의무에 대한 모든 내용을 포함해야 하고 보안의무는 업무를 수행하는 도중에도 조직의 요구에 따라 계속해서 갱신해야 한다는 조항도 포함한다.

서비스제공자가 조직의 중요정보나 다른 조직재산에 접근하는 내용을 포함할 경우에는 모든 문서와 평가기준에 대해서 심도 있게 다뤄야 하고 장래의 서비스제공자는 다음의 요구사항에 부합하여야 한다.

① 이익갈등에 대한 선언은 조직을 대신하여 기능이나 서비스의 수행 중에 보안에 영향을 미치는 모든 잠재적인 이익갈등이 공개되어야 한다.

② 서비스제공자의 직원들은 중요정보나 다른 특정한 재산에 대한 접근을 요구하는 경우에 적절한 수준의 보안검사에 동의하도록 한다.

③ 서비스제공자의 구역과 시설물은 지정된 최고 수준까지 포함한 중요재산이나 정보를 다루거나 저장하기에 적합하여야 한다.

④ 서비스제공자의 시스템은 지정된 조직재산의 폐기와 처리과정, 저장, 전송에 대한 지정된 보안규정과 위협요소 수준에 대한 상황에 부합하여야 한다.

⑤ 중요한 조직재산과 정보에 대한 접근은 적절한 보안환경에서 관리되어야 한다.

⑥ 중요 조직재산이나 정보는 외주 준비계획에 따라 서비스제공자의 구내에 저장되어야 하고 계약초안에는 조직의 보안팀이나 감사팀이 보안검사와 서비스제공자의 기록, 계약자료와 구내에 대한 감사를 실시하는 것을 가능하게 하도록 하는 조항을 삽입한다.

⑦ 만약 서비스제공자가 계약된 기능의 일부분의 하도급업무를 할 가능성이 있으면, 조항에는 모든 보안요구조건을 보장하는 책임을 지고 계약조건에 부합하도록 한다. 또한 여기에는 서비스제공자가 어떤 중요재산이나 기능이 포함된 장소에 접근할 수 있는 하도급계약 전에 조직과 상의하여야 한다는 조항을 삽입하는 것을 검토하도록 한다.

⑧ 서비스제공자는 조직을 대신한 계약서에 의거한 지식재산, 발생된 재산에 대한 이해에는 이것이 조직의 재산이고 조직의 허락 없이는 절대로 공개하

지 않아야 한다는 것이다.

⑨ 기밀행동은 서비스제공자의 직원과 모든 하도급업체 서비스제공자에 의하여 완성된다. 따라서 이들은 조작, 공정처리, 중요 조직정보나 재산의 보관에 관한 절차를 준수하고, 계약에 명기된 모든 정보의 사용이나 생성과 관련된 계약조건을 이해 · 이행하여야 한다.

4) 계약관리

계약관리는 계약내용의 역할에 대한 적절한 업무수행과 계약에 규정된 방어적 보안 표준 모두에 부합하는지에 대한 모니터링이 핵심이다. 궁극적으로 조직은 데이터 처리, 저장, 전송, 그리고 규정된 조직재산의 폐기에 관한 보안표준이 보장되도록 유지하는 책임을 서비스제공자도 이행되도록 하고 모든 하도급 서비스제공자도 이러한 서비스규정을 준수하여야 한다. 이러한 조건을 성취하기 위하여 조직은 지속적인 훈련을 제공하고 어떻게 조직이 보안위험관리를 수행하는지에 관하여 서비스제공자가 이해하도록 조력자가 되어야 한다.

조직업무의 일부를 외주서비스로 활용한다고 하더라도 조직은 외주 서비스제공자와의 긍정적인 관계정립을 통하여 열린 의사소통을 증진하고 신원확인과 문제해결을 촉진하기 위한 보안환경의 가치를 증진하게 된다. 조직은 보안틈새가 발생하는 경우에 항상 계약을 종료할 수 있는 권리를 가지고 있어야 하고 서비스제공자의 보안상의 무능력을 수정할 수 있도록 계약조건에 명기하여야 한다.

이러한 업무를 수행하기 위하여, 조직은 반드시 정기적으로 서비스제공자의 보안절차를 모니터링 해야 한다. 계약조항에는 조직에서 서비스제공자의 구내, 기록물, 장비에 접근할 수 있도록 보장해야 하고 정기적인 모니터링을 위한 장소의 제공과 서비스제공자의 경영진과의 면담을 통하여 서비스제공자가 보안의무를 이행하는 것을 보장해야 한다. 또한 서비스제공자는 모든 하청업체의 서비스제공자에게 조직과 동일한 보안의무를 부과하여야 한다.

보안사고는 조직에 치명적인 결과를 초래하고 광범위한 영역에서 발생하기 때문에 외주업무나 계약이 수행하는 과정에서 발생하는 내용에 대하여 업체 자체적으로 보안사고에 대해 정확한 정보에 근거하여 보안의무를 지키도록 해야 한다. 서비스제공자에게서 정보가 제공되는 경우에 조직은 위험을 다루기 위한 필요절차를 수행하는 것을 고려할 필요가 있다. 또한 사고에 관해 제공된 미래의 위험에 대한 평가와 검토에 관한 가치 있는 정보를 토대로 현재의 보안계획과 절차에 대하여 평가하는데 도움을 받을 수 있다.

① 반복적인 공정, 최저가 입찰자, 중앙집중식 공정과 시설물, 고가 물품의 배송, 운영에 대한 협력적 접근과 유통망의 고효율 사이에 상충관계가 존재한다.

② 유통망의 높은 수준의 보안은 공정관리와 절차상 예측불가능성에 대한 관리, 산재된 운영관리, 고도의 위험수용과 관리, 고도의 공정과 절차적 기밀, 높은 수준의 유통망 여분을 포함한다.

보안위험관리자의 딜레마는 경쟁적인 효율성에 대한 요구와 보안과 생존가능성에 대한 높은 성과사이에 존재한다.

위험분석과 유통망관리전문가(Risk Analysis and Supply Chain Management)인 Yossi Sheffi MIT 교수는 9·11테러 직후에 2001년 물류관리 국제저널의 논문[10]에서 유통망계약에서 확인하여야 할 사항으로 보안위험관리와 유통망에 대한 고려로 다음과 같은 다양한 상충관계에 대한 갈등을 구분·비교하였다.

① 반복성 vs. 예측불가능성: 동일하게 반복 가능한 공정과 절차는 비용을 감소시키고 품질을 보장한다. 반면에 공급자, 운송노선과 운송일정의 조건에서 예측불가능성이 높은 경우에는 추가적인 보안대책이 필요하므로 물류비를 증가시키는 원인이 된다.

② 최저가 입찰 vs. 알려진 유통업체: 최저가 입찰방식은 전체적인 단위당 수익을 증가시키게 되나 이러한 업체선정방식이 최고의 수익이나 가장 안전한 해결책을 의미하지는 않는다. 기존에 이미 인지되고 검증된 유통업체 가운데서 선정하는 방법이 엄격한 보안이 유지되는 봉인과 이동간의 까다로운 요구사항에 따라 비용이 증가함에도 불구하고 향상된 보안수준을 보장한다.

③ 집중 vs. 분산: 오늘날 대부분의 유통망 활동은 집중화된 물류센터에서 비용

10) Yossi Sheffi(2001), *Supply Chain Management under the Threat of International Terrorism*, The International Journal of Logistics Management, 12(2).

절감과 향상된 서비스를 제공하게 되었다. 반면에 재산과 인력의 분산배치는 테러리즘이나 자연재해로부터의 피해를 경감하게 되었으나 개별적인 장소에 대한 보안대책의 적용의 필요성은 비용증가를 야기한다.

④ 리스크관리 vs. 가치의 전달: 증가된 보안대책이 수반되는 유통망의 가치에 대비하여 사고발생 개연성은 낮으나 엄청난 파급효과를 야기하는 리스크를 관리하는 것과의 가치의 의미는 무엇인가? 일반적으로 다양한 보안조치들에 따라서 해당 공정에서 어떠한 보안사고도 발생하지 않았을 경우에는 해당 보안조치가 성공적이었다고 평가되어야 한다.

⑤ 협력 vs. 기밀유지: 기업 사이의 협력관계의 증가는 유통망의 효율성과 효과성의 제고하는 바탕이다. 반면에 운영보안과 정보원리는 need-to-know을 유지하는 것이다. 다른 조직과 기업의 데이터를 공유하는데 따른 위험성은 무엇인가에 따라서 조직의 회복탄력성과 수익성에 대한 영향을 미치지 않는 정도의 기업과 보안데이터가 공유될 적정성에 대하여 결정하여야 한다.

⑥ 용장성 vs 효율성: 유통망에서의 용장성은 신중한 위험관리대책으로 우발상황이 발생하는 경우에 유통망의 연속성을 보장하게 한다. 오늘날의 유통망은 최대 효율성과 수익창출을 위해서 적기납입방식(just in time)[11]으로 연동되어 운영된다. 그러면 어느 정도의 용장성(redundancy)[12]이 적절한지에 대하여 결정하여야 한다.

11) 생산에 맞추어 제품을 공급함으로써 재고를 최소화하는 관리방식.
12) 용장성이란 규정된 기능을 수행함에 있어 여분의 구성요소를 준비해 두고 그 일부에서 문제가 발생하여도 여분의 구성요소가 생산이나 서비스를 계속 제공되도록 하는 방식을 말한다.

제3절 회복탄력성

1. 회복탄력성의 개념

회복탄력성(resilience)이란 조직이나 개인, 공동체가 치명적인 사건에 따른 파급효과를 최소화하고 위기 이후에 오히려 조직을 강화시키고 발전의 촉매제로써 위기를 활용하는 능력을 의미한다. 조직의 역량을 사고 이전의 생산성으로 복귀하는 의미보다는 사고로부터 학습하고 복구하면서 사고 이전의 수준보다 더 뛰어난 역량을 배양하는 것이 핵심이다.

회복탄력성이 있는 조직은 역경에 직면하더라도 핵심목적을 달성할 수 있어야 한다. 회복탄력성 지침에 따라 조직이 운영환경에서 응급상황, 사건, 위험에도 불구하고 어려운 상황에 적응하고 지속적인 성장이 가능하도록 한다.

회복탄력성은 조직의 문화, 태도, 가치에 의해 좌우된다. 현대 사회에서 회복탄력성은 자산, 조직기능, 제품이나 서비스의 제공보다는 조직이 기대했던 가능성을 유지하는 것이다. 따라서 회복탄력성의 모토는 손실예방이나 사고 이전 상황을 회복하기보다는 조직의 비전과 목표를 유지하는 것이다.

사고는 인명손실과 회복하기 어려운 손상, 중요 기간산업, 자산, 장비, 문화재나 유물을 파괴하는 원인이다. 이러한 사고의 사례는 전쟁을 제외하고도 2001년 미국 무역센터테러, 2005년 허리케인 카트리나, 2007년 서브프라임모기지 사태, 2014년 4월 16일 대한민국 세월호 참사, 2015년 11월 13일 프랑스 파리 테러 등이 대표적이다.

주목할 만한 파괴적 사건은 규모와 중요성에 관계없이 구조적인 검토, 조직축소, 기업합병과 같은 회복탄력성을 요구한다. 이러한 사례는 각각 개인, 조직 그리고 공동체가 안정성과 전진을 회복하기 위하여 회복탄력성 전망을 활용하거나 적용하여야 한다. 그런 다음, 회복탄력성은 더 강화된 조직과 튼튼한 공정을 만들거나, 정해진 표준절차에 의지하는 방식을 줄이는 대신에 좀 더 유연하고, 신속하게 대응하며, 적용 가능한 사고방식, 신중한 처신, 내·외부 환경 모두에서 변화의 영향력을 관리하여야 한다.

탄력성 모델의 개념은 개인과 조직 그리고 공동체와 같은 개별 단위의 관련된 필요성에 대해서 다루고 개별적인 회복탄력성 수준을 개발하는 것을 가능하게 한다. 개별적 단위에서는 인지적, 감성적, 신체적 측면의 회복탄력성에 대하여 고려하여야 한다.

인지적 회복탄력성은 현실을 확고하게 수용할 수 있도록 '머리'를 사용하는 능력이다. 우리의 인지적 대화는 우리의 현실창조에 중요한 역할을 한다. 석가모니는 "우리의 생각이 세상을 만든다."라고 갈파했다.[13)]

인간은 빈번하게 성공적인 상황에서도 자신의 능력을 약화시키는 공포와 걱정을 증폭시키는 생각을 한다. 역으로, 인간은 성공적인 상황으로 이끄는 능력을 향상시키는 생각을 떠오르게 하는 능력도 있다. 조직과 공동체 수준에서 사람의 집단은 정신적 나약함이나 집단의 의사에 대항할 능력이 있을 때까지 개인의 생각을 억누르거나 문제가 치명적인 상황이 될 때까지 개인의 생각을 무시하여 집단의 의사에 굴복하는 것과 같이 현실적인 어려움에 직면하면 현실을 회피한다. 그러나 모든 단위에서 인식의 힘에 대한 이해와 다른 사람의 행동에 대한 우리의 관점과 현실에 투영되는 그들의 의지사이의 차이를 최소화하여야 한다.

감성적 회복탄력성은 인생은 살 만한 가치가 있다는 믿음을 만들어내는 "마음"을 활용하는 능력이다. 우리의 감정은 열정과 발전에 대한 의욕을 부여한다. 플라톤은 감정을 "인간 행동의 중요 추진력의 하나다."라고 하였다.

개별적으로 인식과 이해력 그리고 스스로와 타인의 감정에 대한 이해는 인간에게 주어진 환경에 대한 더 향상된 이해를 이끌어낸다. 조직과 공동체에서는 사업장이나 사회에서 감성, 분위기, 기분, 느낌을 식별하는 것을 가능하게 함으로써 인간에게 그들의 잠재력을 발휘할 수 있게 한다.

---

13) 일체유심조(一切唯心造)는 대표적인 불교경전의 하나인 '화엄경'의 핵심사상을 이루는 경구로 법계의 일체 현상은 오직 마음에 의하여 조작된다는 의미이다.

신체적 회복탄력성은 임기응변과 적응 그리고 더 향상된 미래로 나아갈 수 있도록 '신체'를 활용하는 능력을 말한다. 로마의 시인 버질은 "인간의 최고의 자산은 건강이다."라고 하였고, 영국의 사상가 존 로크는 교육의 최우선 덕목으로 신체의 건강을 강조했는데 이것은 몸과 마음 모두에 진리이다. 신체적 회복탄력성은 신체적 지속성을 가진 긍정적 에너지와 사고를 결합시키는 것이다.

개별적인 수준에서 자신의 신체적인 건강을 회복시키기 위한 동기와 약속은 개인의 회복탄력성을 구축하는데 기여한다. 더불어 조직과 공동체 수준에서는 건강과 복지에 대한 약속은 모든 구성원에게 자신의 잠재력을 성취하고 성장시키는 기회를 제공한다.

2. 회복탄력성의 구성

Manfred Blueler의 조사에서 개인의 회복탄력성에 대하여 언급한 내용을 살펴보면 정신분열증, 가난, 질병 그리고 트라우마가 있다.[14] 이 획기적 연구에 의하면 약 75%의 정신병 어린이가 그들의 타고난 약점에도 불구하고 성장하면서 정신적으로 건강하고 강건하게 되었다. 또한 Garmezy 발달정신병리학 연구에 의하면 부조화 혹은 역설로 기인한 회복탄력성으로 드러났다. 극심한 스트레스를 경험한 많은 어린이들은 이를 극복하고 행동적 적응을 보여주거나 자신감을 나타낸다.[15]

본질적으로, 이러한 어린이들은 사고, 느낌에 대한 역량이 발달하였으며, 자신의 환경적인 역경을 극복하고 성장하여 스스로가 자신감에 충만하였다. 개인적인 회복탄력성을 보여주는 대표적인 사례는 베토벤, 넬슨 만델라, 김대중, 헨렌 켈러가 있는데 이들은 자신에게 닥친 모든 역경을 극복하고 계속적으로 자신의 잠재

14) Blueler, M(1978), *The Schizophrenic Disorders: Long-Term Patient and Family Studies*, Yale University Press, New Havern, C. T.

15) Garmezy, N.(1981), *Children under stress: perspective on antecedents and correlates of vulnerability and resistance to* psychopathology(pp.85-105). In A. I. Rabin, J. A. Aranoff, M. Barclay, and R. Zucker(Eds.) Further Exploration in personality. Wiley-Interscience, New York.

력을 성취하는 엄청난 역량을 보여주었다.

두 번째 구성단위로 조직을 살펴보면, 조직에서 회복탄력성을 구축하거나 개발하기 위해서는 기업위험관리, 기업연속성관리, 산업보안, 산업안전보건, 인사관리와 같은 분야에 대한 고려가 필요하다. 예고 없이 발생하는 사고에 대해서는 비즈니스 단위에서 인명, 공정과 플랫폼이 예상하지 못한 우발적 사건에 통합적으로 대응해야 한다.

Gary Hamel과 Liisa Valikangas는 조직의 회복탄력성에 관한 초기 연구를 실시하였다.[16] 이 연구에서 그들은 '변화하기 전의 사례보다 명확하게 구분되는 변화하는 역량을 갖추는 것'이 회복탄력성의 핵심으로 설명했다. 이러한 역량을 성취하기 위해서는 조직은 다음의 4가지 주요 어려움에 대응해야 한다.

① 인지적 어려움은 주어진 환경에 대한 인식능력과 자유스럽게 생각하는 힘을 말한다.

② 전략적 어려움은 대안개발을 의미한다.

③ 정치적 어려움은 대응의 유연성과 새로운 시도에 재원을 전용하는 것이다.

④ 이념적 어려움은 복구나 문화적 사고방식을 수용할 수 있는 역량을 말한다.

전반적인 전략에도 불구하고 조직문화는 탄력회복성을 결정하는 핵심요소이다. 높은 신뢰도를 가진 조직에 대한 연구에서 회복탄력성에 대한 약속은 예상치 못한 사건에서 조직이 생존하거나 파멸을 방지하기 위한 조직역량의 핵심적인 결정요소의 하나이다. 이러한 의미에서 문화에 대한 투자를 회복탄력성에 대한 투자로 여겨야 한다.[17] 다음은 조직의 회복탄력성의 사례이다.

▶ 2005년 8월 말 허리케인 카트리나가 열대 저기압으로 발생 이후에 데이터관리시스템을 보유한 월마트는 48시간 이내에 점포의 66%가 영향권에 들고, 7일 이내에 93%가 영향권에 들어갈 것으로 예상했다. 월마트는 자체위성통신시스템을 활용하여 물류대체경로와 비상대체구역의 계획을 카트리나가 북대

16) Hamel, G and Valikangas, L(2003), *The Quest for Resilience*, Harvard Business On Line.

17) Karl E. Weick/Kathleen M. Sutcliffe(2001), *Managing the Unexpected: Assuring High Performance in an Age of Complexity*, John Wiley and Sons, San Francisco, C. A., p.146.

서양에서 열대성 저기압일 때 수립하였다. 모든 배송시스템에 GPS 컴퓨터 기술이 장착되어 선적은 언제든지 새로운 방향으로 변경이 가능하기 때문에 자동화된 제고관리시스템은 필요한 장소에 눈에 잘 보이도록 설치되었다.

▶ 뉴욕을 근거로 한 투자은행인 Sandler O'Neill은 2001년 9·11테러로 180명의 직원 중에 67명을 잃은 것을 포함하여 회사가 엄청난 타격을 받았다. 그러나 1년 이내에 이 회사는 새로운 비즈니스 라인과 수익기록을 갱신했으며, 동시에 가족들의 슬픔과 생존 임직원을 돌보는 업무를 계속하였다.

회복탄력성의 구성단위인 공동체의 네트워크를 구축하는 것은 공동체를 통한 정신건강과 복지증진은 어떻게 회복탄력성을 공동체의 범주에서 개발하는가를 고려한다.[18] 여기에서 공동체는 유사한 지정학적 장소에서 생활하는 집단을 의미한다. 광의의 정의로는 '국제적 공동체'와 같은 공동의 관심과 생각을 공유하는 사람을 의미한다. 핵심적으로 공동체는 공동체 집단과의 상호의존적인 발전과 개인의 욕구충족을 위한 토론의 장을 제공한다.

공동체에서 복지와 회복탄력성을 발전시키는 몇 가지 요소에 대해서 신뢰성, 참여, 시민리더십, 다양성을 구축하는 역량을 포함한다. 또한 공동체의 회복탄력성은 '재난에 대해 안전함'에 대한 역량과 공동체를 토대가 미래 지리적으로 안전하다는 것을 함축하여야 한다. 공동체의 회복탄력성의 핵심은 자연과 생태학적, 인구 구성의 변화, 정치적인 간섭에 대한 위협요인으로부터 지속가능성과 생존가능성에 있다.

3. 회복탄력성의 구축

조직이나 공동체에서 회복탄력성을 구축하기 위하여 필요한 것은 다음과 같다.

① 뛰어난 성과를 약속한다.

18) Weaving the Net(2006), *Promoting Mental Health and Wellness Through Resilient Communities*, Mental Health Council of Australia 2006, Dr. Stephen Mugford and Steve Rohan-Johns.

② 상황에 따라 판단한다.

③ 핵심 취약성에 대하여 관리한다.

④ 복잡성, 역동성, 상호의존적 환경에 대한 적응력을 배양한다.

⑤ 전진하기보다는 잠재력 배양에 중점을 둔다.

회복탄력성이 구축되어 있는 조직은 실패를 두려워하지 않으며 실패를 학습의 기회로 전환한다. 회복탄력성이 있는 조직은 인간이 달리기 할 때 심장박동수가 변화에 적응하려고 효과적, 효율적으로 증가하는 심장의 자율신경시스템처럼 자동적이고 동시에 유연하기 때문에 혼란, 위협, 도전에 신속하게 적응한다.

실제로 원자력발전소, 항공모함, 화학제품공장, 해상굴착장치, 사고지휘팀, 병원응급실, 투자은행, 항공교통통제시스템과 같이 고도의 신뢰도가 요구되는 조직(HRO, High Reliability Organization)에서 회복탄력성은 교육 자료로 활용된다. 이러한 조직들은 실패를 단지 실패로 여기는 것이 아니라, 실패(error)의 발생가능성이 있는 잠재적인 환경에서 실패를 피하기 위하여 적극적으로 관리한다. 적극적으로 확실하게 실패를 감소시키는 역량은 위험요소를 피하는 것보다 위험요소를 발견하려는 노력으로 이는 고도의 신뢰성이 요구되는 조직의 구별되는 특징이다. 이러한 경험들은 기업수준에서 보안위험관리에 적용되는 교훈이다.

Karl Weick와 Kathleen Sutcliffe는 연구를 통하여 고도로 신뢰성이 요구되는 조직에서 예기치 않는 상황에 대하여 예측·대응하는 업무수행력을 강조하였으며, 마음챙김(mindfulness) 상태가 조직문화에 체화되도록 하는 5가지 원칙을 제시했다.[19)]

① 위기일발의 상황이나 사고에 대하여 성찰한다. 고도신뢰 조직들은 자신들의 성공을 기뻐하나, 연구에서는 "고도신뢰 조직의 고질적인 우려는 분석적인 에러로 계속적인 활동에 체화되고 예상하지 않는 실패형태와 예측의 한계는 이러한 분석적 한계를 증폭시킨다."고 언급하였다. 이러한 결과로 고도신뢰 조직은 규칙적으로 확인과 재확인 공정을 실시하고 취약점을 규명하기 위하여 성공보다는 실패에 중점을 둔 시스템으로 취약점이 발견할 경우에 성과를 격려한다.

19) Karl E. Weick/Kathleen M. Sutcliffe(2001), op. cit., pp.10~17.

② 과도한 간소화를 경계한다. 대부분의 조직들은 복잡한 문제를 간소화하거나 분류하여 다루는 경우에 효과적이나, 이에 반하여 특정한 사항을 무시하기도 한다. 그럼에도 불구하고 부정적인 결과를 피하기 위한 사전 주의뿐만 아니라 모든 원치 않는 결과의 가능성을 예측하는 조직의 역량은 한계가 있으므로 고도신뢰 조직에서의 간소화를 제한하는 시도의 지원이나 보장하는 어떠한 장치도 없다. 따라서 고도신뢰 조직들은 세부적인 사항에 대하여 주의를 기울여야 하고 그들이 알지 못하는 것에 대하여 적극적으로 탐색하여야 한다. 고도신뢰 조직들은 이러한 노력이 불쾌하고 불확실하며 논쟁의 여지가 있더라도 이러한 이슈들을 발견하기 위하여 인간의 감각의 한계를 입증하려는 노력을 계속하여야 한다. 또한 회의론자는 일반적인 조직관리시스템을 촉진한다는 자기도취감을 중화시킬 필요성이 있다고 생각한다.

③ 업무에 대하여 민감하게 대응한다. 연구에선 '예기치 않는 상황에 대한 지속적인 관심'을 촉구하면서 운영의 민감도에 대하여 언급하였다. 대부분의 예기치 않는 사고는 비록 사전에 어떤 명확한 나쁜 영향이 조직에 없음에도 불구하고 사고 발생 이전에 잠재적인 보호시스템의 틈새가 잠재적 실패의 원인이다. 따라서 통상적인 관리활동은 운영의 모든 수준에서 원치 않는 사고로 전개될 수 있는 신호를 발견하기 위하여 결함요인에 대하여 학습하여야 한다. 고도신뢰 조직은 개별적으로 잠재적인 아차사고나 정해진 경로를 벗어난 사고를 시스템에 대한 건강의 창을 제공한다는 의미로 인식하여야 한다.

④ 회복탄력성을 구축한다. 고도신뢰 조직은 쉽게 예측하기 어려운 분야에서의 불가피한 실패로부터 감지·유지·복구할 수 있는 역량을 개발하여야 한다. 고도신뢰 조직의 특징은 어떤 조직보다도 사고가 조직을 무력화시키지 않는다는 것이다. 회복탄력성은 시스템의 기능을 그대로 유지하거나 첫 번째 장소에서 에러가 경미하게 통제되도록 하는 신속한 예비수단의 절차를 포함한다.

⑤ 전문지식을 신뢰한다. 고도신뢰 조직은 오랜 경험과 재조합과 훈련기술을 가진 전문가를 신뢰한다. 전문가는 복잡한 환경에서 조직에 경고 이상의 도

움을 주고 엄격한 위계체계는 자체적인 에러가 발생할 수 있는 특수한 취약성을 내포하고 있으므로 독단적 권한을 가진 하향식 의사결정 방법을 지양한다. 인적요인분석분류시스템(HFACS)과 James Reason의 연구에서 강조하듯이 상위 수준에서의 에러는 하위 수준의 에러와 결합되거나 강해지는 경향이 있어 미래에 증대된 위험에 노출되게 만든다.

이와 같이 고도신뢰 조직은 의도적으로 보안위험관리에 대한 기본원리를 활용하여 위험이 발생한 시점에서 관리되어야 한다. 이러한 방법이 직위와 직함에 관계없이 전문성과 경험이 필요한 곳에서 신속하고 정확하게 의사결정을 가능하게 한다.

① 고도신뢰 조직에서의 교훈은 완벽하게 이해하고 있는 잔존 가치에 대한 인식을 토대로 한 에러보고에 대한 보상과 강력한 지원, 그리고 개별적인 징계나 확인으로부터 얻어진 만족할지라도 훨씬 뛰어나다는 의식을 포함한다.

② 성공은 실패를 잉태한다. 이카루스의 역설은 보안위험관리 시스템이 실패하는 경우가 종종 도구나 의지의 부족이나 혹은 위험을 약화시키는 창의성이 부족해서가 아니다. 그보다는 위협요소에 대한 우리의 인식 때문에 실패한다. 많은 실험에서 임무를 성공시킨 사람들은 상황이 변화하더라도 그들의 기존의 접근법을 고수하려는 경향이 큰 것으로 나타났다.

Starbuck와 Milliken은 1986년 '스페이스 셔틀 챌린저'호가 이륙 73초 만에 폭발하는 끔찍한 사고로 7명의 승무원 모두가 사망한 챌린저호 분석보고서에서 "성공은 자만심과 환상을 낳는다."라고 언급하였다.[20] 조직이 성공하게 되면, 대체적으로 관리자들은 그들의 성공은 자신들의 능력이 성공의 요인이라고 하거나 최소한 그들 조직의 능력이라고 생각하고 거의 행운이 성공의 요인이라고 생각하지는 않는다. 조직 구성원들은 그들 자신의 능력에 대한 과신, 관리자의 능력, 조직의 프로그램과 절차에 대한 자만심이 커지게 된다. 그들은 자신의 업무절차를 신뢰함으로써 확대된 문제들을 자신의 절차대로 평가하고, 이러한 절차에 대한 믿

20) Starbuck, WH and Milliken, FJ(1998), *Challenger: Fine-tuning the odds until something break*, Journal of Management Studies, 25(4), pp.319-340.

음은 가장 중요한 사건에 중점을 두고 더 중요한 사항에 대해서는 무시하게 된다. 아이러니하게도 이러한 집단사고는 좋은 성과를 도출해 내는 집단에서 종종 나타나며 이러한 자만심이 부적합하고 효과 없는 조직의 보안위험관리의 토대를 제공하게 된다.

회복탄력성이 높은 조직은 유기적, 자동적, 자율적으로 움직이는 인체와 비슷하다. 내부적으로 이들 조직은 회복탄력성에 전념하고 모든 단계에서 최고의 회복탄력성을 유지한다. 이들은 변화와 도전을 두려워하지 않으며 이것을 적극적으로 학습의 기회로 생각한다. 이러한 조직은 목표에 대한 감각이 뛰어나고 이해관계자의 기대와 필요성을 이해하고 다양한 팀에 참여하여 리더십을 개발함으로써 조직이 어려움에 처할 경우에 모든 관계 집단과 개인이 하나의 팀으로 통합된다. 이러한 결과로 개인, 조직, 공동체는 최적의 회복탄력성이 유지되고 조직의 업무처리 규범으로 자리하게 된다.

현대조직에서 회복탄력성은 보호대책보다 더 효과적이다. 보안은 많은 부분이 보호조치로 인식되고 심지어는 방어적 태도로 여겨지나 마지막에는 불가피하게 흠결이 생긴다. 실제로 펜스와 방화벽은 항상 틈새가 발생한다. 반면에 보안위험관리와 회복탄력성의 핵심은 보안과 보호조치가 아니다. 회복탄력성은 위험을 예측하고 영향력을 제한하며 신속하게 정상상태로 복귀하게 함으로써 경제적 측면에서의 보안과 조직의 경쟁력의 유지가 회복탄력성의 궁극적인 목표이다.

4. 조직 회복탄력성

1) 일반적 요구조건

불확실성이 상존하는 비즈니스 환경에서 기업 내·외부에 주어진 환경기준의 요구조건에 일치하도록 회복탄력성의 확립, 문서화, 유지와 조직 회복탄력성(보안, 준비, 연속성) 관리시스템을 계속적으로 개선하고 어떻게 이러한 요구조건을 충족시킬 것인가를 결정하여야 한다. (그림 2-1)은 조직 회복탄력성 사이클을 보여준다.[21)]

전체적인 경영관리시스템의 영역을 파악하기 위하여 조직의 탄력성관리시스템의 영역을 규정하고 문서화해야 한다. 더불어 전체적인 영역을 규정하기 위하여 조직은 다음과 같은 내용을 시행해야 한다.

① 조직탄력성 프로그램의 영역을 포함한 조직의 경계를 규정한다.

② 조직의 임무, 목표, 내·외부 의무, 법적 책임을 고려한 조직탄력성관리에 필요한 요구조건을 확립한다.

③ 핵심적인 운영목적, 재산, 기능, 서비스와 제품을 고려한다.

④ 잠재적인 영향을 반영하여 조직의 핵심적인 운영과 기능에 부정적인 영향을 미치게 되는 잠재적 내·외부의 사건 모두를 토대로 한 위험 시나리오를 결정한다.

⑤ 계속적인 개선을 위하여 조직의 복잡성과 규모, 성질의 관점에서 가장 적절한 조직탄력성관리시스템의 영역을 규정한다.

기업과 투자자와의 관계와 핵심 공급업체, 외주 파트너, 기업의 유통망 파트너와 공급업체, 고객, 주주, 사업장이 운영되고 있는 지역의 공동체와 같은 여러 이해 관계자와의 상호작용을 포함한 조직의 원활한 운영상황을 보전·보호하는데 모순이 없도록 조직탄력성 영역을 정한다.

여기에 탄력성정책을 지원하는 적용성 보고서(Statement of Applicability)[22)]에는 보안관리, 준비, 위기관리, 재난관리에 대한 전략수립의 중요성에 대하여 언급하고, 탄력성관리시스템을 발전시키기 위한 업무연속성관리의 위험평가와 영향성분석의 토대가 되도록 한다.

---

21) ASIS SPC. 1-2009, *Organizational Resilience Standard*.

22) SOA는 조직에 회복탄력성을 적절하게 적용 가능하도록 통제 목표와 통제를 정의한 보고서를 말한다.

2) 조직탄력성관리정책

최고경영진은 조직의 탄력성관리정책을 수립한 다음 문서화한다. 기업의 탄력성정책에는 인간과 환경 그리고 물리적 재산보호에 대한 기업의 약속을 반영한 조직 탄력성관리정책을 지원하기 위한 재원을 제공하고, 잠재적 사건에 대비·예측하여 비즈니스와 운영의 연속성에 관한 내용을 포함한다.

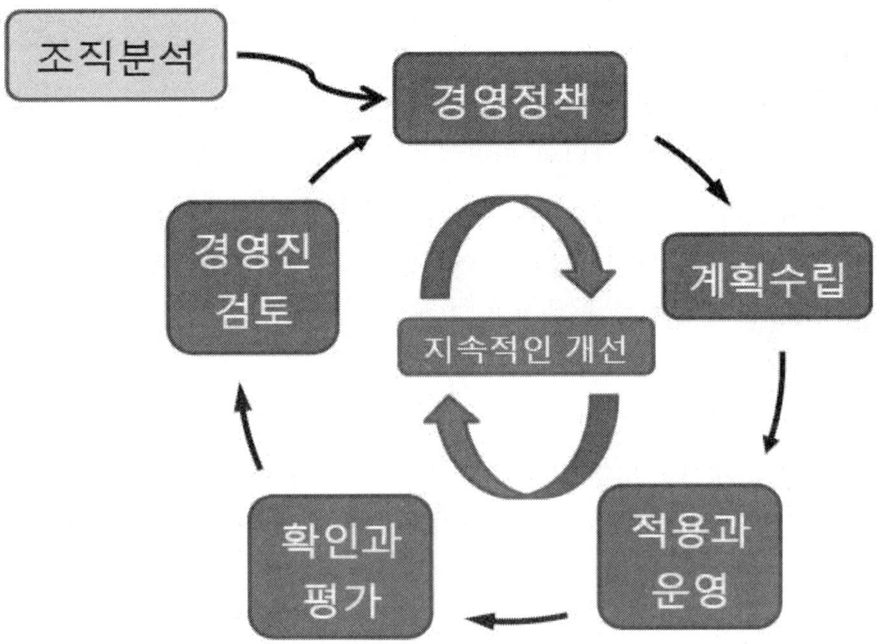

(그림 2-1) 조직 회복탄력성 사이클

(1) 정책선언문

조직의 정책선업문은 규정된 조직탄력성관리시스템의 범위에서 다음의 내용을 보장하여야 한다.

① 잠재적인 위협, 위해, 위험의 규모와 성질, 조직 활동, 기능, 제품과 관계자와 환경을 포함한 서비스의 영향력에 대하여 명확하게 규정한다.

② 우선적으로 공동체의 생명안전과 직원과의 책무를 포함한다.

③ 탄력성정책의 지속적 개선에 대한 책무를 포함한다.

④ 조직의 지속가능성과 회복탄력성을 강화하는 책무를 포함한다.

⑤ 위험 예방, 감소, 완화에 대한 책무를 포함한다.

⑥ 조직에 적용되는 법적 요구사항에 순응하고 조직이 가입한 다른 요구사항에 대한 책무를 포함한다.

⑦ 조직탄력성관리 목적과 목표를 평가하고 정립하기 위한 체계를 제공한다.

⑧ 조직탄력성기준을 문서화하고 시행 · 유지한다.

⑨ 탄력성정책의 제한점과 배제에 관하여 언급한다.

⑩ 관리시스템의 범위와 관련된 위험허용 수준을 결정하고 문서화한다.

⑪ 조직을 대신하여 업무를 수행하는 가장 적합한 사람과 소통한다.

⑫ 이해관계자가 조직탄력성정책을 이용할 수 있는가? 조직에서는 민감한 보안 관련 정보를 제외한 대외 발표용 정책버전을 만든다.

⑬ 정책에 대한 책임자를 지정한다.

⑭ 주기적으로 평가를 실시하도록 기안하고 중요한 변화가 발생하는 경우에 정책을 다시 평가한다.

⑮ 최고경영진에 의해 서명되고 정책연관성에 관한 문서평가를 연례적으로 실시한다.

(2) 경영진 책무

경영진은 다음과 같은 과정에 의해 조직탄력성관리시스템의 개선과 유지, 수립, 시행, 운영, 모니터링, 평가에 대한 책무를 제공하여야 한다.

① 조직탄력성관리시스템 정책을 수립한다.

② 조직탄력성관리시스템의 목적과 계획을 확립하는 것을 보장한다.

③ 조직탄력성관리의 역할, 책임, 권한을 확립한다.

④ 관리시스템을 적용 · 유지하는 책임에 관한 적절한 권한과 역량을 가진 조직탄력성관리시스템의 책임자를 한 명 이상 지정한다.

⑤ 조직탄력성관리 목적과 중요한 모임의 조직, 조직탄력성관리시스템의 정책의 수행, 법적인 책임과 지속적인 개선의 필요성에 대한 대화와 소통을 유지한다.
⑥ 조직탄력성관리시스템을 개선하고 확립, 이행, 운영, 관찰, 평가, 유지하기 위한 충분한 재원을 제공한다.
⑦ 수용할 수 있는 수준의 위험에 대한 기준을 결정한다.
⑧ 내부 조직탄력성관리시스템의 감사가 실시될 수 있도록 보장한다.
⑨ 조직탄력성관리시스템의 경영진평가가 실시되도록 한다.
⑩ 평가를 토대로 계속적인 개선이 이루어지도록 한다.

3) 계획수립

(1) 위험평가와 영향력분석

조직은 공식적으로 문서화된 평가공정을 확립 · 이행 · 유지하여야 한다.

① 먼저 체계적으로 재산확인과 평가를 실시하고 조직의 핵심 활동, 기능, 서비스, 제품, 파트너십, 유통망, 관계자 관계유지, 위험 시나리오를 토대로 사고와 관련된 잠재적 영향력을 파악한다.
② 조직의 운영, 기능, 인명, 무형, 물리적 재산에 직 · 간접적으로 영향을 미치는 의도되거나 우연히 발생하거나 자연 발생한 위해와 위협에 대하여 파악한다. 이와 관련된 환경, 이해 관계자도 포함된다.
③ 위험, 취약성, 치명성과 영향력에 대하여 체계적으로 분석한다.
④ 위험통제와 처리방법 그리고 이와 관련된 비용에 대하여 체계적으로 분석하고 우선순위를 정한다.
⑤ 활동, 기능, 서비스, 제품, 이해관계자와의 관계, 환경(중요한 위험과 영향력)에 대한 중요한 영향을 미치는 위험에 대하여 결정한다.
⑥ 조직은 가장 적합한 방법으로 문서와 정보를 갱신하고 비밀로 유지한다.
⑦ 조직의 환경이 변화하게 되면 위험과 영향력을 재평가하거나 조직운영환경, 절차, 기능, 서비스, 파트너십과 유통망을 구성한다.

⑧ 목표와 우선사항을 복구하는 시간을 확립한다.

⑨ 위험을 축소하는데 선택되는 직·간접비용과 이익을 평가하고 유지연속성과 조직탄력성을 강화한다.

⑩ 조직탄력성관리시스템의 운영과 정립·이행을 참작한 중요한 위험과 영향력을 확실하게 한다.

(2) 법적인 요구사항

조직은 절차를 수립하고 유지하여야 한다.

① 시설, 활동, 기능, 제품, 서비스, 유통망, 환경, 이해관계자와 관련된 위험, 조직의 위해, 위협요소와 관련된 규정과 법적인 요구사항을 규명한다.

② 이러한 요구사항이 어떻게 위해, 위협요소, 위험과 관련된 잠재적 영향력에 적용되는지에 대하여 결정한다.

조직은 관련 정보를 계속적으로 갱신하고 문서화하여야 한다. 조직이 가입한 다른 요구조건, 법적인 규정을 적용하도록 보장하여야 하고 조직탄력성관리시스템을 개발, 이행, 유지하도록 한다.

(3) 목표와 목적

조직은 파괴적 사고로부터 복구, 목표물에서 회피, 예방, 지연, 완화, 대응하기 위한 문서화된 목표를 수립·유지하도록 한다. 또한 문서화된 목표와 목적은 공급업체와 같은 외부 조직과의 예상관계를 확립하는 것이 사명달성과 직무운영(functional operations)의 핵심적인 요소이다.

목적과 목표는 정량적·정성적으로 측정 가능하여야 하고 조직탄력성정책과 일치하여야 하며, 다음의 책무를 포함해야 한다.

① 위험 예방, 감소, 완화한다.

② 회복탄력성을 강화한다.

③ 재정적, 운영적 그리고 비즈니스 연속성(사업장의 연속성을 포함)의 요구조건에 부합한다.

④ 법과 여러 가지 관련 요구조건에 부합한다.

⑤ 지속적으로 개선한다.

조직의 목적과 목표가 확립되고 평가하는 경우에, 조직은 법과 규정 그리고 다른 요구조건, 중요한 위험과 영향력, 기술적인 선택, 재정적인 운영, 비즈니스 요구조건에 대하여 고려하고 여기에는 조직의 이해관계자와 다른 관련 부서의 견해에 대한 고려도 포함된다.

조직은 목표와 목적을 달성하기 위하여 하나 이상의 전략적 프로그램을 수립·유지하여야 하며, 해당 프로그램에는 다음의 내용을 포함한다.

① 조직의 수준과 관련된 기능으로 목표와 목적을 성취하기 위해서 책임과 재원을 지정한다.

② 활동, 기능, 규정이나 법적인 요구사항, 계약상의 의무, 이해관계자의 욕구, 상호협력 약정, 환경 등에 대하여 고려한다.

③ 프로그램의 목표와 목적을 달성하는데까지 수단과 소요되는 시간

또한 조직은 다음과 같은 목적과 목표를 달성하기 위하여 하나 이상의 전략적 프로그램을 정립·유지해야 한다.

① 예방과 제지: 파괴적 사고의 가능성과 인간과 물리적 재산에 대한 위험을 포함하여 그에 따른 결과를 회피, 제거, 예방한다.

② 완화: 파괴적 사건의 영향력을 최소화한다.

③ 위기대응: 즉각적인 피해로부터 인명과 재산을 보호하는 것과 파괴적 사고에 대한 초기대응이 해당하며, 조직의 초기대응의 일부분의 형태로 경영진에 의한 초기대응이 필수적이다.

④ 연속성 유지: 공정, 통제, 재원은 조직의 필수적인 운영목적을 계속하는 것을 보장하기 위해 가용상태를 유지하도록 한다.

⑤ 복구: 목적에 따른 구체적인 시간범위 내에서 공정, 재원, 조직의 역량은 계속적인 운영에 필요한 조건에 부합하기 위해 재정립되어야 한다.

조직은 만약 기존의 대책들을 수행하는 과정에서 새로운 위험이 출현하는 것을 고려하여 전략 프로그램을 평가해야 한다.

4) 적용과 운영

(1) 재원, 역할, 책임과 권한

경영진은 조직탄력성관리시스템의 시행과 통제에 필수적인 재원의 가용성을 보장해야 한다. 재원에는 인적 자원과 특별한 기능, 장비, 내부 기간설비, 기술, 정보, 분석정보, 재원을 포함한다.

효과적인 조직탄력성관리를 촉진하기 위해서 조직에서의 역할, 책임, 권한이 문서로 규정되고 소통되어야 한다.

조직의 최고경영진은 구체적인 경영진의 책임을 명기하고 누군가를 전담자로서의 역할, 책임, 권한을 규정한다.

① 정해진 기준의 요구조건에 부합하도록 조직탄력성시스템을 정립, 소통, 시행, 유지하는 것을 보장한다.

② 최고경영진의 평가를 위해 조직탄력성관리시스템의 운영에 대하여 보고하고 개선의 토대로 활용한다.

③ 적절한 권한을 가진 조직탄력성관리팀은 사건의 대비, 대응, 복구에 대하여 전반적으로 감독한다.

④ 조직탄력성관리시스템을 지원, 기부, 생산을 촉진하고 서비스, 개인, 재원, 재료를 책임지기 위한 설치, 획득, 저장, 분배, 유지, 실험과 물자공급능력과 절차를 확립한다.

⑤ 대응시간, 개인, 장비, 훈련, 시설, 자금, 보험, 책임통제, 전문지식, 재료의 재원관리목적과 조직재원의 필요성과 다른 파트너 조직으로부터의 소요되는 기간을 확립한다.

⑥ 이해관계자의 지원, 소통, 전략적 협력과 공동지원에 관한 절차를 정한다.

⑦ 조직은 조직탄력성관리 프로그램의 사건 전후와 도중의 지원에 관한 관리적·재정적 절차를 개발하기 위하여 재원결정을 촉진하도록 보장하는 절차를 수립하여야 한다.

⑧ 확립된 책임수준과 회계원칙에 부합하도록 절차를 정한다.

(2) 역량, 훈련과 인식

조직은 잠재적 위험의 예방, 원인, 대응, 완화하기 위한 업무를 수행하고 중요한 위해, 위협, 위험에 의해서 영향을 받는 담당자의 업무수행을 보장하여야 하고 이들은 적절한 교육, 훈련, 경험을 가진 능력 있는 담장자로 하고 관련 기록물의 보유해야 한다.

조직의 탄력성관리시스템과 위해, 위협, 위험의 관리와 관련된 훈련의 필요성에 대하여 규명해야 한다. 그런 다음 적절한 훈련을 제공하고 이러한 필요성에 부합하는 행동을 취하고 관련 자료를 보유하도록 한다.

실무자가 조직의 업무에 적합하도록 보장하거나 이에 대한 절차를 유지·수립·시행하고 다음의 내용을 실무자와 마찬가지로 인식한다.

① 중요한 위해, 위협, 위험, 그리고 실제적 또는 잠재적인 영향력과 관련된, 개선된 개인의 업무수행의 장점과 그들의 업무와 관련된 절차를 수립한다.

② 사고 예방, 제지, 완화, 자체방어, 탈출, 대응, 연속성, 복구에 대한 절차를 수립한다.

③ 조직탄력성관리정책과 절차에 부합하는 중요성과 조직탄력성관리시스템의 요구조건의 절차를 수립한다.

④ 조직탄력성관리시스템의 요구조건에 부합하도록 책임과 역할을 수립한다.

⑤ 개선된 개인의 업무수행력의 장점을 확인한다.

⑥ 조직은 조직탄력성관리문화를 조직 내에 체화시키기 위하여 조직탄력성관리문화가 조직의 핵심가치와 조직 거버넌스의 일부분이 되는 것을 보장한다.

⑦ 이해 관계자가 조직탄력성정책과 모든 계획에서 그들의 역할에 대하여 인식하도록 한다.

(3) 소통과 경고

위해, 위협, 위험과 조직탄력성관리시스템과 관련하여 조직은 다음과 같은 절차를 확립·시행·유지해야 한다.

① 문서, 계획, 절차, 관리시스템, 평가 결과의 변화에 대하여 기록화, 문서화, 소통한다.
② 조직의 다양한 직급과 기능 사이에 내부적인 소통을 한다.
③ 파트너 조직과 다른 이해관계자 사이에 외부적인 소통을 한다.
④ 외부 이해관계로부터의 소통에 대응, 수신, 기록한다.
⑤ 국가나 지역의 위험과 위협요소 상담시스템 또는 유사한 계획수립과 운영상 활용을 수용 · 통합한다.
⑥ 실제적 또는 긴급한 파괴적 사고로 인하여 잠재적으로 영향을 받게 되는 이해관계자에게 사전에 주의를 준다.
⑦ 위기상황과 혼란상황에서 소통수단의 가용성을 보장한다.
⑧ 비상대응조직과의 체계화된 소통시스템을 용이하게 한다.
⑨ 조직과 개인에 다중으로 대응하는 서비스 상호이용을 보장한다.
⑩ 사건, 행동, 의사결정에 관한 핵심적인 정보를 기록한다.
⑪ 통신시설의 운영을 보장한다.

조직은 가장 우선적으로 생명안전에 근거하여 의사결정을 하고 이해관계자와 논의하며, 중요한 위험, 영향력에 관하여 대외적으로 소통하고 판단을 기록한다. 만약 의사결정을 소통하게 된다면, 조직은 방송매체를 포함한 이러한 외부기관과의 의사소통, 경계, 경고방법을 정립 · 시행한다.

조직탄력성관리 소통시스템은 정기적으로 시험해야 한다.

(4) 문서화

조직탄력성관리시스템의 문서화는 다음의 내용을 포함한다.

① 조직탄력성관리정책, 목적, 목표
② 조직탄력성관리시스템의 범위에 대한 기술
③ 조직탄력성관리시스템의 주요 요소와 관련 문서와의 통합에 대한 기술
④ 정해진 기준에 의해 요구된 기록을 포함한 문서
⑤ 조직의 효율적인 계획수립, 운영, 중요한 위험과 관련된 공정통제를 보장하기 위하여 조직에 의해 결정된 문서를 포함한 기록

(5) 문서의 통제

조직탄력성관리시스템과 주어진 기준에 의해 필요한 문서는 통제되어야 한다. 기록은 특별한 유형의 문서로 주어진 요구조건에 부합하여 통제되어야 한다.

조직은 다음과 같은 절차를 수립 · 적용 · 유지해야 한다.

① 발행하기 전에 문서의 타당함에 대한 승인

② 필요한 경우 문서의 재승인과 갱신, 검토

③ 문서의 현재 개정상태와 변화를 확인하는 것을 보장한다.

④ 적용가능한 문서의 관련 버전이 사용가능하도록 보장한다.

⑤ 문서의 보존과 기록의 조건을 확립한다.

⑥ 읽기 쉽고 구분가능한 문서, 데이터, 정보의 복사와 원본을 보장한다.

⑦ 조직탄력성관리시스템의 운영과 계획수립의 필요에 의거 결정된 외부 원서의 가용성을 보장한다.

⑧ 오래된 구식문서의 보유의 필요성에 관하여 조직에서 결정한다.

⑨ 문서는 부정하게 조작할 수 없게 되었고 안전하게 백업됨을 보장함에 의해서 문서의 무결성과 허가된 사람만이 열람이 가능하고 손상, 훼손, 손실로부터 보호됨을 보장한다.

(6) 운영상의 통제

조직은 구체화된 조건하에서 업무의 수행을 보장하기 위하여 조직탄력성관리정책, 위험평가, 영향력분석, 목적과 목표와 일치하고 중요한 위험으로 규명된 것과 관련된 운영을 규정하고 계획을 수립해야 한다.

① 조직 활동, 기능, 제품과 조직의 서비스, 공급업체의 요구조건과 적용할 수 있는 절차의 소통을 위하여 규명된 위해, 위협요소, 위험과 관련된 절차를 수립 · 이행 · 유지한다.

② 구체화된 절차의 부재에 따라 조직탄력성관리정책과 목적 그리고 목표로부터 일탈할 수 있는 장소에 대한 상황통제를 위한 문서화된 절차를 수립 · 이

행 · 유지한다.

③ 문서화된 절차로 운영 기준을 규정한다.

④ 운영통제절차는 신뢰도와 회복력, 사람의 안전보건, 재산의 보호와 파국적 사건에 의한 환경 영향에 역점을 두고 다루어야 한다.

(7) 사건예방과 준비와 대응

조직은 조직 활동, 기능, 서비스, 투자자, 환경에 영향을 미치는 잠재적인 파괴적 사건을 규명하기 위한 절차를 수립 · 이행 · 유지하여야 한다. 이 절차는 조직이 어떻게 사건을 예방 · 준비 · 대응할 것인가를 문서화한다. 조직은 실제적인 파괴적 사건과 결합된 부정적인 결과를 예방 · 완화시키기 위한 준비와 대응을 하여야 한다.

파괴적 사건에 신속하게 대응하거나 준비하기 위한 절차를 수립 · 이행 · 유지할 때, 조직은 다음과 같은 개별적인 행동을 고려해야 한다.

① 생명안전을 보호한다.

② 재산을 보호한다.

③ 파괴적 사건의 확대를 방지한다.

④ 운영의 혼란을 최소화한다.

⑤ 핵심적인 운영연속성을 복구한다.

⑥ 통상적인 운영을 회복한다.

⑦ 대중매체와 투자자 관계를 포함한 조직의 이미지와 평판을 보호한다.

사고예방, 준비와 대응대책을 개발하기 위한 조직의 책임은 필요성에 맞아야 한다. 따라서 이러한 절차를 개발하는 조직은 다음과 같은 고려의 필요성에 역점을 두어 다뤄야 한다.

① 파괴적 사고 또는 사고발생에 대한 현장의 위해물질의 성질(예, 불에 잘 타거나 독성 물질, 저장탱크와 압축가스)과 측정

② 조직에 잠재적인 영향을 미치는 여러 가지 외부적, 지역적, 인근의 위해요소의 상태

③ 파괴적 사고의 가장 발생 가능한 형태나 규모
④ 위기나 재난으로 전개되는 것을 막기 위한 파괴적 사고에 대한 비상대응과 완화시키기 위한 가장 적절한 방법
⑤ 환경적 피해를 방지하기 위한 절차
⑥ 사전에 규정된 지휘체계, 비상운영센터, 대체 사업장의 체계에 따른 지휘통제절차
⑦ 비상상황, 초기 비상절차, 계획과 행동의 활성화, 피해에 대한 접근, 재무적 판단을 하기 위한 절차와 권한
⑧ 적절한 권한과 이해 관계자에게의 통지를 포함한 내·외부 소통계획
⑨ 적절한 의료서비스를 제공하기 위한 절차
⑩ 인명피해, 물리적·환경적 피해를 최소화하기 위한 조치
⑪ 핵심정보, 정보시스템, 시설과 인명을 보호하기 위한 조치
⑫ 서로 다른 유형의 파괴적 사고 또는 비상상황에 필요한 대응행동과 완화조치
⑬ 사고 이후의 교정, 예방활동을 수립·이행하기 위한 평가공정의 필요성
⑭ 사고, 비상상황관리, 대응절차와 공정의 주기적인 테스트
⑮ 사고처리요원과 비상대응요원의 훈련
⑯ 소방서, 응급의료센터, 경찰서, 위험물질처리센터에 대한 세부 연락처를 포함한 핵심요원과 구호기관의 목록
⑰ 사람과 연락처와 같은 집합장소와 탈출경로
⑱ 전기, 식수, 통신과 운송과 같은 핵심 기간시설에 영향을 주는 파괴적 사건이나 비상상황의 잠재적 가능성
⑲ 인근 조직으로부터의 상호원조 가능성
⑳ 조직의 복구목표시간(Recovery Time Objective, RTO) 한도에서의 개별적인 핵심 업무를 복구하는데 필요한 절차와 행동과 복구에 필요한 재원

조직은 필요한 경우 주기적으로 평가를 실시해야 하고, 사고예방, 준비, 대응절차를 개정하고 특히 사고발생 이후에 위기 또는 재난으로 전개되지 않도록 해야 한다. 또한 사고예방, 준비, 대응조치를 수행하는 모든 사람의 업무수행을 보장하

도록 적절한 훈련과 교육, 경험, 관련 자료의 보유와 같은 토대를 제공해야 한다. 조직은 정기적 또는 변화가 발생하는 경우에 관련 정보를 문서화하고 갱신한다.

5) 확인과 평가

조직은 조직탄력성관리계획, 절차, 주기적 평가, 테스트, 사고 후 보고서, 학습된 교훈, 수행평가, 훈련을 통한 업무수행력을 평가하여야 한다. 이러한 요소에서 중요한 변화는 즉시 절차에 반영하고, 주기적 평가의 결과기록을 보관한다.

(1) 모니터링과 측정

조직은 정기적으로 업무수행에서 파트너십과 유통망 관계를 포함한 물리적인 영향과 같은 운영의 특성에 대한 모니터링과 측정하기 위한 업무수행 지표를 수립·이행·유지해야 한다. 이 절차에는 업무수행을 모니터링하기 위한 정보의 기록, 적용 가능한 운영통제, 조직탄력성관리 목표와 목적과의 일치를 포함한다.

조직은 정보통신시스템을 포함한 재산보호를 위한 시스템의 업무수행을 평가·기록한다.

(2) 규정준수와 시스템성능평가

(가) 규정준수평가

규정준수 약속과 일치하도록 조직은 적용되는 법규와 규정이 요구사항의 준수 여부에 대한 주기적인 평가에 관한 절차를 수립·이행·유지하여야 한다.

해당 산업의 최고의 업무처리 기준에 가입하는 경우에 이에 부합하는 조건이행을 평가하여야 한다. 조직은 이러한 평가에 분리된 절차의 확립에 관한 법규이행의 평가를 결합하고자 한다. 또한 조직은 주기적인 평가결과를 기록으로 유지한다.

(나) 훈련과 테스트

조직은 조직탄력성관리시스템, 프로그램, 파트너십과 유통망 관계를 포함한 공정과 절차의 효율성과 적절성에 대하여 테스트하고 평가하여야 한다.

조직은 훈련과 테스트를 활용하여 다음과 같은 조직탄력성시스템의 타당성을 검사한다.

① 조직의 탄력성관리시스템과 조직목적의 범위와 일치하여야 한다.

② 실제적인 시나리오를 토대로 목적과 목표가 명확한 규정으로 잘 계획되어야 한다.

③ 운영중단이나 운영과 재산상의 잠재적 위험의 원인과 같은 위험을 최소화한다.

④ 결과와 권고 그리고 적절한 방식으로 개선이행에 관한 준비를 포함한 훈련 이후 보고서를 공식적으로 측정한다.

⑤ 지속적인 개선을 촉진하기 위한 맥락에서 검토한다.

⑥ 정해진 기간과 종종 경영진에 의해 결정된 비정기적인 훈련뿐만 아니라 조직과 운영환경의 중요한 변화가 발생하는 경우에 실시한다.

(다) 예방과 교정활동

조직은 회복탄력성을 유지하기 위하여 잠재적 부적합(nonconformity)을 다루기 위한 실제적인 절차를 수립 · 이행 · 유지하면서 사고원인을 파악하고 재발방지활동을 한다. 이러한 절차에 다음과 같은 요구조건이 규정되어야 한다.

① 영향력을 완화시키기 위한 행동과 부적합을 규명 · 교정하는 조치

② 부적합을 예방하기 위한 행동의 필요성에 대한 평가와 부적합 발생을 방지하기 위한 적절한 행동계획의 이행

③ 부적합의 조사, 원인의 파악, 부적합 재발방지 조치

④ 교정활동과 예방활동결과의 기록

⑤ 교정활동과 예방활동효율성의 검토

조직은 잠재적 문제의 영향에 대하여 적절하고 신속한 행동을 취해야 한다. 조직은 변화된 위험을 규명하고 변화된 중요한 위험에 중점을 두고 여기서 요구되는 예방적인 행동을 규명한다. 예방행동의 우선순위는 위험평가와 영향력분석의

결과를 토대로 하여 결정한 다음 조직은 조직탄력성관리시스템의 필요한 변화를 모두 문서화한다.

(라) 기록의 통제

조직은 조직탄력성관리시스템과 주어진 기준과 성취된 결과의 요구조건에 부합하는 것을 보여주기 위하여 기록물을 수립·유지하여야 한다. 기록물에 대한 접근, 확인, 저장, 보호, 인출, 기록의 파기를 포함한 기록물의 무결성을 보호하기 위한 절차를 수립·시행·유지하여야 한다. 또한 기록물은 읽기 쉽고, 인식가능하고, 추적할 수 있어야 한다.

(마) 내부 감사

조직은 계획된 기간에 내부 조직탄력성관리시스템에 대한 감사를 실시하여야 하고 종종 경영진의 결정에 따라 예고 없는 감사를 실시하고, 이 과정에서 통제의 목적, 통제, 공정, 조직탄력성관리시스템의 절차의 결정여부에 대하여 결정한다.

① 주어진 기준의 요구조건, 관련 법률이나 규정에 부합하여야 한다.

② 조직의 위험관리 요구조건에 따른다.

③ 효과적으로 시행·유지하고 기대한대로 이행한다.

감사 프로그램은 사전 감사결과와 더불어 감사할 공정과 영역의 중요성과 상태를 고려한다. 감사 기준, 범위, 빈도, 방법이 규정된다. 감사요원의 선발과 감사수행은 감사과정에서 객관성과 공정성을 보장하여야 하므로 감사요원은 자신이 업무를 감사하지 않는다.

감사의 기획과 수행의 요구조건과 책임, 보고결과와 기록유지는 문서화 절차에 규정되어야 한다. 감사가 진행되는 분야에 대한 경영진의 책임은 발견된 부적합한 상황과 원인의 제거를 지나치게 연기하지 않도록 행동을 보장하여야 한다. 추가 보완활동은 감사에 따라 취해진 행동에 대한 검증과 검증결과에 대한 보고를 포함한다.

6) 경영진의 검토

(1) 일반사항

경영진은 조직의 계속적 적합성, 타당성, 효율성을 보장하기 위하여 계획된 기간에 조직의 탄력성관리시스템을 검토하여야 한다. 이러한 검토에는 개선기회의 평가와 조직탄력성관리시스템의 변화필요성, 탄력성관리시스템의 정책과 목적을 포함한다. 검토결과는 명확하게 문서화되고 기록으로 유지되어야 한다.

(2) 입력 경영검토

경영검토의 입력에는 다음 사항을 포함하여야 한다.

① 조직탄력성관리시스템 감사와 검토 결과
② 이해당사자로부터의 반응
③ 조직이 조직탄력성관리시스템의 성과와 효율성을 개선하기 위하여 사용한 기술, 제품, 절차
④ 예방상태와 교정활동
⑤ 훈련과 테스트의 결과
⑥ 이전 위험평가에서 부적절하게 처리된 취약성 또는 위협요소
⑦ 효율성측정의 결과
⑧ 이전 경영검토의 사후적인 활동
⑨ 조직탄력성관리시스템에 영향을 주는 모든 변화
⑩ 정책과 목표의 타당성
⑪ 개선을 위한 권고사항

(3) 출력 경영검토

경영검토로부터의 출력에는 모든 판단과 행동은 다음과 관련되는 내용을 포함하여야 한다.

① 조직탄력성관리시스템의 효율성의 개선

② 위험평가, 영향력분석, 사고준비와 대응계획의 갱신

③ 위험에 영향을 주는 절차의 통제의 수정, 필요한 경우 조직탄력성관리시스템에 영향을 주는 내·외부 사고에 대한 대응으로 다음의 변화를 포함한다.

㉠ 비즈니스와 운영의 요구조건

㉡ 위험감소와 보안의 요구조건

㉢ 현재의 운영 요구조건에 영향을 주는 운영조건공정

㉣ 법적 또는 규제의 요구조건

㉤ 계약상의 의무

㉥ 수용할 수 있는 기준이나 위험수준

④ 재원의 필요성

⑤ 측정된 통제의 효율성을 어떻게 개선할 것인가?

(4) 유지보수

최고경영진은 조직에 영향을 미치는 모든 내·외부 변화를 조직탄력성관리시스템과 관련하여 검토를 보장하기 위하여 조직탄력성관리시스템 유지보수 프로그램을 규정하고 문서로서 정립하여야 한다. 이 과정에서는 조직탄력성관리시스템 유지보수 프로그램에 포함될 필요성이 있는 모든 새로운 핵심적인 활동을 규명하여야 한다.

(5) 지속적 개선활동

조직은 조직탄력성관리정책, 목표, 감사결과, 관찰된 사건의 분석, 교정과 예방조치, 경영감사를 활용하여 조직탄력성관리시스템의 효율성을 지속적으로 개선하여야 한다.

제4절 보안리스크 평가모델

1. 개 요

보안리스크의 규명과 이해는 위협요소를 완화시킴으로써 재산보호활동을 위한 보안위험관리에 대한 잠재적인 대응책의 우선순위를 어떻게 정할 것인가에 대한 갈등이나 경쟁의 상충관계(trade-off)가 핵심이다. 비록 보안위험관리의 재원의 초점은 과거에는 일반적으로 재산보호에 중점을 두었으나 오늘날에는 보안위험관리의 기본적인 목적은 '조직목적을 달성하기 위한 회복탄력성을 지원'으로 표현하는 것이 더 타당하다. 실제적으로 회복탄력성유지를 통하여 재산보호를 포함한 운영상의 연속성을 유지하며 조직기능의 유지와 역량을 지원한다.

기업에서의 재원의 한계, 조직문화, 위험에 대한 관심과 변화하는 위협요소의 환경은 위험과 계속적으로 투입되는 재원에 대한 보상과의 균형을 의미하며 이러한 균형유지는 조직내부에서 종종 필요에 따라 변화한다.

여러 가지 측면에서 보안위험관리는 조직이 노출되어 있는 위협요소의 상황에 대한 분석과 이해가 선행되어야 하고 재원의 투입은 합리적이고 효과적인 비용으로 실행 가능한 방법을 통하여 구현하고자 하므로 위험의 수준에 따른 시스템의 성능에 대한 모니터링이 포함되어야 한다.

1) 보안위험관리의 요소

보안실무자나 조직의 관리자가 보안리스크를 완화시키기 위해서는 다음의 4가지 보안리스크에 대한 적절한 이해와 주요한 분야에 대한 지식이 반드시 선행되어야 한다.

① 위험노출: 기간과 빈도의 조건에서 재산이 잠재적인 위협요소나 위험기회에 노출되어 있는 것을 의미한다.

② 위험: 긍정적 또는 부정적 결과와 연계된 불확실성의 정도

③ 재원: 보안인력, 재원, 역량 등 가용할 수 있는 것

④ 특성: 재산의 총체로 목적의 수용가능성 또는 적합성을 의미한다.

간단하게 말하면, 이러한 4가지 요소는 연속적인 단계로 생각하면 유용하다. 첫째는 조직의 지배적인 환경과 관련된 기간 또는 빈도의 조건에서 위험노출에 대한 이해가 필요하고, 그런 다음 위험노출을 관리하기 위한 재원을 투입하기 전에 위험노출에 대하여 평가하기 위한 위험분석기법을 적용한다. 그리고 마지막으로 해당보안시스템의 특성에 대한 관찰, 검토와 평가를 실시한다.

실무자의 관점에서 이러한 개념은 보안위험관리 대책의 특성을 평가·조정한 후에 사이클로서 보여주는 것이 좋다. 이러한 과정은 새로운 위험노출에 대한 검토를 시행하는 경우에 처음부터 다시 시작한다.

물론 많은 사이클이 개별적인 단계 안에도 내재되어 있다. 예를 들어, 위험노출은 종종 정보 사이클의 정보에 바탕을 두며, 위험공정은 위험관리기준에 잘 문서화되어 있고, 재원의 투입은 프로젝트 절차에 역점을 두고, 특성은 ISO 9000에도 잘 문서화되어 있다.

2) 보안위험관리의 제약

보안위험관리의 4가지 제한점은 보안리스크실무자는 반드시 위험과 비용의 상충관계와 주어진 상황에서 최적의 결과를 달성하기 위하여 균형을 맞추어야 한다는 점이다. 위험관리에서 의도한 단 한 가지의 어떠한 변화라도 이에 대응하는 다른 요소 한 가지 또는 그 이상의 요소들의 증가나 감소를 초래하게 한다. 여기에서 핵심적인 문제는 발생가능성이 확실한 위해요소와 잠재적인 위해요소와의 사이에서 적절한 균형점을 찾는 것이다.

이론적으론 완전한 모델에서는 구성요소들이 환경의 변화에 따라 대응이 극적으로 변화된다. 그러나 실제적으론 이것은 불가능하고 이러한 요소들 간의 상충관계에서 완전한 균형점은 존재하지 않는다. 반면에 목표는 이러한 개별적인 재

산, 조직 그리고 환경의 조화 속에서 모든 4가지를 최적화하는 것이다.

예를 들어, 위험을 감소시키는 것은 투입되는 재원을 증가시킴으로써 가능하다. 그러나 위험을 완전히 없애는 것은 실제적으로 재원을 무한대로 투입하여야 하거나, 프로젝트나 활동에서 모든 위험노출을 없애는 것은 사실상 해당 업무를 포기하는 것을 의미한다. 이러한 경우에는 프로젝트의 목표를 달성하기 위한 아무런 기회가 남아 있지 않는다.

유사하게 긍정적인 기회를 실현하기 위해서는 어느 정도의 위험노출도 증가하게 되며 또한 불리한 위험을 증가시키는 결과를 초래한다. 예를 들어, 국제적인 재원이 동원되는 프로젝트에서 프로젝트 전체의 보호효과를 성취하고자 한다면 현재의 기준에서 재원의 순가치보다 보안재원을 더 많이 요구하게 될 것이다.

이러한 맥락에서 핵심적으로 지적하여야 할 사항은 긍정적이란 의미는 좋고 나쁨에 대한 필요가 아니라 단지 긍정적인 상호관계를 의미하는 것으로, 만약 하나의 요소가 증가하게 되면 다른 것도 증가한다는 의미이다. 유사하게 부정적 혹은 상반적인 상호관계에서는 단순히 만약 하나의 요소를 증가시키면 다른 요소는 감소하는 것이다. 이것이 가장 일반적인 상충관계(trade-off)에 부합하는 흐름이다. 물론 이러한 관계는 개별적으로 매우 복잡하나, 부적절하게 투입된 재원은 전혀 효과가 없거나 오히려 위험을 증가시키기도 한다.

실제적으로 우리가 사는 세상이 이상적이라고 가정하면 항상 정확한 분석 후에 보안재원을 적절하게 투입하여 그에 비례하여 위험도 적절하게 완화되어야 하나 실제로는 항상 그러한 것은 아니다. 유사하게 부정적인 상호관계의 사례는 위험과 재원과의 관계에서 재원의 투입이 증가하면 위험이 감소하는 결과를 가져온다. 이 경우에 특성과 위험노출정도는 변화하지 않는다고 가정한다. 일반적으로 위험과의 관계에서 위험노출은 긍정적인 상관관계이고 재원과 특성은 부정적인 상관관계를 가진다. 어떤 편의점이나 주유소의 심야영업시간이 길어지면 위험노출이 증가하게 되며 리스크의 개연성도 증가되는 것이 영업시간과 위험노출의 긍정적인 상관관계 사례이다.

3) 가장 합리적인 방법

대부분의 조직이나 개인들은 위험을 관리하는데 위험감소에 투입되는 비용이 대응책의 이익을 초과하지 않는 방법을 선택한다. 이러한 개념은 고용주가 목표로 하는 위험수준으로 산업안전보건 관련 법제의 대부분에서 공식적으로 명기하고 있다. 또한 보안전문가에게 위험완화전략의 토대의 기본개념이 된다. 이러한 개념은 이상적으로 무시할 수 있을 정도의 수준까지 위험이 낮거나 통상적인 절차로서 관리가 가능한 정도의 수준까지 모든 위험을 감소시킬 수 있다면 최적이다. 실제로 우리는 대부분의 위험을 이미 이러한 수준까지 관리하거나 상대적으로 부지불식간에 수용하고 있다.

일상적으로 평온한 사회에서 우리들의 대부분은 소매치기의 위험이 너무 낮기 때문에 현금을 분리하여 호주머니에 따로 넣거나 숨겨진 돈주머니를 가지고 다니지는 않는다. 유사하게 우리는 일상생활에서 습득한 통상적인 절차에 따라 도로를 횡단하는 것은 약간 높은 위험성이 있으나 우리가 관리가능하다.

합리적으로 적용 가능한 가장 낮은 비용에 대한 원칙의 다른 관점은 재원과 위험노출에 대응하여 생성된 균형점의 특성과의 사이의 균형점이거나 상충관계를 나타내는 지점이다. 가장 적절한 이 지점은 동일할 필요는 없고, 위험노출을 줄이기 위한 목적으로 특성과 적절함뿐만 아니라 가능한 가장 합리적인 비용이 드는 지점으로 사람과 자금, 보호방벽과 같은 재원이 투입된다.

2. 위험노출

어떤 위험이라도 해당 위험의 실체에 대해 진단하고 효과적인 대응방안이 적용되기 전에, 위험에 대하여 규명가능하거나 신뢰할 수 있도록 모든 위험노출에 대하여 전면적인 평가를 실시하여야 한다. 위험관리는 모든 영역에서 중요하지만 특히 위험노출에 대한 분석은 보안위험관리 분야의 핵심이다.

위험관리의 대부분의 유형에서 취약성에 대한 고려와 이해는 중요하나, 보안위험관리의 가장 독특한 차이점은 환경위험이나 기계결함 또는 자연재해와는 다르게 보안리스크는 특성상 인간이 의도를 가지고 적극적으로 공격대상을 물색하거나 조직의 취약점을 이용한다는 점이다. 실제적으로 보안위험관리에 대한 전통적인 접근법은 규명된 취약점 부분을 보강하거나 역으로 공격자의 입장에서 접근법을 통하여 규명된 취약점을 보강하는 방법을 찾는 것이었다.

위험노출평가의 주요한 목적은 위험에 노출된 재산이 무엇인가를 규명하고 위험에 노출될 수 있는 기간과 빈도를 발견하는 것이다.

비록 위험에 대한 노출이 위험관리공정에 정해진 상황의 한 부분으로 확립되어 있으나, 본질적으로 역동적인 성향을 내포하고 있으므로 보안위험관리의 4가지 제한요소 중의 하나로 분리하여 규정한다. 위험관리공정의 한 부분으로서 상황을 정립하는 것은 여러 가지 이유에서 위험노출분석과는 다르고 특히 여기에서 위험노출은 전체상황의 관점에서는 일부분이다. 위험관리공정에 의해 산출된 위험등급은 위험노출의 기간과 잠재적 위험에 좌우되는 재산의 특성에 따라 매우 가변적이다.

예를 들어, 10일간의 정부장관회의는 10일간의 축제기간과는 전혀 다른 위험등급이 매겨지며, 동일하게 10일간의 지역박람회의 위험유형과 등급은 100일간의 국제무역박람회와는 다르다. 또한 동일한 지역에서 일과시간에만 영업을 하는 편의점과 24시간 영업을 하는 편의점은 서로 다른 위험에 노출되어 있다.

조직문화, 관리관행, 프로그램, 활동의 변화와 같은 여러 가지 요인들에 따라 반드시 위험노출의 정도는 수정되어야 하나 위험노출에 상관없이 조직상황의 일부를 구성한다. 유사하게 주어진 상황은 변하지 않으나, 여행경로가 변경되는 경우에는 위험노출도의 정도도 변하게 될 것이다. 여행횟수가 증가하는 경우 일정 수준의 리스크를 유지하려면 추가적인 재원이나 향상된 보안관리 특성을 요구하게 되고 변화된 보안관리 수준을 현재의 위험관리수행에 적용하여야 할 것이다.

특정 자산에 대한 위험노출에 관하여 고려하는 경우에 부가적인 위험노출에 대한 광범위한 상황조사를 실시하여야 한다. 부가적인 위험노출이란 높은 취약성이 있는 제3자의 독립물이거나 위협요소가 높은 목표물을 말한다. 이러한 대상에는 대사관, 종교시설, 군사시설, 공공시설, 교통중심지와 같이 특정 조직이 매력적인 목표물과 매우 가까운 곳에 위치하고 있다는 의미로, 위협요소의 성질에 따라서 악의적 또는 부수적 위협요소에 따른 추가적인 위험을 초래하는 원인이 된다. 예를 들면, 화학물질저장소(부수적인 누설, 폭발 위협요소), 상업적, 산업적 시설물, 또는 국제적 식품체인, 다국적 광산업체, 제3세계 어린이 노동과 관련된 기업과 같은 글로벌 상징물이 여기에 해당한다. 특정 조직체에 대한 위협요인에 제3자의 부가적인 위험노출이 영향을 미치기 때문에 보안위협에 제3자 자체에 의해서 발생한 위협에 대한 통제를 포함하여야 하므로 특정 조직체와 제3자 사이의 관계에 대한 특성을 결정하는 것이 중요하다. 예를 들어, 특정 조직이 여러 국가의 대사관이 위치한 동일한 거리에 있다면 해당 국가에서 제공한 보안서비스를 지원받을 가능성이 크므로 실제적으로 특정 조직체의 전체적인 위험노출은 감소하게 될 것이다.

위험노출분석의 부분으로서 위험규명과 평가의 필요성에 대한 3가지 요소를 J. Broder는 다음과 같은 내용을 필요로 한다고 주장하였다.[23]

① 손실의 유형과 위험의 성질은 재산에 대한 영향을 포함한다.

② 손실발생의 경우에 이러한 위협의 발생가능성을 유형화한다.

③ 이러한 사고의 결과로서 신뢰할 만한 결과를 도출한다.

사고발생가능성과 결과에 대한 평가는 계속적으로 공정에 반영하고 위험노출평가를 알려주기는 하나 다음의 위험분야에서 더 세부적으로 다루어져야 한다. 보안위험관리 상황에서 위험노출은 전체위험이나 신규 사업 초기위험과 같은 개념과 유사하며 다양한 평가시스템의 대부분은 이것을 지원하기 위하여 개발되었다. 따라서 위험노출평가에 대한 주요한 목적은 조직이 어떤 위험에 노출되었는가에 대한 이해를 바탕으로 의사결정에 정확한 토대를 제공하기 위함이다.

위험노출평가의 핵심적인 구성요소는 ⓐ 위협요소, ⓑ 재산, ⓒ 위협요소와 재산 2가지 요소 사이의 모든 상호작용이 중요한 취약성을 나타내므로 앞의 3가지

23) James Broder(2000), *Risk Analysis and the Security Survey*, BH, Woburn M.A, pp.4~6.

요소의 상호작용에 관한 위협노출을 평가하는 것이다.[24] 이러한 3가지 요소들은 매우 체계적으로 논의되어야 하므로 위협요소의 평가, 취약성 평가, 치명성 평가의 절차를 이용하여 다양하게 평가가 가능하다.

3. 위험노출 평가

급변하는 지구촌 환경에서 기업의 생존은 외부환경에의 적응도 중요하지만 내부구성원의 의식과 내부적인 기업운영시스템의 문제에 의해 좌우되기도 한다.

오늘날 조직에서 발생하는 손실의 대부분은 외부요인보다는 내부요인에서 기인하므로 조직내부의 보안은 조직내부로부터의 위협요인에 초점을 맞추어야 한다.

절도 · 화재 · 사고는 주요한 내부 손실의 원인이나 또 다른 여러 가지 원인들도 존재한다. 기업의 생산성 손실은 잘못된 공장의 배치나 직원들의 약물 남용에서도 기인하고 또 다른 생산성의 손실원인으로는 종업원들이 일을 하지 않고 빈둥거리는 것, 작업장에 늦게 도착하는 것, 빨리 퇴근하는 것, 쉬는 시간을 많이 갖는 것, 과도하게 사회화되는 것, 잔업을 만들기 위해 일을 질질 끄는 것 등도 낭비이며 이것은 시간의 절도로 간주되어야 한다.[25]

내부 환경에 관한 요소에는 일반적으로 조직이나 개인의 통제권 내부에 있는 것을 의미하며 다음과 같은 요소들이 해당한다.[26]

① 공급내역: 서비스, 완제품, 프로젝트

② 용량과 가능성: 재원, 관계, 운영과 평판

③ 위험관리능력: 거버넌스 또는 회복탄력성

위험노출의 시간특성에는 다음의 내용이 해당한다.

---

24) US Federal Emergency Management Agency,(2003), *Reference manual to mitigate potential terrorist attacks against buildings*(FEMA426), United States Department of Homeland Security, Washington, D.C.

25) 최선태, 기업보안관리론, 전게서, p.137.

26) HM Treasury(2004), *The Orange Book Management of Risk-Principles and Concepts*, United Kingdom, London.

① 사건의 기간
② 사건발생장소의 운영시간
③ 그날의 시간
④ 일간, 주간, 월간
⑤ 여행 중 시간의 제한
⑥ 프로젝트 인도 일정

확인된 위협요소에 대하여 특정 재산이 위험에 노출된 최장의 시간을 위험노출시간이라고 한다. 다중사건을 예를 들어보면, 실내에서 행사를 개최하는데 차량폭탄(VBIED)[27]의 공격으로 인한 대량살상의 위험노출시간의 길이는 행사개최장소 외부에서 행사장 내부로 들어가는 길목에서 필수적으로 소지품을 검사하는 병목지점에 군중이 최대로 밀집한 부분이다. 동일하게, 부유성 독극물에 의한 최대위험노출 시간은 군중들이 지하철이나 공연장과 같은 실내에 모여 있는 상황이다.

취약성평가에서 중요하게 고려할 요소 중에 활동 빈도가 있으나, 활동 빈도의 증가가 자동적으로 동일하게 위험을 증가시키지는 않는다. 만약 지금까지 거의 시도되지 않는 방법이 시도된다면 이에 대한 대응이 익숙하지 않으므로 높은 위험을 수반한다. 예를 들어, 채용 전 적격심사는 조직의 인사담당자가 적격심사 절차에 대하여 미숙한 경우에 부정직하거나 부적절한 지원자를 채용함으로써 조직의 위험에 대한 노출을 증가하게 될 것이다.

여행의 경우에는 위협요소 행위자가 이러한 여행에 대하여 관심을 가지게 되는 경우에 위협은 증가하게 될 것이고 공격대상이 되는 조직이나 개인의 취약성은 증가하게 된다. 여행의 빈도가 증가하면 핵심목표의 성취와 연계되어 있는 치명성, 전체적인 위험노출은 일반적으로 증가한다.

결론적으로 위험노출에 대한 평가는 위험상황이나 위험규명과 유사하나 동일한 의미는 아니다. 위험관리공정의 모든 단계에 핵심적인 활동에 대한 정보를 제공하는 것은 해당 분야와 서로 구분된 요소들이다.

---

27) Vehicle-based improvised explosive device의 약자이다.

그럼에도 불구하고 적용할 수 있는 절차의 범위는 존재하는데, 전체적으로 위험노출에 대한 이해를 제공하고 차례로 다른 위험관리활동의 정보를 제공하는 방법은 위협요소평가, 취약성평가, 치명성평가에 따른다.

위협요소, 취약성, 치명성에 대하여 결정하게 될 때, 조직에서는 자신들의 유통망에 대한 고려를 포함하는 것이 중요하고 유통망 전반에 걸쳐 적절한 보안통제를 보장하는 것이 필요하다.

4. 위협요소

대체적으로 위협요소(threat)는 조직이든 개인이든 상관없이 소유재산, 기능, 가능성의 가치에 대한 침해나 부정적인 영향을 미치는 것으로 위협자의 의도와 수행력의 조합으로 결정된다. 대부분의 위협요소는 자체가 개별적인 공동체나 조직의 현존하는 경영상의 압력으로서 작용한다. 위협요소에는 현존하는 위협요소와 내부위협요소 모두를 포함하는 것이 중요하다. 따라서 조직을 지원하는 공정을 방해하거나 조직의 목적달성을 방해하는 잠재적인 모든 요소를 포함하는 것으로 의미를 확대하여 보안위험관리 지침서에 규정되도록 한다.

1) 위협요소의 평가

보안리스크는 몇 가지 기준에 의해 다른 위험작용과 구별되며, 특히 모든 주요한 보안리스크요소는 우연히 발생하거나 자연적 혹은 조직적 원인이라기보다는 침해자나 가해자의 고의적 의도로 기인한다.

보안리스크의 고의적 의도란 일반적으로 불가항력이나 기계적인 결함, 또는 관리시스템의 문제가 아닌 사람에 의해서 보안위협요소가 만들어진다는 의미이다. 사람은 위험이나 손실원인을 발생하는 의도적 행위를 시행할 수 있으며, 그들의 창의적인 지적 능력을 이러한 악행에 적용할 수도 있다. 이러한 지적 능력을 적용함으로써 인간은 모든 현존하는 보안장벽을 규명 · 평가하는 것을 가능하게 하고 이러한 장벽을 우회하는 방법을 시험하거나 궁리한다.

결과적으로, 모든 보안리스크공정에서의 첫 번째 필요한 활동은 위협요소에 대해서 명확하게 이해하는 것이다. 위협요소가 존재하는가? 어떠한 범죄적, 전복적 의도, 정치적인 동기 또는 이슈로 유발된 위협요소 행위자가 조직에 위험을 가한다면, 발생가능한 공격의 매개체는 무엇인가? 이러한 의문에 대한 답변을 바탕으로 한 번 위협요소에 대한 평가로 실시된 다음에 체계적인 위험관리 공정과 절차가 시작되고 위협요소평가 다음의 단계는 보안과 총체적인 위험관리기능 모두가 공통적이다.

공식적인 위협요소의 평가는 보통 뛰어난 전문가에 의해 시행된다. 그러나 개별적으로 합리적인 제안을 하기 위해서는 상대적으로 의식하지 못하는 일상적인 공정에 대한 계속적인 위협요소평가를 시행하여야 하는데 예를 들어, 어디에 주차를 할 것인가, 어디에 어느 시간에 사람이 밀집하는가, 특정 국가에서 휴무를 즐기는 것에 대한 결정과 같은 것을 포함한다.

공식적인 위협요소평가의 가장 일반적인 형태는 대체적으로 정보공정의 결과물이거나 조직의 보안리스크평가의 일부분으로서 시행된다. 조직보안리스크평가는 일반적인 위협요소에 대한 평가정보와 해당 문제에 대한 전문가의 조언, 사고의 검토, 공개정보의 분석에 근거한 보안리스크전문가에 의해서 종종 실시된다. 이러한 접근법의 대부분은 항상 주관적인 판단의 요소를 포함한다. 보통 여기에서는 데이터와 정보의 정확성의 정도를 결정하지 않는다. 다음과 같은 이유로 모델의 가변성이 존재한다.

① 지금의 데이터와 정보는 이전에는 수집되지 않았다.

② 데이터와 정보를 획득하는데 비용이 많이 든다.

③ 과거에는 없었던 새로운 형태의 문제이다.

④ 과거의 데이터와 정보는 환경적인 상황이 변화했기 때문에 더 이상 지금의 문제와 관련성이 없다.

⑤ 상황을 판단하기에 관련 데이터와 정보가 부족하다.

이러한 상황에서 위협요소의 발생가능성에 대한 결정하는 한 가지 방법은 해당 문제 전문가의 지식과 경험에 의존하게 되고 지금 고려하고 있는 관점을 토대로 부족한 정보를 보충하려고 시도하는 것이다. 이러한 방법은 명백히 상당한 제한이 있으나 수량화할 수 있는 어떤 유용한 도구나 통계 도구라도 불안전한 데이터입력을 통한 동일한 흠결이 있을 수 있다.

이러한 의견과 부정확한 정보와 관련된 한계를 극복하기 위하여 사용되는 공통적인 기법은 해군시스템 혹은 나토시스템이라고 불리는 방법을 사용한다. 해군시스템 또는 나토시스템은 수집 정보아이템을 평가하는 방법으로, 이 시스템은 정보의 신뢰수준에 대한 평가와 정보원의 신뢰도를 평가하는 방법으로 2가지 문자로 표시한다.

이 시스템에서 기준은 신뢰도와 정확성 등급을 부여하는 수단을 제공하고 프로그램 작성에서 자열(字列)의 구성 요소가 영문과 숫자로 이루어진 것을 등급으로 배열한 것이다. 정보원의 신뢰도는 상황과 장소, 정보를 수집할 시간에 정보원에 접근가능성뿐만 아니라 정보원에 의해서 과거에 제공된 정보의 특성과 같은 것을 기준으로 평가한다. 제공된 정보의 정확성은 제공된 정보의 개별 항목과 관련하여 실제적 또는 인지된 상대적 측정으로 평가된다. 예를 들어, 특정 정보의 정확성은 다른 확인된 사실이나 사전에 반드시 확인된 정보가 아니라도 다른 정보나 다른 이벤트나 위협요소의 경향이나 형태와 비교를 토대로 한다.

정보에 대한 평가는 수집된 정보가 실제적인 가치로 받아들이기 불가능할 경우에 정보 사이클의 진행단계에서 발생한다. 정보의 각 항목은 확증과 다른 평가를 토대로 주어진 정보원의 신뢰도의 지침에 대한 평가와 정확성 평가에 의해서 산출된 것을 사용한다. 개별적인 서술자는 정보원의 신뢰도가 보고서의 정확성을 평가하는 것에 영향을 미치지 않았다는 것을 보장하기 위해 분리시켜야 한다.

(표 2-2) 정보의 신뢰성과 정확성

정보원의 신뢰성		정보의 정확성	
A	완전히 신뢰할 만한	1	다른 정보원에 의해 확인된
B	통상적으로 신뢰할 만한	2	사실이거나 정확할 가능성이 큰
C	상당히 신뢰할 만한	3	사실이거나 정확할 가능성이 있는
D	통상적으로 신뢰하기 어려운	4	의심스러운
E	신뢰하기 어려운	5	사실이 가능성이 없는
F	판단하기 어려움	6	판단하기 어려움

2) 위협요소의 결정

위협요소를 결정하기 위해서 빈번하게 제시되는 2가지 원인은 위협의도와 위협발생 가능성으로 이것은 위협원의 동기와 특성이 가진 본질적인 기능이다. 예를 들어, 동기는 장기간의 원동력으로 '사회적으로 기본적 인권을 충분히 인정받지 못하는 사람들에게 평등한 권리를 제공하기 위하여 국가를 전복시키려는 욕구'로 표현되기도 한다. 더 급진적인 의도의 예로는 '정부를 무력화시키기 위하여 폭력을 사용하고 조직의 국제적 평판을 올리자'와 같은 욕구가 있다. 동기는 위협원의 욕구와 그들의 욕구를 성취하기 위한 자신들의 능력에 대한 자신감에 좌우되며, 위협행위자는 자신의 의도를 성취하기 위하여 다양한 방법을 고려하게 된다. 유사하게 만약 위협행위자가 폭발물을 사용할 수 있는 역량과 재원을 가지고 있다면 자신의 능력을 유형화하기 위하여 폭발물공격을 이용하여 다중의 구성원들에게 공격을 시도할 수도 있다.

동기(전략적 목적)와 일반적 혹은 전략적 의도 사이의 차이점을 이해하는 것은 핵심적인 어려움이나 초기대응책에 대한 통찰을 제공한다. 상기 사례에서 만약 다양한 무기가 사용가능하고 행위자의 선발이 더 용이하고, 공동체에서 폭력의 사용에 대하여 매우 관용적이라면 동기와 의도 사이의 차이는 매우 적다.

유사하게, 금지약물을 구입하기 위한 돈을 마련하기 위해 동기화된 약물중독의 경우도 분명히 나타난 의도는 그들의 욕망에 따라 다양하다. 예를 들어, 얼마나 긴급한 필요성과 확신을 가지느냐와 현재 어떤 기회가 있느냐에 따라 좌우된다. 만약 의도자가 급여가 높은 직업을 가지고 있거나 개인적인 유산이 있는 경우에는 아마도 금지약물을 사용·구매하기 위해서 범죄의도를 가지고 있지는 않을 것이다. 그러나 의도자의 재원에 한계가 있다면 극단적인 선택으로 매춘을 하거나 교통체증구간에서 도로에 진입하여 물건을 팔거나 절도에 의존할 수 있다. 이러한 동기와 의도의 차이를 방지하는 방법으로 매춘을 합법적으로 허용하거나 도로상에서 무단으로 물건을 판매하는 경우에 최소한 교통체증이 심하지 않는 구간에서 대기 중인 차량에 제한적으로 물건을 파는 것을 허용하는 것이다.

또 하나의 관심을 기울여야 하는 요소는 위험회피(risk aversion) 성향이다. 위험회피는 문제의 모든 단계에 적용되고 최종적인 위협요소나 개별적인 구성요소를 분석하는 경우에 가장 우선적으로 고려하여야 한다. 위험회피성향의 수준에 따라, 많은 잠재적인 공격자는 자신의 직업에서 해고되거나 감옥에 수감되는 것과 같은 잠재적인 처벌의 두려움 때문에 자신의 선택에 영향을 주게 된다. 유사하게 위험허용(risk tolerance) 수준에 대한 고려를 한다. 만약 위험허용수준에 대한 관심을 가지지 않는다면 폭발물을 발견하는 것과 같은 위험을 수용할 준비를 위한 더 많은 정보를 수집하여야 한다.

이러한 개념은 (그림 2-2)에서 확장된 용어 사이의 관계를 더 상세하게 보여준다. 목표물이나 재산의 매력정도에는 고도로 관심을 끄는 목표물에 대한 고려가 반영되어야 하는데 이러한 목표물은 위협행위자의 의도를 자극하게 되어 잠재적인 영향력에 반영된다. 이러한 매력정도에는 다음의 요소를 포함한다.

① 세계무역센터, 유명 국가원수, 에펠탑, 금문교, 남대문과 같이 공격자에게 명확한 인지가능성/가시성의 정도

② 예를 들어 미디어의 칭송, 충격가치와 같은 목표나 동기에 대한 공격의 성취조건의 바람직함의 정도

③ 공공 교통수단인 화학공장과 같은 취약성의 정도

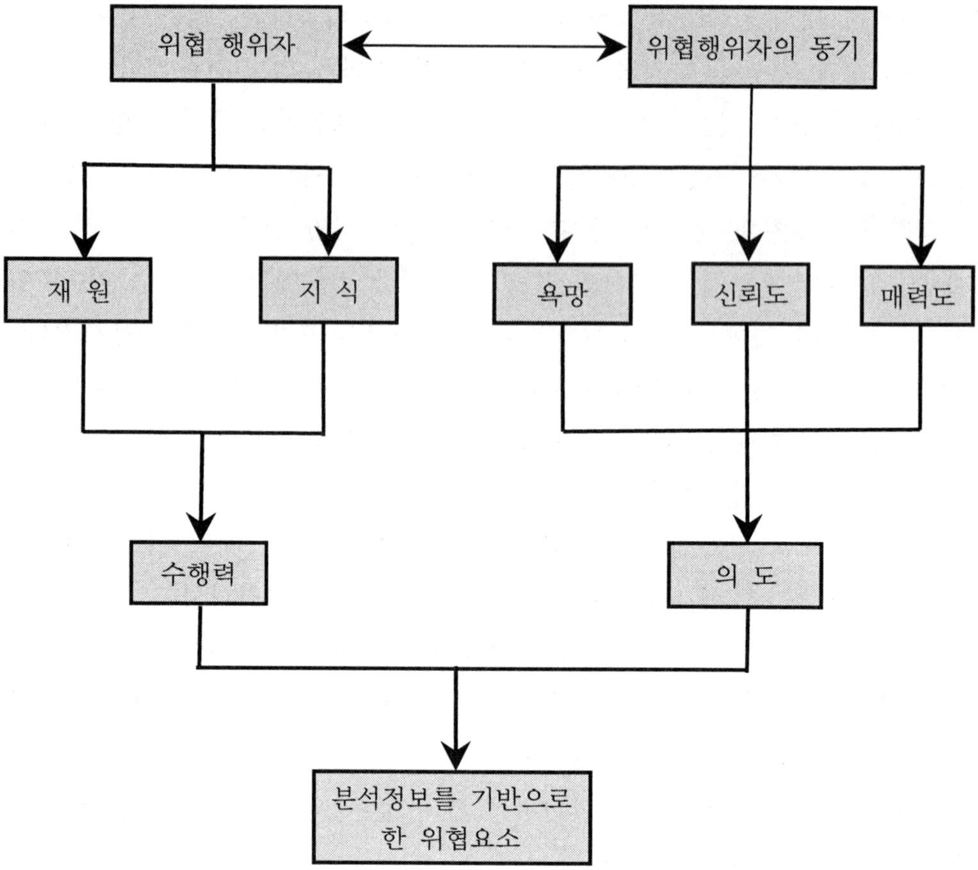

(그림 2-2) 위협요소 평가모델

이러한 특성들은 공격자의 의도에 영향을 미치게 된다. 예를 들어, 화학공장에 대한 공격의도를 가진 공격자는 공장가동을 불가능하게 하는 반면에, 쇼핑센터에 대한 공격은 다수의 사상자를 발생하게 할 것이다. 이 2가지 사례에서 이러한 구체적인 의도는 전체적인 의도의 부분집합으로, 광의(돈, 정권 교체, 정치적 거래 등)의 동기의 한 부분으로서 방송매체를 포함하는 것이다.

(그림 2-2)의 이러한 프로세스 개요는 개별적으로 모든 개인에서 국가의 수준까지도 적용이 가능하다.[28] 예를 들어, 동료들과의 워크숍이나 학교모임과 같은 상

28) Julian Talbot/Miles Jakeman, op. cit. p.112.

대적으로 사소한 행사에서 누구나 쉽게 알 수 있게 무심코 하는 고위급 회의에서의 고급 정보, 다국적기업이나 정부기관이 개별적인 요소들을 포함하고 있는 장당 수많은 페이지에 이르는 보고서 등이 여기에 적용될 것이다.

3) 경고신호와 지침

위협요소에 대한 평가는 대부분 경고신호나 지침과 연계되어 있으므로, 위협적인 환경이나 발생가능성의 변화는 시간의 흐름에 따라 계속 관찰해야 한다. 발생가능성에 대한 개별적인 지표를 평가하는 전문가는 그 자신을 학대하는 위험에 처해 있는 개인이나 또는 어떤 주목할 만한 단서를 찾기 위해 다양한 출처나 주목할 만한 확실한 경고신호를 찾는다. 종종 자체적인 단일경고신호는 위협요소평가 전문가에 의해서도 명백한 판단을 담보하지 못한다. 그러나 이것은 다른 가능성 있는 경고신호를 민감하게 찾고 있는 침입자와 같은 부류의 주목을 끈다. 따라서 만약 추가적인 경고신호가 존재한다면 추가적인 사실확인과정을 통하여 어디에 위험가능성이 존재하는 가를 결정하는데 상당한 근거가 될 것이다.

경우에 따라서는 어떤 경보신호는 다른 것보다 더 큰 영향력을 가진다. 예를 들어, 총기에 대한 소유나 흥미를 갖는 것은 총기를 소지하고 있으면 공격을 시도할 가능성이 커지기 때문에 혼자 행동하는 사람보다 더 중요하다. 그러나 어떤 사람이 단순히 총기를 소지하고 있으나 다른 경고신호를 가지고 있지 않으면 중요한 위험성을 내포하고 있지는 않다.

주목할 만한 지침들을 다양하게 내포하고 있는 집단이 현존하는 경우 위험은 더 심각하게 된다. 이러한 주목할 만한 지침으로는 어떤 사람이 총기를 소지하고 있는 경우, 혼자 생활하면서 과거에 총기난사에 관심을 보였던 경우, 자살이나 살인에 관한 소설을 쓰거나, 상식에 벗어난 행동을 보이는 경우, 타인에 대한 보복에 관한 이야기를 반복하거나, 정신병력이 있으면서 정신과 상담을 거부하는 행동은 명백하게 자신이나 타인에 대하여 중요한 위협요소로 고려하여야 한다.

또한 학교에서 경고신호에 관한 내용에 관하여 학습하는 위협요소평가팀은 다음의 내용을 포함하여 즉각적인 행동을 할 수 있는 상황에 있어야 한다.

① 학교에 남아서 학생들과 대화를 통하여 처치계획을 개발한다.

② 학부모나 다른 보호자를 부른다.

③ 진료기록과 교육기록을 받을 수 있도록 요청한다.

④ 이전에 법적인 처벌을 받을 기록이 있는지 전과를 조회한다.

⑤ 룸메이트와 교수진과 상담한다.

⑥ 학생이 치료가 완료되거나 의사가 위험하지 않다고 할 때까지 정학 처분한다.

4) 위협요소의 관점

위협요소 수준을 확정하기 위한 하나의 유용한 접근법은 위협요소 행위자(공격자)와 위협요소 행위자에게서 목표물을 보호하는 방어자가 서로 다른 견해와 동기를 가지고 있을 가능성이 있는 것 사이의 관계를 규명하는 것이다. 이러한 관점의 차이에 대해서는 많은 견해가 존재하는데 상식적인 이해를 증진하기 위한 유용한 방법은 다음의 내용을 고려하여 서로 다른 관점을 비교하는 것이다.

① 위협요소 행위자를 통제하거나 방어하는 방어자의 관점

② 잠재적 또는 실제적인 목표물에 대한 위협요소인 공격자의 관점

위협요소에 대한 분석은 다양한 위협요소를 바탕으로 하지만 항상 분석정보는 불완전하므로 특정한 방향에 대한 일반적인 관점을 형성하여 위협요소 행위자의 동기를 더 잘 이해하면 할수록, 행위자에 대하여 효과적으로 방어할 가능성이 더 커지게 될 것이다.

목표물의 매력정도의 개념은 실제적으로 표현되는 것보다 더 복잡하나 실제적으로 특정한 재산, 활동, 프로젝트, 공동체, 조직과 같은 것에 대한 간단하지만 적절한 통찰력을 제공하게 된다. 매력정도에 따라 처리전략에 대한 우선순위를 선정하고 위협요소에 대한 견해와 관련한 개념을 이용한다. 따라서 이러한 개념 정립은 다양한 조직의 위협요소에 대한 개요를 경영진에게 제공하므로 편리하고 간단한 도구이다.

이러한 개념은 방어자가 공격자에 대하여 합리적인 수준의 정보를 인지하고 있다는 가정에서 출발한다. 비록 항상 동일한 경우가 적용되는 것은 아니지만 1980년대 영국으로부터 완전한 아일랜드의 독립을 추구했던, 아일랜드 공화국군(Irish Republican Army)과 같은 경우에는 그들의 의도와 추진력을 명확하게 추정할 수 있었다. 유사하게 가정집에 침입하는 절도의 경우에도 대수의 법칙을 적용하여 분석된 평가정보를 적용하면 충분히 침입자의 의도와 침입기법에 대하여 추정할 수 있을 것이다.

경우에 따라서는 특정 조직이 침입자의 1차적인 목표물이 아니고 2차적인 목표물인 경우에도 침입자의 목표물과 인근에 위치하고 있는 경우에는 이에 대한 대응방안과 계속적인 모니터링 전략이 주어진 상황을 반영하여 수립되도록 한다.

5. 취약성 평가

취약성(vulnerability)은 라틴어 상처받을 수 있는(vulnerare), 상처나 부상(vulnus)의 의미에서 기원하여 17세기 초에 후기 라틴어 vulnerabilis로 변화하였다.[29] vulnerable의 사전적인 의미[30]는 ① 적절한 보호대책이 없거나 정서적 또는 물리적인 위험이나 위해에 노출되어 있는, ② 군사적인 의미로 공격에 노출되거나 보호대책이 없어 손실의 가능성이 있는, ③ 극도로 영향을 받기 쉽거나 쉽게 설득할 수 있어 유혹에 넘어가기 쉬운, ④ 육체적 혹은 심리적으로 약하여 질병에 저항력이 약하거나 심신이 허약한 ⑤ 브리지 게임에서 판돈이 올라가기 쉽다는 의미로 쓰인다.

보안에서 취약성이란 조직이나 개인의 자산보호업무에서의 약점을 의미하고, 물리적 혹은 감정적 상처나 공격에 취약함을 의미한다. 또한 취약성은 내·외부의 압력이나 유혹에 굴복하거나 넘어가기 쉬운 약점이 많은 상태를 의미하기도

29) 최선태, 기업보안론, 2014, 진영사, p.85.
30) The Random House Dictionary, Revised Edition, 1980, p.1477.

한다. 이러한 약점은 자연적 혹은 의도적인 상황에 의해서 약점이 이용되거나 원치 않는 손실이나 결과의 원인이 되어 자산보호업무에 악영향을 미친다.

마찬가지로 여기에서 적용되는 취약성평가에서도 조직이나 개인의 약점을 규명하기 위하여 재산과 보안시스템의 검토한 다음 이와 관련된 공정과 산출물을 포함하게 된다. 대체적으로 공격자들이 성공적으로 공격을 수행하거나 실패하는 가를 규명하기 위한 초기의 견해로부터 시행된다.

취약성은 접근가능성, 제지능력과 제지강도, 공격에 견디는 정도의 기능을 종합적으로 고려하여야 한다. 일반적으로 말해서 구성요소의 위험상황(criticality)은 그것의 취약성이나 어떤 현재의 위협요소에 영향을 받지 않는다.[31]

취약성평가를 위해서 다양한 도구와 체계가 개발되어 왔으며 대부분 개별적인 개발경로를 반영한 장단점이 있으나 서로 상대적이다. 취약성평가는 비록 분석정보와 위협요소에 대한 정보의 제공과 더불어 해당 주제에 대한 전문가와 이해관계자의 도움이 제공되지만 일반적으로 보안리스크전문가에 의해 시행된다.

취약성평가에 포함되는 주요 부분은 위협요소 행위자는 목표물을 침투하기 위하여 취약성을 찾으려는 노력을 계속한다는 대립적인 부분에 관한 것이다. 이러한 위협요소 행위자는 대체적으로 포괄적인 취약성평가보다는 편협적임에도 불구하고 풍부한 정보를 제공하게 되므로 상당히 중요하게 고려된다.

적군의 취약성을 파악하여 공략하기 쉬운 목표물을 타격하고 상대방에게 더 치명적인 공격을 하기 위해 베트남 전쟁 때 미국 특수부대에서 개발한 CARVER[32] 매트릭스와 같은 방법은 국제조직범죄집단과 같은 상대적으로 정교한 취약성평가 절차가 적용되어야 한다.

1) 취약성 평가의 유형

2003년 미국토안보부에서 취약성평가절차에 대한 보고서를 출간하였는데, 44가

31) During, R, et al.(2005), *Vulnerability and Risk Assessment Using the Homeland-defense Operational Planning System(HOPS)*, University of California, Lawrence Livemore National Laboratory, San Francisco, C. A.

32) Criticality, Accessibility, Recuperability, Vulnerability, Effect and Recognizability의 약어이다.

지 방법론에 대한 평가에 대하여 기술하였다.[33] 이 보고서는 다음의 4가지 핵심적인 권고사항에 대하여 기술하였다.

① 대부분의 확실한 방법론은 단독으로 경제적인 문제 한 가지 분야에만 초점을 두지 않는다.

② 모든 경우에 평가자의 자질이 매우 중요하다. 평범한 방법론도 능력 있는 평가자에 의하여 잘 적용되는 경우에는 수용가능한 산출물과 유용한 결과물이 발생하는데 반하여 좋은 방법론이라고 할지라도 숙련되지 않는 평가자에 의한 결과물은 좋지 않다.

③ 비록 모든 절차는 약간의 위험에 대하여 평가를 결정하지만, 실제적으로 해당 위험에 대한 가치의 수치화는 거의하지 못한다. 수치화된 가치는 거의 모든 경우를 절대적이기보다는 서열화하므로 비교수준이나 적절한 규모로 잘게 쪼개 이해하는데 유용하다.

④ 절차는 시간과 비용에서 대단히 정확하고 다채로움에 대한 활용이 필요하다. 평가자의 자질과 성실성은 구체적으로 사용된 절차보다 더 중요하다. 잘 훈련되고 지식이 풍부한 평가자는 추가적인 비용의 투입을 최소화하고, 평가를 신속하게 진행하며 정확성이 뛰어나 매우 유용한 평가결과를 산출한다.

일반적으로 대부분의 취약성평가도구는 재산에 기반을 두거나 기능이나 역량을 토대로 하여 분류한다. 비록 '위험평가'와 '취약성 평가'의 용어가 때때로 상호호환적으로 사용되기도 하나, 취약성평가는 전반적인 위험평가나 관리공정의 단지 하나의 부분에 불과하다는 사실이 중요하다.

2) 취약성평가 기법

보안취약성평가에는 정성적/주제별 형태에서 정량적/목적별 평가형태까지 많은 유형이 있다. 미국 법무부의 CARVER와 OCTAVE 절차 개요는 취약성과 위험평가 체계에 일반적으로 사용되는 사례이다.

---

33) Office of Domestic Preparedness(2003), *Vulnerability Assessment Methodologies Report*, U. S. Department of Homeland Security, Washington, D. C.

취약성평가체계에서 미국 법무부의 접근법은 다음의 7가지 요소를 등급화하기 위하여 문자식 축척(numeric scale)을 사용하여 취약성과 목표물의 매력을 결정한다. 개별적으로 최소 0에서 최대 5까지 점수화한다.

㉠ 가시도 수준, ㉡ 목표물의 재산가치, ㉢ 잠재적 위협요소 행위자의 목표물의 가치, ㉣ 목표물 재산에 대한 위협요소 행위자의 접근기회, ㉤ 목표물 위협요소의 위험에 대한 민감성, ㉥ 장소의 인구분포, ㉦ 부가적인 손상이나 집단적인 사상자의 발생에 대한 잠재성, 또한 공공의 건강에 관한 확인평가는 위험유형을 결정하는데 통합된다.

CARVER는 목표물이 상대적으로 매력적이거나 취약성이 있는 우선순위를 정하기 위하여 미국 국방부에서 개발한 취약성평가 기법에 관한 약어이다. 여기에서는 공격하기 위한 가장 매력적인 목표물, 즉 가장 취약한 대상을 규명하는 것을 포함한다. 약어는 다음과 같은 연상기호를 통해 나타낸다.

㉠ 치명성: 공격자의 경제적인 충격과 공공보건을 측정한다.

㉡ 접근가능성: 목표물에 대한 물리적인 접근과 퇴각 가능성

㉢ 복구능력: 공격으로부터 복구하기 위한 시스템의 능력

㉣ 취약성: 공격을 성취하기 쉬운 정도

㉤ 효과: 생산손실에 의해 측정되는 공격으로부터의 직접적인 손실량

㉥ 식별력: 목표물을 구분하기 쉬운 정도

추가적으로 개정된 CARVER 도구는 7번째 요소로 공격자의 건강, 경제 그리고 심리적 영향력을 조합하거나 공격에 의한 충격을 평가한다.

각각의 요소는 1~10까지의 서술적 지침이나 수치화된 특징을 사용하여 전체적으로 반정량적(semiquantitative) 점수를 제공하고, 다른 것들과 같이 목표물의 취약성을 비교하는 경우에 적절한 규모로 잘게 쪼개진 상황에서의 수준을 제공한다. 비록 이러한 방법이 초기에는 군사적 목표물에서 기원하였지만, 오늘날에는 대부분 모든 유형의 재산이나 프로젝트에 적용된다.

OCTAVE는 미국 카네기 멜런 대학에서 운영하는 CERT/CC에서 개발한 위험분석 방법론으로 기업의 사업이나 업무의 중요도 관점에서 생존을 보장하기 위한 접

근 방법을 제시하며 위험 관리의 전체적인 라이프 사이클 중에서 식별과 분석, 계획의 수립에 활용할 수 있도록 구성된 위험분석 모델로 정보보안리스크의 운영에 대한 평가의 체계적인 접근법이다.

OCTAVE는 순수한 취약성평가라기보다는 위험평가도구로 운영상의 핵심적인 위협요소, 재산과 취약성에 대한 약어로 취약성을 결정하는데 유용하게 사용되고 있다.

몇 가지 취약성평가모델에 대한 검토에서 가장 중요한 공통적인 특징이 있으나, 그중에서도 위협요소평가와 치명성평가의 요소를 구분하여 보면 다음의 영역이 존재한다.

① 목표물을 공격하기 위한 기회가 존재하거나 존재할 수 있다.

② 공격에 대한 민감성 또는 목표물에 대한 어떤 주어진 위험에 대한 유효성 기회는 재산의 목표물 표적성(targetability)에 대한 고려로 다음의 조건에 따라 평가된다.

㉠ 목표물로 인식가능성(recognizability)

㉡ 위험노출(기간 등의 조건에 따라 달라진다)

㉢ 목표물로의 접근가능성: 실제적으로 인식가능성은 의도에 따라 변경될 수 있으나 여기에서는 재산의 표적성의 기능에 포함한다.

유효성(effectiveness)은 적합성(suitability), 유용성(availability), 위해의 전개력(deployability)에 따라 위해의 특성에 영향을 미친다. 일반적으로, 기회는 가능성(likelihood)에 영향을 미치는 반면에, 위해의 유효성은 결과에 영향을 준다. 이러한 특성의 상호관계를 전체적으로 (그림 2-3) 취약성 평가모델에서 보여준다.[34)]

3) 치명성평가

치명성평가는 상대적으로 중요한 요소나 해당 요소에 대한 의존여부에 따라 조직의 기반시설, 재산, 핵심요소의 우선순위를 정하려는 것이다. 실제적으로 치

34) Julian Talbot/Miles Jakeman, op. cit. p.119.

명성평가는 동의어는 아니나 종종 요소들의 파괴와 가용성상실로 촉발된 후속적인 영향력의 규모와 관련된다. 치명성평가는 기업환경에선 '비즈니스 영향평가(BIA)' 또는 어떤 방법론에선 '재산평가'로도 불린다.

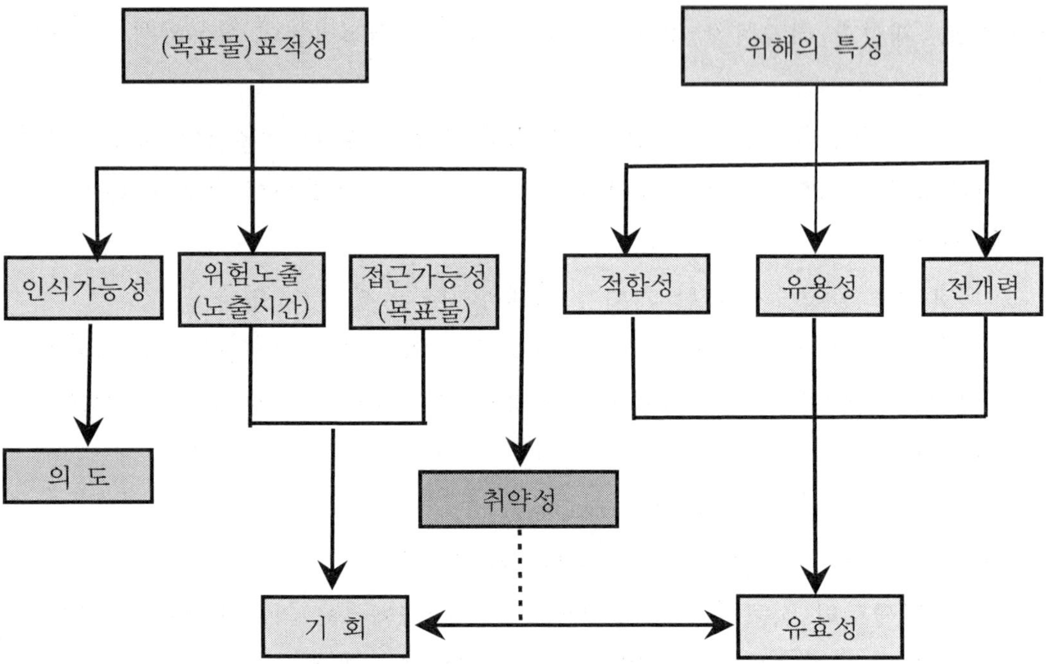

(그림 2-3) 취약성 평가모델

치명성평가는 잠재적 치명성, 조직목적에 장기적인 영향, 경제 또는 사회정치적 영향력의 규모를 근거로 한다. 이러한 맥락에서 침입자가 접근하기 위해 사용하는 공격경로나 방법인 공격벡터(attack vector)의 독립된 영향력에 주목하는 것이 중요하다. 치명성분석은 공격효과를 극대화하기 위한 그들의 본질적인 특성에 대한 요소들을 규명하려는 시도이다.

예를 들어, 발전소나 가스 생산시설은 손실이 경미한 사고에 기인하든 의도적인 공격에서 비롯하든 상관없이 어떠한 공격이라도 직접적인 비용이 경제적으로 대규모이므로 공동체나 경제적 독립체의 핵심적 시설이다.

치명성평가는 조직과 공동체, 개인의 위협요소에 대한 취약성에 대한 이해와 위협요소의 우선순위를 정하는 위험규명의 핵심적인 단계이다. 치명성평가는 또한 위험을 규명하고 조직과 공동체, 그리고 개인에게 가장 중요한 핵심재산에 중점을 두고 분석과 처리방법을 모색한다.

기본적으로, 치명성은 조직이나 재산의 특성에 의해 좌우되므로 재산의 환경적인 요인, 복구능력, 복구에 소요되는 시간과 같은 시간적 특성, 그리고 재산/기능/역량의 상대적인 의존성이나 신뢰성과 같은 역할에 대해 고려하여야 한다.

일반적인 비즈니스영향평가 수행 절차는 다음과 같다.

① 회사 내의 있는 모든 비즈니스 요소들을 확인하고 평가 자료를 취합한다.
  이 단계는 어떠한 비즈니스 단위가 운영레벨에서 중요한지를 결정한다.

② 평가 작업을 수행한다.

③ 취합된 정보를 분석한다.

④ 결과를 문서화 한다.

더불어, BIA의 주요목적은 재난 시에 치명성에 대한 우선순위의 결정하고 다운타임의 예측, 필요한 재원을 고려하여 재난 발생 시 사업체나 조직에 어떤 영향을 줄지 경영진에게 관련정보를 제공하기 위하여 문서화가 중요하다. BIA를 수행하는데 있어 비즈니스 프로세스에서 가장 중요하게 조사해야 할 것은 프로세스 간의 의존성이다.

취약점 평가는 적정 수준의 사업지속성 유지에 필요한 핵심적 사업단위나 기능을 도출하는 것으로 정략적 손실에는 금융손실, 추가적 비용, 계약 파기로 인한 금융손실이 있으며 정성적 손실에는 경쟁력, 이미지, 신임도 손상 등이 있다.

제3장

보안리스크 운영

제 3 장

보안리스크 운영

제1절 보안리스크 영역

보안위험관리체계는 현장에서 보안실무자를 기준으로 한 접근법으로 보안리스크 실무분야를 토대로 보안영역을 분류한 것이다. 이러한 접근법을 통하여 보안위험관리를 5대 분야로 대별하였다.

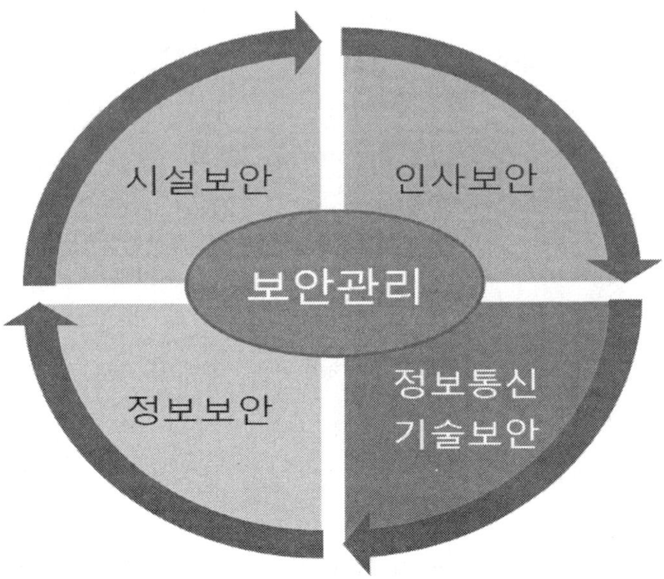

(그림 3-1) 보안위험관리 5대 영역

규모를 갖춘 조직에서의 보안리스크 5대 분야는 보안관리, 시설보안, 인사보안, 정보보안, 정보통신기술보안으로 대별된다. 그러나 보안실무에서 개별분야들은 명확하게 구분되기보다는 다른 분야와 일정부분 중첩되며, 특히 보안관리는 다른 4가지 분야와 상당부분 중첩된다.

개별 분야별로 복잡성에 대한 이해력과 문제해결력을 요구하기 때문에 현대조직에서의 보안실무자에 대한 새로운 지식과 기술에 대한 지속적인 교육훈련은 주어진 임무를 수행하는데 필수적인 요소가 되었다.

1. 보안관리

1) 보안관리 개념

보안관리는 개별적인 부분과 더 특별하게 확장된 전체로서의 하나의 부분, 이 모든 영역을 포함하여 보안위험관리의 전체 영역에 체계를 제공하는 개념적 업무처리 규범의 개발과 응용 프로그램을 적용하는데 사용하는 용어이다.

더불어 보안위험관리 실무분야의 전문가에게 보안리스크에 대한 체계를 제공하기도 하나 가장 중요한 것은 조직의 의사결정자에게 재원투입에 대한 의사결정과 규명된 위협요소에 대한 실무자의 의견을 제시하고, 또한 방어적 보안(protective security)[1]활동은 조직에 보안위험관리 문화를 확산하는데 관리자에게 도움을 줄 것이다.

보안실무자들은 현대 조직에서 보안위험관리책임의 복잡한 다면의 실태를 반영하여 주어진 시간에 모든 영역과 활동범위를 커버하여야 한다. 비록 전통적인 보안활동이 주로 예방역할에 중점을 두었으나, 오늘날 대부분의 조직에서의 보안기능은 정보수집과 정보의 분석, 리스크에 대한 대응과 피해발생 이후의 복구활

1) 방어적 보안의 사전적 의미는 모든 직급을 지휘하여 방어적 수단들을 활용하고 조직화된 시스템을 설치 · 유지함으로써 조직의 보안목표를 성취 · 유지하는 활동이다. 「The Oxford Essential Dictionary of the U.S. Military」

동까지 통합적인 업무로 확대되었다. 실무영역의 맥락에서 방어적 보안은 의미 그대로 위험관리의 예방적 요소가 대부분이다.

오늘날 대부분의 현대인들은 일상생활에서 단지 자신의 가정을 보호하거나 조직의 보안정책을 지키는 준수하는 것이라고 할지라도 일정부분에서 자체적인 보안활동을 수행하고 있는 것이다.

(표 3-1) 보안실무영역 개관

영 역	내 용	활 동	참가자
관리	개념적, 통합적, 사무적 관리, 가상의 보안위험관리 계획	관리와 리더십, 위협평가, 보안관리시스템과 체계, 교육과 훈련, 보안목표와 정책, 절차, 기준과 규정 준수와 규제체계	최고보안책임자, 보안관리자, 자문관 (조사, 부정행위, 정보, 방첩, 방호)에 관한 사안별 참여자
시설	자산의 물리적 보호, 무형자산이나 조직역량을 보호하기 위하여 설계된 시설보안조치	환경적 설계를 활용한 범죄예방(CPTED), 보안절차의 설계와 적용, 시설물, 자산, 역량을 보호하기 위한 물리적 통제, 정보통신기술 시스템의 물리적인 보호	물리적 보안 자문관, 경비원, 열쇠 제조수리공, CCTV 설치업무 등
정보	정보보호, 인적 요인에 의한 훼손이나 손실로부터 지식자산의 보호	정보분류체계의 개발과 적용, 지식자산과 조직의 무형자산의 보호, 대외비, 민감정보, 고객과 공급업체 내역, 재무상태, 라이선싱, 프랜차이즈와 유통체널, 평판과 브랜드	정보보안 자문관, 최고정보책임자

정보통신기술	정보통신기술시스템의 보호, 정보통신기술시스템의 훼손이나 손실로부터 저장된 정보의 보호	기술의 적용은 정보의 수집, 보관, 복구, 공정진행, 분석과 전송 과정에서 정보를 보호하기 위하여 설계된다.	정보기술보안 자문관, 암호전문가, 정보통신기술보안 설계자, 방화벽 전문가와 관련 프로그래머
인사(인력관리)	보안리스크로부터 보호하기 위한 통제조치로 사람과 관계된 부분	직원선발 심사, 비밀취급인가, 관리확인, 프라이버시, 인력보호활동	인사관리전문가, 보안검사관, 생체보안시스템 설치자

일반적으로 조직은 방어적 보안과 보안위험관리의 실제적인 적용을 위한 운영상의 평가기준을 실무자에게 제공한 다음 지속적으로 방어적 보안원리에 대하여 재검토한다. 더불어 보안관리실무와 방어적 보안개념은 다른 보안실무분야에 적용되어 자산보호와 위험관리공정에 대한 체계를 제공한다. 한편으로는 현재 보안위험관리 업무를 수행하고 있으나 자신의 경력에서 보안업무를 처음으로 다루게 되는 실무자의 경우에 조직에서 보안위험관리의 전문성을 향상시키기 위하여 보안위험관리가 주요한 직무가 아니었던 실무자에게 해당 업무를 수행하는데 필요한 기능과 직무에 대한 지침을 제공한다.

방어적 보안의 목적은 개념적 체계정립과 인적, 물적, 정보통신기술, 정보보안의 실무영역을 통합하는 의사결정 환경을 제시하므로, 이러한 통합적 기능은 조직이 보안위험관리 전략을 개발할 수 있게 한다.

전통적으로 방어적 보안의 의미로 알려진 보안관리는 전체적인 보안 프로그램의 적용원리와 개념에 관한 광의의 집합체이다. 보안관리 영역은 개념적, 가상적, 절차적 자산보호와 위험관리, 위협요소의 평가, 분석정보, 조사, 원인분석, 관리적 통제, 거버넌스 계획과 같은 모든 요소로 구성된다.

이와 같이 보안관리의 개념은 단순하게 보안관리자의 활동이나 보안업무에 대한 관리활동에 한정되지 않으므로 조직의 모든 직급에서의 관리활동이나 관리활동과 관련된 모든 개별적인 업무에 중점을 두어야 한다.

2) 구성요소

보안관리는 자산보호업무의 향상된 업무성과를 위한 체계를 제공한다. 조직의 규모, 복잡성, 산업분야에 관계없이 모든 조직은 핵심자산의 보호와 보안과 관련된 위험을 관리하기 위하여 보안위험관리 실무에 적용할 수 있다. 보안관리분야의 일반적인 활동과 책임은 다음과 같다.

① 보안위험관리체계
② 업무수행관리와 벤치마킹
③ 정책과 절차, 기준
④ 위협요소의 규명과 분석정보의 이용
⑤ 위협요소 평가, 사건 조사와 원인분석
⑥ 위협요소를 토대로 한 설계
⑦ 자산과 비즈니스 영향규명
⑧ 중요한 조직의 기간설비의 보호와 규명
⑨ 보안훈련과 유통망 보호
⑩ 비즈니스 회복탄력성
⑪ 사고보고 업무
⑫ 법집행의 현재성과 효율성
⑬ 범죄의 경향
⑭ 고객의 입장허가 수준과 방법, 그리고 교류의 빈도와 유형
⑮ 관리업무의 지원

보안관리는 실무영역의 어떤 분야에서나 독립적으로 작동할 수 있으나, 전체적인 이익은 모든 요소가 통합되어 운영되는 경우에 성취된다는 것을 알고 있다. 방화벽, 암호화 장비, 통제된 정보접근차단지점과 같은 정보통신기술의 보안기술

은 매우 중요하나 다른 정보통제기술과 통합되어야 한다. 보안저장소, 기밀로 분류된 문서저장소, 건물이나 구체화된 접근통제 공간, 신분인식카드와 같은 보안대책은 정보보안에 기여하게 된다. 보호된 정보에 접근하는 사람에 대한 신분확인과 같은 개인보안절차는 모든 보안위험관리계획의 필수적인 요소이다.

이와 같이 보안관리는 전문가의 보안위험관리 실무영역의 체계에 기여하고 의사결정권자가 규명된 위협요소를 재원과 위험처리방법에 부합하도록 하는데 도움을 준다. 또한 적극적인 보안활동은 조직에 보안위험관리 문화가 증진될 수 있도록 관리자에게 도움을 준다. 이에 관한 정보수집에는 다양한 템플릿이 활용되나 기본적으로 보안리스크 등록기록부, 위험처리형식, 보안계획개요, 재산선정과 보안계획수립 확인표, 보안과 위험관리에 관한 이행확인서, 폭발물 위협확인서가 조직의 상황에 따라 포함되어야 한다.

2. 시설보안

물리적 보안이라고 하는 전통적인 의미에서의 시설 보안 개념인 총, 경비원, 출입구의 이미지는 오늘날에도 여전히 유효하지만 최근에는 이러한 전통적 이미지는 시설 보안대책에서 작은 부분을 차지하고 있다.

오늘날 시설 보안의 영역은 개인보호, 하드웨어, 재산, 네트워크의 물리적 보호와 의도된 행위나 사고에서의 데이터의 보호를 포함한다. 이러한 행위나 사고에는 절도, 강도, 반달리즘, 테러가 대표적이고 조직이나 개인에게 손실이나 손상의 직접적인 원인이 된다.

미군야전보안교범(US Army Field Security Manual)의 시설보안이란 인명을 보호하기 위하여 디자인된 물리적 조치로써 장비, 설비, 물질 그리고 문서에 허가 없이 접근하는 것을 방지하고 스파이, 사보타지와 절도를 방지하기 위한 보호대책을 의미한다.[2)]

일반적으로 산업보안(Industrial Security)분야에서 보안직무를 크게 보안관리, 시설보안, 정보보안, 인사보안, 정보통신보안분야로 대별하며, 시설보안(physical security)이라고 하면 총체적인 물리적 보안분야를 의미하고, 시설보안은 보안의 가장 전통적인 영역이며 자산보호의 가장 기본적인 형태이다. 아무리 보안환경이 변화하고 첨단기술이 접목된다고 하더라도 인간이 생활하는 공간에 대한 시설보안의 중요성은 결코 간과되어서는 안 된다.

일반적으로 산업보안 선진국인 미국에서의 시설보안은 관리적인 보안업무를 수행하는 보안직능 이외에 순찰이나 입초근무를 수행하는 인력보안 영역까지지도 시설보안업무에 포함시킨다. 따라서 보안조직의 운영비 중에서 시설보안이 차지하는 비중은 절대적이다. 이러한 물리적인 통제를 통하여 경계구역, 사업장, 시설물, 건물을 보호하고 조직에 속하는 모든 물리적인 자산을 보호하는 임무를 수행한다. 물리적 보안은 허가되지 않는 출입, 위험요소, 자산의 파괴를 방지하기 위한 심층적인 시설보안대책을 활용하는 공정을 적용하므로, 필수적으로 손실이나 위험요소로부터 자산, 공장, 시설물, 건물, 사무실과 모든 기업자산을 보호하는 업무를 수행하여야 한다.

다양한 보안위험관리 실무영역과 관련된 업무는 종종 시설보안 이슈와 관련되고, 포괄적 보안계획에는 시설보안의 고려사항을 포함하여야 한다. 시설보안의 보호수단에는 출입통제시스템, 요인보호와 배경조사, 보안요원, 잠재적으로 구성원에게 위협요소를 야기하는 시설안전 이슈와의 통합, 건축물의 안전기준과 CPTED 원리와 관련된 건축과 유지체계, 화재예방과 다양한 사고대응원리와 절차를 포함한 비상대응시스템의 설치를 포함하여야 한다.

물리적 보안 상황의 정립은 보호가 필요한 재산을 표시하기 위한 첫걸음으로 매우 중요하다. 재산표식을 하는 경우에는 내 · 외부 환경에 대한 분석을 포함해야 하며 환경적 요인은 조직의 보안과 운영에 영향을 미치게 된다. 재산표식을 위한 분석과정은 다음의 사항을 고려하여야 한다.

① 지형(자연상태의 장벽과 자연적인 장애물을 포함한다)

② 조명과 주차장, 출입통제설비, 주요 도로 주변을 포함한 시설물의 물리적

2) 최선태, 보안디자인을 활용한 시설보안시스템 구축 방안, 한국경호경비학회, 2011, 제27호, pp.129~159.

특성

③ 현재 시설보안대책

④ 접근용이성

⑤ 인구학적인 실제적 인구 통계

1) 보호장벽과 통제설계

물리적 장벽은 시설보안에서 시각적 효과 이상의 의미가 있는 다양한 요소 중의 하나이다. 대표적인 보호장벽은 위협요소로부터 재산을 보호하는 스크린과 펜스, 볼라드, 문 등이 있다. 보호장벽의 활용방안에는 재산의 경계구역의 지정, 접근통제와 거부, 불법적인 진입의 거부와 감지, 침입지연과 같은 것이 있다.

일반적인 장벽에는 자연적 장벽과 인공적인 구조물 모두가 가능하다. 자연장벽은 초기 재산평가에 따라 유용성을 식별하고 적절한 경우에 있는 그대로를 활용한다. 구조적 장벽은 시설보안기능을 강화할 뿐만 아니라 조직 재산에 대한 침입을 시도하려는 사람에게 심리적 제지효과를 발휘한다.

대체적으로 물리적인 장벽은 보안을 강화하는 동시에 비용이 많이 소요되는 보안요원이나 기술적 보안대책의 필요성을 대체하여야 한다. 또한 장벽은 조명과 CCTV, 보안요원과 같은 추가적인 대책들의 효율성을 증가시키는데 기여하여야 한다.

물리적 장벽의 외관이나 상태는 조직의 필요성에 부합하여야 한다. 가시철선이 달린 담장은 어떤 상황에서는 매우 효과적인 시설보안대책이나, 도심에 위치한 쇼핑몰과 같이 미관이 중요한 곳에서는 매우 부적절하다. 또한 장벽은 위협요소에 대하여 직접적인 제지효과가 발생하여야 한다. 오늘날 시설보안대책을 적용하는 조직에서는 보호가 필요한 재산에 대하여 미적 요소를 고려하는 것이 상식적이므로 차량접근통제를 위한 보안 볼라드와 방탄유리와 담장은 직접적으로 위압적인 노출을 피하기 위하여 시각적으로 디자인된다.

재산에 대한 접근통제는 물리적 보안위험관리계획의 첫 번째 구성요소로서 분류된다. 이때 단순히 접근을 제한하거나 통제하기보다는 접근을 관리하고 조정하는 역할에 중점을 둔다.

또한 원자력 발전소 등 1급 보안시설과 같은 중요시설물에 대한 물리적 접근통제 방법에는 물리적 장벽을 무력화하는 폭풍파(blast wave)[3]나 탄도성 발사체의 파괴력을 고려하여야 하나 모든 규모의 폭풍파에 대하여 보호대책을 수립하기는 불가능하다. 그럼에도 불구하고 폭풍파의 방향과 영향력을 고려하여 어떤 영역을 강화할 것인가를 결정하는 것에 따라 충격파의 영향에 대비하는 것이 가능하다. 예를 들어, 주차장 장벽에서의 충격파의 모양과 방향에 따라 재산에 미치는 영향을 감소시키도록 조정하는 것이 가능하므로 사무실 구역의 보호대책인 강화유리보다 더 쉽게 파괴되어도 의도한 보안기능의 달성에는 문제가 없으므로, 주차장의 장벽은 충격파에 대하여 상대적으로 저항력이 낮게 설계하는 것이 합리적이다.

2) 가시성과 유지가능성

경계구역 펜스와 다른 장벽에 장애물이 없도록 하는 가시도의 확보는 재산에 대한 잠재적인 침입이나 공격을 감지할 수 있게 한다. 보안조명과 빛 증폭기술은 다음과 같은 사항을 보장하도록 한다.

① 경비원에게 관찰하고자 하는 대상물에 대하여 관찰자의 노출 없이 정해진 구역의 활동을 관찰할 수 있도록 하여야 한다.

② 고정 경비초소, 순찰, 담장과 다른 물리적 장벽이나 경보시스템 등 중첩적인 보호대책들과 결합하여 사용한다.

③ 조명은 직접적으로 외부로 향하게 되고 경비원과 CCTV와 같이 다른 보호대책을 방해되지 않도록 한다.

④ 배경에 대비되어 침입자의 전체적인 윤곽이 나타나도록 한다.

---

3) 폭발에 의한 급격한 공기의 흐름을 발생하는 압력파로, 폭약이 대기 중에서 폭발하면 작약통이 파열되면서 가스 물질이 분출되고 주위의 공기를 압축시킨다. 이러한 고압의 가스는 상대적으로 저압인 주변으로 확산되면서 빠른 속도로 전파되어 간다. 이때 가스 압력의 변화로 인한 급한 공기의 흐름을 폭풍파라고 한다.[네이버 지식백과]

⑤ 침입자의 실별을 방해하는 그림자를 제거한다.

보안초소는 기술적으로 경비원의 시야와 제지하고자 하는 요소 모두를 최대화하는 곳에 위치하도록 한다. 자연적인 나뭇잎들은 자연방벽으로서 활용되기도 하나, 반대로 침입자의 은신처가 되거나 경비원이나 CCTV 카메라의 시야를 방해하므로 제거한다.

모든 물리적인 보안대책에 사용되는 장비들은 유지보수와 지속성을 요구한다. 경비원과 경비견은 지속적인 훈련과 음식물, 식수, 휴식처 그리고 자체적인 보호조치가 필요하다. 더불어 카메라, 조명, 다른 전자적인 시스템의 전원은 항상 공급되어야 하고 물리적 방벽은 유지 · 보수되어야 한다.

보안기능을 유지하기 위한 적절한 유지보수와 지속성이 부족한 경우에는 보안대책의 효율성을 저하시킨다. 따라서 여분의 전원의 확보와 격리된 보호장비의 관리는 위험한 환경에서 보안을 유지시키는데 도움이 된다.

3) 복합접근구역의 통제구역

복합접근구역이란 대중들의 접근이나 개인적인 업무나 조직에서 사용하거나 조직과 함께 업무를 수행하는 다중의 사람들에게 접근이 허용된 조직이나 시설물 내부의 공간을 의미한다. 복합접근구역을 가진 조직에는 병원, 보호시설, 카지노, 오락시설, 방송국, 쇼핑몰 등을 포함한다. 이러한 조직에서는 대중들은 사무공간, 고객서비스 공간, 오락시설에는 자유롭게 접근이 가능하지만, 약품보관소, 현금취급 공간, 분장실과 같은 구역은 엄격하게 접근이 통제된다. 따라서 복합접근구역은 이동 동선을 최적화하도록 건축단계부터 적절한 계획수립이 필요하다.

복합접근구역에 대한 통제는 CPTED, 필요한 사람들에게만 접근을 허용하는 절차, 생체인식과 같은 방법을 활용하거나 등급별로 구분되는 보안설계 방법론을 활용한다.

통제구역의 모델에 따른 대부분의 조직에서의 출입통제는 3가지로 분류하는 것이 적합하다.

① 제한구역에 대한 접근은 관리자나 구성원에게만 허용한다.

② 내부인이 동행하여 출입이 허용되는 구역은 에스코드와 같이 통제되는 상황에서 신뢰된 개인이나 방문자에게 허용이 가능하다.

③ 공원이나 공공구역과 같은 상대적으로 통제되지 않는 구역은 다중에게 접근이 허용된다.

병원을 예를 들면, 병원 로비와 대기장소는 방문자 모두의 접근이 가능하고, 응급실은 시설 실무자와 동행하여 출입이 가능하며, 약품보관실과 같은 장소는 엄격하게 통제되어 운영된다.

이러한 모델과 원칙은 조직의 필요에 따라서 합리적으로 조정된다. 병원병상의 경우 방문시간 동안에는 통상적으로 일반인의 출입이 자유롭지만, 특정한 시간에는 실무자가 동행하지 않으면 출입이 제한된다. 출입에 대한 통행의 상태에 대하여 도면에 빨강, 노랑, 노색의 색상으로 표시하여 보안관리자와 실무자가 신속하게 안내가 가능하도록 하고, 보안서비스 제공자, 외주 서비스업체, 경영진에게도 이러한 색상으로 표시된 도면의 활용은 매우 유용하다. 여기에서 어떤 색상이 쓰였는가는 중요하지 않으며 어떻게, 어디서, 왜 출입통제조치가 취해졌는가에 대한 이해를 공유하는 것이 중요하다.

3. 인사보안

인사보안은 2가지 주요한 구성요소가 있다. 첫 번째는 구성원, 가족, 사회, 방문자와 같은 위험으로부터 사람을 보호하는 것이다. 두 번째는 조직의 보호나 위협요인으로부터 다른 사람을 보호하는 것으로 신분확인과 개인보호업무와 같이 사람과의 상호작용에 의해 가장 적절하게 통제되는 것을 포함한다. 여기에는 구성원과 방문자에 대한 주의의무의 개념이 내제되어 있으나 이들이 또한 보안에 대한 위협요소가 된다는 것을 인식하여야 한다.

> ◆ 인사보안의 보안요소는 인간의 보호와 관련된다.
> ◆ 사람이 인사보안의 핵심적인 보안요소이고 동시에 보안의 틈새이다.

주의의무에 관한 관련 규정을 토대로 조직은 대중의 안전과 보안에 적극적으로 기여하여야 한다는 것을 독려하고, 근로자와 계약자의 안전을 유지하는 것이 사업장의 생산성을 유지하고 뛰어난 직원의 고용을 유지하는 핵심부분이다. 여행안전과 거주지 안전 실천은 개인안전 요소임에도 불구하고 물리적인 보안조치와 완전히 다르나 계약자의 참여와 보안훈련이 중요하며 또한 다른 보안위험관리 실무분야와 밀접하게 관계된다는 것을 강조하여야 한다.

개인보안의 개념은 조직의 내·외부 운영상의 보안환경과 비즈니스 연속성의 중심에 사람이 있다는 이해로부터 출발한다. 인사보안은 광의의 용어로 사회정치적 이슈, 인간보호, 채용, 신분확인, 부정행위 통제, 협박이나 강제, 부패와 같은 보안에 관한 이슈에 대한 고려와 포괄적인 보안 프로그램의 부분으로 사람을 관리하는 것을 내포하고 있다. 인사보안의 실무영역에서의 핵심은 조직차원의 대책으로 임직원, 계약업체, 방문객과 일반인과 관련된 보안리스크에 대하여 보호조치가 가능하도록 적용하는 것이다.

보안위험관리의 원칙은 다른 보안위험관리 실무분야와 마찬가지 방법으로 인사보안에 적용된다. 종종 정보보안과 물리적 보안에 대한 처리법은 인사보안의 구성요소를 포함하여 인사보안 이슈와 포괄적인 보안계획에도 적용된다. 인사보안의 중요한 하부그룹에는 다음의 내용이 포함된다.

① 인사보안은 개인을 보호하는 것을 말한다.

② 개인보안은 보안확인, 임직원 배경조사와 지속적인 평가와 같은 임직원과 계약업체의 보안과 관련된 관리업무를 포함한다.

③ 신원보안은 인사보안과 관련된 독특한 특성 때문에 인사보안의 부분집합이다. 신원보안은 부정행위, 생체인식장치, 프라이버시와 같은 이슈를 취급하고 개인적인 재무, 의료기록과 여러 가지 민감정보를 보호하는 업무를 취급

한다.

④ 개인보호활동은 물리적, 절차적, 개념적 활동의 요소를 포함하고 개인들은 자신의 개인적인 보안에 대한 관심을 책임지거나 다룬다. 예를 들어 수행경호, 여행보안, 거주지 보안활동을 포함한다.

⑤ 인적 요인들과 행동은 대부분의 상황에서 보안결과의 주요한 결정요인이다. 효과적인 보안위험관리는 경영진과 임직원의 건전한 판단에 의존하게 된다. 인적 요인들은 조직에서 보안위험관리를 강화하고 결정하는 원동력이다.

1) 인간보안

전통적인 보안은 국가의 관점에서 외부 위협요소에 대하여 국가의 자체적인 방어능력에 관한 것이었다. 전통적 보안(국가안보)[4]은 1648년 베스트팔렌 조약[5] 이래로 민족국가의 부상과 함께 국제적인 안보 우위의 이론이 되었다. 이것은 현실주의에서 자유주의까지 전통적인 보안의 다양한 변형을 포함하는 국제정치이론인 반면에, 이러한 학파가 공유하는 기본적인 성향은 민족국가의 탁월함에 중점을 두었다.[6]

인간보안은 보안의 적절한 대상이 국가보다는 개인이어야 한다는 논쟁에 따라 국가안보에 관한 전통적인 생각에 대한 도전에 따라 글로벌 취약성을 이해하기 위한 새로운 패러다임이다. 인간보안은 인간중심적이고 개발연구, 국제관계, 전략연구, 인권을 포함한 보안에 관한 여러 학문에 걸친 이해를 바탕으로 한다.

UN개발프로그램인 1994년 인간개발보고서에서 인간보안 분야의 획기적인 출판물이 발간되었다. 이 보고서에서 모든 사람들의 '공포로부터 해방(freedom from fear)'과 '결핍으로부터 해방(freedom from want)'을 보장하기 위한 논의를 포함한 글로벌 불안정성의 문제를 다루기 위한 최고의 방법을 제시하였다. 이에 따라 제

4) National Security는 일반적으로 국가보안보다는 국가안보로 번역하기도 한다.

5) 독일 30년 전쟁을 끝마치기 위해 1648년에 체결된 평화조약으로 가톨릭 제국으로서의 신성로마제국을 사실상 붕괴시키고, 주권 국가들의 공동체인 근대 유럽의 정치구조가 나타나는 계기가 되었다.

6) https://en.wikipedia.org/wiki/Human_security.

시된 인간보안의 7대 영역은 ① 경제보안(economic security), ② 식량보안(food security), ③ 보건보안(health security), ④ 환경보안(environmental security), ⑤ 개인보안(personal security), ⑥ 공동체보안(community security), ⑦ 정치보안(political security)이다. 다음의 (표 3-2)는 2가지 관점의 4가지 차이를 비교한 것이다.

(표 3-2) 전통적 안보와 인간 보안의 비교

	전통적 안보	인간보안
관계	전통적인 보안정책은 국가가 모든 책임을 지도록 설계되어 있으며, 다른 관심사도 국가보안에 종속되었다. 전통적인 안보개념은 국가의 국경선과 국민, 기관과 가치 있는 것을 보호하는 것이다.	인간보안은 인간중심적이고 핵심은 개인을 보호하는 것으로 이동하였다. 중요한 관점은 개인의 평온을 수반하고 보통 사람들의 위협요소를 다루는 필요에 부응하는 것이다.
범위	전통적인 안보는 외부침입으로부터 국가를 보호하는 것이다. Walter Lippmann은 국가안보는 외부공격으로부터 방어와 제지할 수 있는 국가역량이라고 하였다. 외부위협요소로부터 국토를 보호하거나 국가의 온전함을 유지하도록 억제 전략을 활용한다.	외부적인 침략으로부터 국가를 보호하는 것과 더불어 인간보안은 환경오염, 전염병, 경제적인 결핍을 포함하여 광범위한 위협요소로 보호범위가 확장된다.
행위자	전통적인 안보에선 국가가 단독 행위자이다. 의사결정의 힘은 정보에 집중된다. 전통적인 안보는 주권국가로 무질서한 국제환경에서 운영되고 어느 국가도 국제적인 수행기준을 강제하지 못한다.	인간보안의 실현은 정부뿐만 아니라 광범위한 다른 행위자가 참여하는데, 예를 들어, 국제기구, 비정부조직과 지역 공동체 등이 있다.
수단	전통적인 안보는 국력을 구축하고 군사력에 의존한다. 가장 상식적인 형태는 군비확충 경쟁, 동맹, 전략적 국경선 등이 있다.	인간보안은 보호뿐만 아니라 국민과 사회에 보안의 수단으로서 권한을 부여한다. 국민은 불안정성에 대하여 규명하고 해결책을 시행하는데 기여한다.

인간보안은 다음과 같이 정의된다. 인간보안은 전통적 보안에 비교하여 상대적으로 새로운 개념이며, 내전, 집단학살, 인구이동과 상호 밀접하게 관계된 위협요소의 복잡성을 설명하는데 오늘날 널리 사용된다. 국가안보와 인간보안의 차이의 구분은 중요하다. 국가안보가 외부 공격으로부터 국가의 방어하는데 중점인 반면에, 인간보안은 정치적 폭력의 다양한 형태로부터 개인과 공동체를 보호하는 것이다.[7)]

2) 개인보안

인사보안의 구성요소로서 일반적인 개인보안의 정의는 단지 권한 있는 사람만이 중요정보나 대외비에 접근하거나 정보를 습득할 수 있도록 하는 절차이다. 효과적인 개인보안관리는 보안등급의 객체, 경영진, 채용 지역, 직장동료를 포함한 모든 조직의 구성원에게 책임의 연속성을 부여한다. 이러한 보안등급의 부여가 개인보안관리전략의 전부가 아니다. 더불어 보안인식과 건전한 보안관리기준이 조직의 업무과정과 경영철학의 핵심적인 부분이 되어야 한다. 지사나 대리점은 보안등급이 부여된 사람과 그들의 관리자가 자신의 통제 하에 재원의 보호에 관한 관리가 자신의 일상의 책임이라는 것을 이해 · 수용하도록 해야 한다.

어떤 사람이 신뢰하는 자리에 지명되는 경우에 조직은 초기 지명자가 중요정보를 다루기에 충분한 자격이 있는지를 충분히 보증하는 확인조치를 하여야 한다. 항상 개인적인 상황의 변화가 발생하기 때문에 자기 스스로 한 신원확인증명은 청렴성과 신뢰성을 보증하지 않는다. 신분확인은 신원조사가 마무리되어야 유효하므로 계속적인 검증이나 후속 프로그램은 신원확인 공정이 유용하도록 보장하여야 한다. 이 과정에서 임직원의 신뢰도에 영향을 미치는 모든 새로운 정보와 고려사항은 반드시 적절한 지휘계통을 통하여 신속히 보고되어야 한다.

조직은 신원확인과 배경조사를 포함한 인사보안의 환경에 대하여 민감하게 반응해야 한다. 조직은 편견이 없고, 창의적이며, 탐구적인 인재를 채용하고자 노력

7) Human security Center(2005), '*The Human Security Report 2005*,' Oxford University Press.

하나 엄격한 계층적 경영체계를 혐오하거나, 허황된 성격을 본능적으로 과시하는 범죄심리를 가진 사람들을 신원확인 공정에서 배제하지 못하는 경우가 발생하기도 한다.

이러한 취약점은 중요 직책에 적합하지 않는 사람을 채용하게 되면 잠재적으로 조직의 효율성에 대한 위험이 부적합한 직원을 채용한 위험보다 더 크게 되므로 조직역량을 반감시키게 된다.

더불어 조직은 신원확인 과정에 소요되는 비용에 대하여 고려하여 신뢰성이 요구되는 직위를 확정하고 향상된 업무처리 규범을 정립하여 해당 조직의 보안 요구사항에 부합하는 사람을 선발하여야 한다.

(1) 고용 확인

지원자가 정규직위에 지원하는 경우에 재산의 중요도에 의해서 확인유형이 정해지는데 확인자는 정해진 확인항목에 접근이 가능하나 다음의 항목을 최소한 포함하여야 한다.

① 선발 인물 판단의 기준

② 자격조건을 포함한 이력서의 정확성과 완성도

더불어 지원자가 선발되었으나 아직 정식적으로 채용되지 않는 상태에서 다음의 추가적인 확인이 수행되어야 한다.

① 추천인이나 신원보증인을 통한 신원과 성격의 확인

② 관계기관을 통한 범죄이력의 확인

임시직의 경우도 정규직과 유사하게 확인한다. 임시직 직원이 지점을 통하여 추천되었을 경우에는 지점은 신원확인에 대한 구체적인 책임을 명확하게 하여 계약하고 만약 신원확인과정이 완전하지 않거나 우려할 만한 이유가 있으면 이에 관한 통보절차가 추가되어야 한다.

(2) 지속적 평가와 동료의 도움

공공안전이나 위험성 높은 국가안보와 같은 분야에서 스트레스가 높은 업무를 하는 실무자에 대한 주기적인 심리적 평가는 의무적이다. 우주비행사, 정보 분석가, 군인, 항공기장, 의사, 열차운전자는 집중적인 훈련이나 계속된 책임감을 가져야하므로 당사자의 정신적인 문제는 자신과 가족에게 많은 피해를 발생하게 한다. 앞에서 언급하였듯이 시간의 흐름에 따른 인간의 환경과 행동의 변화에 대한 계속적인 평가는 그들의 심리적 평온이나 직장에서의 업무수행력에 영향을 미치게 하므로 이혼이나 가족과의 사별, 우울증 같은 이슈에 대응할 수 있도록 사전에 이러한 신호를 감지하여야 한다.

주기적인 심리적 평가와 자문역할은 보안문제가 발생하기 전에 잠재된 문제를 감지·해결하게 한다. 또한 직장 동료들의 도움과 정신건강에 관한 응급조치 훈련이 임직원에게 제공된다. 이것이 당사자의 업무를 방해하지 않는 한도에서 사업장의 모니터링과 지원을 제공하는 것이 가장 바람직하고 조직에게 비용효율적인 방법이며, 정서적인 가정문제가 사업장과 보안문제로 전이되기 전에 예방하는 데 도움이 된다.

(3) 개인보안통제

임직원, 지원봉사자, 방문객, 협력업체와 관련된 유지관리, 출입통제, 기록유지, 경영상의 조치들은 통제절차에서 강력한 체계를 요구한다. 기록유지와 문서화에는 다음과 같은 내용이 포함하게 된다.

① 열쇠와 암호, 조합번호, 배지, 시스템 비밀번호와 같이 보안과 관련된 항목의 복구와 이슈

② 컴퓨터 하드웨어(노트북, 소프트웨어, 특별장비 등)의 문제나 대출과 같은 모든 정보시스템 재산의 사용과 보관

새로운 책임과 업무에는 개인보안의 개정이 필요하고 출입수준은 다음과 같은 조치들을 촉발한다.

① 만약 개인이 더 민감한 자료나 변경된 출입권한이 필요한 경우에는 적절한 신원검증절차가 완료된 후에 경영진의 검토와 허용여부에 대한 결정을 획득한 다음 가능하다.

② 반대로 특정 임직원이 더 낮은 등급의 접근권한이 부여되는 경우에는 조직은 당사자에게 새로운 접근권한에 대한 내용을 통보하고 이러한 변화된 내용을 개인의 업무기록부에 기록한다.

고용관계가 종료되거나 다른 사업장으로 전출되는 경우나 임직원의 직무가 변경되는 경우나, 직원이 더 이상 조직의 데이터에 접근할 필요성을 상실한 경우에는 조직은 다음과 같은 조치를 취해야 한다.

① 시스템과 데이터센터, 보안구역에 접근이 가능한 사용자 신분인식카드(ID)나 비밀번호와 접근권한을 즉시 해지한다.

② 열쇠와 배지와 같은 출입통제권한에 관한 물건을 포함한 중요자료를 회수한다.

③ 직원에게 발행되거나 제공된 모든 하드웨어, 소프트웨어, 문서를 회수한다.

조직은 모든 보안틈새와 프라이버시에 관하여 교정과 제재절차를 통하여 적절하게 다루어야 한다. 또한 조직의 중요정보를 취급하는 임직원의 보안과 태도와 관련하여 직원의 업무수행에 관하여 출입업무와 같이 검사한다.

계약직원과 외주 서비스의 경우에는 조직의 보안과 정보의 프라이버시에 관한 정책과 절차에 의거하여 접근권한에 관하여 규정한다. 해당 계약직원과 외주 서비스의 경우에도 조직의 실정에 맞게 구성된 기밀유지서약서와 프라이버시 동의서에 자필로 기록하고 서명하도록 한다. 지원봉사자, 학생, 임직원, 전문요원도 조직정보의 프라이버시와 보안과 관련된 정책과 절차의 통제에 따라야 한다.

3) 신변보호

(1) 보안의식과 훈련

조직은 조직 자료의 보안과 프라이버시를 보장하기 위한 정책과 절차에 관해서 임직원, 전문요원, 계약직원과 관계자 모두에게 지침과 훈련을 제공하여야 한다. 지침과 훈련 프로그램에는 보안과 프라이버시에 관한 정책, 보안절차, 직원의 책임, 보안과 프라이버시의 위반에 대한 보고와 징계절차가 포함된다.

보안의식이나 보안교육 프로그램에 참가확인서는 개인의 인사파일에 첨부하여 보관한다. 보안인식과 훈련 프로그램은 분기 혹은 월간으로 주기적으로 실시하여 새로운 정책이나 절차에 관한 정보를 제공하고 보안에 관한 개인의 책임을 인식하게 하도록 한다. 이러한 과정이 적절하게 진행되면 훈련과정에 역량중심평가가 포함되어야 한다.

(2) 여행안전

불확실하거나 불안정적인 지정학적 환경에서 재원에 대한 접근이나 보안과 더불어 방위산업이나 재건산업, 구호지원 사업과 같은 특정 산업분야와 관련된 여행자에게 위험을 증가시킨다. 국제적인 운송수단, 화물, 정부조직은 통상적으로 여행안전의 위험에서 지역적 불안정성을 포함한다. 모든 경우에 해외로 여행하는 조직구성원을 보호하는 업무는 포괄적 보안위험관리공정의 중요한 부분이다.

특히, 조직의 업무로 해외로 여행하는 직원들에 대한 여행기간 동안에 직원안전에 대한 주의의무는 확대되어야 한다. 조직의 주의의무는 직원의 가족과 계약업체, 방문자, 위임자를 포함하고 실제적으로 여행에 대한 결정과 여행 중의 이들의 활동에 대하여 조직은 강력한 영향력을 미치게 된다.

어떤 사람이 여행하는지에 따라 국가마다 다양하나 외국에서의 위험의 범주는 일반적으로 산업스파이, 테러리즘, 지역과 국가 간 범죄, 전쟁과 납치, 건강문제, 날씨, 심리적인 불안감을 고조시키는 환경과 사람을 포함한다.

목적지에 도착하기 전에 자가 인식(self awareness)과 보호에 관한 훈련은 특정 지역이나 국가를 여행하려는 사람들이 참여하여 여행자의 안전에 위협을 주는 주요한 위협요소에 대하여 명확하게 인식한다. 더 향상된 여행안전에 대한 실천에는 다음과 같은 내용을 포함한다.

① 최고경영진에 의한 여행안전 프로그램의 승인
② 여행안전을 책임지는 관리자를 지명
③ 여행안전정책을 정기적으로 갱신, 개발, 전달
④ 공식화된 전략적 구매와 공급자 계약관리 프로그램의 실행

많은 조직은 자기 조직원의 해외출장 시 안전보장을 돕기 위하여 전문가의 조언이나 외교관계에 의존한다. 그러나 많은 현지 대리점들이 출장의 안전을 지원하려는 의지를 가지고 있으나 이미 대리점의 업무가 너무 과중하여 비상사태의 발생에 대비한 적절한 지원 수준을 갖추지 못한다. 그러므로 개인과 조직은 해외의 임직원의 안전에 대한 고려와 제공을 보장하기 위한 지침을 활용하여야 한다. 다음은 보안위험관리체계에서 임직원의 해외여행에 구성원의 안전을 보장하기 위하여 조직에 권고하는 단계별 내용이다.

① 1단계: 여행지의 위협요소의 유형을 결정하고 정기적으로 모니터링 한다.
② 2단계: 우발상황에 대한 대응계획을 미리 개발하고 대응대책을 준비한다.
③ 3단계: 현지 대사관과 영사관에 등록하는 것을 포함한 여행정책을 의무적으로 통지한다.
④ 4단계: 여행에 관한 모든 상세정보를 집중적으로 수집한다.
⑤ 5단계: 지식재산이나 기밀자료의 손상에 대비한다.
⑥ 6단계: 당사자에게 해외 목적지의 중요인식에 대한 요약정보를 제공한다.
⑦ 7단계: 건강검진, 예방접종, 여행자/건강보험에 의무적으로 가입한다.
⑧ 8단계: 여행자 이동경로에 대한 추적시스템을 시행한다.
⑨ 9단계: 방문지역 관련 정보를 여행자의 방문 전 기간 동안 계속적으로 갱신하여 제공한다.
⑩ 10단계: 해당 프로그램의 효율성을 강화하기 위하여 여행 이후에 당사자의 보고를 받는다.

4) 신원확인

대규모 조직에서 직접적으로 고용되었거나 계약에 의해서 고용된 모두의 신원을 개인별로 보증하는 것은 어려우므로 권한이 부여된 신분증이나 컴퓨터 출입코드를 발행하게 된다. 소지자의 출입수준에 따라 조직에 의해서 발생된 출입카드나 코드는 소지자의 임무와 책임의 수준에 부합하여야 한다. 출입카드와 배지는 물리적인 훼손에 대하여 내구성이 있고 최소한 다음과 같은 사항을 포함하여야 한다.

① 소지자의 이름
② 전면 얼굴 사진
③ 발행권자의 서명
④ 유효기간과 종료날짜
⑤ 배지나 카드의 통제 일련번호
⑥ 카드를 분실한 경우 어떻게 발행자에게 돌려보낼 것인가에 대한 정보
⑦ 카드나 배지는 주어진 보호구역과 관련되어 확실히 구분되고 선명하여야 하며, 카드 소지자의 주어진 출입권한의 유형(에스코트의 필요, 출입제안이 없음 등)을 시각적으로 보여주어야 한다.

신분배지에 개인정보를 포함하거나 조직이나 시설물의 주소지의 삽입여부에 상관없이 신분배지의 내용은 위험수준을 토대로 하여 결정하므로 서로 다른 조직은 개별적인 환경에 따라 포함되는 내용이 달라진다. 표준화된 운영절차는 신분인식카드나 출입배지의 정기적인 검토와 갱신하는 절차를 수립하여야 한다. 이러한 공정에는 다음의 내용이 포함된다.

① 계속적인 검증 방법
② 필요할 경우 신분증 회수에 관한 체계
③ 위협요소와 위험평가에 의해 지원되는 경우 대체
④ 손상되는 경우의 대체 방법
⑤ 분실되는 경우에 대체와 보고절차
⑥ 기간이 만료되는 카드 복구
⑦ 출입자의 고용이 종료되는 경우의 카드의 회수나 직원이 다른 장소로 전출될 경우의 출입권한의 변경
⑧ 얼굴의 두드러진 변화

일반적인 원칙으로 개인별로 하나의 개인신분카드나 출입배지가 발급되고 발급내용을 기록하여 보관하여야 하며 적절한 확인을 위한 내부감사가 정립되어야 한다. 조직은 오·남용을 방지하기 위하여 사용되지 않는 빈 신분인식카드와 출

입배지를 보관 · 통제하여야 하며 발행과 회수에 관하여 기록 · 보관하고 안전한 금고나 보관 장소에 저장하며, 정기적으로 재고조사와 감사확인을 실시한다.

신원보안에서 신원관리는 광의의 관리영역으로 국가, 네트워크, 기업과 같은 시스템에서 개인의 신원확인을 다루고 그들의 사용자권리와 제휴된 시스템 내부의 재원에 대한 접근을 통제하고 확립된 신원을 근거로 통제한다.

신원검증은 이러한 업무의 핵심이며 개인의 신원을 정확하게 검증하는데 실패하는 경우에는 신분카드나 출입카드의 추가적인 발행이나 차후의 신원에 의한 신원사기범죄로 연결된다.

5) 인적 요인의 중요성

대부분의 조직에서는 조직재산을 보호하는데 물리적, 기술적 해결책에 의존한다. 피상적으로 방화벽, 경보장치, 출입통제, 폭발경감시스템의 설치가 그들의 보안리스크를 잘 처리하므로 그들의 보안틈새는 영향을 받지 않는다고 믿는다. 비록 이러한 요소들이 모든 보안계획수립의 필수적인 부분이지만 치명적으로 과소평가된 요소는 보안에서의 인적 요인과 인적 요인의 영향력을 관리하는 것이다.

인간은 모든 조직, 네트워크, 시스템의 기초이며, 보안위험관리 프로그램의 성패는 인간의 의도, 설계, 적용, 관리, 사용에 대부분 의존하며, 모든 공정과 기술을 운영하고 적용하는 주체의 중심으로서 작용한다.[8)]

보안리스크 해결책과 상호작용하는 인간의 태도가 성패의 핵심적인 결정요소이다. 보안에 대한 임직원과 이해관계자의 태도는 일상에서의 보안투자의 제공, 보안정책의 준수, 현재의 통제기법의 적용을 어떻게 하는가에 따라 영향을 미치게 된다. 인적 요인은 자신의 환경과 인간과의 상호작용에 대한 이해와 관리에 대하여 시스템 중심의 접근방법을 취한다. 인적 요인을 재난과 사고를 포함하여 단순하게 개인의 책임이나 불행으로 돌리기보다는 근원적인 원인으로서 인적 요인을 살펴보아야 한다.

---

8) Orshesky, C(2003), *Beyond technology-the human factor in business systems,* Journal of Business Strategy 24(4), p.43.

인적 요인이란 인간 상호간, 인간의 환경과 기술의 상호작용에 관한 연구이다. 특히, 인적 요인은 감각적 자극들에 대한 인간의 반응과 선호정도를 포함하여, 인간이 어떻게 특정한 환경, 활동, 시스템과의 관계에서 신체적·심리적으로 상호작용하는 가에 대한 것이다. 인간이 시스템에 대한 의존성과 복잡성이 증가할수록 이를 이용하고 관리하는 인간의 감정과 상황에 따른 반응정도에 대한 고려가 중요하며, 밀집된 도시의 통제된 공간에서의 인간심리의 왜곡현상에 대한 심도 있는 지속적인 연구가 필요하다.

사고가 발생한 다음의 보안부서의 조사활동에서는 가해자가 공격을 시행하도록 한 통상적인 요인의 범위를 공격의 성공여부에 상관없이 의무적으로 규명한다. 보안조사원들도 과거에는 보안사고의 원인으로서 인적 요인을 무시하거나 과소평가하는 경향이 있었다. 이러한 관행은 보안실패의 근원적인 핵심요인을 간과하는 분석결과를 내놓았다. 조사원은 인간의 동기가 독립적으로 작동하며 단순하게 또 하나의 위협요소로서의 공격자로 치부하려고 하나, 실제적으로 이러한 경우는 희귀하다. 비록 대부분의 조직에서 공격자의 행동에 대한 영향력평가의 한계가 존재하지만 조직에 영향을 미치는 인간의 상호작용의 요인이 없다는 믿음은 순진한 생각이다. 신도시나 중요시설에 적용되고 있는 범죄예방디자인(CPTED)은 범죄자의 의도는 범행에 선행하기 때문에 환경의 영향에 따라서 범죄자의 행동을 단념시킨다는 가정에서의 포괄적인 접근방법의 하나의 사례이다.

조직에서 더 중요한 것은 보안시스템과 임직원의 상호작용에 대한 이해가 조직통제의 대부분을 차지한다. 대부분의 보안틈새는 임직원, 방문자나 내부인의 의도적이든 부주의에 의하든 간에 이들의 행동에 의해 발생한 취약성의 결과이다. 인간의 행동이나 행동하지 않음은 재난이나 보안사고의 직접적인 원인으로 직접적인 실패원인(active error or failure)이다. 전통적으로 에러에 관해선 사고 이전에 개인에 의해서 저질러진 마지막 행동이라고 표현되었다. Reason은 다음과 같이 에러에 잠재적으로 몇 가지 의미가 있다고 하였다.

① 실패 자체로서의 에러는 의사결정의 에러이다.

② 실패의 원인으로서 에러는 사건이 인간에러에 기인하여 발생한다.

③ 공정으로서의 에러는 몇 가지 기준에서 이탈하는 것(예외적, 통상적, 의도적, 무의식적)을 말한다.[9)]

'직접적(active)', '잠재적(latent)'이란 Reason이 인간의 실수(errors)의 작용에 따라 적용한 용어이다. 일상에서 버튼을 잘못 누른다거나 경보신호를 무시하는 경우에 실수가 발생하는데 대부분의 경우에 직접적으로 현장의 당사자에 의해서 발생하는 직접적 실수는 인간과 대규모 시스템의 일부분과의 접촉지점, 즉 인간과 기계와의 상호작용에서 발생한다.

잠재적 실수는 조직이나 설계실패의 명확성이 직접적 실수보다 낮으나 작업자의 실수발생과 피해원인을 제공하는 경우에 해당한다.[10)]

직접적 실패는 종종 가장 문제가 많은 곳(sharp end)의 실수라 한다. 다시 말하면 가장 문제가 많은 곳에서의 실수는 작업자의 행동의 결과이므로 가장 먼저 발견되는 반면에, 간접적 실수는 직접적인 업무에서 떨어져 있으므로 쉽게 발견되지 않는다. 실수는 다음과 같은 2가지 원인으로 대별된다.

① Active Failure(직접 원인)는 과실을 범하는데 있어서 과실의 직접적인 원인을 말한다.

② Latent condition(간접 원인)은 직접 원인이 발생하는데 있어서의 부가적인 요소들을 말한다.

보안상황에서 광범위한 행동의 범주에 포함되는 에러는 보안틈새로 연결된다. 여기에는 보안구역에서 뒤따라오는 사람에게 출입을 허용하는 것, 컴퓨터 옆에 비밀번호를 써놓고 자리를 비우는 행동, 방화문을 개방함으로써 발생하는 질식사고 등 모두가 에러의 유형이다. 유사하게 보안정책의 갱신이나 핵심적인 보안기능 제공의 실패와 같은 잠재적 실패에 대한 에러도 포함된다. 이러한 모든 것들이 인사보안의 요소를 구성하고 종합적인 보안관리시스템의 모든 영역에 직·간접적으로 영향을 미친다.

---

9) Reason, J(1990), *Human Error*, New York, NY: Cambridge University Press.

10) Reason, J(2000), *Human Error: Models and Management*, BMJ, 320:768~770.

몇 가지 인간의 에러분류과정에서 가장 적합한 응용 프로그램은 그들이 활용하는 상황뿐만 아니라 조직의 특정 장소에 사용하는 시스템에 좌우된다. 이러한 평가도구에는 확률론적 위험평가, 인간의 신뢰성평가, 임무유형분석을 포함한다. 더불어 유용한 응용 프로그램은 독립된 행동과 정보처리 2가지 광의의 범주 안에서 에러로 간주한다. 독립된 행동 분류는 구체적인 행동이나 행동 세트는 원치 않는 결과를 만든다는 전제를 토대로 한다. 이러한 분류는 다음과 같은 에러의 유형을 고려한다.

① 누락에러(omission error)는 누군가가 업무수행 요소에서 특정한 행동을 착수하는 것을 실패할 때 발생한다.

② 행위에러(commission error)는 누군가가 업무수행에서 불필요하거나 금지된 행동을 하여 부정확한 결과가 나올 때 발생한다.

③ 순서에러(sequence error)는 작업 수행 과정에서 순서를 착각하거나 생략하여 순서를 바꾸어 실행한 에러이다.

④ 시간에러(timing error)는 작업 수행을 정해진 시간 내에 완수하지 못한 경우에 발생하는데 너무 빠르거나 너무 느린 경우가 해당한다.

⑤ 불필요한 수행오류(extraneous error)는 작업 수행 과정에서 필요하지 않은 행동을 수행하는 에러로 자동차 운전 중 스마트폰 사용으로 접촉사고를 유발하는 경우가 이에 해당한다.

이러한 에러의 분류는 제한된 작업에 적합하며, 보안업무에서도 인간에러의 분류가 적용된다. 정보보안시대의 이러한 이슈에 대하여 본격적으로 다루기 위하여 연구된 논문에서 Wood와 Bank는 인간에러의 유형을 다음과 같이 분류하였다.[11)]

① 항해에러는 컴퓨터시스템의 명령어를 사용하여 인터넷 · 웹사이트를 돌아다니는 사용자는 애매모호한 상황에 빠지게 된다.

② 데이터 입력에러는 기본적인 입력어의 누락이나 명령에러를 말한다.

③ 운동동작에러는 정확한 운동근력의 조화가 요구되는 상황에서 정확하지 않는 행동으로 사용자가 성공적으로 업무를 수행하지 못하는 경우이다.

---

11) Wood, C and Banks, W(1993), *Human error: An overlooked but significant information security problem, Computer & Security*, 12(1), pp.51~60.

미국 국방부의 해군항공분야의 연구에서는 인적 요인분석과 분류체계(HFACS: Human Factors Analysis and Classification System)를 만들어 낸 Reason의 연구 실적을 채택했다.[12] HFACS에서 사고의 80~90%는 인간에러가 요인이고 다른 주장에선 50~60%에 달한다고 제시하였다. 비록 보안위험관리분야에서 인간에러 분석에 관한 실증적 데이터와 연구가 제한되어 있지만, 사고조사의 결과와 일화적 증거(anecdotal evidence)[13]는 많은 보안사고의 근본원인을 인간의 에러라고 제시한다. HFACS의 분류에서 인간의 에러를 ⓐ 행동(에러, 위반), ⓑ 선행조건(환경적 요인, 개인적 조건, 개인적 요인), ⓒ 감독(부적절한 감독, 잘못 계획된 운영, 알려진 문제의 수정의 실패), ⓓ 조직의 영향(재원/획득관리, 조직분위기, 조직공정)과 같이 4가지 유형으로 분류한다. 이 모델은 보안취약성분석에 많은 장점을 제공하고 통제의 계층과 스위스치즈 이론분야에서 연구된 심층보안의 개념을 보강하여 준다.

비록 스위스치즈 모델이 치즈조각과 각 치즈조각의 구멍의 장소가 독립적이지만 이것이 문제를 발생하게 할 수도 있다는 인상을 준다.

HFACS와 같은 Reason의 연구와 체계는 다른 분야의 사고원인에 상호의존적인 모습에 대한 통찰력을 제공함과 동시에 취약성과 사고의 근본원인을 완화시키는 보안전략의 형태를 고려하게 한다. 이러한 상호간에 뒷받침되는 개념과 인간요인에 관한 스위스치즈 이론의 연계성의 방화시도에 관한 사례를 들어 진행과정을 살펴보면 다음과 같다.

ⓐ 방화시도(방화범이 불을 지르기 위해 보안이 취약한 뒷문으로 침입한다) ⓑ 조직의 영향(상급관리자의 잘못된 선정절차) ⓒ 부적절한 감독(보안절차에서 잘못된 훈련) ⓓ 사전조건(더운 날씨와 과부화로 작동된 에어컨) ⓔ 부적절한 행동(환기를 위해 뒷문을 개방) ⓕ 화재발생의 순서로 진행된다.

HFACS 분류를 보안위험관리 환경에 적용하면, 실수는 침입자보다는 침입자가 침투하는 장소의 보호통제절차의 인적 요인에 기인한다. 예를 들어, 건물의 뒷문

---

12) Department of defense(2005), *Human factors analysis classification system(HFACS)*, Washington, D.C.
13) 질적 분석의 취약점을 보완하기 위한 개인 자신의 경험에 대한 직접적인 내용이나 타인의 경험에 대한 내용으로 과학적 신뢰도는 제한적이다.

이 개방된 상태로 방치되고 방화자나 절도자가 이러한 상황을 이용한다면 이들은 건물내부로 들어와서 피해를 발생하게 할 것이므로, 인과적 연결고리(causal chain)는 더운 날씨에 환기를 위하여 뒷문을 개방하기로 결정하는 시점에서 출발한다. 그러나 이 시나리오에서 실제적인 근본원인은 부적절한 채용과 선발절차까지 거슬러 올라갈 수 있다. 최소한 침입자의 입장에서 볼 때 침입자의 행동은 의도한 바를 달성하였기 때문에 인간의 실수라고 할 수는 없다. 침입자의 인적 요인의 중요한 범주는 행동에 선행하므로 가난, 배우지 못함, 실업과 같은 것이 있을 수 있으나, 이러한 근본원인은 사회활동과 더 관련성이 높으므로 일반적으로 보안전문가의 영역을 벗어나게 된다.

표면적으로는 인적 요인을 다루는 것은 사소한 것처럼 보이나 보안분야에서 가장 복잡한 업무 중의 하나이며 모든 보안관리시스템의 성패에 직접적인 영향을 미치게 된다. 그러므로 주어진 조직과 환경에서 잠재된 인적요인에 대한 통찰없이는 보안전문가로서 역할을 수행하는데 제한적이거나 한계가 분명하다.

비록 우리가 오랜 시간동안 인적 요인의 중요성에 대하여 알아왔으나 기술이 완벽하게 인간을 대신하는 것은 아직은 미흡하고, 단지 기술만으로는 실제적인 안전한 기반을 제공하기 어렵고 오히려 우리의 비즈니스와 서비스 취약성을 악화시킬 것이라는 것을 수많은 연구와 경험적 결과물이 보여주고 있다.

궁극적으로 인간은 직접적으로 보안을 감독, 기안, 시행, 통제하나 인간으로 인하여 문제가 발생한다. 그러므로 우리는 우리의 조직에 적합한 보안문화를 정착시키는 것을 목표로 보안프로그램을 구현하여야 하며, 여기에 부합하는 모든 구성원 개개인의 의식이 보안문화의 시작이며 끝이다.

6) 인사관리와 보안절차

개인보안이슈에 대한 신중하고 체계적인 보안관리는 조직의 안정성과 경쟁력의 토대를 제공하고 위험수준을 경감시킴으로써 임직원의 장기간의 재직기간을 보장하게 한다. 조직의 복잡성과 규모에 상관없이 모든 비즈니스와 공공기관은 다음과 같은 과정을 시행함으로써 조직안정성을 얻게 된다.

① 직원의 복무규정에 조직정보와 정보시스템에 대한 접근에 대한 적절한 등급을 부여규정을 정한다. 복무규정에서 지정된 등급은 필요한 사람만이 알도록 결정하고 구성원은 이 등급에 따라 자신의 직무를 수행할 수 있도록 한다.

② 채용 후보자는 조직의 정보원칙에 대한 지식을 검증받아야 하고 조직정보 이슈, 기밀성과 보안에 유지에 관한 적절한 업무수행능력을 증명하도록 한다. 후보자 추천서의 확인과 비밀취급인가에 대한 직위의 적절성에 대하여 확인하고 이에 부합하는 책임을 부과한다.

③ 조직은 윤리규정과 이행에 관하여 개인에게 주지시키고 준수하도록 한다.

④ 고용상황에 따라 개별적 임직원은 기밀서약서와 프라이버스 동의서를 확인하고 조직의 보안과 프라이버스 정책과 정책위반의 결정에 동의한다는 의미로 자필로 날짜를 기입하고 서명하여야 한다.

신입직원이 업무를 시작하기 전에 조직은 공식적으로 직원에게 다음과 같은 내용의 이행을 권고하여야 한다.

① 조직에게 승인된 보안접근 등급의 준수

② 조직의 자료의 보안과 프라이버스에 관한 직원의 책임

③ 부적절한 등급의 보안자료를 받거나 보았을 경우에 어떻게 처리해야 하는지에 대한 처리지침

이와 같은 개인보안에 관한 핵심내용의 요약은 다음과 같다.

① 대부분의 보안위험관리 사고에 대한 인적 요소분석의 결과는 인간실수의 결과임을 보여준다. 조직에서 인간에 관한 보안위험관리규정의 시행은 위험에 대한 보호수준을 제공하고 조직의 역량을 강화하여 능력 있는 직원을 보유하도록 한다.

② 보안 프로세스의 동일성은 출입통제체계와 더불어 보안위험관리자에게 인간과 시설, 정보재산을 보호하기 위함이다. 신원확인 프로그램은 다른 정보호안체계와 조화를 이루어야 하고 물리적 보안조치는 중요정보의 구획화를

보장하고 임직원의 신원확인을 적절히 진행하는데 활용된다.

③ 임직원의 출장이나 해외 근무자가 직면한 위험의 철저한 검사는 모든 조직의 인사보안의 중요부분이다. 여행보안 절차는 확실한 보장수단을 가진 조직에게 임직원에 대한 주의의무 책임에 부합하도록 한다.

4. 정보통신기술보안

정보시스템에 대한 보안과 정보시스템의 관리에 대한 정보는 지식기반경제로 이동함으로써 더욱 중요하게 되었다. 이메일, 데이터보관시스템, 검색엔진, 서버와 같이 정보를 관리하고 배분하는 정보시스템은 모두 침투, 고장, 인간실수에 취약하다. 이러한 위협요인에 대하여 개별조직과 국가 전체 모두에 중요성이 계속적으로 증가하고 있으므로 ICT 시스템은 적절한 보안위험관리가 필요하다.

ICT 보안위험관리 절차는 기술발전에 의해 계속적으로 변화하고 있다. 또한 ICT 시스템의 중요성은 계속적으로 증가하고 일상에서나 비즈니스 대부분의 영역에서 매우 다양한 역할을 수행하므로, ICT 보안에 대한 위협요소는 잠재적으로 매우 심각해지고 있다. 특히, 해커, 온라인 훼손, 불만이 많은 직원, 그리고 인간의 실수는 모두 보안위험관리자가 당면한 문제이다.

'정보통신기술보안'이란 정보의 집합, 시설기술과 보안관리를 의미한다. 예를 들어, 모바일기기의 디지털암호, 회로설계의 물리적 통합은 위험평가를 토대로 한 암호알고리즘의 개념개발에 의해 주도된다.

1) ICT 중요성과 시스템보호

대부분의 통합된 정보통신기술시스템은 현대조직의 필수불가결한 주요한 재산이므로 필수적으로 시스템의 기능을 원활하게 유지하기 위해 보호대책이 필요하고 여기에는 업무수행절차, 데이터와 정보, 소프트웨어, 하드웨어, 네트워킹 장비가 포함된다. 이 경우의 ICT 시스템의 핵심기능인 업무수행가능성은 ICT 시스템의 업무처리역량을 의미하며 비즈니스 연속성 유지에 필수적이다.

오늘날 ICT 시스템의 보호는 거대산업으로 성장하고 있다. ICT 시스템을 보호하기 위한 기술적대책의 필요성은 조직의 모든 분야에 포함되므로 보안위험관리 체계의 범위를 벗어난다. 그러나 기술의 발전 속도, 위협요소, 보안솔루션의 진화에도 불구하고 심층보안에 제공되는 기본요소와 안정된 보안위험관리는 서로 관련되어 있고 지속적인 가치가 있다.

안정된 기술적 대책과 보안솔루션은 조직의 ICT 시스템을 보호하는데 필요하나 이것으로 충분하지는 않다. 모든 실무분야에서는 중첩적인 안정성을 제공하기 위하여 광범위하게 다른 여러 가지 것에 의존하게 된다. 그러므로 적절하지 못한 보안위험관리는 외부 요인이나 신뢰하고 있는 내부인에 의해 ICT 네트워크에 침투하도록 허락한 셈이 된다. 반면에 견고한 보안위험관리는 이러한 가능성을 줄이거나 방지하는데 도움이 된다.

2) 시스템의 상호의존성

보안위험관리 원칙은 다른 유형의 재산보호와 유사한 방법으로 정보기술보호와 통신시스템을 보호하는데 적용된다. 모든 비즈니스 실무영역은 상호의존적이며, ICT 보안 또한 예외는 아니다. 예를 들어, 암호화와 기밀성을 보장하기 위한 다양한 방법들은 ICT 보안의 중요요소이다. 그러나 컴퓨터서버의 물리적 보안과 다른 컴퓨터사용 장비는 그만큼 중요하지는 않으나, 많은 ICT 보안기준은 장비실의 벽의 두께와 서로 다른 장소에 적용되는 출입문 잠금장치의 종류와 같은 것을 포함하여 어떻게 장비를 보호할 것인가에 대한 지침을 제공한다.

대부분의 ICT 시스템은 내·외부 다른 시스템에 근접하여 설치되거나 상호 의존적이다. 내부시스템을 다루는 ICT 보안평가는 ICT 시스템이 침투와 훼손에 취약하다는 것에 대한 보안대책을 수립하는 것이다. 인터넷 게이트웨이는 명확하게 내·외부시스템의 상호의존성에 대한 사례이다. 외부시스템이 조직의 ICT 시스템을 포함한 ICT 보안에 간접적인 영향을 주는 요소는 고객, 재원공급자, 인터넷서비스 제공자, 유통망, 회계법인 등이 있다.

상기 요소들은 ICT 보안에 초점을 둔 내부요소이므로 불충분하다. 따라서 ICT 시스템에 대한 법률체계와 산업표준도, 보안위험관리와 관련성에 대하여 결정하기 위하여 조사 · 평가되어야 한다.

ICT 보안의 관점에서 보면 개별적인 구성요소와 완전한 시스템 모두가 보호대상이다. 비록 조직이 자신의 소유물이 아니거나 심지어 다른 특정한 시스템의 구성요소에 영향력을 미치지 못한다고 하더라도, 구성요소간의 접속가능성은 재산으로서 고려되어 평가 · 관리되어야 한다.

3) 물리적 위협요소

만약 침입의도자가 보호된 핵심적인 ICT 기반시설의 접근권한을 부적절하게 획득하였을 경우에는 ICT 시스템의 기밀성, 무결성, 가용성 모두가 훼손될 수 있다. 또한 ICT 시스템을 보호하기 위한 보안대책인 방화벽, 안티바이러스 프로그램이 하우징 서버나 다른 기간설비를 적절하게 보호하지 못한다면 보안틈새는 보호되지 못한다. 실무에서 보안위험관리 실무자나 관리자는 ICT 기간설비의 물리적 보안을 물리적 보안영역에서 통제할지 ICT 실무영역에서 관리할 것인지에 대하여 판단하여야 하고 교차 관리하는 방법은 하나의 긍정적 예가 될 수 있다.

공신력 있는 조직이나 환경에서 인정된 표준체제는 ICT 시스템의 물리적 보안사양에 대한 지침을 제공하는데 이러한 체제에는 국제통신연맹, 국제표준기구, 경제산업연합과 같은 단체를 포함한다.

대부분의 ICT 시스템은 자동화된 공격이나 사용자 실행 네트워크, 악의적인 시스템 오용, 사기 소프트웨어의 설치, ICT 실무자의 부재와 같은 문제점과 위협요소에 취약하다. 다음은 ICT 보안위험에 관한 내용이다.

① 자동화된 공격과 사용자 실행 네트워크 공격은 바이러스, 웜, 트로이목마와 같은 것으로 이러한 공격의 결과 중요파일의 파괴, 중요파일의 위험노출이나 절도, 생산성 손실, 기기조작의 가능성이 있다.

② 임직원이나 여러 이해관계자에 의한 악의적 시스템의 남용은 ICT 시스템에 상당한 손상을 미치게 되거나 기업평판과 같은 무형자산의 가치를 하락시킨다. 이러한 유형의 위협에 대한 (재산)보호방법에는 ICT 시스템의 소유자나 조직의 이용자를 위한 사람과 물리적 보안리스크에 대한 대응방안이 포함되어야 한다.

③ 사기 소프트웨어와 같이 통제되지 않는 소프트웨어의 설치는 시스템의 무결성을 약화시키며 핵심파일이 감염되거나 혼란을 야기한다. 따라서 조직에서는 ICT 관리계획에 소프트웨어 설치에 관한 지침과 절차를 수립하여 설치할 소프트웨어는 ICT 담당직원이 적절한 테스트와 검증을 거친 다음 조직 ICT 시스템에 설치하도록 한다.

④ ICT 담당자는 항상 시스템이 정상적으로 운영되도록 유지하여야 하는 책임이 있다. 그러나 담당자의 휴가나 인원감축으로 인하여 경험 있는 ICT 담당자가 문제를 해결하지 못하는 경우나 적절한 자격을 갖춘 담당자가 없는 경우에는 ICT 보안은 위협요인에 취약하게 된다. 따라서 자격을 갖춘 ICT 서비스 제공자를 조직에서 직접 고용하거나 뛰어난 관리능력을 갖춘 외주직원을 고용하여 ICT 관련 위험을 처리하는 것은 핵심적인 요소이다.

⑤ 장비의 노후화는 위협에 대한 자체적인 문제는 아니다. 그러나 부적절한 정비시스템과 같이 잠재적인 취약성의 측면에서 위협요소의 현실화의 위험을 증가하게 될 것이다. 따라서 소프트웨어의 업그레이드와 연동장비의 구매예산의 계상은 ICT 보안리스크의 평가와 관리에 대한 중요한 고려사항이다.

이상과 같은 ICT 보안에 관한 핵심내용의 요약은 다음과 같다.

① ICT 보안에는 모든 정보시스템의 보호대책이 포함된다. ICT 보안의 핵심목적은 단순히 ICT 기간시설을 보호하는 것보다는 시스템 역량을 유지하는 것이다.

② ICT 시스템보호에 포함된 원리는 기본적인 보안위험관리 원리를 적용한다.

③ ICT 보안절차는 관련 법규와 주의의무에 부합하여야 하고 조직의 ICT 보안관리정책을 고객에게 공지하여 이해관계자와 조직의 경영진에게 강력한 보장효과를 제공한다.

5. 정보보안

정보는 상황에 따라 다양하게 정의되는데 여기에서는 체계적 정리나 형태에 상관없이 가치 있는 사실이나 상황에 관한 지식으로 정의한다.

정보보호는 규모와 상관없이 모든 조직에 어려움으로 작용하고 있다. 저작권법은 재산적 정보를 보호하고자 하는 조직에 일정수준의 보호조치를 제공한다. 그러나 글로벌시장에서의 경영은 위험관리기법에 대한 더 많은 이해와 정보보호에 관한 더 기민한 대응을 요구하고 있다.

임직원, 자원자, 계약업자의 사고는 모든 조직성공에서 핵심적으로 고려해야 할 지식과 가치를 많이 공유한다. 이러한 공유의 결과로 정보를 보호하는 것이 가장 어려운 업무 중의 하나가 되었다. 정보보호의 주체이자 객체인 인간은 매우 가치 있으나 이동하기 쉽고 유약한 반면에 통제와 격리는 매우 어렵다.

오늘날 많은 조직에서는 지식을 활용하여 수익을 창출하고 여러 가지 원하는 결과물을 만들어낸다. 정보가 어디에 있든 간에 조직의 목적에 따라 유용하게 사용되면서 '지식은 힘이다'라는 격언을 뒷받침하나 보안위협에는 더 취약하게 된다.

정보보안은 소프트카피나 전자저장정보에 단독으로 적용되지 않는다. 또한 하드카피 문서도 정보관리와 보호가 필요하며 어떤 경우에는 손실이나 오용에 더욱 취약하다.

실제로 실무분야에서는 모든 종류의 정보에 중점을 두고 다루게 된다. 여기에서는 인적 요인, 정보 분류, 필요한 사람만이 아는 원칙에 중점을 두고 지적 자산을 포함한 가치 있는 정보를 식별하고 보호한다.

정보보호의 목적은 개인과 조직을 지원하고 다음의 내용을 정립하는데 있다.

① 유형과 형식에 의거하여 정보를 식별한다.

② 정보의 민감도에 의거 정보를 분류한다.

③ 정보에 적절한 보안표식을 적용한다.

④ 보안표식에 의거 정확하게 정보를 다룬다.

1) 정보보호의 원리

보안위험관리의 원리는 다른 재산처럼 유사한 방법이 정보에도 적용된다. 보호, 시설, 정보통신기술과 인사보안처리방법은 종종 정보보호와도 관련된다. 포괄적인 보안계획에는 정보보안의 구성요소도 포함된다. 정보보안에 포함되는 요소의 범주는 기밀성, 무결성, 유용성, 유효성, 신뢰성, 소유통제권을 포함하며 약술하면 다음과 같다.

① 기밀성(Confidentiality): 적절하게 통제된 접근권한을 가지고 안전한 방법으로 유지되는 것으로, 인가되지 않는 사용자 또는 객체가 저장된 정보에 접근할 수 없어야 하고 허가되지 않는 자에게는 정보가 제공되어서는 안 된다.

② 무결성(Integrity): 정보가 인가된 사람에 의해서만 변경 또는 접근이 가능하고 정보가 변화하지 않고 완전히 의도한 대로 유지된다는 확실성을 의미한다.

③ 가용성(Availability): 정보에 대한 접근과 사용이 적시에 확실하게 보장되는 상태로 정보 또는 정보시스템이 원하는 때에 제대로 작동되어야 가용성이 확보되었다고 할 수 있다.

④ 유용성(Utility or Usefulness): 필요한 경우에 언제든지 정보에 접근이 가능하고 데이터에 접근이 인가된 사람에게 사용가능한 형식을 유지하여야 한다.

⑤ 신뢰성(Authenticity or Nonrepudiation): 데이터를 보내는 사람에게 배달증거를 제공하고 수신자에게는 보내는 사람의 신원증거를 제공한다.

⑥ 소유통제권(Control or Possession): 인가되지 않는 관리자나 수신자 이외의 사람은 어떤 정보나 일부분에도 접근할 수 없다.

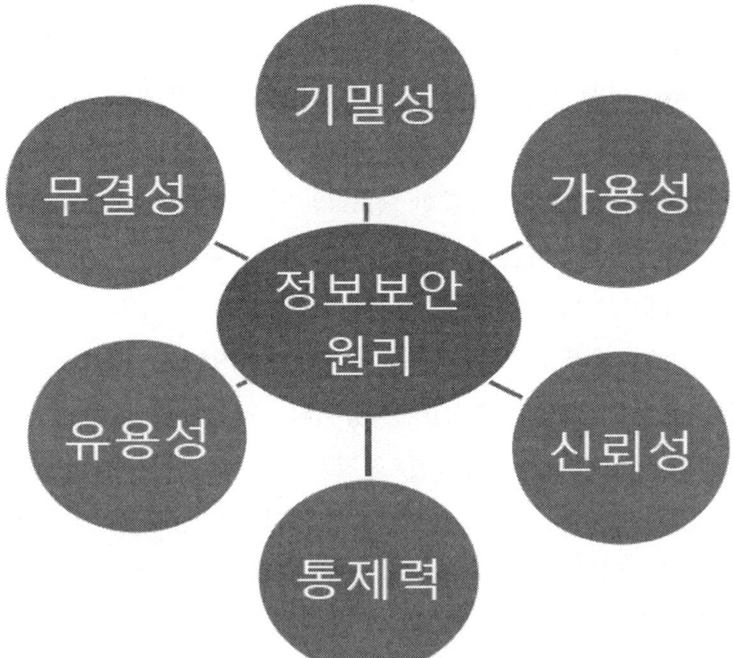

(그림 3-2) 정보보호의 원리

2) 정보보안 생애주기

'정보생명주기'의 용어는 정보가 만들어지는 시간으로부터 파기나 해제를 통한 획득처럼 시간의 변화에 따라 다양한 공정에 의해 좌우되기 쉽다는 의미이다. 비록 정보의 다양한 유형과 형태가 항상 생애주기의 모든 단계에 명확하게 들어맞지는 않으므로, 보안대책은 이러한 단계에 적용할 수 있어야 한다.

정보생명주기는 다음과 같은 단계로 특징지어진다.

① 생성/습득: 이 단계는 정보의 초기 생성이나 다른 정보원으로부터 습득하는 것을 포함한다. 정보소유자나 개발자는 반드시 정보를 분류하고 이 중요 단계에 정보를 표시한다.

② 분배: 정보이전의 역할과 통제는 단지 인가된 사람만이 정보에 접근할 수

있도록 보장한다. 토론, 제안, 이메일, 전통적인 공지, 그리고 활동을 단순히 관찰하는 것, 통상적인 방법이 전형적인 전달방법이다. 부정확한 어드레싱, 가로채기, 부주의한 습득과 같은 인가되지 않는 접근은 위험성이 있는 분배의 경우이다.

③ 사용: 이 단계는 사본을 포함한 정보의 일반적인 사용이다. 사용자는 반드시 많은 사본이 존재하는 경우에 정보노출에 따른 손상의 위험성이 증가한다는 것에 대한 경계심을 유지해야 한다.

④ 저장: 사용하는 기간 사이나 정보가 과다해지거나 구식인 경우에 정보는 다양한 방법과 통제법을 이용하여 저장된다. 저장방법에는 전통적인 종이, 해당 네트워크 드라이버를 이용한 전자저장장치, 백업과 저장장치, 외장하드디스크, CD/DVD, 메모리 스틱과 같은 이동식 저장장치가 있다. 여기에서 프라이버시와 보안은 반드시 중요 고려사항이고, 파일과 지식, 경험의 형태로서 개인에 의해 보유된 정보와 관련된 실제적인 이슈도 중요한 고려사항이다.

⑤ 파기: 정보를 저장매체로부터 영구적으로 제거할 필요성이 있는 경우에 파기한다. 파기에 관한 보안절차는 어디에서 정보를 받았고, 국가보안자료, 계약 등 누구를 대신하여 정보를 보관하고 있는가에 대한 특별한 관심이 필요하다. 만약 책임해제와 같은 요구사항에 부합하지 않는 경우에는 파기자가 책임을 져야 한다.

⑥ 보안해제: 정보가 파기될 경우에는 보통 파기에 대한 기록이나 다른 실체에 영속적으로 이관되는 경우에도 기록한다. 특히 제3자 정보가 여기에 포함되는 경우에 중요하다. 보안해제에 대한 기록형태는 정보소유자와 관리자의 확인 하에 정확한 파기와 전송이 이루어지고 인가된 방법과 공정이 사용되어야 한다.

결과적으로 정보생애주기에서 개별 단계는 서로 다른 일련의 취약성이 존재하므로, 개별 단계별로 가장 적절한 보안대책이 요구된다.

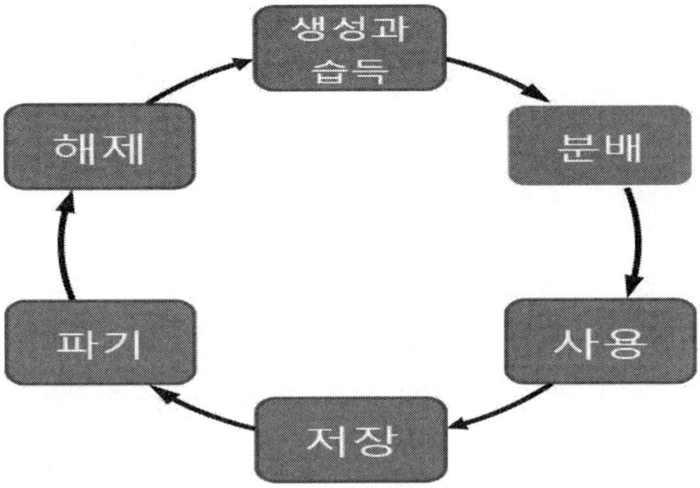

(그림 3-3) 정보생명 사이클

3) 정보의 취약성

정보는 다양한 유형의 위협요소에 대하여 취약하다. 조직이나 개인은 정보시스템의 보안취약성을 이용하여 정보를 수집할 수 있다. 정보시스템의 가장 중요한 부분은 시스템을 이용하고 운영하는 사람이다. 또한 사람과 정보는 보안위협과 훼손에 취약하다. 더불어 인간실수와 장비고장은 가치 있는 정보와 보안에 위협이 된다.

대부분의 조직 내에서 정보의 흐름은 정보가 생성되면 적절성 여부에 상관없이 급속히 지구촌으로 퍼져나간다. 따라서 정보를 이용하거나 전달되어 가는 개별적인 단계마다 자체적인 취약성을 내포하고 있으며 항상 정보손실이나 손상위험이 존재한다. 이러한 위협요소는 관련 보안전략이 적소에 적용되지 않으면 누군가에 의하여 부당하게 사용되거나 착취당하게 된다.

조직정보에 대한 위협요소는 매우 다양하나 크게 3가지 방법으로 분류할 수 있는데, 시스템 내부로부터의 위협, 시스템에 대한 위협, 시스템도 대응하기 힘든 위협으로 대별된다. 시스템 내부로부터 발생한 위협은 다음과 같다.

① 신뢰하는 내부인에 의하여 영업비밀의 손상이 발생한다.

② 저작권이나 상표권의 정비나 정리하는 중에 인간이나 시스템의 에러가 발생한다.

③ 국가 간에 법률적인 모순이 존재한다.

④ 어떤 기업이 다른 기업의 기술을 넘어서는 특허권을 추구하는 경우에 약탈적 특허정책을 추구한다.

위험의 처리방법은 다음의 내용을 포함한다.

① '경업금지계약'과 같은 적극적인 고용계약의 활용은 일정한 기간 동안 경쟁기업에 퇴직한 전직 직원이 근무하는 것을 방지한다.

② 전직 직원에게 '기밀보호유지수당'을 지급하면 청렴성과 판단에 도움이 된다.

③ 페일세이프(Fail-safe)와 품질보증시스템의 이용은 인간과 시스템의 에러발생 가능성을 최소화하여 지식재산권의 손상을 방지한다.

④ 지식재산권 전문가의 조언과 관리기술에 투자한다.

외부의 법적 체계, 역공학(reverse engineering), 저작권 침해, 기업 지식재산의 절도와 같은 것은 시스템에 대한 위협요인이다. 앞에서 언급한 외부적 위협요인에 대한 처리방법은 구체적으로 조직과 규명된 위협요인 모두를 포함한 환경요소에 좌우된다. 예를 들어, 규명된 위협요인이 외부와의 법적인 계약에 따라 제품을 불법적으로 제조하여 과잉생산하거나 법률이나 당국이 등록된 지식재산보호에 실패한 경우에 회사는 위험처리 선택에 있어 다양한 장소에서 제품의 부분적 조립을 하는 것을 포함한다. 이러한 처리방법이 하나의 조립공장에서 제품의 모든 부품에 접근하는 것을 방지하고 과잉생산을 방지하게 될 것이다.

위협요인은 해당 시스템과 포괄적인 위험관리체제가 존재함에도 불구하고 조직의 지식재산에 대한 현존하는 도전이다. 따라서 중첩적으로 주의대책을 수립하거나 철저히 조직내부위험관리와 지식재산의 법적 체계에 대응하여야 하나, 언제나 경계가 느슨할 경우에 발생할 수 있는 잔존위협은 항상 존재한다.

정보의 구획화는 특정 업무를 수행하기 위한 정보의 대규모 저장소에 직접적으로 해당 정보에 대하여 알아야 할 필요성이 있는 특정한 요소가 있는 제한된 인원에게만 정보에 대한 접근을 허용하는 절차이다.

정보관리기법은 정보에 대한 통제된 접근방법과 전체적인 정보현황에 접근할 수 있는 사용자의 제한에 의해 위험이 감소된다. 이러한 구조가 전체적인 정보현황과 정보에 접근하는 사람에 대한 위험을 제한하고 특히 중요정보에 대한 접근권한을 관리하는 것이 유용하다. 중요정보를 수집하는데 사용되는 방법은 대부분 중요자료 자체에 대한 개별적인 항목보다는 더 가치 있다. 이러한 중요자료에 접근 못하게 제한하는 것은 정보원을 보호하고 미래에 해당 정보원으로부터 정보가 수집되는 것을 보장하는데 도움을 준다.

4) 정보의 분류

정보에 대한 보안분류절차는 정보가 생성되거나 습득된 직후부터 실시한다. 정보 분류의 최초의 평가과정에서 모범적인 업무처리 실무는 정보가 생성되거나 습득되기 전에 준비되어야 적절한 보안대책이 초기부터 적용된다.

정보의 유형, 민감도, 수명, 상업적 가치에 근거한 보안 분류와 정보접근의 필요조건이 분류되어야 한다. 분류절차는 정보보호뿐만 아니라 수취인이 비즈니스 목적을 달성하기에 충분한 정보접근방법이 보장되어야 한다.

모든 조직은 정보 분류에 관한 자체적인 절차를 수립하고 있어야 한다. 다음의 단계들이 정보 분류에서 고려할 권고사항이다.

① 정보의 유형과 규정준수의무를 결정한다.

② 민감 정보에 대한 접근과 허가되지 않는 조직이나 개인에게 정보가 흘러갈 경우와 같은 최악의 상황에 대한 시나리오를 수립한다.

③ 사용될 적절한 보안마크를 결정한다.

④ 만약 제한된 분배표식이 결정되면 더 엄격하게 접근이 제한된다.

⑤ 조직이나 관련 제3자의 취급조건에 따라 정보통제가 필요한 경우 보안표식이 적용된다.

보안마크는 필수적인 정보보안관리 도구로 정보보안의 6가지 원칙을 실제적으로 적용하는데 사용된다. 특히, 정부나 국방부에서는 경고와 여러 가지 제한표식을 하는 것이 일반적이다. 단지 인사팀 혹은 기업의 특정집단만 열람이 가능하다는 문구를 삽입하는 것과 같은 제한적 배분표식 또한 보안표식의 하나로 사용되고 어떻게 정보가 배분되는지에 대하여 더 엄격하게 제한되도록 보장한다.

조직기준은 자료의 특성, 위치, 구성요소는 반드시 문서의 상단이나 하단에 표시하고 분류, 경고, 제한적 배분표시의 적용에 대하여 명확하게 표시하여야 한다.

제한적 분배표식은 정보를 열람할 수 있는 인원을 반영하여 정보소유자가 개발한다. 이 경우에 정보열람의 구체적인 집단을 명기하기에 어려운 경우에는 수령자의 이름목록을 기록한다.

(표 3-3) 기업보안표식의 분류

보안표식	정 의
표식 없음 (분류나 통제되지 않음)	조직 외부에 광범위하게 돌아다니는 지식을 바탕으로 작성된 일상정보는 결과적으로 조직에 어떠한 피해도 입히지 않는다. 만약 해당 정보가 미디어, 경쟁자에게 전달되는 경우에도 기업은 비즈니스나 기업이익에 어떠한 재무적 손실을 입히지 않는다. 여기에는 산업에 대한 학문적 자료, 미디어 보고자료, 일상적 관리자료, 조직에 관한 뉴스 등이 포함된다.
특정인 (개인, 보안, 기업비밀) 에게만 공개	법적으로 필요한 사람만이 인지할 필요가 있으나 외부 부서와의 교류를 목적으로 준비된 개인, 보안, 상업적 정보로 관련정도에 따라 공개가 제한된다. 만약 해당 정보가 미디어, 경쟁자에게 전달되는 경우에 기업은 미미한 비즈니스나 기업이익에 손실을 입게 되고, 평판, 미미한 잠재적 손실, 조직이나 비즈니스 파트너에게 약간의 당황스러움을 발생하며, 직원과 고객에게 미미한 손해가 따른다. 여기에는 보험계약, 민감하지 않는 입찰인 계약 가격, 내부 프로젝트 보고서, 개편 제안서, 회의록, 사이트 맵/일반적 계획의 상세내역, 개인이나 임직원의 기록 등이 포함된다.

민감정보	'책상 정리하기'와 같은 일정 수준의 보호가 필요한 재산적 정보나 민감한 성향자료는 초기에 회사의 직능집단이나 법적으로 필요한 사람만이 공유하는 것으로 외부 부서와의 순환을 위하여 준비한다. 만약 해당 정보가 미디어, 경쟁자에게 전달되는 경우에 기업은 일정수준의 비즈니스나 기업이익에 손실을 입게 되고, 평판, 약간의 잠재적 손실, 조직이나 비즈니스 파트너에게 약간의 당황스러움을 발생하며, 직원과 고객에게 약간의 손해가 따른다. 여기에는 보안조사와 평가, 민감한 입찰과 계약의 상세내역, 민감한 회의록, 민감한 환경적 영향상태나 보고서, 민감한 개편 제안서, 사이트 맵/민감한 상세내역이 표시된 계획 등이 포함된다.
중요정보	실제적인 보호수준이 요구되는 재산적 정보는 통제된 집단과의 순환을 위하여 준비되고 명확하게 법적으로 알아야 할 필요성이 있는 사람인 외부 부서와 공유한다. 만약 해당 정보가 미디어, 경쟁자에게 전달되는 경우에 기업은 심각한 수준의 비즈니스나 기업이익에 손실을 입게 되고, 평판, 심각한 잠재적 손실, 조직이나 비즈니스 파트너에게 심각한 당황스러움을 발생하며, 직원과 고객에게 심각한 손해가 따른다. 이러한 중요정보에는 매우 민감한 입찰이나 계약의 세부내역, 매우 민감한 기업의 법적 자문, 중요한 금전적 가치가 있는 지식재산, 경쟁우위에 있는 기술내역, 고위 위원회 보고서, 전략적 협력에 관한 정보 등이 포함된다.
핵심정보	고도의 보호수준이 요구되는 재산적 정보는 단지 임직원의 이름이 명기된 집단 내부에서의 순환을 위하여 준비된다. 단지 예외적인 상황이나 상위 비즈니스 집단/부서 또는 기업경영진만이 이러한 정보를 공유한다. 만약 해당 정보가 미디어, 경쟁자에게 전달되는 경우에 기업은 매우 심각한 수준의 비즈니스나 기업이익에 손실을 입게 되고, 평판, 매우 심각한 잠재적 손실, 조직이나 비즈니스 파트너에게 매우 심각한 당황스러움을 발생하며, 직원과 고객에게 매우 심각한 손해가 따른다. 이러한 보안수준에 관한 상업적 보안규정은 가능한 최고로서 표식이 되는데 이러한 정보는 매우 드물다. 여기에는 중요한 비즈니스 계획, 합병이나 전략, 중요한 조사보고서, 매우 중요한 재정적 가치가 있는 지식재산, 중요한 경쟁우위를 제공하는 첨단 상업용 기술 등이 포함된다.
기관분류	정부나 국방부와 업무관련성이 있는 경우로 방어적 보안설명서, 국방부 보안설명서는 해당 시설보안관리자를 통하여 열람한다.

보안표식스티커, 고무스탬프, 바코드, RFID의 범위는 적용할 항목의 보안표식의 목적에 따라 상업적으로 사용가능하다.

(표 3-4) 기업보안표식의 취급요령

<table>
<tr><th>보안표식</th><th colspan="2">취급 요구사항</th></tr>
<tr><td>표식이 없음, 분류나 통제되지 않음</td><td>정보생애 주기 모든 단계</td><td>구체적인 통제조치가 필요하지 않음. 그럼에도 불구하고 잘못 분류된 정보에 주의를 기울여야 하고 잘못이 발견되는 경우에는 즉시 정보소유자에게 통지한다.</td></tr>
<tr><td rowspan="6">특정인(개인, 보안, 기업)에게만 공개</td><td>생성/습득</td><td>보안마크는 의무적이다. 사본에 번호를 부여하고, 제한적 배분표식, 문서화된 선택등록지에 목록을 기록한다.</td></tr>
<tr><td>사용/사본</td><td>정보소유자의 허락 없이도 복사가 가능하나 복사는 최소한으로 한다. 허가되지 않는 부서에 의한 접근은 반드시 금지된다.</td></tr>
<tr><td>전달</td><td>제한적 배분표식이 없는 경우에 정보소유자의 허락 없이도 외부 부서로의 법적으로 필요한 사람만이 알 수 있도록 하여 전달한다. 이때 해당 부서에 반드시 취급 요구조건에 관하여 통지한다. 단일 봉투, 일반 우편, 암호화되지 않는 이메일과 팩스가 허용된다.</td></tr>
<tr><td>저장/보관</td><td>반드시 허가되지 않는 접속이 방지되는 방법으로 저장한다.</td></tr>
<tr><td>파기</td><td>안전한 파기방법을 이용하여 파기한다. 절단기, 안전한 폐기, 재활용 공급업자, 매체의 자기상태를 중화시켜 삭제, 영구적으로 지운다.</td></tr>
<tr><td>해지</td><td>문서화된 목록에 리스트가 없는 경우에 공식적인 해지에 대한 요구조건이 필요하지 않다.</td></tr>
</table>

민감정보	생성/습득	보안마크는 의무적이다. 복사본의 번호부여, 제한적 배분표식과 문서화된 선택등록지에 목록을 기록한다.
	사용/사본	정보소유자의 허락 없이 복사가 가능하나 복사는 최소한으로 한다. 항상 허가되지 않는 부서에 의한 접근은 반드시 금지된다.
	전달	제한적 배분표식이 없는 경우에 정보소유자의 허락 없이도 내·외부 부서로 법적으로 필요한 사람만이 알 수 있도록 하여 전달한다. 이때 해당 부서에 반드시 취급 요구조건에 관하여 통지하고 반드시 기밀유지서약서에 서명하도록 한다. 단일 불투명 봉투의 사용, 일반 우편, 암호화되지 않는 이메일과 팩스가 허용된다.
	저장	반드시 허가되지 않는 접속이 방지되는 방법으로 저장한다.
	파기	안전한 파기방법을 이용하여 파기한다. 절단기, 안전한 폐기, 재활용 공급업자, 매체의 자기상태를 중화시켜 삭제, 영구적으로 지운다.
	해지	문서화된 목록에 리스트가 없는 경우에 공식적인 해지에 대한 요구조건이 필요하지 않다.
중요정보	생성/습득	보안마크는 의무적이다. 복사본의 번호부여, 제한적 배분표식과 문서화된 등록선택지에 목록을 기록한다.
	사용/사본	정보소유자의 허락으로 복사가 가능하나 복사는 최소한으로 한다. 항상 허가되지 않는 부서에 의한 접근은 반드시 금지된다.
	전달	제한적 배분표식이 없는 경우에 정보소유자의 허락을 득한 다음 외부 부서로 법적으로 필요한 사람만이 알 수 있도록 하여 전달한다. 기밀유지서약서에 외부부서로 정보가 전달되기 전에 반드시 서명을 받아야 한다. 외부부서는 반드시 조직기준의 정보를 보호하기 위한 자신들의 역량을 보장하여야 한다. 이중의 불투명 봉투, 등기 우편, 암호화된 승인된 등급의 이메일/팩스 전송이 의무적이다.

중요정보	저장/보관	반드시 허가되지 않는 접속이 방지되는 방법으로 저장한다. 개방된 접속환경에 보관되어서는 안 된다.
	파기	안전한 파기방법을 이용하여 파기한다. 절단기, 안전한 폐기, 재활용 공급업자, 매체의 자기상태를 중화시켜 삭제, 영구적으로 지운다.
	해지	문서화된 목록에 리스트가 없는 경우에 공식적인 해지에 대한 요구조건이 필요하지 않다.
핵심정보	생성/습득	보안과 제한적 배분마크는 의무적이다. 복사본의 번호부여, 문서화된 의무등록지에 목록을 기록한다.
	사용/사본	인가되지 않는 사람에 의한 일상적인 접근가능성이 있는 장소에 정보가 보여선 안된다. 정보는 복사되지 않는다.
	전달	정보전달은 단지 지정된 개인에게로 제한한다. 단지 결정적인 상황에서만 이러한 유형의 문서가 외부부서로 전달될 수 있다. 이 경우에도 반드시 조직의 엄격한 기준으로 정보를 보호할 수 있는 능력을 보여주어야 한다. 기밀유지서약서는 반드시 서명 받는다. 수신자는 반드시 공식적으로 수신여부를 알리고 문서등록부에 기록한다. 봉투내부에 개봉한 흔적을 알 수 있는 이중의 봉투와 승인된 배달원의 이용이 강제된다. 전자적인 전송은 금지된다.
	저장/보관	반드시 인가되지 않은 접근은 방지하는 방법으로 저장된다. 개방된 접근환경에서의 보관은 금지된다.
	파기	반드시 안전한 파기방법을 이용하여 파기한다. 절단기, 안전한 폐기, 재활용 공급업자, 매체의 자기상태를 중화시켜 삭제, 영구적으로 지운다.
	해지	수령인으로부터 파기권고를 수령하였거나 파기되었을 때에 반드시 문서등록기에서 공식적으로 해지된다.
기관분류	정부나 국방부와 업무관련성이 있는 경우로 방어적 보안설명서, 국방부 보안설명서는 해당 시설보안관리자를 통하여 열람한다.	

5) 지식재산

지식재산은 정보의 독특한 구성형태로 특허, 원산지 명칭, 상표, 비즈니스 방법, 제조공정과 같은 산업재산권을 포함한 모든 지적 활동 과정, 문학과 예술작업과 같은 저작권을 포함한 상업적 가치를 가진 것을 지식 생산품으로 정의할 수 있다.

세계지식재산권기구(WIPO)에서 문학·예술 및 과학 작품, 연출, 예술가의 공연·음반 및 방송, 발명, 과학적 발견, 공업디자인·등록 상표·상호 등에 대한 보호권리와 공업·과학·문학 또는 예술분야의 지적 활동에서 발생하는 기타 모든 권리를 지식재산권이라 정의한다. 지식재산권은 일반적으로 영업비밀, 식물신품종, 디자인권, 상호권, 상표권, 실용신안권, 특허권, 저작권, 회로배치권이 대표적이다.

아이디어로 만들어진 산물인 지식재산은 인간의 지적인 노력에 의해 만들어졌으며, 현대사회의 핵심적인 자산이다. 지식재산은 일반적으로 형태가 없는 무형의 지적 창작물이다. 이러한 지적 창작물들이 축적되면서 기술진보가 이루어지고 지적 창작물은 기술발전에 영향을 주게 된다. 이는 국가적으로도 큰 영향을 받는 것이다. 하지만 이러한 지적 창작물을 만들고 보호하는 장치가 없다면 사람들은 이를 모방하여 사용할 것이며, 창작의욕을 떨어뜨리게 될 것이다. 그렇게 되면 지적 창작물이 축적되지 못하여 기술발전이 저해된다. 따라서 국가적으로 이러한 지적 창작물을 보호하고, 재산적 가치로 사용할 수 있도록 권리를 부여하고 있다. 이를 지식재산권이나 지적소유권이라고 한다.

지식재산을 창조하는 행위는 지식재산에 관한 소유권을 필요로 하지 않는다. 고안자와 조직은 자신의 지식재산의 등록과 지식재산권의 법적 권리를 획득하기 위하여 특허, 상표, 디자인, 식품육종권(Plant Breeders' Right)을 포함한 다양한 방법을 사용하므로, 이에 대한 적절한 위험대응방법이 제공되어야 한다.

아이러니하게도 지식재산을 보호하기 위하여 설계된 특허와 다른 도구들은 실제적으로 지식재산권을 침해할 수 있는 위험을 증가시킨다. 예를 들어, 개인이나 조직에서 특허를 정식적으로 제출하기 위해서 반드시 도면과 같은 창작물에 관한 상세내용을 제공하여야 한다. 국가에 따라 지식재산권법은 잘 발달하지 않아서 지식재산권은 어떤 나라에선 상대적으로 보호수준이 극히 미흡하고, 국가 간의 지식재산에 대한 법적인 보호정도의 차이도 크다. 제3자가 창작자나 조직의 지식재산을 오용하는 경우에도 피해당사자나 조직이 자신의 권리를 법적 시스템을 통하여 강제하기는 어렵고, 특히 이러한 지식재산에 대한 권리가 해외에서 침해되는 경우에는 권리주장에 많은 시간과 비용이 필요하다.

특히, 지식소유권의 문제는 국가와 국가 간에 관련 보호장치가 되어 있는지 여부와 국가 간의 제도상의 차이 때문에 분쟁의 대상이 된다. 오늘날과 같이 정보의 유통이 급속하게 이루어지고 있는 시대에는 어떤 국가가 상당한 시간과 인력 및 비용을 투입하여 얻은 각종 정보와 기술문화가 쉽게 타국으로 흘러들어가기 마련이어서 선진국들은 이를 보호하기 위한 조치를 강화하고 있는 반면 그렇지 않는 국가도 많다.

또한 지식재산의 생산품의 성공은 제품이 성공하면 할수록 해당 제품에 대한 모방제품의 매력은 증가하게 되므로 보안리스크와 관련되어 악화된다. 이에 따라 많은 창작자와 조직에서는 창의적 아이디어를 특허출원하지 않고 영업비밀로 보호하는 방법으로 모방제품으로 인한 침해를 방지하려는 방향으로 변하고 있다. 그러나 항상 그러하듯이 여기에도 또 다른 위험이 존재한다. 특허출원에 의하지 않고 자체적인 방법으로 보존하려는 영업비밀의 침해가능성은 해당 영업비밀의 보호와 운영에 은밀히 관여하는 임직원의 기밀성과 청렴성의 정도에 좌우되는 또 다른 위험을 야기하게 된다.

재산적 가치를 지닌 영업비밀에 대한 보안은 보호대상에 대한 인가되지 않는 접근, 사용, 위험노출, 파괴, 변경, 파기로부터 데이터를 보호하기 위한 프로세스이다. 문서의 접근통제, 종이와 소프트웨어 사본에 대한 보안체계, 조직의 중요한 재산적 정보의 보호하기 위한 유용한 법체계의 활용과 같은 정보관리기술은 조직정보의 보호하기 위하여 협력하여야 한다.

정보생성초기에서 파기까지의 전 과정에 대한 정보분류와 취급에 관한 조직기준의 수립·적용은 조직의 목표를 성취하기 위한 토대가 된다.

모든 보안위험관리시스템과 같은 정보를 보호하기 위하여 채택된 전략의 범위는 전략의 결합으로 정보보호의 보장과 심도 깊은 보안전략의 제공을 통하여 조직목표를 지원하는데 도움이 될 것이다.

제2절 보안리스크 공정

1. 보안위험관리의 발전

기업가는 미래에 대한 근본적인 불확실성을 안고 직관적인 결정을 내린다. 투자결정 과정은 궁극적으로 직관적이고 심리적인 성격을 띤다. 모든 국가의 미래는 투자를 결정하는 기업가들의 손에 달려 있으며 투자 결정은 심리에 크게 좌우된다.[14)]

20세기의 가장 영향력 있는 경제 사상가로 손꼽히는 미국의 경제학자 나이트(Frank H. Knight)는 시카고학파의 창시자다. 그는 위험과 불확실성을 적절히 구분하여 새 국면을 개척했다. 위험에서는 결과를 파악할 수 있으며 그 확률을 측정할 수 있는 반면, 불확실성에서는 분석을 통해 결과와 그 확률을 파악하기 어렵다. 위험은 보증할 수 있지만 불확실성은 그렇지 않다. 그의 독창적인 작품 '위험, 불확실성과 이윤(Risk, Uncertainty, and Profit)'에서 그는 기업의 이익은 불확실성과의 성공적인 교전에서 창출된다고 말했다.[15)]

불확실성에서 기인한 위험은 재정적인 득실, 물리적 손상, 특정한 행동과정의

14) George Akerlof/Robert Shiller(2009), *Animal Spirits, How Human Psychology Drives the Economy*, and Why It Matters for Global Capitalism.
15) 전쟁과 경영, 클라우제비츠에게 배우는 전략의 지혜, 보스턴컨설팅그룹 전략연구소 편저, 21세기북스, 2001, p.115.

추진이나 추진하지 못함으로 인한 결과로 인한 지연이나 부상과 같은 가능성에 노출되는 것을 의미한다.

위험관리에 관한 현대적인 개념의 기원은 힌두아라비아(hindu-arabic) 숫자체계로 13세기경에 유럽으로 전파되었다. 이것이 1654년 블레즈 파스칼(Blasie Pascal)과 피에르 드 페르마(Pierre de Fermat) 사이에 오고간 문서의 카드놀이 관련 수학문제에서 비롯되었는데, 통계학적 가능성을 이용하여 미래를 예측하는 확률이론의 개발과 함께 자체적인 전문분야로 자리 잡았다. 그 이후로 수학자와 보험수리사(actuary)[16]들이 복잡성이 증가된 모델을 개발하였고 이것이 현대사회의 진보에 많은 기여를 하였다.

확률론은 그 후 자코프 베르누이(Jakob Bernoulli)가 베르누이의 법칙으로도 알려진 대수의 법칙을 증명하였다. 대수의 법칙은 '경험적 확률과 수학적 확률과의 관계를 나타내는 것으로, 표본의 수가 많으면 통계적 추정의 정밀도가 향상된다는 것'을 수학적으로 증명한 것이다. 그 후로 통계적 샘플링 방법을 개발하여 여론 조사에서부터 신제품과 의료연구의 시험에 이르기까지 다양한 분야에 공헌하였다.

지난 300년 사이에 천천히 그러나 계속적으로 수학적 그리고 과학적 연구는 계속되었으며 위험관리, 분산 투자, 주식 거래, 로켓과학, 보험 분야에 대한 우리의 이해에 계속적으로 공헌하였다. 이에 반하여, 보안위험관리는 주로 야간 감시원, 군인, 정보당국에 국한되었다. 결국 위험관리의 본질은 결과를 통제할 수 있는 범위는 최대한으로 늘리고, 반면에 도무지 인과관계 속에 숨겨진 연결고리를 알 수 없어서 결과를 통제할 수 없는 범위는 최소화시키는데 있다.[17]

20세기 전자시대의 도래와 관련 기술의 발전은 우리의 삶의 수준에 획기적인 진보를 가져다주었다. 레이더, 통신기술, 복합신소재, 무기와 같은 많은 것들이 전쟁의 불안전한 상황을 위하여 투입되었으나, 한편으로는 새로운 보호기술의 개

16) 사고 · 화재 · 사망 등의 통계 기록을 연구하여 보험료율 · 보험 위험률 등을 산출하는 일을 하는 사람을 말한다.

17) Peter L. Berstein/안진환 · 김성우 옮김, 전게서, p.302.

발이나 선진기술을 이용한 침입자로부터 가치 있는 것을 보호해야 할 필요성 때문에 보안위험관리에도 공헌하게 되었다.

역사 이래로 수천 년 동안 정보보안의 가장 기본인 암호와 Need to know[18] 원칙은 변하지 않고 있다. Need-to-know 원칙은 대부분의 보안체계에서와 같이 이 원칙의 목적은 중요정보에 대한 합법적인 접근에 대한 불편함이 없이 허가되지 않는 접근이 발생하는 것을 어렵게 하고 또한 최소한의 인원에게만 접근권한을 허용함으로써 중요정보를 보호하기 위함이다.

20세기에 전화, 무전기, 더 최근에는 컴퓨터기술이 보안에 전혀 새로운 요소로 도입되었다. 유사하게 관리이론의 진보는 위험평가, 개인연습과 같은 비즈니스 케이스 모델과 더불어 새로운 가능성이 소개되었다. ISO 9000과 같은 관리시스템, 순현재가치와 같은 금융기법의 소개, ISO 31000과 같은 위험관리표준은 대부분의 분야 중에서 최소한 보안분야 위험관리의 적용에서 일관되게 선봉역할을 하였다. 위험관리분야의 21세기 초 이러한 계속적인 개선과 개발의 과정은 아직은 진행중이고 때로는 보안위험관리모델, 개념과 기법에 약간의 모순은 존재하지만 계속적으로 발전하고 있다. 이상과 같은 위험관리 발전과정을 약술하면 다음과 같다.

① 1200년까지는 위험관리의 여명기이다. 숫자가 없다면 가능성도 확률도 없을 것이다. 가능성이나 확률이 없다면 리스크를 다루는 유일한 방법은 신이나 운명에 호소하는 길뿐일 것이다. 결국 숫자가 없다면 리스크는 전적으로 느낌이나 배짱이 문제가 되는 것이다.[19]

② 1200~1700년, 전통적으로 연금보험을 팔아 재정을 충당하고 있던 네덜란드 도시들은 1660년 후반에 이르러서는 건실한 보험통계 기초를 바탕으로 보험정책을 시행할 수 있게 되었다. 1600년경에 접어들면서 보험산업은 더 강력하게 추진되었다. 약속이나 보증을 의미하는 이탈리아어 polizza에서 유래된

18) 사용자들이 업무를 수행하기 위하여 꼭 필요한 권한과 허가자만이 엄격한 통제 하에서 접근 권한을 부여하는 것으로, need-to-know 통제 하에서 한 사람이 특정한 정보에 접근하기 위한 필요한 모든 권한을 가진 경우에도, 한 사람에게 구체적으로 알아야 할 필요성이 없는 경우에는 해당 정보나 기밀에 접근권한이 주어지지 않으며, 정보에 대한 접근은 반드시 한 사람의 특정한 임무의 수행에 필요한 경우에 한정한다.

19) Peter L. Berstein/안진환 · 김성우 옮김, 전게서, p.50.

보증증권(policy)이라는 용어가 이미 일상어가 되었다. 1700년경에 보험산업의 토대로 위험관리의 출현하였다. 1700년 무렵에는 영국정부도 평생연금제를 판매해 예산상의 적자를 메웠다. 18세기 초에 보험산업에서는 예상되는 비용 또는 손실을 가지고 원하지 않는 사건의 1년 동안의 발생가능성을 곱셈함으로써 위험을 계산하는 것이 가능하다는 것을 깨달았다. 이것을 토대로 기준 보험료가 계산되었고 보험산업이 탄생하게 되었다. 번창하는 그 시대의 모험정신으로 말미암아 런던의 보험산업은 급속도로 성장하였다. 보험업자들은 어떤 종류의 위험이건 기꺼이 보험증권을 발행하였다. 1666년의 런던 대화재 이후 화재보험 가입자가 급속도로 늘었다.[20]

③ 1700~1900년, 1738년 D. Bernoulli는 경제적인 부와 만족감 사이의 관계를 "크기에 상관없이 부의 증가에서 비롯되는 만족감은 이전에 소유하던 재화의 양에 반비례한다."고 하여 인간의 본성인 욕망에 대한 '측정'을 시도하였다.[21] 다니엘 베르누이는 피터스버그의 역설(St. Petersburg paradox)에서 기대 수익이 매우 높은 투자대상이라고 하더라도 리스크가 큰 경우에는 투자가들이 오히려 그 대상을 기피하는 속성이 있음을 증명하였다.

④ 1945년 산업보건과 고도위험산업에 위험관리의 원리가 적용되었다. 사람이 사고를 당하기 쉽거나 사업장의 이직률이 높은 직관적 대상의 장소로 전체적으로 위험상황을 수용하기 어려운 화학이나 원자력산업과 같은 고도위험산업에서 선도적으로 적용되었다. 이때부터 안전위험평가는 의무적이지 않지만 많은 사업장에서 일반화되었다.

⑤ 1960년대에는 위험관리기업과 재무위험관리, 위험관리 전문가가 출현하였다. 위원회 수준의 위기관리전문가의 출현은 1960년대에 시작되었고 기업 거버넌스와 뛰어난 재무위험관리의 필요성은 위원회에서 큰 인식의 변화에 따라 최근에 더욱 촉진되었다. 위험관리가 비즈니스 자체의 도구로써 인정되었고

20) Peter L. Berstein/안진환 · 김성우 옮김, 전게서, p.149.

21) *Exposition of a New Theory on the Measurement of Risk*(Specimen Theoriae Novae de Mensura Sortis, 1738), Daniel Bernoulli, Econometrica, Vol. 22, No. 1(Jan., 1954), pp.23~36.

비즈니스 성장에는 본질적으로 위험과 기회가 공존한다는 것을 인정하였다.

⑥ 1970년대에는 작업장안전의 토대로서 위험관리가 더욱 발전하였다. 안전에 대한 위험관리의 수준이 표준으로 정립되었다.

⑦ 1980년대에는 보안에 관한 의사결정의 토대로서 위험관리의 가치가 광범위하게 인정되었다. 보안위험관리는 영국의 보안관리과정의 교과목으로 소개되었다. 그로부터 20년 이내에 대기업의 75% 이상이 보안에 관한 의사결정의 토대로 위험관리를 활용한다. 보안관리 직종에서 교육과 훈련의 표준화의 부족은 보안관리에서 위험관리의 원리는 대단한 가치를 의미하며 다소 더디지만 20세기 후반에 광범위하게 수용되기 시작되었다.[22)]

2. 위험관리 이슈

무슨 일이든지 주요한 의사결정을 하는 경우에 주어진 활동이나 위험노출에 대해서 무엇을 해야 하는지에 대하여 의사결정자로서 반드시 고려하여야 할 요소가 위험이라는 것에는 거의 논쟁이 없다. 그러나 실무용어로서 이것이 의미하는 것에 대하여 동의하기는 어렵다. 위험평가와 위험관리에 관한 현존하는 지식체계의 대부분은 보안의사결정과 관련된 것으로 애매모호함과 복잡성, 불확실성의 정도가 이슈마다 상이하기 때문에 위험관리 방법론이 개발되었다.

이러한 사실은 보안과 관련된 정책결정을 하는 과정의 요인으로 위험을 평가하고 고려하는 공통적인 체제를 개발하는 중요한 도전이다. 더불어 절차적인 질문에 대해 추가적으로 다음과 같은 여러 가지 이슈에 대하여 답변할 필요가 있다. 누가 위험평가를 책임지는가? 누가 수행 자격을 가졌는가? 책임은 누구인가? 행동에 대한 대안과정은 어떻게 개발되어야 하고 평가되는가? 잠재적인 결과가 거의 0에 가까울 수도 있으나, 천문학적일 수도 있는 실제적인 가능성은 알 수

---

22) ARC Training(2008), *Security Management stage 3(strategic skills), section 1-A, Understanding Security Risk Management*, p.1.

없는 잠재적 문제에 대한 비용편익분석을 어떻게 진행하는가? 공격자의 보안대책에 대한 적응반응은 어떻게 잠재적인 보안대책으로 고려하여야 하는가?

물론, 실무자들은 상기의 질문에 대한 적절한 답변을 하기 위한 상당한 진전과 조직과 공동체 전반에 대한 위험책임의 분배와 복잡성에 대한 충분한 이해가 이루어져야 한다.

1) 보안위험관리 공정

모든 위험은 목표에 대한 잠재적 영향력을 나타낸다. 보안위험관리에서 위험은 대체적으로 재산, 기능, 가능성 또는 3가지 모두의 조합에 대한 부정적인 영향력을 의미한다. 그렇지만 보안위험관리의 또 하나의 중요한 목적은 조직이나 개인의 기회를 실현시키는 것을 지원한다는 것이다. 대체적으로 위험은 사건이 발생할 가능성과 사건의 결과의 관점에서 평가된다.

위험은 우리의 통상적인 이해나 정보보다 더 다양하고 의미가 확대될 뿐만 아니라 문화와 공동체 사이의 상황에 따라 달라지고 점진적으로 진전하고 있는 개념이다. 오늘날 위험의 개념은 위협요소, 취약성, 결과가 서로 결합된 의미이다. 그러나 위험관리공정이나 절차는 필연적으로 옳고 그름의 문제가 아니라는 것을 이해하는 것이 중요하다. 오히려 위험은 어떤 특정한 상황이나 조건에서의 적절성여부와 관련이 깊다.

위협요소, 취약성, 조직과 공동체, 개인을 결정하는 경우에는 반드시 위험평가를 착수해야 한다. 여기에서 중요한 것은 위험평가실행의 결정, 적용, 모니터링하는 과정이다. 이러한 전체적인 활동을 위험관리공정(그림 3-4)이라고 부른다.

'위험'이란 용어는 종종 위험을 명확하게 측정하거나 표현이 가능한 것으로 인식되기도 하나 여기에 사용되는 데이터가 종종 현재 상황을 반영하는 것보다는 과거의 수치를 토대로 하기 때문에 많은 점에서 수량화 또는 위험을 측정 가능한 것으로 오해할 소지가 있다. 따라서 보안위험관리에서는 보안공격과 위협요소의 치명성과 빈도가 만약 해당 조직에서 특정한 유형의 공격을 지금까지 경험하지 않은 경우에는 거의 활용가치가 없다.

예를 들어, 어떤 조직이 해킹공격의 대상이 되었던 과거의 어떤 경험도 없는 경우에, 특히 최근에 조직에서 보안대책을 갱신한 경우에는 이러한 경험하지 않은 사실을 미래의 해킹사건의 발생가능성에 대한 고려에 반영할지 안 할지에 대한 판단이 선행되어야 한다.

여러 이유로 미래의 불확실성의 고려는 중요하며 보안위험관리의 위험내역에서 양적인 위험관리보다는 불확실성을 포함하는 것이 중요하다. 또한 불확실성의 요소에서 위험이 항상 부정적인 결과에 관한 것이 아니라는 점을 강조한다. 위험에서 긍정적 위험이란 조직이 더 중요한 가능성을 달성하기 위하여 추진하는 과정에서 발생하는 위험을 말한다. 긍정적인 위험의 예를 들면, 새로운 오일탐사와 같은 프로젝트의 개시는 조직의 미래에 계속적인 재정적인 이익의 기대치를 높이게 한다. 따라서 무언가 부정적인 영향을 미칠 수 있는 잠재적인 요소는 위협요소의 전조로 이것이 누적되면 부정적인 결과로 이어지듯, 긍정적인 기회의 전조는 긍정적인 결과, 즉 이익이 된다.

위험에 대한 정확한 정보를 토대로 한 의사결정에서 현대 비즈니스와 모든 업무에서 위험은 피할 수 없는 부분이며, 미래의 특정한 불확실성 중 하나이다. 오늘날 거의 모든 조직운영에 관한 임무와 공정에는 위험의 프리즘을 통하여 검토하며 보안위험관리는 대표적인 방법이다. 보안위험관리의 주요한 활동은 재산, 기능, 가능성을 보호하는 것이나 보안위험관리의 기본적인 측면 중에 하나가 운영활동을 구체화하거나 재원분배를 최적화하는데 정확한 정보를 토대로 한 의사결정과정이다. 이러한 과정을 위험을 토대로 한 의사결정과정이라 한다.

2) 절차와 방법

최고수준의 위험평가공정은 다음의 내용들을 포함하여야 한다.

① 조직 환경의 정립을 통하여 평가공정에서 발생하는 전략, 조직, 위협요소/위험상황을 정립한다. 또한 위협요소와 위험에 대응하는 평가기준이 정립되어

야 하고 분석틀을 정한다. 이것은 조직의 내·외부 환경에 관한 정보의 수집과 분석을 통하여 이루어진다. 이를 근거로 하여 정보분석과 목표로 한 정보의 생성은 정확한 상황평가의 토대를 제공하게 된다.

② 상황에 대한 평가자료를 토대로 조직은 내·외부 위협요소가 무엇인가를 규명하려면 잠재적 위험에 대하여 왜, 어떻게, 무엇에 대한 항목에 대하여 명확한 위협요소평가표를 개발할 수 있어야 한다.

③ 발생가능성과 결과에 대한 분석과 평가를 진행한다. 신뢰할 만한 위협요소를 규명하고 난 다음 조직에서는 규명된 위협요소에 대한 현재의 방벽과 통제장치의 효율성에 대하여 결정하고 자료를 저장한다. 레드팀(red team)[23]을 활용하여 새로 도입한 시스템과 현재 시스템에 대한 포괄적인 공격을 통해 기업의 시스템 혹은 운영상 취약점을 파악하고 대응 역량을 강화할 수 있도록 한다. 규명된 위험의 발생가능성과 결과에 대한 분석, 대응책의 효과성은 추정된 위험수준을 산출하기 위하여 결합한다.

④ 처리계획을 개발한다. 효과적인 처리계획에는 반드시 정보, 사람, 물리적 보안위험관리 대책의 조합이어야 한다. 이것은 규명된 위험에 대한 근본원인에 대한 이해를 바탕으로 하고 변화관리원칙을 포함한 해결책을 제공한다. 또한 처리계획에는 규명된 처리방법이 실패할 경우를 대비하여 우발상황에 대한 규정과 비즈니스 연속성전략이 포함된다.

⑤ 새로운 맥락을 정립한다. 대부분의 경우에 규명된 위험이 발생하는 경우에 대비한 예방적 처리방법과 규명은 조직의 내·외부 환경의 초기 평가를 변화시킨다. 또한 변화관리공정의 적용에는 상황변화를 고려하여야 한다. 보안위험관리는 연속되는 공정이므로 새로운 위협요소에 대한 평가는 계속적으로 진행되어야 한다.

⑥ 추가적인 고려사항. 미국 국토안보부에서는 2003년 취약성평가보고서에서

23) 미군이 모의 군사훈련 때 아군을 블루팀, 적군을 레드팀으로 이름 붙여온 데서 유래하며, 조직의 효율성 개선을 목적으로 시스템적인 취약점을 발견하기 위하여 독립적으로 운영되는 집단으로 조직 내부의 전략 수립에 개입되지 않은 독립적인 팀이 경쟁자들처럼 생각하고 모의훈련으로 기존에 세워진 가설을 검증하고, 취약점을 살피고, 나아가 대응책을 분석하는 과정을 통하여 복잡성에 대해 새로운 시각으로 해결책을 제시하는 것을 목적으로 한다.

10단계 위험평가 절차기준을 발표했는데, 위험의 특성과 취약성분석모델을 평가하기 위한 기준은 다음과 같다. 이 평가기준은 주제별 전문가 위원회에 의해 개발되었는데 다음과 같은 위험절차에 대해 제안하였다.

ⓐ 평가된 기간산업 영역에 대하여 명확하게 규정한다.

ⓑ 시설, 정보, 운영과 같이 중점을 두어 다루어야 할 보안분야를 구체화한다.

ⓒ 개별적인 재산과 관련된 구체적인 자료를 수집한다.

ⓓ 보호할 핵심 재산을 규정한다.

ⓔ 보호할 재산의 손상 또는 손실의 충격을 결정한다.

ⓕ 분석적 위험평가를 실시하고 개별 재산에 대한 우선순위를 정한다.

ⓖ 상대적으로 저렴한 훈련이나 시행방법을 찾는다.

ⓗ 대응책에 관한 구체적인 권고사항을 만든다.

사실상 상기목록은 일반적인 내용이므로 구체적으로 조직의 특성에 맞게 응용하여 적용하면 될 것이다.

3) 위험관리의 장점[24)]

위험관리는 뛰어난 비즈니스 활동과 특성관리의 핵심적인 부분이다. 관리자가 어떻게 위험을 효과적으로 관리할 것인가를 학습하는 것은 이슈를 광범위하게 분석·규명하고 정확한 의사결정을 통한 체계적인 방법을 제공함으로써의 결과의 향상을 강화시킨다. 또한 체계화된 위험관리 접근방법은 혁신을 통하여 지속적인 개선을 위한 좋은 기회를 강화시킨다.

위험을 관리하는 기본적인 원리는 사실상 포괄적이며 크게는 모든 개별적인 유형의 조직구조와 독립적이다. 위험관리기법은 모든 직급의 구성원에게 그들 개개인이 갖는 책임의 핵심부분인 위험을 관리하는 체계적인 접근방법을 제공한다.

위험관리의 구체적인 장점은 다음과 같다.

24) AS/NZS 4360:2004, *Risk Management Guidelines*.

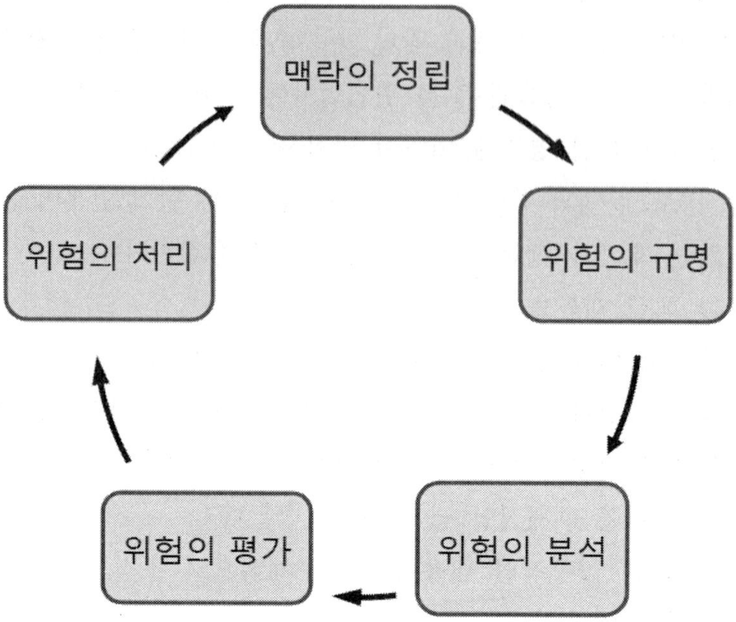

(그림 3-4) 위험관리공정

① 예기치 않는 상황발생의 감소: 부정적인 사건의 통제는 사건의 영향력을 감소시키고 발생개연성을 최소화하는 행동을 실천하는 것을 강화시킨다. 심지어 조직에서 해당 사건을 예방하지 못한다 하더라도 이에 대비한 계획수립과 준비를 통하여 회복탄력성의 수준을 향상시킨다.

② 기회의 활용: 만약 위험의 이해에 대한 확신과 위험을 관리할 수 있는 능력을 보유하고 있다면 행동기회는 강화된다.

③ 계획수립, 업무수행과 효율성의 개선: 조직에 관한 전략적인 정보에 대한 접근, 운영과 환경은 더 견실하고 효과적인 계획수립을 가능하게 한다. 이것은 다음에는 조직의 기회포착능력을 강화하고 부정적인 결과발생을 완화시키며 더 향상된 업무수행을 가능하게 한다.

④ 경제적 그리고 효율적: 경제와 효율에서의 장점은 재산보호와 비용이 들어가는 실수를 회피하고 재원을 목표로 정함으로써 성취된다.

⑤ 이해관계자와 관계개선: 위험관리는 내 · 외부 이해관계자를 구분하는데 도움이 되며 이해관계자와 조직 간의 양방향 대화를 촉진한다. 대화채널은 이해관계자가 새로운 정책, 제품과 의사결정에 대하여 어떻게 반응하는가와 이해관계자에게 특정한 행동이 취해진 이유에 대한 이해를 제공하여 조직에게 풍부한 통찰력을 제공한다.

⑥ 의사결정정보의 향상: 위험관리는 더 정확한 정보와 중요한 투자와 인수합병과 같은 전략적 의사결정을 지원하는 분석을 제공한다.

⑦ 평판의 향상: 투자자, 금융기관, 공급업체, 고객은 위험관리에 관한 견실한 공정을 가진 조직을 신뢰하게 된다.

⑧ 임원진 보호: 건실한 위험관리는 잠재적인 위험에 대한 인식제고를 통하여 기업의 임원진이나 중요인물의 강화된 공시의무(enhanced disclosure)를 촉진하고 적절한 기업실사를 증명한다.

⑨ 책무, 보증과 거버넌스: 위험관리는 조직의 개별 직급에 중점을 둔 강화된 조직의 업무수행과 요구조건에 대한 순응에 따라 채택된 관리방법의 기록과 입증에 따라 획득된다.

⑩ 개인의 평온: 개인적인 위험에 관한 효과적인 위험관리는 전반적으로 자신과 타인의 평온과 건강을 증진시킨다.

3. 위험관리 공정

위험관리절차는 다양한 형태와 유형이 존재하므로 개별적인 조직에 가장 적절한 방법을 선택하는 것이 필요하다. 대부분의 위험절차의 토대는 모든 위험을 규명하기 위하여 반드시 개별적으로 검토하여야 하는 독특한 구성요소의 사이클을 포함한다. 미국 회계감사원의 위험관리공정은 이러한 모델의 하나이며 위험관리에 대한 인식의 강화는 단일한 한 번의 공정보다는 서로 연관된 활동의 연속공정으로 (그림 3-4)는 기초적인 위험관리공정이고,[25] (그림 3-5)는 미국 산업보안협회에서 주로 사용하는 산업보안분야의 적용되는 위험관리공정이며, (그림 3-6)는 미국 회계감사원의 위험관리체계를 보여준다.

미국 산업보안협회의 위험관리공정은 사전지식을 토대로 하여 위험관리자와 분석가는 ① 자산평가, ② 위협평가, ③ 취약성평가, ④ 위험평가, ⑤ 대응책 선정의 순서로 위험관리 모델의 5단계를 시작한다.[26]

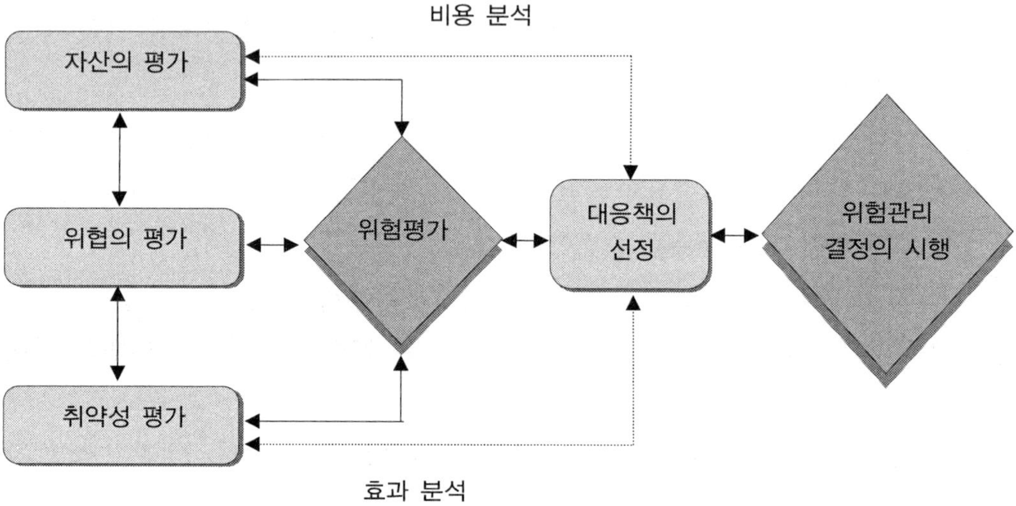

(그림 3-5) 위험관리공정 5단계

이러한 위험관리 5단계 공정은 기업에게 다음과 같은 사항을 가능하게 한다.

① 기업에서 보호가 필요한 주요자산이 무엇인가를 결정하게 한다.

② 중대한 자산에 위협이 되는 다양한 요소들의 유형을 알 수가 있다.

③ 특정한 위협요인과 관련된 구체적인 취약성에 대한 고려가 가능하다.

④ 계속적인 기업운영을 통하여 원치 않는 사고의 결과나 영향에 대하여 알 수가 있다.

---

25) AS/NZS4360: 2004 *Risk Management Standard and Schneier*(2006).

26) Carl A. Roper(1999), *The Risk Assessment: Five-Step Risk Management Process*, BH, pp.6~7.

⑤ 원치 않는 특정사고와 관련된 상대적인 위험의 수준을 견적할 수 있다.

⑥ 이미 발생하였던 원치 않는 사고와 유사한 사고를 줄일 수 있고 위기를 완화시키는 활동이나 대책들을 세울 수 있다.

⑦ 다양한 위기완화 전략의 비용효과에 대하여 분석이 가능하다.

⑧ 최고경영진이나 기업의 고객들에게 현재의 위험분석결과나 대책선정과 권고사항에 대하여 전달할 수 있는 전략을 수립할 수 있다.

이와 같은 위험관리공정에서는 사려 깊은 판단이나 위험관리 지식을 개발하여 관리정보로 사용하기 위하여 5단계의 분석적 방법론인 시스템적인 접근이 필요하다.

1) 관련용어의 정립

보안위험관리의 핵심요소는 위험관리와 다른 형태로부터 구분하는 것으로 이러한 위험관리공정은 실제로 보안리스크평가와 보안위험관리와 같이 2가지 요소로 구분된다.

이러한 구분의 이유는 다음의 요소에 따른다.

① 전문가의 수준이 보안리스크평가의 수행과 구체적인 처리조치와 종종 내부전문가나 외부 컨설턴트의 권고의 필요성에 대하여 요구한다.

② 위험관리처리의 구현은 제한된 보안위험관리 경험을 가진 라인 관리자의 책임과 보안리스크평가에 의해 권고된 보안대책의 이행을 포함하게 된다.

물론 이것은 모든 조직의 경우에 해당하는 것은 아니지만 조직 내부에 고위직 전문가를 보유한 대부분의 조직에 적용된다. 그럼에도 불구하고 보안위험관리업무에서는 종종 책임소재가 분리되는데, 이것은 산업안전보건, 파생상품거래 분야나 위험을 평가할 수 있는 충분한 전문가가 이행의 책임을 지는 보험가입과 같은 다른 위험관리분야와는 다르다.

보안리스크공정과 관련된 용어를 확립한 다음 단계에서는 위험관리공정의 모든 분야의 요소들과 계속적으로 정보를 교환함으로써 모니터링과 검토를 한다.

보안위험관리 상황에 대한 완전하고 포괄적인 정립에서 중요한 것은 ㉠ 외부 상황, ㉡ 내부 상황, ㉢ 보안위험관리상황, ㉣ 공정과 프로그램의 구조, ㉤ 평가 기준과 위험성향, ㉥ 투자자의 보안의제(agenda), ㉦ 보안의 비즈니스 사례가 없이는 이해하기 불가능하므로 투자자는 여러 가지 보안위험관리에 주요한 영향을 미치는 사항을 규명하는데 참여하여야 한다.

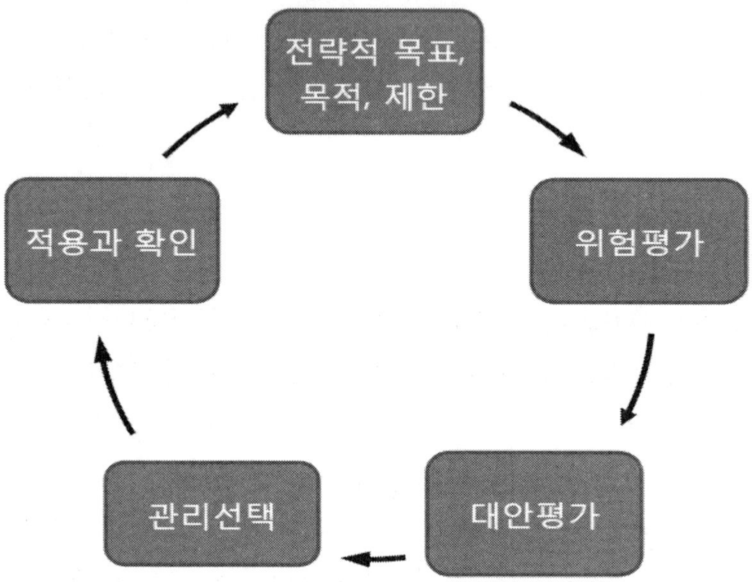

(그림 3-6) 미국 회계감사원 위험관리체계

이러한 상황개념은 보안위험관리체계의 세부적으로 광범위하게 연구되어야 하므로 여기에서 간략히 설명하는 것에는 한계가 있다. 실제로 공정의 초기단계의 모든 보안위험관리에서 적절한 준비의 중요성을 지나치게 강조하기는 어렵다. 공정의 개별단계가 모두 중요하나 상황을 정립하는 이러한 기본적인 단계는 종종 경험이 부족한 실무자들에게 있어 위험의 규명과 처리방안에 대해서만 중점을 두므로 대충 얼버무리고 넘어가기도 한다. 따라서 이 점에 대한 전문적인 분석 없이는 위험평가와 처리계획이 간과되거나 핵심적인 위험을 잘못판단하게 될 가능성이 크다.

보안리스크평가 공정의 마지막 단계는 위험을 파악 또는 식별하는 것이다. 위험파악은 일반적으로 상황에 대한 정의와 위협요소, 취약성, 치명성평가에 대한 정확한 정보, 그리고 과거의 경력사항, 관리시스템과 프로그램 활동으로부터 시작된다. 위험파악과 관련된 이러한 활동은 위험노출분야에서 상세하게 다룬다. 위험관리공정에서 이 분야에서는 조직이나 공동체, 개인이 직면한 실제적인 위험이 무엇인가를 파악하는데 목적이 있다.

2) 위험의 분석

보안시스템, 방벽, 보안요원과 같은 보안조치의 계속적인 유지관리와 조달, 이행, 기술적인 대응책의 적용과 유지는 조직에서는 중요하고 긴급하며 지속적인 비용을 필요로 한다. 위험등록부는 규명된 위험을 분류하고 위험발생을 예방하기 위한 비용과 규명된 위험을 구체화하는 비용을 측정하는데 유용한 방법이다. 위험등록부의 기준은 규명된 위험에 대한 재산의 치명성과 한정된 물리적 보안재원과 기반시설의 재원을 분배하는 체계를 제공한다.

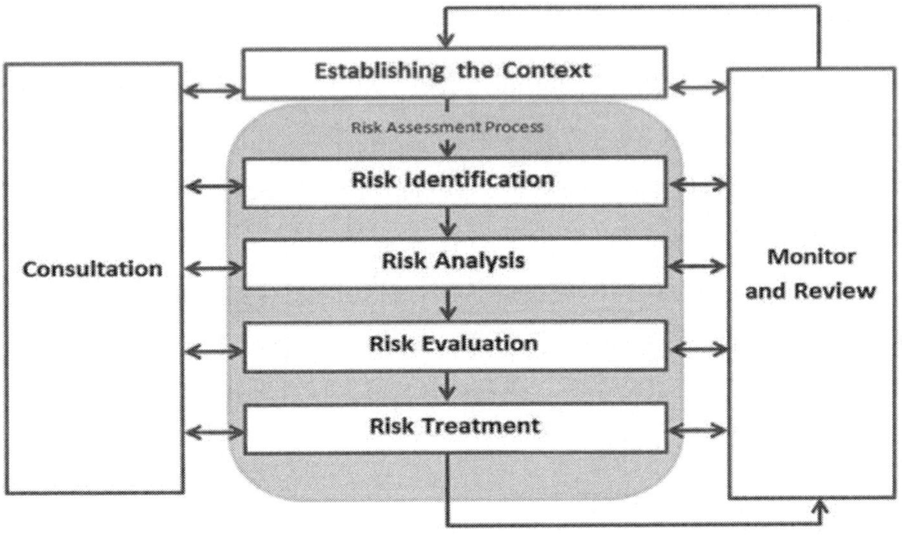

(그림 3-7) AS/NZS 4360:2004 위험관리공정

위험등록부는 다음과 같은 사항에 대한 개관을 제공한다.

① 조직의 핵심적인 위험이란 조직의 중장기 목표의 수행과 조직의 지속적인 생존을 위태롭게 하는 것을 말한다.

② 위험의 현실화에 따른 결과를 추정하게 한다.

③ 위험의 현실화 가능성과 영향력을 추정하게 한다.

④ 위험완화전략과 위험이 현실화될 경우에 대비한 우발상황에 대한 대책을 수립하기 위한 관리와 통제체계의 수립을 가능하게 한다.

⑤ 적소에 관리와 통제계획의 책임을 수행하는 책임자를 지명함으로써 만족스러운 위험관리운영과 개선을 이루도록 한다.

⑥ 위험상황이 발생하는 경우에 영향력과 추가적인 행동을 최소화하는 간단한 성명서를 만든다.

3) 위험의 평가

가장 상식적인 위험평가기법의 하나는 위험발생 가능성과 파급결과를 결정하는 것이다. 때때로 이러한 매트릭스는 다음의 3가지 방법 중에 1~2가지를 활용하여 결정한다.

① 위험을 정의하고 평가하기 위한 기술방식과 단계를 활용하는 질적 방식

② 역사적 혹은 계산된 데이터를 활용한 양적 방식

③ 가능성, 파급결과, 위험에 대한 일반적 혹은 비교평가를 제공하는 숫자를 활용하는 정성적 평가와 정량적 평가를 결합한 방식

위험평가분석에서 역사적인 데이터뿐만 아니라 위험공정과 관련된 주관성을 배제하는 것이 가능하다면 맨 마지막 방식이 가장 유용하다.

개별적인 이러한 접근방법의 장단점을 종합적으로 비교하면 다음과 같은 상황에 따른 다양한 공식이 제안된다.

① 위험(R)=위협요소(T) × 위험성(H)

(R=보안리스크, T=위협요소 수준의 정량적 또는 반정량 분석(어느 정도의

양적 판정을 가미한 정성적 분석)으로 낮음에서부터 높음까지로 평가한다. H=위협요소가 발현하는 경우의 결과로 인한 영향)

② $R=T_L \times I$, (R=보안리스크, T_L=위협요소 발생가능성, I=위협요소 발생영향력)

③ 공격위험성(R)=공격의 심각성(S) × 공격가능성(L_A)

④ $R=S \times L_A \times (1-E)$, (R=공격위험성, S=공격의 심각성, L_A=공격가능성, E=보안시스템이나 통제방법의 효율성)

⑤ $R=S \times (L_A L_{AS}) \times (1-E)$, (R=공격위험성, S=공격의 심각성, L_A=공격이 시행될 가능성, L_{AS}=공격이 성공할 가능성, E=보안시스템과 통제방법의 효율성)

⑥ $R=C \times T \times V$, (R=상대방의 공격과 결합된 위험이나 시스템/재산의 실패, C=시스템 또는 재산의 실패나 상황의 악화와 관련된 부정적인 결과, T=위협요소, 시스템이나 재산에 피해를 줄 잠재성을 가진 주어진 공격 시나리오와 원치 않는 결과가 발생할 원인의 개연성 또는 가능성, V=재산이나 시스템에 대한 공격 또는 실패에 대한 취약성)

⑦ $R=C \times L$, (R=정의할 수 있는 결과와 함께 발생한 사건의 위험, C=사건의 발생에 따른 결과, L=이러한 결과를 초래할 사건이 발생할 가능성)

⑧ $R=C \times L \times (1-E)$, (C=보안리스크사건의 결과, L=규명된 결과를 초래할 사건발생 가능성, E=보안통제환경의 효율성)

⑨ $R=C \times L \times V$, (C=보안리스크사건의 결과, L=규명된 결과를 초래할 사건발생 가능성, V=개인이나 재산, 조직, 공동체의 위험에 대한 취약성)

⑩ $R=C_r \times L \times V$, (C_r=재산에 치명적인 수준의 영향, L=치명적인 수준의 영향을 수반하는 위험발생가능성, V=취약성)

⑪ $R=(T \times V) \times C_r$, (T=위협요소, V=취약성, C_r=치명성)

⑫ $R=T_L \times V \times C_r$, ($T_L$=위협요소 가능성의 구성: 일반적 위협요소 가능성+구체적 위협요소 가능성, V=취약성 구성: $VG+V_s+VR$) 여기에서 VG=일반적 위협요소에 대한 취약성, V_s=구체적 위협요소에 대한 취약성, VR=구체적이고 일반적 위협요소에 대한 취약성, C_r(치명성의 구성)$=C_s \times C_p \times C_o$, ($C_s$=사회적 치명성, C_p=개인적 치명성, C_o=조직적 치명성)

(표 3-5) 다양한 위기측정법의 장단점

접근방법	장점	고려사항
R=T×H	단 2가지 값만 검사하면 되므로 간단함.	위험요소 수준과 충격사이의 결합을 직접적으로 강조할 필요가 없다. 위협요소는 가능성과 동일하다고 가정한다. 이러한 접근법은 피해가능성과 동일하지는 않다. 위협요소와 피해 그리고 대략적인 위험의 결정에 대하여 절대적으로 고려하는 통제체계를 필요로 한다.
R=T_L×I	위협요소 발생가능성의 도입을 통하여 잠재적 사건 개념을 도입한다.	위험가능성에 대하여 매우 정확할 필요가 없다. 위협발생가능성과 충격 사이의 직접적인 관계가 필요 없다. 대략적 위험을 정하기 위한 통제체계에 대한 고려가 필요하다.
R=S×L_A ×(1−E)	통제환경에 대한 효율성에 대한 고려가 필요함, (1-E)표기는 취약성개념의 도입 시도	공격가능성이 잔존할 가능성은 있으나 반드시 성공적인 공격가능성은 아니다.
R=S×(L_A L_{AS})×(1−E)	공격이 성공할 가능성을 고려한다. 위험 추정치를 향상시킨다. 통제체계의 효율성을 고려한다.	가능성은 위험의 결과(치명성) 가능성에 대한 고려가 아니다.
R=C×T×V	보안리스크에서 몇 가지 핵심요소들 사이의 관계를 고려한다.	아직 위협요소의 가능성에 대한 고려를 할 것이나 반드시 결과가능성은 아니다.

R=C×L	위험관리에 대한 기준이 되는 정의, 사건결과와 이러한 결과를 초래할 사건 발생가능성에 대하여 고려한다.	위협요소에 대한 개념이 무엇이가에 대하여 중점을 두고 다룰 필요성은 없으나 취약성은 해당 분석을 반영한다.
R=C×L ×(1−E)	통제효율성에서 문제점 검사를 통한 취약성 개념의 도입을 개시한다.	결과와 가능성에 대한 평가에서 위협요소, 취약성, 치명성의 주관적 고려가 요구될 수 있다.
R=C×L ×V	위험에서 취약성의 충격을 고려한다.	결과와 가능성의 평가에서 위협요소와 치명성에 대한 주관적 고려가 필요할 것이다. 단지 가능성이나 결과의 개념을 취약성에 적용하려는 시도는 하지 않는다.
R=C_r×L ×V	치명성의 개념을 도입한다.	결과와 치명성 사이의 직접적인 비례관계를 추정하나 현재는 없을 수도 있다.
R=(T×V) ×C_r	상기 개념과 동일	결과와 치명성 사이의 직접적인 비례관계를 추정하나 현재는 없을 수도 있다. 위협요소×취약성의 산출물의 가능성에 대하여 추정하나 부정확한 추정일 수 있다. 결과가 가능성을 항상 필요로 하는 것이 아니라는 것을 수정하게 하는 취약성 핵심요소에 대한 전망을 무시한다.
R=T_L×V ×C_r	가능성과 결과를 넘어서는 전체적인 취약성의 영향력을 고려한다.	항상 해당상황은 아니지만 결과와 직접적으로 비례하는 치명성에 대하여 추정한다. 비록 부정확한 추정일 수는 있으나 위험가능성과 동등한 위협요소가능성에 대하여 추정한다.

4. 위험의 처리방법

위험의 처리방법에는 대응책의 범위를 포함하여 위험에 대한 대응과 통제가 있다. 위험처리의 목적은 위험을 제거하는 것이 아니라 위험이 존재하는 장소에는 가능한 합리적으로 수용 가능한 가장 낮은 수준(ALARP)으로 위험성을 줄이는 것이다.

1) 위험처리원칙

개인이나 조직의 위험수용수준에 관계없이 다음의 핵심적인 패러다임이 준수되어야 된다.

① 불필요한 위험은 받아들이지 않는다. 불필요한 위험은 기회나 이익에 비례하는 보상 없이 발생한다. 따라서 주어진 임무를 달성하는 가장 논리적인 선택은 최소한의 위험에 부합하도록 모든 비즈니스 요구조건을 맞추는 것이다.

② 비용보다 수익이 더 많은 경우에는 위험을 수용한다. 만약 업무의 중요성과 수익이 업무와 관련된 위험을 수용할 수 있는 정도로 정당성이 있으면 위험을 수용한다. 그러나 가능하다면 무시할 수 있는 정도까지 위험을 감소시키려는 의도를 유지하면서 업무를 수행하는데 위험을 수용한다. 그러나 수용 정도는 의사결정자가 책임을 질 수 있는 합리적인 한도로 제한된다.

③ 위험은 위험발생 지점에서 관리되어야 한다. 조직은 가장 적절한 수준에서 위험에 대한 결정을 하여야 한다. 위험관리절차에 대한 가장 기본적인 원칙은 반드시 위험평가와 결정과정을 포함한 업무의 성패에 책임을 져야 한다. 예를 들어, 국제민간항공조약에선 항공기 기장은 임무를 수행하는데 개인적인 책임을 지고 위험이 존재하는 장소에는 가능한 합리적으로 수용 가능한 가장 낮은 수준의 위험한계를 수용할 수 있는 권한이 주어진다. 그럼에도 불구하고 위험에 대한 즉각적인 결정이 필요하나 잔존위험을 수용할 수 있는 수준까지 줄일 수 없는 경우에는 위험처리에 대한 선택이 가능할 경우에 지휘계통상 상위 의사결정자에게 의사결정을 위임하여야 한다.

2) 보안위험관리 방법

위험관리계획의 수립은 위험관리에 필요한 경영진의 지원과 동력을 조직에 제공한다. 또한 위험관리계획은 규명된 위험과 관련된 위험관리비용과 현존하는 개별 위험에 대한 가장 적절한 위험처리에 대한 방법 모두를 감소시키는 전략을 포함하여야 한다.

보안위험관리의 처리원칙에서 보안위험관리 처리설계의 핵심요소는 억제, 거부, 지연, 감지의 목표를 포함하고 잠재적인 공격에 대한 대응과 처리방법도 적용한다.

(1) 억제(deter)

억제방법은 잠재적인 침입자나 부정행위자의 의도나 허가되지 않는 해로운 행위에 대하여 조직의 고유한 재산보호 역량을 보여주는 장치나 장벽, 또는 허가되지 않는 행동의 시도에 대하여 보호 장치나 장벽을 활용한 보호대책의 인식된 역량이 침입시도를 능가할 것이라는 결과를 보여주는 것이다.

억제방법에는 많은 형태를 선택할 수 있다. 담장, 표지판, 보안요원, 경비견은 재산에 대한 불법적인 침입을 억제할 것이다. 억제장치는 가시적이고 적용 가능하여야 한다. 즉, 억제장치는 어떤 행동을 방해하고 있다는 것을 쉽사리 인식하도록 하고 해당 목적에 적합하여야 한다. '침입자는 고소될 수 있습니다'와 같은 표지판은 침입자에게 확실하게 전달되는 반면에 '개조심'은 그렇지 못하다.

유사한 고려사항은 장벽의 적용가능성 여부와 여러 가지 물리적 억제요소에 대하여 평가하여야 한다. 해당 지역이나 조직의 규정에 의거하여 어떤 유형의 장벽설치가 제한되거나 또 특정한 형태의 장벽은 비즈니스 환경에 부적합하기도 한다. 더불어 침입방지나 기록을 목적으로 한 CCTV 카메라의 사용은 방범용 장비로 가장 보편적이나 사생활보호 등 여러 가지 부작용에 따라서 사생활보호가 요구되는 특정한 구역에서는 사용이 제한되기도 한다.

억제조치에 사용되는 비용은 반드시 보호대상의 손실비용과 상대적이어야 한다. 보안요원이나 경비견의 활용은 일반적으로 적절한 침입억제방법이나, 보안요원이나 경비견과 같은 인간이나 동물재산의 자체적인 잠재적 손상이나 피해와 관련된 위험성이 보호대상 재산의 손상이나 피해와 관련된 위험보다 더 중요하게 고려되어야 한다.

(2) 거부(deny)

재산에 대한 불법적인 접근에 대한 거부는 보안수준을 제고하기 위해 사용하는 또 다른 방법이다. 거부 형태에는 물리적인 거부, 전자적인 거부와 접근거부와 같은 다양한 형태를 활용할 수 있으며, 이러한 방법을 이용할 수 없는 경우에는 재산을 재배치한다.

(3) 지연(delay)

침입을 지연시키는 방법은 장벽이나 시나리오로서 재산에 대한 불법적인 침입에 대해서 다른 보호대책이 효과를 발휘하도록 시간을 지연시키는 역할을 한다. 지연요소는 심층보안 개념에서 중요하다. 대체적으로 차량의 접근을 차단하는 방벽의 경우는 사람의 접근을 방지하는데 유용하지 않고, 구역에 대한 불법적인 진입의 통제에는 어느 정도 효과가 있으나 미처 대응조치가 작동하기도 전에 급속한 진입에는 효과가 없으므로 이러한 경우에 우려와 혼란의 가능성이 증가되므로, 이에 대비한 실무자의 운영상의 대안이 수립되어야 한다.

(4) 감지(detect)

감지는 경보기, 시스템에 대한 로그, 직접적인 관찰, 순찰, CCTV, 침입시도에 대한 신호 등 다양한 수단을 통하여 가능하다. 감지는 실제적으로 불법적인 침입시도자의 침입 전후, 침입 과정에 상관없이 발생한다. 만약 감지기가 작동하면 침입자에 의한 현존하는 위험과 위협요소의 발생가능성, 대응상황에 대한 영향에 대하여 평가하는 것이 중요하다. 많은 경우에 시스템의 오경보 가능성과 오경보의 원인 그리고 원인을 알 수 없는 경우에 오경보로 대부분의 원인을 귀속시키는 것을 경계해야 한다.

(5) 대응(respond)

재산에 대한 침입행위의 감지는 위협수준에 부합하여 적절하고 지속적으로 유지되어야 한다. 또한 대응은 조직이나 재산과 관련된 상황을 고려하여 계속적으로 조정되어야 한다. 보안사건의 효과적인 해결을 위해서는 실무자의 훈련은 필수적이며 보안틈새에 대한 대응으로 침입자의 체포는 효과적인 대응의 결과로서 고려한다. 침입자에 대한 대응은 행위자를 가혹하게 처리하는 경우에 조직의 평판에 영향을 미치게 되므로 사례마다 가장 적절하게 처리되어야 한다.

(6) 복구(recover)

복구는 가능한 가장 신속하게 조직이 원하는 수준으로 조직의 역량을 되돌리는 것으로 모든 공격의 장기적인 결과를 완화시키는 최종적인 방어막이다. 효과적인 복구전략은 사건이 발생한 이후까지 기다릴 것이 아니라 원거리 백업이나 실제적으로 사건이 발생하는 것과 관계없는 연속된 공정의 방법으로 보험처리와 같은 대책에 의하여 복구조치를 사전에 기획하는 것이다.

3) 위험처리비용의 방법

(1) 민감도 분석

다양한 위험처리법과 관련된 비용과 수익을 평가하는 경우에 다양한 영향요인(독립변수)의 변화에 따라 종속된 값(종속변수)이 얼마나 변화하는가를 분석하는 민감도 분석은 유용한 기법이다. 이 기법은 가격과 같은 단일 변수만을 활용하여 처리방법을 선택하나 확대된 비즈니스 단위나 기능을 수행할 가능성을 대비하여 선택된 다양한 변수에 대한 변화의 영향을 조사한다.

조사하는 과정에서 특정 요소의 변화가 감지되면, 나타난 결과를 토대로 얼마나 민감하게 변화하였는지 평가가 가능하다. 수익에 대한 평가가 긍정적이면 개별적인 입력치를 검사하여 중립이나 부정적인 비용에서 긍정적으로 변화될 때에 변화된 값이 얼마인지 추정치를 결정한다.

민감도 분석은 내부수익률의 영향을 측정하는 것인데, 예를 들면 보안 프로젝트에서 보안사고의 변화, 사고빈도의 변화, 손실액의 변화, 매출과 수익률의 변화 등이 분석대상이 된다. 실무자는 확률분포를 예측하여 의사결정의 결과에 영향을 주는 어느 정도의 불확실성이 있는 다양한 변수의 종합적인 영향정도를 판단한다. 민감도분석의 하나의 형태는 '만약에'라는 가정(what if) 하에 일련의 질문을 한다. 만약에 상당량의 상품절도를 예를 들면 다음과 같은 질문을 하게 된다.

① 만약 상당한 상품절도가 예상보다 10% 증가한다면?
② 만약 상당한 상품절도가 예상보다 5% 감소한다면?
③ 만약 CCTV, 경고표지와 같은 위험처리비용이 절도피해액을 10% 감소시키는가?
④ 만약 위험처리비용이 10% 증가한다면?

상기의 질문에 대한 답변을 통하여 최종결과에 대한 부정확한 예측을 개선하는 것이 가능하고 위험처리에 관한 더 구체적인 조치를 적용할 수 있다. 그러나 이러한 질문의 약점은 한 번에 하나 이상의 변수를 사용하여 예상된 결과를 추정하기는 어렵다는 점이다. 그러나 한 번에 단 하나의 변수를 대입하더라도 위험처리방법의 선택이나 비즈니스 단위나 기능의 수행에 여러 가지 변수가 중요하게 고려되어야 한다.

(2) 시뮬레이션

시뮬레이션은 재정이나 프로그램 모델을 분석하는데 도움이 되는데 변수의 값은 미정이다. 이 문맥에서의 변수는 위험, 기회, 비용, 기간을 말한다. 시뮬레이션의 목적은 조합에서 입력변수를 고려한 수익성과의 분배와 이것과 연관된 특성을 얻기 위함이다. 시뮬레이션 이면의 생각은 복수의 '만약에'라는 가정(what if) 시나리오들을 시행하기 위한 사고와 유사하다.

공통적인 시뮬레이션 기법은 몬테카를로 모델로 여러 가지 변수 값의 조합으로 결과(outcomes)와 개연성(probability)의 범위를 결정하는 기법을 말한다. 분석자는 위험도와 수익의 다양한 조합을 분석하고, 이로부터 장기에 걸친 수익성이 높은 의사결정을 가능하게 하는 정보를 얻는다. 시뮬레이션은 몇 가지 현실 세계의 모델을 만들고 이 모델로 실험하는 것이다. 만약 내부인에 의한 지식재산절도의 위험에 의한 추정손실액이 5억 원에서 10억 원이고 발생가능성이 50%, 그러면 모든 다른 반복에는 위험과 위험에 대하여 지정된 값인 5억~10억이 포함된다. 그런 다음 이러한 공정이 일반적으로 5,000번 이상 반복된다면 지적재산절도의 손실비용이 현실적으로 가능한 결과가 5,000이다. 통계자료는 개별적 반복을 기록한 다음에 합계를 하고 히스토그램[27]에 의해 그래프로 나타내고, 가능한 재정적인 손실액의 범위, 확률분포(probability distribution), 누적빈도곡선 백분율로서 개별손실가능성을 보여준다.

이러한 접근방법은 불확실한 변수의 기대치(expected value)를 토대로 한 단일값 계산보다는 주어진 결정이나 선택과 관련된 위험에 대한 상당한 통찰력을 제공한다. 이러한 정보를 근거로 가능한 위험처리방법에 대한 선택으로 향상된 비용편익분석을 수행할 수 있을 것이다.

(3) 관찰과 검토

보안리스크환경은 항상 변하며, 조직, 공동체, 개인은 계속적으로 유동한다. 위험에 대한 모니터링은 변화하는 환경에 효과적으로 대응하기 위한 능력을 제공한다. 그러므로 '관찰과 검토'의 개념은 보안위험관리의 시행에 핵심적으로 중요하게 되었다.

다음과 같은 측면에서 계속적인 모니터링과 검토와 평가는 보안위험관리의 모든 단계에서 실시되어야 한다.

① 조직과 전략의 변화, 변화하는 보안리스크 상황은 개인이나 조직의 위험수준과 성질에 영향력을 미치게 된다.

② 발생의 정도, 성질, 유형, 보안리스크의 영향

③ 개인, 조직, 공동체, 투자자의 위험에 대한 허용정도의 변화

④ 보안리스크통제의 효율성

27) histogram이란 어떤 비교 대상의 양이나 수치 따위의 분포를 그에 비례하는 막대 모양의 도형으로 나타낸 그래프를 말한다.

⑤ 보안인식프로그램의 효율성과 다른 의사전달 계획

관찰과 검토의 개념은 다음과 같은 필요성을 근거로 한다.

① 계속적인 내·외부 환경에 대한 점검을 실시하고 상황과 보안위험관리 효과에 대하여 재고한다.

② 규명된 위험을 완화하기 위한 처리계획의 효율성과 효과성을 평가한다.

③ 역동적으로 변화하는 위험환경을 관리하기 위한 처리활동의 적절성을 재평가한다.

④ 효과성을 측정하고 의사전달의 성공과 자문활동을 시작한다.

⑤ 적시에 절절한 개선의 시행을 보장한다.

⑥ 보안위험관리공정의 시행을 계속적으로 점검하고 변화하는 조직의 필요성과 능력에 부합하도록 조정한다.

⑦ 적절한 의사결정자, 규제자, 위원회, 투자자, 경영진, 필요한 임직원에게의 보고를 통한 적절한 거버넌스를 보장한다.

⑧ 규정에 순응과 수행측정 모두에 중점을 둔다.

(4) 모니터링과 평가의 유형

모니터링과 평가는 다음의 내용을 포함한 여러 가지 형태가 있다.

① 변화와 부상하는 위험에 대한 내·외부 환경을 자세히 살핀다. 위험처리에 충분한 시간을 확보하기 위해 부상하는 이슈를 초기에 파악하는 것을 목적으로 한다. 비록 실제적으로 전략적 수준에서 필수조건이지만, 조직의 모든 수준에 모니터링 업무로 채택되어야 한다.

② 공정, 정책, 실천, 시스템뿐만 아니라 위험과 처리에 대하여 주기적으로 평가한다. 이러한 평가는 통제에 대한 자가평가와 같은 보증활동을 포함한 변화하는 위험이슈나 구체화된 상위목표로 한다. 해당 처리법과 통제전략은 연속적으로 적절성, 효과성과 효율성을 보장하는 것을 목표로 한다.

③ 빈번하고 계속성을 토대로 한 계속적인 모니터링은 공정운영자의 위험수준의 변화, 통제 붕괴, 사건발생, 경보 모니터링과 같은 확립된 지침에 따라

일상적인 확인활동을 수행한다. 계속적인 모니터링의 목적은 위험처리 이행과 효과적인 통제, 새로운 위험이 발생하지 않도록 보장하는데 있다. 또한 이 공정은 모든 보안리스크등록부를 개발하여 현재성을 유지하도록 자료를 제공한다.

④ 내 · 외부의 의무적인 요구조건을 준수하는 것을 보장하기 위하여 내 · 외부의 감사팀에 의해 체계적으로 평가하나, 이러한 평가는 당사자의 관심에 따라 대단히 선택적이다. 시뮬레이션 활동과 같은 평가와 침입시험 또한 모니터링 목적을 넘어서 인식과 훈련기회를 제공하게 된다.

어떤 유형을 실행하든 상관없이 모니터링과 평가공정의 핵심요소는 동일하게 남아있으며 다음을 토대로 하여야 한다.

① 조직의 필요성과 상황의 변화에 대한 이해
② 조직의 업무수행을 강화하는 관점에서 활동의 효율성을 측정하고 평가한다.
③ 규정과 조직의 요구사항에 부합하도록 보장한다.

(5) 모니터링과 평가의 촉발

조직은 최소한 보안리스크평가를 보장하기 위하여 다음의 경우에 착수하여야 한다.

① 지역보안환경의 중요한 변화가 발생한 경우
② 유사한 산업이나 시장에 보안리스크실태에 중요한 변화가 발생한 경우
③ 국가보안위협요소에 중요한 변화가 발생한 경우
④ 조직이 상업적 가치가 있는 새로운 지시재산을 개발하는 것과 같은 조직재산이 중요한 변화가 발생한 경우
⑤ 조직의 경영자가 사직하는 것과 같은 경영진의 중대한 변화가 발생한 경우
⑥ 조직의 경계구역이나 이웃 경계의 구조나 배치의 변화가 발생하여 보안통제나 장벽의 재정립이 필요한 경우
⑦ 새로운 공급업체가 선정된 경우
⑧ 새로운 보안관련 기술이 상용화된 경우

⑨ 인수합병이 발생한 경우

⑩ 보안틈새, 실패, 아차사고의 발생한 경우

모든 보안틈새, 실패, 아차사고에 뒤이어 사고 후속평가가 다음과 같이 실시되어야 한다.

① 사고와 사고 이후의 적절한 관리를 보장하고 위험결과를 최소화하여야 한다.

② 위험유형의 내용변화에 대하여 평가한다.

③ 대응에 대한 모든 학습을 규명·복구하며 현재 통제체계의 효율성에 대하여 결정하고 모든 추가조치에 대한 개선이 필요하다.

④ 관련 책임자나 부서에 보안위험관리의 중요성을 알린다.

⑤ 경영진, 시민, 사법시스템의 활용이 가능하다면 이를 통하여 원인을 추적하고 위협요소의 동인에 대하여 조사·규명한다.

(6) 위험에 대한 욕구

위험에 대한 욕구는 가치추구에서 위험을 기꺼이 수용할 수 있는 주체나 사람에 대한 위험의 총계이다. 위험욕구는 위험 선호, 태도, 허용도, 수용력이라고도 부른다. 위험에 대한 태도는 위험혐오, 위험중립, 위험추구와 같이 분류할 수 있으며 사람이나 실체의 위험총량은 광범위한 요소들 때문에 수용의 정도가 가변적이고, 다음의 내용을 포함한다.

① 기대되는 좋은 결과

② 인식된 위험노출이나 손실

③ 실제적인 위험에 대한 인식

④ 이전 경험의 성공여부에 상관없이 특정한 위험에 대한 성공적인 관리와 관련된 현재 지식수준

⑤ 회복탄력성 수준

⑥ 개인적 신념과 가치

⑦ 위험욕구가 증가하면서 화를 내는 경향과 같은 감정상태

개인이나 조직이 한 번 위험수용수준을 결정하게 되면 위험문화로서 정확한

정보에 근거한 의사결정에 활용되고 주어진 활동에 대한 수용범위를 규정하고 위험과 보상에 관한 수용할 수 있는 균형을 유지하는데 적용되는 행동수준에 관한 지침을 제공한다.

제3절 보안리스크 전략

1. 보안재원

보안위험관리의 수준의 척도는 보안리스크를 완화시키기 위하여 조직 전반에 걸친 보호업무를 효율적으로 수행하기 위해 유한한 보안재원을 어떻게 분배하느냐에 달려 있다. 민족국가의 국가안보를 포함한 대부분의 조직에서 최상의 보안계획은 보안위험관리를 시행하는데 필요한 재원조달은 어려운 환경에서부터 출발한다. 따라서 가용 가능한 보안재원의 최적화된 활용은 현대 조직경영의 기본이고 건전한 보안위험관리의 기초가 된다.

비록 수익성보다는 공공성을 중시하는 국방, 정보, 경찰과 같은 국가기관의 보안리스크업무에서는 지금까지 재원의 분배에 대한 중요성을 간과해 왔으나, 작은 국가를 지향하고 한정된 예산의 효율적인 집행을 위해서는 국가기관의 보안활동에서도 효율적인 재원분배는 보안업무를 수행하는데 토대가 된다. 특히 수익의 극대화를 추구하는 영리기업에서 보안에 대한 투자재원의 효율적인 분배를 위한 보안투자 우선순위에 대한 결정이 중요하다.

1) 보안장벽

현명하고 효과적인 재원의 조달과 계약관리기술은 모든 조직의 운영과 개발에 필수적이다. 이러한 맥락에서 '보안장벽(security barrier)'은 단순하게 펜스구축이나 안전한 출입구를 설치하는 등의 물리적인 보호조치의 의미보다는 조직전반의 보호대책을 수립하고 적용한다는 의미로 사용된다. 기본적인 물리적인 보안대책과 더불어 조직의 개인보안과의 조화, 보안관리 의제와 더불어 정보보안, 정보기술과 통신보안은 일련의 통합된 보안장벽을 만들어내므로 모든 보안대책의 요소들이 개별적으로 운영되는 상황보다 훨씬 효율적으로 규명된 위험을 완화시킬 것이다. 보안위험관리 용어에서 이러한 보안장벽은 보안위험관리와 유사한 의미로 사용되고 보안대책의 대표적인 상징이 되었다.

2) 재원의 유형

(1) 보안위험관리의 재원

① 보안위험관리재원: 보안리스크를 완화하기 위한 재원은 본질적으로 물리적 재산, 사람, 정보, 정보통신기술을 포함하여 가용할 수 있는 모든 재산이다. 더불어 조직의 핵심기능, 역량, 평판뿐만 아니라 보유자금은 이러한 재산을 알맞게 사용하는 역할을 한다. 그럼에도 불구하고 최종적인 분석에서는 이러한 4가지 요소들이 모두 실제적으로 활용되고 시행을 가능해야 한다. 조직의 보안위험관리 실무자인 보안관리자, 개인이나 정부는 다양한 영역에서 재원을 가용할 수 있다.

② 현금성 재원: 재원관리와 운영은 독립적 위험관리전략의 핵심이다. 비록 자금이 장기적 탄력성유지의 핵심적인 요소이지만 이러한 재원이 반드시 현금일 필요는 없다. 재원은 은행에서의 간단한 현금인출에서부터 위험을 담보하기 위한 보험증권, 미래의 우발상황에 대비하기 위한 펀드, 부채펀드(debt fund), 보조금과 기부금, 재산 매각 등 다양한 원천으로부터 조달된다. 그러나 보안위험관리에서 경제적 재산보다는 사람과 재산, 정보와 정보통신기술

시스템을 적시에 활용하고 조달된 펀드를 현명하게 활용하여 적절한 배분이 가능하게 하는 능력이 더 중요하다.

③ 금전적인 재원의 대부분은 보안리스크를 완화시키는 역할과 관련되어 있다. 그럼에도 불구하고 보안위험관리에 관한 지식체계에서 동원 가능한 자금 하나만으로는 위험을 완화시키는 역할을 거의 하지 못하므로 실제적인 재원보다 재원의 필요조건을 측정하는 것이 중요하다. 따라서 사람, 소프트웨어의 암호화와 같이 활용가능한 직접적인 유형의 재원활용에 대한 비용편익을 비교하거나 정량화하는 것이 더 유용한 방법이다.

(2) 재원의 특성

보안위험관리에서 조직이 가용할 수 있는 재원은 가용성, 구성형태, 효율성의 3가지 특성으로 분석·구성된다. 그러나 보안실무자의 입장에서 위협요소 행위자(공격자)가 활용 가능한 재원의 특성을 분석하는 것도 동원 가능한 재원을 파악하는 것과 동일하게 실무에서 중요하다. 즉, 공격자의 공격력을 파악하여야 이에 대한 가용성 있는 재원에 대한 준비가 원활하게 진행된다. 따라서 조직에서 활용 가능한 모든 유용한 방식을 통하여 이러한 공격자의 특성에 관한 정보를 확인하는 것이 대부분의 분석주체의 범위를 완전하게 벗어나지 않는다면 불확실한 의도자를 검증할 수 있을 것이다.

(3) 재원분배의 우선순위

재원통제의 주요한 기능은 가용 가능한 재산의 효율적인 분배와 상대적 중요성에 따른 우선순위를 정하는 것이다. 이러한 방식은 유사하게 정보수집과 위험분석공정의 시행이나 위험완화를 위한 통제에도 적용된다.

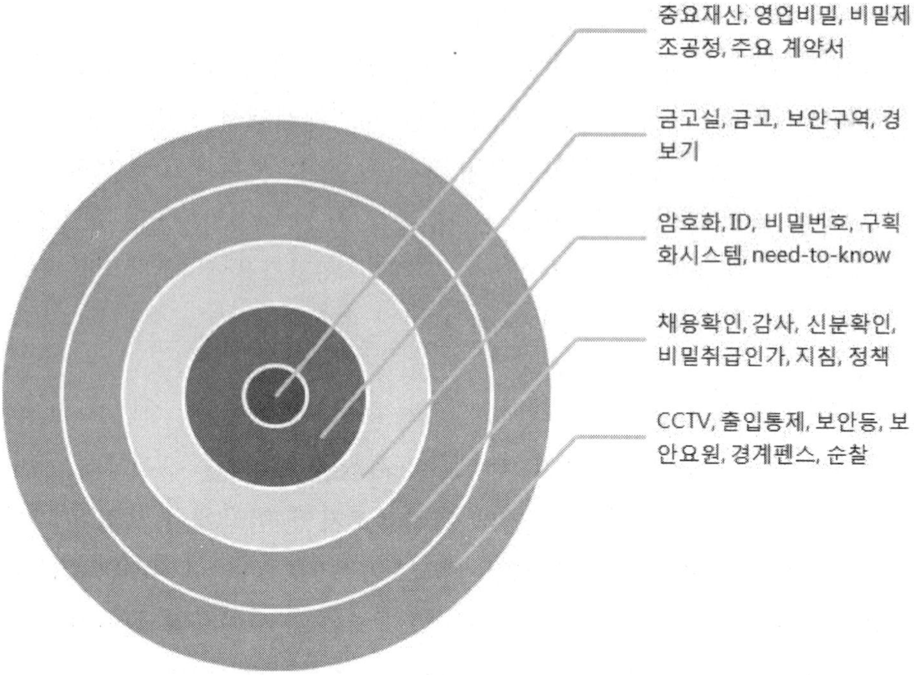

(그림 3-8) 시설심층보안 계층도

미국토안보부 도시지역보안계획(Urban Area Security Initiative)의 보조금 결정과정에서 상대적인 위험등급을 결정할 경우에 등급을 결정하는 공식으로 R=T×V×C(위험등급=위협요소×취약성×파급결과)가 사용되었다. 보안위험관리 지식체계에서 상대적인 위험등급을 평가하는데 사용되는 공식은 '발생가능성×파급결과'를 이용하나 어떤 방법을 사용하더라도 그 원리는 동일하다.

이러한 공정에서의 핵심적인 교훈은 위험분석수준은 어떤 주어진 전략의 효율성을 고려할 경우에 적용될 필요가 있다. 또한 재원의 대부분은 높은 위험등급에 대하여 가장 효과적으로 적용되어야 한다.

재원배분에 있어 심층적인 보호조치는 확정된 상황과 동일한 전체재산과 위협요소 확인공정에서 적절한 물리적 보안관리계획 수립하는 것의 핵심이 된다. 보안위험관리의 업무처리에 관한 모범기준(best practice)은 재산보호를 위한 심층보호조치로 보호대상인 규명된 재산에 대하여 최고의 안전함을 제공하게 될 것이다. 심층보호조치 방벽에는 일반적으로 중심부로 접근할수록 점차적으로 보안수준이 강화되는 동심테두리로 구성한다.

각각의 층이나 테두리는 가능한 최대한 침입자의 침입을 지연시키는 역할을 수행하게 된다. 따라서 시설보안계획이 적절하게 수립된 경우에는 각각의 층에 의한 지연된 시간의 합은 침입자의 시도를 무력화하거나 보안시스템으로 침입자를 통제하는데 도움이 된다. 그러므로 물리적 통제는 시설물 배치의 핵심적인 부분이 되어야 하고 이러한 시스템으로부터 최대한의 장점을 얻기 위해서는 전체적인 보안프로그램과의 통합이 이루어져야 한다.

외곽의 보호테두리는 시설물을 둘러싸고 있는 모든 자연적인 방벽이나 시설물의 대지 경계선에서 구성된다. 가운데 테두리는 구조물의 외부에 설정하고 건물의 내부에는 내부테두리가 설정된다. 어떤 시설물에서는 전체적인 대지구역이 대지 경계선과 동일한 구조로 되어 있어서 외부의 대지 경계선이 구분되지 않으므로 대지 경계선에 대지구역을 표시한다. 대신에 이러한 경우 시설물에 대한 접근통제는 중간 보호 테두리나 구조물이 위치하고 있는 장소의 외부에서 시작되어야 한다.

스위스 치즈모델과 같이 보안대책의 연결된 층은 (그림 3-8) 시설심층보안 계층도에서 가리키는 것과 같이 보안계층을 서로 지원하는 역할을 제공한다.

(그림 3-9) 스위스 치즈모델과 (그림 3-8) 시설심층보안 계층도 개념은 보안위험관리에 활용된다. 간단하게, 위협요소평가 상황에서 현재의 대응책을 그래픽으로 표시하고 위험관리전략을 공식화하여 다른 위협요소 완화시스템으로 활용할 수 있다.

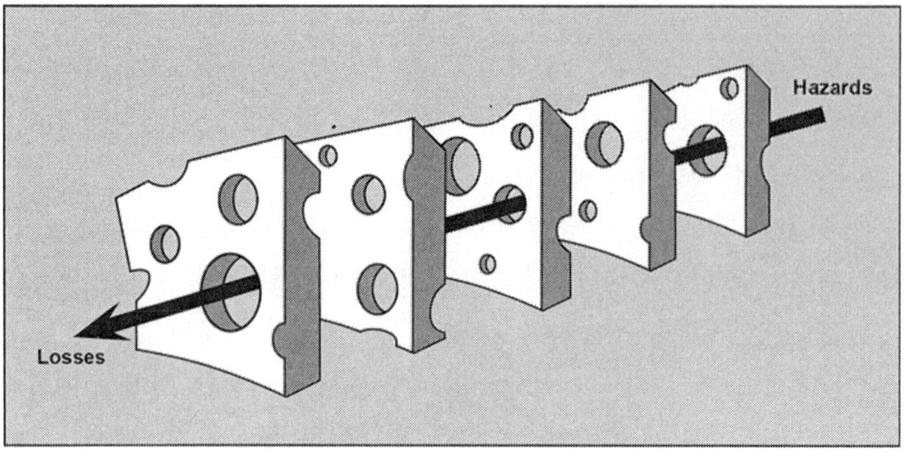

(그림 3-9) 스위스 치즈모델

심층보안모델의 한 가지 제한점은 보안통제조치에 한 가지 업무처리에 관한 모범기준의 접근방법만이 가능하다는 점이다. 그러나 이것은 다음과 같은 조직의 상황에 따라 유형을 결정하거나 보안방벽을 선택할 수 있으므로 명확한 제한점은 아니다.

① 중요시설에서는 가치 있는 물건은 출입구에 보안요원이 근무하고 잠금장치가 있는 시설내부에 보호되어야 한다.

② 박물관의 외부출입문은 잠금장치가 설치되고 보안부서의 숙련된 보안요원이 불규칙적으로 체계적인 순찰을 실시한다.

심층보안의 한계는 다음의 심층보안과 연계하여 계층구성통제에 의해 극복가능하다.

3) 계층구성통제

계층구성통제(hierarchy control)는 산업보안과 산업안전보건 이슈의 처리에 가장 적합한 위험관리공정과 통제조치의 이행에 폭넓게 응용된다.

계층구성통제는 통제조치의 우선순위를 분류하며 위험노출을 관리하고 선발하는데 활용될 수 있다. 또한 계층구성통제는 다음과 같은 내용을 시행하는 것에 의해서 발생원에서 위해요소를 제거하기 위한 제어선택의 평가와 선택을 통하여 보안실무자에게 도움이 될 것이다.

① 제거: 위협요소 또는 위험노출을 완전하게 제거하는 것은 실제적으로 가장 이상적인 해결책이다. 예를 들어, 업무상 출장을 포기함으로써 출장과 관련된 모든 보안리스크를 제거할 수 있다. 그러나 조직의 고객이 대부분 해외에 분포되어 있는 경우에는 이러한 위험을 완전히 제거한다는 것은 불가능하고 실제적인 조직 활동을 포기하거나 중단하여야 한다.

② 대체: 위험하지 않는 작업공업을 이용하거나 덜 위험한 방법을 선택하는 것과 더불어 위험한 물질이나 기계류를 대체하는 것을 포함한다.

③ 격리: 위험으로부터 사람을 원거리로 이동시키는 것을 포함하여 장벽을 활용하는 것을 의미한다. 예를 들어, 여행에서의 보안위협에서 개인을 보호하는 방법은 공항 비즈니스 라운지와 같이 통제된 환경에서 만남으로써 위험한 환경으로부터 격리되도록 한다.

④ 공학적 통제: 도구나 장비의 변경, 울타리나 장벽의 사용, 자동화와 같은 방법을 활용한다. 통제방법에는 차량 차단기, 보안장벽, 무장차량, 방화벽 등이 공학적 보안통제에 포함한다.

⑤ 관리적 통제: 공학적 방법에 의해 위험이 통제되거나 제거되지 않을 경우에 관리적 통제방법이 활용된다. 관리적 통제는 위험을 줄이기 위한 절차나 업무절차를 도입하는 것이다. 관리적 통제방법에는 시기선택의 조정, 여행보안훈련, 여행규모의 축소와 같은 것이 해당된다.

⑥ 개별적인 재산보호: 상기의 방법들을 실제적으로 적용하기 어렵거나 효과가 없는 경우에 마지막으로 시도되는 방법으로 총격에 대비한 방탄복이나 여행 중에 민감한 문서를 마지막까지 안전하게 보호하기 위한 비밀번호나 특수용기로 제작된 안전한 서류가방과 같은 품목을 포함한 개인 보호 장비들이 재산보호 대책에 활용된다.

이러한 공정은 계층제어방법을 선정하는데 지침을 제고함으로써 가장 효과적인 위험감소방법을 선정하기 위한 우선순위를 확립한다.

사례별로 계층제어의 단계가 개별적으로 적용되는 경우이거나 단지 몇 가지 조치들만을 활용하여 가능한 합리적으로 수용 가능한 가장 낮은 수준(ALARP)으로 위험을 감소시키는 것이 가능한 경우도 있다.

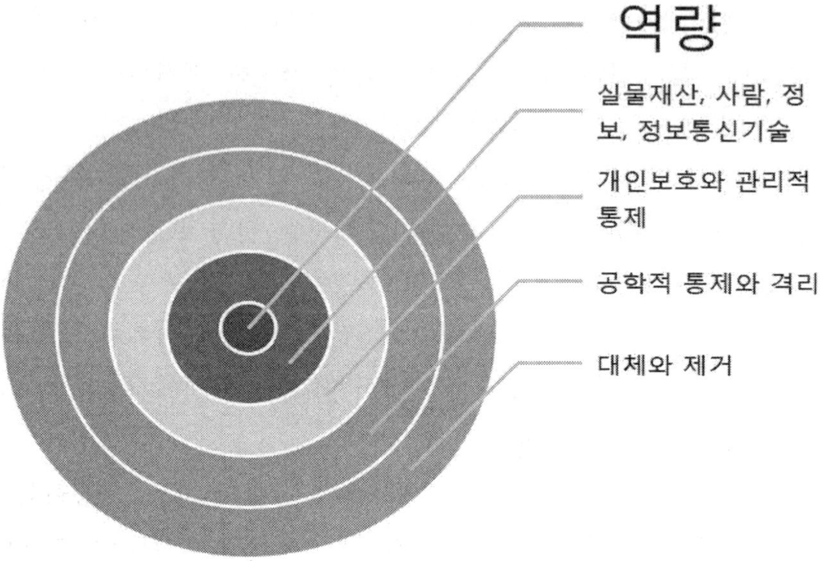

(그림 3-10) 관리적 심층통제계층도

(그림 3-10)은 관리적 심층통제계층도를 나타낸 것이다. 위 그림과 같은 사례를 글로벌 정유회사에 적용하면 스위스 치즈모델과 같이 몇 가지 계층통제의 층이 동시에 적용되는 경우가 생긴다. ㉠ 제거단계에는 오일채굴활동을 중단한다. ㉡ 대체단계에는 정치적 위험이 낮은 나라에서 활동한다. ㉢ 격리단계에는 임직원을 범죄위험이 높은 지역에서 원거리로 이동시킨다. ㉣ 공학적 단계에는 펜스, 게이트, 무장 차량을 활용한다. ㉤ 관리적 통제단계에는 보안위험관리 정책과 이와 관련된 훈련을 실시한다. ㉥ 개인보호 단계에는 방탄조끼나 방탄차량을 지급하고 사용한다.

추가적으로 정보호호를 위한 심층보호의 통제계층구성을 활용한 사례를 보면 다음의 (표 3-6)와 같다.

(표 3-6) 정보보호에 적용되는 계층통제

단 계	내 용
제 거	모든 불필요한 중요 파일을 파기하거나 분쇄한다.
대 체	가능하면 공개된 정보원을 활용한다.
격 리	모든 파일을 중앙보관서에 저장한다.
공학적 통제	보안유지된 보관소나 경보가 설치된 장소에 파일을 보관한다.
관리적 통제	신원점검이나 신분확인, 보안리스크에 관한 훈련과 절차
개인 보호	잠금 장치된 서류함, 파일저장소나 서류에 보안마크

2. 보안특성

ISO 9000 품질관리기준에서는 특성(quality)을 '요구조건을 성취하기 위한 일련의 고유한 특징을 나타내는 정도'라고 정의하였다.

보안위험관리시스템의 보안특성으로 보안위험관리의 맥락에서 활용되는 정의는 직접적으로 재산보호, 생명구조, 사업 호황, 국가의 번영과 관련된다.

효율성, 효과성, 집합적 요소의 적절성, 활동, 보안위험관리 공정은 보안위험관리 맥락의 광범위한 특성을 의미한다. ISO 9000에서는 더욱 명확하게 고객 관점, 리더십, 폭넓은 임직원 참여, 시스템적 접근, 지속적인 개선을 통하여 특성은 성취되며, 사실에 근거한 의사결정, 상호 유익한 공급업체 관계는 창조, 전진, 품질 시스템의 관리의 토대를 제공한다. 의사결정자는 보안이나 모든 여러 가지 위험을 관리하는 경우에 이러한 모든 특성요소를 고려하여야 한다.

보안위험관리체계에서는 우선적으로 회복탄력성 또는 조직적 역량의 안전성에 대하여 고려한다. 그러나 많은 측면에서 보안조치의 특성은 조직과 개인의 핵심적인 필요성에 부합할 수 있는 능력측면에서 평가될 수 있다. 보안위험관리시스템은 ㉠ 공동체, 조직, 개인의 요구나 기대에 맞추어 조정한다. ㉡ 가능한 합리적으로 수용 가능한 가장 낮은 수준(ALARP)으로 위험수준을 달성하거나 규명할 수 있는 능력, ㉢ 위협요소에 대한 적절한 대응, ㉣ 목적에 부합, ㉤ 효과적이고 효율적, ㉥ 광범위한 지원, ㉦ 신뢰할 수 있는 것과 같은 여러 가지 프리즘(prism)을 통하여 평가된다.

1) 필요성과 기대

(1) 필요성과 기대의 의미

욕구(need)란 무엇인가? 인간이 감정으로 무언가 부족한 것을 채우고 싶어 하는 감정이나 심리 상태이다. 인간이 선천적으로 가지고 있거나 혹은 후천적인 사회생활의 결과로 만들어진 감정이나 심리상태 중 하나로 자신에게 부족한 물질적이거나 정신적인 어떤 것을 추구하는 상태를 말한다. 식욕이나 성욕과 같이 인간뿐만 아니라 모든 생명체가 생명 유지와 개체 보존을 위해 가지는 선천적인 욕구도 있지만, 특정한 상품이나 서비스 등에 대한 욕구와 같이 인간이 사회, 경제적 생활을 하는 과정에서 새롭게 학습되어진 욕구도 있다. 경제체제의 형태에 관계없이 인간이 가진 이러한 욕구와 욕구의 발전 과정이 바로 경제주체들이 경제 활동에 참가하는 동기가 된다.[28)]

아브라함 매슬로우(Abraham Maslow)는 1943년 (그림 3-11)과 같이 인간의 기본적 욕구 5단계설을 주장하였다. 매슬로우의 기본욕구 5단계설에 의하면 인간은 하위욕구가 만족되기 전까지는 상위욕구를 경험하는 것은 어렵다. 실제적으로 인간활동의 대부분의 시간은 기본욕구를 충족시키는데 사용된다. 욕구단계에서 하위 2가지 요소인 생리적 욕구와 안전욕구가 주로 보안위험관리 분야와 관련되어 있다.

28) 다음백과사전 편집, http://100.daum.net/encyclopedia/view/v050mc812a2, 2016.7.30 접속.

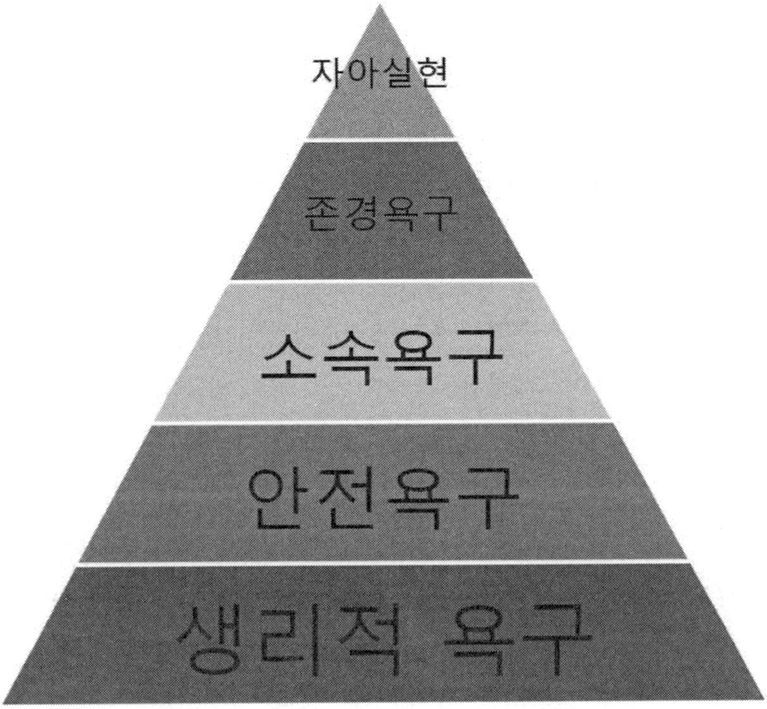

(그림 3-11) 매슬로우 욕구 5단계

인간의 욕구와 마찬가지로 사람, 조직과 공동체 사이의 상호작용 또는 모든 관계에서 기대는 존재한다. 그러나 인간은 자신의 기대에 대하여 잘 알지 못하며 그들의 기대를 효과적으로 전달하거나 분명하게 표현하지 못하고 있다. 인간은 자신의 기대가 충족되지 못할 때, 분노와 좌절, 실망과 같은 반응을 한다. 이러한 정서는 그들의 욕구를 성공적으로 충족시키려는 노력을 여러 방면에서 방해하거나 관계형성의 기능에 영향을 미치게 된다.

(2) 개인적 욕구

① 개인적 욕구는 인간의 욕구 중에서 가장 기본적인 욕구인 생리적 욕구로 공기, 음료, 음식, 체온유지와 같은 것이 있다. 이러한 필수욕구 중에 하나

라도 충족되지 않는다면 인간의 생명유지가 어려워지므로 본능적 욕구라고도 하며 가장 강력하다.

② 안전욕구는 생리적 욕구가 충족된 다음에 안전에 대한 욕구가 강력해진다. 일반적으로 개인은 비상시나 위협수준이 증가할 경우에도 전문가를 제외하고는 대부분 자신의 안전욕구에 대한 경각심이 거의 없다.

(3) 고객의 욕구

보안위험관리에서 고객중심이란 조직의 내·외부 환경의 이해를 바탕으로 한다. 일반적으로 정부, 기업, 개인은 그들의 고객을 대표적으로 관계 기관, 주주, 거래처, 이해 관계자로 생각한다.

일반적으로 민간과 공공부분 모든 조직의 구성요소에는 내부 고객을 포함한다. 보안서비스 제공자인 CCTV운영자는 서비스 요청자인 조직의 고객으로 순찰보안과 보안관리업무를 수행한다. 신규 채용자의 배경조사의 업무서비스를 대행하는 보안신분확인 관리자는 조직의 채용담당자가 그들의 고객이며, 임원급 위험관리자는 조직의 이사회가 고객이다. 이러한 내·외부 고객과의 관계는 조직 내·외부 환경조건을 명확하게 할 때 고려하여야 한다.

(4) 조직의 욕구

조직의 목표는 조직의 비전과 조직선언문에 명확하게 언급된다. 그러나 조직의 욕구는 대체적으로 명확하지 않으므로 위험평가공정 단계의 맥락이 확립되어 가는 과정에서 구체화되어야 한다.

마찬가지로 조직의 기대는 비전과 조직선언문에 언급되는데, 실제적인 기대는 조직의 사무공간에서의 구성원의 행위와 대화를 통하여 실현된다. 이러한 기대는 표현된 기대와 비전과 조직선언문과의 차이가 발생하게 된다. 보안위험관리 맥락에서 이러한 형태의 영향에 대한 인식은 조직과 관련된 실제적인 위험에 대한 이해를 가능하게 한다.

(5) 공동체의 욕구

공동체의 욕구와 기대는 환경요건에 따라 매우 다양하고 반복적으로 확립된다. 공동체의 욕구와 가치에 대한 핵심적인 지침은 다음과 같은 상황에서 발견된다.

㉠ 공동체에서 행동, ㉡ 환경보호법과 같은 법적인 기대, ㉢ 공동체나 시민단체와 같은 공동체에서 설립되거나 지원하기 위한 시민단체.

2) 최적점의 선정

ALARP의 개념은 실제적인 활용성에 관심을 둔다. 의사결정자는 위험에 관한 비용이 실제적인 이익보다 적게 투입된 상태에서 의도한 것을 성취할 수 있는가에 대해 의문을 가지게 된다.

위험이 감내할 수 없는 수준에 도달하는 경우, 위험을 감소시키는데 투입되는 비용이 위험을 수용함으로써 얻어지는 이익보다 전체적으로 균형이 상실되어서는 안 된다. 즉, 언제나 위험감소에 투입되는 비용은 위험을 수용함으로써 얻어지는 이익보다 적어야 한다. 위험이 무시할 정도로 경미한 경우에는 위험을 감소시키는 비용인 위험감소비용을 초과하는 상당한 이익이 존재하는 수준에서 이루어져야 한다.

비록 위험을 수용하는 한계점은 매우 다양한 활동들이 있으나 잔존 위험은 가능한 합리적으로 수용 가능한 가장 낮은 수준(ALARP)으로 관리되어야 한다. 극단적인 사례로, 위험을 처리하는 비용으로 합리적인 수준으로 위험수준을 감소하기 어려운 경우에 위험의 처리방법은 활동을 포기하는 것으로 일체의 활동을 중단함으로써 활동으로 인하여 발생하는 모든 위험을 제거하는 것이다.

ALARP 개념은 아래의 (그림 3-12)와 같이 비용과 편익사이의 관계가 상충관계(trade-off)로 재원투입에 대한 보상이 최적점(optimal point)에 도달하는 교차점으로 표시된다.[29]

29) Julian Talbot/Miles Jakeman, op. cit., p.177.

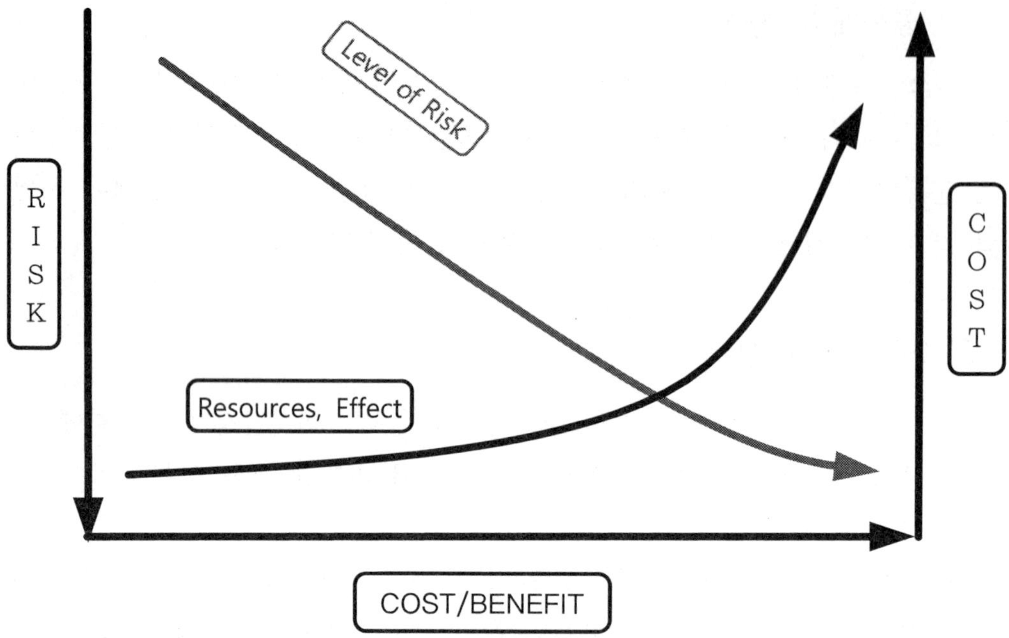

(그림 3-12) 비용편익 상충관계도

3) 비용효과적인 방법

불과 얼마 전까지도 개인이나 조직에서 보안리스크계획을 수립하는 과정에 보안위협요소의 역동적인 상태나 비용효과에 대한 고려를 거의 하지 않았다. 예를 들어, 높은 위험지역에서 활동하는 소수의 인력을 위하여 모든 임직원들이 완전무장한 차량의 사용을 강제하는 것은 완전히 부적절한 대응이다. 그러나 다국적 기업에서 모든 사업장의 위험평가를 실시하는 것은 적절하지 않으나 적어도 1년에 한 번 이상을 적절한 시간에 모든 사무실을 의무적으로 조사하는 것은 바람직하다.

보안리스크평가의 실시와 개별적인 시설과 프로젝트에서 개별 계획이 실용적이고 비용 효과적이라 할지라도, 어떤 돌발적인 위협수준의 증가에 따라 보안리스크처리를 위한 즉각적인 평가의 필요성이 대두된다. 예를 들어, 특정한 이슈에 동요된 집단이 갑자기 특정 조직을 목표물로 정했을 경우에, 상대방의 위협수준이 거의 알려지지 않는 보안대책은 대부분 부적절하므로 이 경우에는 신속하게 보안대책을 재정립하여야 한다. 더 균형 잡힌 보안대책을 수립하기 위해서는 위협요소의 유형과 보안시방서(security specification)의 범위를 확정한 다음 모든 주어진 위협환경에 적용하는 것이다.

보안시방서란 보안업무에 투입되는 재료의 재질, 품질, 치수, 공법 등 기술적인 명세, 제품이나 재료, 공정, 해당 목적에 부합하는 서비스를 보장하기 위한 특성에 대한 정의, 보안업무에 지속적으로 사용되는 규정이나 지침에 관한 정확한 기준으로 문서화된 제원을 말한다. 시방서는 조직수준에서 정의·적용되어야 하고 자금조달규정이나 정책개발을 따라 관리된 방식으로 시행되며, 적절한 시행을 위해서는 시작에서 최종결과가 나오기까지의 시간이 필요하고, 평가와 감사활동의 토대가 된다.

다음을 포함하여 많은 이익들이 보안시방서의 확립과 관련되어 있다.

㉠ 위험에 대한 수용가능여부에 대한 고려와 같이 조직에서 위험을 수용할 수 있는 수준에 대하여 조직의 경영진의 결정에 도움을 준다. ㉡ 보안방법의 연속성을 보장한다. ㉢ 위험관리문화를 조직에 구현한다. ㉣ 위험처리에 필요한 재원을 규정하는 경우에 비즈니스 케이스의 개발에 도움이 된다. ㉤ 조직에서 가장 보호가 필요한 핵심적인 가치가 무엇인가를 보장함으로써 위협요소의 보안통제를 직접적으로 연계시킨다. ㉥ 포괄적으로 예상된 시방서를 토대로 보안 검토, 감사, 계획을 가능하게 한다.

다음과 같은 2가지 장애요소가 위협요소 수준에 따라 보안시방서를 적용하는데 관련된다.

① 위협정보를 서로 다른 정보원으로부터 입수한 경우이다. 예를 들어, 2개의 서로 다른 정보원으로부터 입수한 정보가 서로 다른 경우에 적절한 신용(credibility)과 확실성(reliability)의 등급을 부여하여 제공된 정보의 가장 발생가능성이 높은 위협수준을 결정한다.

② 동일한 장소에 대한 다양한 위협요소에 관한 위협정보를 입수한 경우이다. 예를 들어, 특정한 도시에서 중요한 쟁점에 의해서 유발된 집단에 의한 위

협요인은 낮은 1단계 수준이고, 반면에 폭력 범죄로 인한 위협수준은 3단계로 높은 수준이며, 정치적으로 유발된 폭력수준은 2단계로 중간단계, 산업스파이의 위협수준은 2단계로 정보가 입수된 경우의 대응의 어려움이다.

조직의 보안태도에 속하는 활동이나 관행은 매우 다양하다. 관행적인 사례는 조직의 위협수준의 변화 후에 다음과 같은 간단한 공지사항을 개정하거나 시행함으로써 개선할 수 있다.

① 위협위험의 상황설명에 관한 규정
② 인식, 보충학습, 개인안전, 비상상황, 탈출 등에 관한 훈련
③ 유니폼의 착용과 미착용
④ 출입기록과 통행증 착용
⑤ 개인이나 단체의 출장 일정준비
⑥ 건물입구나 도로에 보호기둥의 설치와 위치선정
⑦ 순찰 보안요원과 초소요원의 배치
⑧ 눈금이 새겨진 무기운반용기
⑨ 사격지시와 교전수칙

4) 이해관계자의 참여

조직차원에서 새로운 중요한 계획을 수립하는 경우에 계획의 조정과 조직 전반에 걸친 활동에는 효과적인 소통과 이해관계자의 참여전략이 필수적이다. 특히 구성원과 이해관계자의 참여 과정은 운영분야에서 협력이 목적을 달성하는데 필수적이며 이해관계자의 참여가 통합된 보안위험관리 결과의 토대가 된다. 구성원의 참여는 다음과 같은 보안리스크평가공정에 다양한 단계에서 이루어진다.

① 내용의 확정: 이 과정은 조직의 리더에게 협력하고 위험관리에 대한 조직 전반의 내·외부 환경을 이해한다. 구성원과의 협의는 이상적으로 체계화한 업무흐름이나 체계보다는 실제적으로 발생하는 조직 내·외부 고객과의 연계성에 대한 통찰력을 제공한다. 더불어 이러한 실제적인 상담과정은 조직

에 정황적 특성에 대한 평가자료를 제공한다.

② 위협요소 평가: 구성원의 위협요소 평가과정에 대한 참여기회의 제공은 참가자의 위협요소의 확인과정을 통하여 평가특성을 향상시키거나 운영위험을 파악하는데 도움이 된다.

③ 위험 처리방법의 적용: 위험처리와 관련된 변화관리공정에 참여 확대를 통하여 위험처리과정에서 임직원의 주인의식을 증대시키고 위험처리방법의 특성과 효율성을 향상시킨다.

④ 업무연속성: 규명된 위험의 구현에 대한 대응특성에는 부정적인 상황의 발생에 이어서 반드시 상세한 인사관리계획과 운영재개 과정에서의 임직원의 헌신이 포함되어야 한다.

5) 지속적인 개선조치

상기와 같은 맥락에서 지속적인 개선조치는 보안위험관리의 순환적인 특성을 보여준다. 인사관리업무가 업무처리 모범규범에 포함되는 것을 보장하기 위하여 전략적으로 조직의 목표에 통합되어야 한다.

모든 위험처리공정에는 처리의 효율성과 처리결과를 발생하는 공정을 확립하는 검토단계가 포함되어야 한다. 또한 지속적인 개선 프로그램은 조직의 내·외부 환경조건에 대해 파악하거나 돌발적인 위험을 모니터링하기 위한 지속적인 환경평가를 수행하는 조직에 동력을 제공하고 이러한 위험을 관리하기 위하여 새롭고 발전적인 위협요소평가 방법을 창안한다.

지속적인 개선 프로그램은 다음과 같은 공정으로 진행한다.

① 계획: 재원, 활동, 훈련과 목표로 한 날짜에 관한 일정표를 만든다. 자료수집계획과 결과물을 평가할 수 있는 도구를 개발하고, 목표치에 부합할 경우의 한계점을 결정한다.

② 시행: 위험처리방법을 시행하고 자료를 수집한다.

③ 확인: 자료결과를 분석하고 편차발생 이유를 확인한다.

④ 행동: 학습된 것을 행동으로 옮기고 다음 단계를 결정한다. 만약 위험처리가 성공적이었다면 이러한 처리방법이 조직의 규범이 되도록 보장한다. 반대의 경우라면 실패원인을 분석하고 새로운 해결책을 설계하고 이러한 사이클을 반복한다.

3. 위험에 대한 인식

감각능력과 위해환경조건을 회피하는 행동은 모든 살아있는 생명체의 생존에 필요하다. 또한 생존은 상황을 체계적으로 정리하는 능력에 의해 유지되고 과거의 경험으로부터 배운다. 인간은 자신의 환경을 개선하고 환경에 대응하는 능력을 가졌다. 이러한 능력은 위험을 만들거나 축소하는 두 가지 역할을 한다.[30]

최근 들어, 화학과 원자력 기술의 획기적인 발전으로 지구와 지구에 서식하고 있는 생명체에 오랫동안 지속되는 손상과 잠재적인 재앙의 원인을 수반하게 되었다. 이러한 복잡한 기술의 근원적인 체계는 대부분의 시민들에게 익숙하지 않으며 이해하기 어려운 분야이다. 이러한 기술들의 가장 해악적인 결과는 매우 드물거나 나중에 발현되므로 통계적 분석에 의해 평가하기 어렵고 시행착오에 의한 학습으로 관리되기에는 다소 무리가 있다. 이러한 오늘날의 위험요소는 애매모호하고 특징을 관리하기 어려우므로 위험관리(risk management)로 불리는 새로운 학문분야가 탄생하여 위험을 규명하고 특징을 정량화한다.

보안직능에서 누구나 인정하는 객관화된 보안리스크는 존재하기 어렵다. 따라서 실제적인 보안리스크와 보안연극(가공된 위험)으로 형성된 보안리스크와의 괴리를 최소화하는 것이 보안전문가의 몫이다.

기술적 지식이 풍부한 분석가들은 위험평가를 활용하여 위험요소를 평가하는 반면에 대부분의 시민들은 본능적인 위험판단에 의존하는데 이것을 일반적으로

30) Slovic, P.(1987), *Perception of risk*, Science Volume 236, pp.280-285.

'위험인식(risk perception)'이라고 부른다. 시민들의 위험요소에 대한 경험은 전 세계에서 발생하는 재난과 위협요소의 상세한 기록에 의존하기보다 주로 뉴스미디어를 통하여 얻어진다.

대부분의 미국인의 지배적인 인식은 과거보다 더 위험한 상황에 직면하고 있으며 미래의 위험은 오늘날보다 더 증가하게 될 것이다. 다른 산업화된 국가의 많은 시민들도 유사한 견해를 가지고 있는 것으로 나타났다.

이러한 인식과 기술의 반대는 기업경영자와 정치가를 당황스럽고 곤혹스럽게 하였으며 수많은 전문가의 논쟁을 야기하였다. 미국시민들의 명확한 '절대 안전한 사회(risk-zero society)'의 추구가 국가의 정치적 경제적 안정성을 위협하다고 논쟁하고 있다. 애론 윌다브스키(Aaron Wildavsky)는 이러한 현상에 대하여 다음과 같이 언급하였다.[31)]

"최고 부자이고, 가장 오래 살며, 가장 잘 보호되고, 가장 풍부한 문화와 자신의 기술에 대한 고도의 통찰력을 가진 시민들이 이 상황에서 가장 두려움을 느끼게 된다는 것이 얼마나 이례적인 상황인가!

우리의 환경 혹은 우리자신이 변했는가? 인간이 과거에도 이러한 종류의 관심을 가지고 있었는가? 오늘날 원자력 발전의 위험을 훨씬 능가하는 수많은 작은 댐의 위험이 존재한다. 이런 위험에 대하여 왜 누구는 두려워하고 다른 사람은 두려워하지 않는가? 이것은 단지 본질적으로 동일한 유형의 경험에서 우리 중의 약간은 서로 다르게 생각하거나 과거에 익숙하기 때문이다."

지난 10년 동안에 소수의 연구가 여기에 대한 답을 얻기 위하여 시도되었는데 사람들은 질문에 대하여 '위험한 행동, 물질, 기술을 평가하기 위해서'라고 다양한 방향의 답을 하였다. 이 연구에서 사람들은 위험에 대하여 복잡하고 미묘한 의견에 대하여 평가하기 위한 기법을 개발하려는 시도를 하였다. 이러한 기법을 이용하여 연구자들은 사람들이 무언가에 대하여 '위험하다(또는 위험하지 않다)'라고 답하는 것의 의미가 무엇인가를 찾으려고 하였고 어떤 요인이 이러한 인식의 바탕이 되었는가를 측정하였다. 이러한 결과에 기초를 이루는 근원적인 가정은 건

31) A. Wildavsky(1979), *No Risk is the Greatest Risk of All*, American Scientist 67, pp.32~38.

강과 안전욕구를 증진시키려는 사람들의 위험에 대응하거나 위험에 관해 생각하는 방식을 이해하는 것이다.

만약 이 연구가 성공적이었다면 연구자와 일반대중 사이의 의사소통의 개선, 직접적인 교육효과, 대중의 새로운 기술에 대한 반응을 예상함으로써 정책입안자에게 도움이 될 것이다.

아마 이 연구에서 가장 중요한 메시지는 대중의 태도와 인식에는 오류뿐만 아니라 지혜도 있다는 것이다. 보통사람들은 보통 위해(hazard)[32]에 관한 확실한 정보가 부족하다. 그러나 그들의 위험에 관한 기본 개념화(conceptualization)는 전문가들보다 풍부하고 전문가의 위험평가에서는 누락된 법적 관심을 보여 준다. 그 결과, 위험소통과 위험관리 노력을 양방향 과정으로 구성되지 않는 한 실패할 수밖에 없다. 전문가와 일반 대중 양측이 기여할 수 있는 타당한 무엇인가를 가지고 있다. 이들은 상대방의 통찰력과 정보력을 서로 존중하여야 한다.

대중과 전문가의 위험 지각의 불일치는 위험에 관한 정보의 원천, 그리고 전문가들에 의해 무시되는 위험의 질적 특징을 강조하는 일반인들의 성향에서 그 이유를 찾을 수 있다. 예를 들어, 대중이 크게 두려워하는 위험들은 통제 능력의 부족, 참사의 가능성, 치명적인 결과, 위험과 편익의 불공정한 분배 등을 수반하는 것들이다. 그러한 위험들은 전문가들에게보다 대중에게 훨씬 더 수용되기 어려운데, 전문가들의 공식적 분석에서는 이러한 질적 요인들을 거의 혹은 전혀 고려하지 않고 있다. 결국 일반인과 전문가의 위험 판단에 있어서의 불일치는 거의 다른 위험의 정의에 기반을 둔 것이라고 볼 수 있다.[33]

---

32) 상황에 따라 위해(hazard)와 위험(risk)은 구분된다. 위해는 사람들이 가치를 두는 것에 대하여 위협이 되는 것이며, 위험은 위해결과를 양적으로 측정한 것으로 손해의 경험을 조건부 확률(conditional probability)로 표현할 수 있다. Slovic, p.(2000), *Perception of risk, The nature of technological hazard,* Hohenemser C, Kates RW, Slovic P. Science. 1983 Apr 22:220(4595):378~384.

33) Dietz, Thomas M., R. Scott Frey, and Eugene A. Rosa(1993). "*Risk, Technology, and Society*. Riley E. Dunlap and William Michelson, eds., *Handbook of Environmental Sociology*." Westport, CT and London: Greenwood Press.

4. 위험인식의 변화

1) 위험에 대해 사회적 통념

대부분의 경우 위험인식은 위험현실과 일치하지 않기 때문에 보안에 대한 인식도 보안현실과 일치하지 않는다. 우리는 일이 잘못될 것에 대해 걱정하는데 사소한 위험에는 너무 많은 관심을 기울이는 반면에 정작 중요한 현안에는 충분한 주의를 기울이지 않는 것이다. 우리는 서로 다른 위험의 크기를 정확하게 평가하지 않거나 못한다. 이것을 많은 잘못된 정보나 잘못된 계산 탓으로 돌릴 수 있지만, 계속해서 발생하므로 몇 가지 일반적인 병리적 이상이 있다.

축적된 통계에 의하면 인지된 위험(perceived risk)은 실제적 위험과 크게 차이가 난다. B. Schneier는 Beyond Fear에서 위험에 대한 5가지 사회적 통념과 실제적 위험과의 차이에 대한 사례를 들었다.[34)]

① 사람들은 화려하지만 희귀한 위험은 과장하고 평범한 위험은 경시한다.

② 사람들은 자신들의 일상적인 상황과 정확하게 일치하지 않는 상황에 대해서는 무엇이든지 위험을 평가하는데 어려움을 느낀다.

③ 의인화된 위험은 익명의 위험보다 큰 것으로 인식한다.

④ 사람들은 기꺼이 받아들이는 위험은 과소평가하고 자신이 통제할 수 없는 상황의 위험은 과대평가한다.

⑤ 사람들은 대중에 회자되거나 공개심사(public scrutiny)의 대상에 대한 위험을 과대평가한다.

D. Ropeik/G. Gray는 Risk에서 우리 주변세상에서 무엇이 실제적으로 안전하고 무엇이 위험한가에 대하여 결정하기 위한 실제적인 지침에 관한 연구에서 다음과 같은 사례를 들었다.[35)]

---

34) Bruce Schneier(2003), *Beyond Fear: Thinking Sensibly About Security in an Uncertain World*, Springer-Verlag, pp.26~27.

35) David Ropeik/George Gray(2002), Risk: *A Practical Guide for Deciding What's Really Safe and What's Really Dangerous in the World Around You*, Houghton Mifflin.

① 대부분의 사람들은 익숙한 위험보다는 새로운 위험에 대하여 두려움이 크다. 1999년 여름, 뉴욕시민들은 미국에서 여태까지 경험한 적이 없는 모기를 매개체로 감염되는 웨스트 나일 바이러스에 대하여 극도로 두려워하였다. 2001년 여름까지도 바이러스가 계속되었고 몇 명이 감염되었으나 두려움은 잦아들었다. 지금까지도 위험이 존재하고 뉴욕시민들은 당분간 바이러스와 함께 살아야 하나, 이러한 익숙함이 위험을 다르게 바라보게 되었다.

② 대부분의 사람들은 인위적인 위험보다 자연적인 위험을 덜 두려워한다. 대부분의 사람들은 핵폐기물이나 휴대폰에서 나오는 방사능에 대한 두려움이 태양으로부터의 방사능이 훨씬 더 위험하나 덜 두려워한다.

③ 대부분의 사람들은 자신에게 부과된 위험보다 자신이 선택한 위험을 덜 두려워한다. 흡연자들은 흡연에 대하여 자신에게 거의 선택권이 없는 작업장 실내의 공기오염이나 석면보다 덜 위험하다고 느낀다.

④ 대부분의 사람들은 해당 위험이 자신이 원하는 이익과 관련되어 있으면 두려움을 덜 느낀다. LA나 샌프란시스코에 사는 사람들은 그곳을 좋아하거나 직업을 구하기 쉬우므로 지진으로 인한 사상의 위험을 감수한다.

⑤ 사람들은 미국에서 최고의 사망원인인 심장마비보다도 상어와 같은 것에 잡아먹히는 것과 같이 끔찍한 방법으로 살해되는 것에 대해서 두려움을 더 느낀다.

⑥ 사람들은 자신이 통제할 수 있는 것에 대해서는 두려움을 덜 느낀다. 자신이 통제할 수 없는 비행이나 누군가가 운전하는 차량의 탑승석에 앉아 있는 경우에 두려움을 더 느낀다.

⑦ 사람들은 자신이 신뢰하는 장소, 사람, 기업, 정부로부터의 두려움보다는 자신이 신뢰하지 않는 원인에 의한 위험에 두려움을 더 느낀다. 두 개의 물잔 중에 하나는 유명인 오프라 윈프리가 건네주는 물잔이고 다른 하나는 화학기업이 제공하는 물잔일 경우에, 모두 깨끗한 물이 제공되었다고 상상하고 당신에게 하나를 선택하라고 하면 물속에 어떤 것이 들어 있는가에 대하여 전혀 사실을 모르더라도 사람들은 오프라 윈프리가 주는 물을 선택

하게 된다.

⑧ 사람들은 더 많이 의식하고 있는 위험에 대하여 두려움을 더 느낀다. 미국인은 노상범죄와 글로벌 기후변화에 대한 두려움은 낮은 반면에 2001년 가을의 테러리즘의 인식은 너무나 강렬하여 두려움이 만연하였다. 이것은 위험이 사라져서가 아니라 이에 대한 의식이 낮기 때문이다.

⑨ 우리는 불확실성이 높은 경우에 위험에 대한 두려움이 크다. 우리가 불확실성에 대해서 더 많이 알수록 두려움은 낮아진다. 이것은 우리가 새로운 기술에 높은 초기관심을 기울이는지에 대한 설명이다.

⑩ 성인들은 자신들의 위험보다 자식들의 위험에 대하여 더 두려움을 느낀다. 대부분의 사람들은 자신의 사업장의 석면보다는 자기 자식이 다니는 학교의 석면에 대하여 더 두려워한다.

⑪ 사람들은 다른 사람에게 위협이 되는 위험보다 직접적으로 자기 자신에게 영향을 미치는 위험에 대하여 더 두려워한다. 2001년 9월 11일 이전까지는 미국은 테러리스트의 공격의 목표물이 되는 경우가 드물고 대부분이 항상 해외에서 발생하였기 때문에 미국시민들은 테러리즘에 대한 두려움이 적었다. 그러나 갑자기 9·11테러로 테러리즘의 위험이 개인적인 것이 되었다. 이렇게 개인에게 직접적인 영향을 미치는 경우에 실제적인 위험통계가 아직까지 매우 낮다고 하더라도 두려움이 커지게 된다.

(표 3-7)의 리스트를 살펴보면 가장 주목할 만한 일은 어떤 이유에서 사람들이 위험을 이렇게 인식하는가에 대한 의문이다. 하나는, 위험에 대한 우리의 인식은 수백만 년간의 진화의 결과로 우리의 뇌에 깊숙이 내제되어 있다. 그리고 둘째는 위험에 대한 우리의 인식은 수백만 년 동안 진화하는 동안 생존과 번식을 유지하도록 점차적으로 상당히 향상되었다.[36)]

그러나 새로운 상황이 우리의 진화보다도 더 빨리 발생하기 때문에 오늘날 위험인식에 실패하게 된다. 현재의 상황은 B.C. 10만 년 전이 아니라 21세기에 존재한다. 다람쥐의 포식자 회피기술은 차량과 대면하게 되면 실패하게 되고, 비둘

36) Bruce Schneier(2008), *The Psychology of Security*, January 18.

기는 독수리에게 살아남기 위해 진화해 왔지 총에 대한 대비는 없듯이, 우리의 선천적 재능은 현대 인간사회, 기술, 미디어와 같은 것에 직면하는 경우에는 위험관리에 실패하게 된다. 이러한 모든 것을 이해하기 위해서는 우리의 뇌를 먼저 이해해야 한다. 인간의 뇌는 놀라운 기관이지만 완전히 뒤죽박죽이다.

(표 3-7) 위험인식에 관한 사회적 통념

인간이 과장하는 위험 상황	인간이 경시하는 위험 상황
화려한	평범한
발생이 희귀한	일반적인
의인화된	익명의
통제가 불가능한, 극단적으로 강제된	통제 가능하거나 기꺼이 수용한
많이 회자된	거의 논의되지 않는
의도적 또는 인위적	자연적
긴급한	장기적 또는 산재된
돌발적인	장기간 천천히 변화한
개인에게 영향을 미치는	타인에게 영향을 미치는
새롭고 생경한	익숙한
불확실한	잘 이해하고 있는
자신의 자식에게 직접적인	자신에게 직접적인
도덕적으로 모욕적인	도덕적으로 바람직한
전적으로 복구가 불가능한	부수적인 이익을 동반한
현재 상황에서 싫어하는	현재 상황에서 좋아하는

물론 이러한 이해가 전혀 새로운 것은 아니다. 이미 400여 년 전 프란시스 베이컨은 인간의 사고는 세상을 해석하기 위해서 버둥거릴 뿐만이 아니라 아마도 인간을 속이기 위해서 프로그램화되어 있다고 경고하였다. 그는 대부분이 쉽게 빠지기 쉬운 자제되지 않는 사고의 오류에 대하여 경고하였으며 이것이 실제의

인간본성의 왜곡된 프리즘이라고 하였다. 실제적으로 인간은 혼란스런 본성에 존재하기보다는 질서정연함을 가정하는 것으로 프로그램화되어 있다.

B. Schneier가 지적하였듯이 우리는 살인, 강도, 절도의 규명 등과 같은 어떠한 보안위협요인의 위험에 대해서도 잘 계산할 수 있다. 보험회사는 항상 보안리스크의 계산이 가능하다. 그럼에도 불구하고 현실은 '보안은 느낌이므로 개연성이나 수학적 계산을 토대로 하는 것이 아니라, 위험과 대응책 모두에 대하여 심리적으로 반응한다. 인간은 테러에 대하여 끔찍한 두려움을 느끼기도 하나 테러는 별로 우려할 것이 아니라고 생각하기도 한다.'[37)]

인간의 두뇌는 편도체 감정센터에서 위험을 관리하도록 진화하였으나, 이것은 소규모의 네안데르탈인 사회에서 적합한 시스템이다. 그러므로 현대사회의 복잡성과 새로운 보안상황에서 상충관계는 인간에게 위험관리에 대한 더 합리적인 과학적인 접근법을 필요로 하게 되었다.

우리는 종종 기회를 예측할 수 없는 경우가 올바른 설명인 경우에도 과거 발생한 사건이 반복될 것이라고 패턴화하거나, 또는 너무 많은 비중을 두거나 성공한 사람의 주장이나 프로젝트의 경로를 추적하는데 많은 노력을 기울인다. 그러나 대부분의 주요한 보안사건은 매우 드물게 발생하거나 과거와 같이 반복되지 않으므로 예상하기가 어렵다. 인간은 현상을 일정한 패턴을 가지고 파악하려는 특성이 있으므로, 예상하지 않는 상황의 발생이나 불규칙성을 띠는 현상에 대해서는 당혹해하거나 능동적인 대처능력에 한계가 있다.

검은 백조(black swan)는 유럽인들이 여태까지 본 모든 백조는 하얀 백조였기 때문에 17세기 철학적 사고 실험에서나 언급되었다. 실제적으로 "모든 백조는 흰색이다."라는 사고는 과학적 진실의 표준사례로서 오랫동안 사용되었다. 그러면 검은 백조를 볼 수 있는 기회는 없었는가? 최소한 검은색 백조가 17세기 호주 서부에서 발견되기 전까지는 상상하기 불가능하였다.

검은 백조(black swan)의 저자 나심 탈레브(Nassim N. Taleb)는 "대부분의 지구상의 큰 사건은 매우 드물고 예상하기 힘들기 때문에 그것을 설명하기 위하여

---

37) Bruce Schneier, *Beyond Fear,* ibid.

일반화를 끌어내려는 시도는 정신적인 만족을 줄 수는 있지만 실제적으로 쓸모없는 일이다."라고 주장하였다. 그는 과거의 경험에 의존한 판단이 행동의 근거가 되어서는 안 된다는 것을 알려주었다. 2001년 9·11테러 공격이 하나의 좋은 사례이고 주식시장의 붕괴는 또 다른 사례이다. Mark Twain은 "역사는 반복하지 않는다, 그러나 리듬이 있다."라고 하였으며 추가적으로 탈레브는 "역사는 천천히 변하는 것이 아니라 급변한다."라고 주장하였다.

2) 위험과 뇌의 진화

인간이 지구상에 존재한 99%의 시간 동안 소규모 무리를 이루고 살았다. 우리의 뇌는 농경과 산업 문화라는 신제품이 아니라 까마득한 옛날의 생활방식에 맞게 진화했다. 우리의 뇌는 익명의 군중, 학교 교육, 글자로 쓰인 언어, 정치, 경차, 법원, 군대, 현대 의학, 형식적인 사회제도, 첨단기술 등과 같이 인간 생활에 갓 들어온 것들에 대처하도록 배선되지 않는다. 현대인의 마음은 컴퓨터시대가 아니라 석기시대에 맞춰져 있기 때문에 우리의 모든 행동을 굳이 적응의 관점에서 설명하려고 애쓰지 않아도 된다.[38)]

인간의 뇌는 수백만 년에 걸쳐 진화하고 있기 때문에 논리적으로 조직화되기보다는 뒤죽박죽 모든 프로세스의 종류가 섞여 있다. 뇌의 어떤 공정은 특정한 종류의 상황에 대하여 최적화된 반면에 다른 공정은 그렇지 않다. 그리고 일부분은 중복적인 노력이 투입되거나 심지어 일부 뇌의 공정에는 모순도 존재한다.

인간두뇌의 신경망은 통계적 불확실성에 의하여 판단하는 것이 아니라 이야기하거나 위험판단에서 공격도피반응을 하는 즉각적이고 감성적인 결정을 하기 위하여 촘촘하고 정밀한 섬유질 형태로 연결되어 있다.

인간의 두뇌에는 백만 마일의 신경망 연결(connectivity)이 천억 개의 뉴런이 존재하는 것으로 추정된다.[39)] 한 개의 뉴런은 2~3만 개로부터 정보를 받아 약 만 개의 다른 뉴런에게 정보를 전달한다. 메시지 송수신 역할을 담당하는 시냅스는

38) Steven Pinker/김한영 옮김, op. cit., p.79.
39) https://en.wikipedia.org/wiki/Neuron.

뉴런 하나에 1000여 개 정도 있으므로 100조 개의 시냅스가 있는 것이다.

그러나 이러한 복잡계(Complex system)와는 상관없이 우리는 우리들에게 우리가 하지 못하는 근본적으로는 할 수 없는 복잡한 일을 설명하기 위하여 단순하게 이야기한다. 또한 인간은 내일 심각한 공격이 발생한다 하더라도 이에 대한 예상을 할 수 없거나 판단이 완전히 틀리지 않는다면 총체적으로 단순화하여 판단하려고 한다.

위험에 대한 평가와 반응은 생명체가 생존을 위해서 처리해야 하는 가장 중요한 것들 중 하나이며, 그 일을 뇌의 매우 원시적인 부분이 담당하고 있다. 이것이 편도체이며 뇌간의 바로 위에 위치하는 있으며 내측두엽(medial temporal lobe) 안에 위치한다. 편도체(amygdala)는 분노, 회피, 방어, 두려움 같은 감각 입력(sensory input)에서 온 감정을 처리하는 역할을 담당한다. 편도체는 뇌의 오래된 부분으로 초기 물고기에서 기원한 것으로 보인다.

동물인 도마뱀, 새, 포유동물, 심지어 인간이 보고 듣고 또는 잠재적인 뭔가의 위험의 대하여 느끼는 즉시 편도체가 반응하는 것이다. 그것은 아드레날린 등의 호르몬이 혈류로 주입되어 심장박동을 증가시키고 공격도피(fight-or-flight) 반응을 촉발하며 근육의 긴장을 증가시키고 손바닥에 땀이 나게 된다. 이런 종류의 반응은 도마뱀이나 사자에게 잘 작용한다. 이러한 신속한 반응이 동물들이 기대하는 것으로 위협요소를 더 빨리 발견할수록 위협요소에 대응하거나 도망칠 수 있으므로 번식하기 위해 살아 있을 더 많은 가능성이 생긴다.

그러나 세계는 실제로 그것보다도 더 복잡하다. 인간에게 약간 두려운 상황은 실제적으로 생각하는 것만큼 위험하지 않으며 오히려 두려움이 내포된 상황에서 미래에 대한 더 적극적인 대응책을 수립함으로써 더 향상된 위험관리를 하게 된다. 이것은 진화적인 이득을 의미하는 것으로 싸우거나 도망치는 대응을 뒤로 미루는 대신에 상황에 대한 정교한 분석과 합리적 선택을 함으로써 얻어진다.

인간은 위험을 분석하고 대처하기 위한 완전히 새로운 경로를 가지고 있다. 인간이 위험을 분석하는 새로운 경로는 신피질(neocortex)로서 인간의 두뇌에서 가장 최근에 진화된 부분으로 진화론적으로 보면 포유동물에서만 나타난다. 2억 년 전부터 포유류는 뇌에 신피질을 갖고 있었으나 고도로 발달하기 시작한 시기는 약 20만 년에서 15만 년 전으로 추정되고 일류의 축적된 지적재산은 모두 신피질의 활동결과이다. 그 결과 포유류는 정해진 행위만 반복하는 다른 동물들과 달리 새로운 행위를 끊임없이 개발할 수 있다. 신피질은 지능적이고 분석적이며 사유가 가능하다. 신피질은 향상된 상충관계에 대한 미묘한 차이를 분별할 수 있으나 판단은 상당히 느리다. 미래학자 R. Kurzweil은 인간의 뇌와 신피질이 3억 개의 모듈로 이뤄져 있으며 계층적(hierarchical)으로 사고한다고 한다.

여기에서 첫 번째 근본적인 문제가 발생한다. 인간의 2개의 시스템이 위험에 대하여 반응하는데, 원초적인 본능시스템과 더 진화된 분석시스템으로 이 2가지는 병렬로 작동한다. 그러나 신피질이 편도체를 거역하거나 모순되는 행위를 하기는 어렵다. 편도체와 신피질의 연결은 대칭적이지 않다. 신피질이 편도체에 투사하는 것보다 편도체가 신피질에 역투사하는 것이 훨씬 강하다. 기본적으로 신피질은 인간 두뇌의 한 부분으로 인간의 현대 복잡한 보안 상충관계를 만들어내나 아직은 소프트웨어 신제품을 테스트하는 것과 유사한 미완성품이다.

이러한 방식으로 우리의 뇌가 배선된 진화의 좋은 이유가 있다. 당신이 정글에서 고위 영장류 생활을 하고 있는데 사자의 공격을 받았을 경우, 그것은 당신이 사자를 평생 두려워하게 하는 감각을 개발하는 것을 의미한다. 또는 적어도 당신을 개인적으로 공격하지 않은 다른 동물보다 더 사자를 두려워하게 된다.

위험과 보상의 관점에서, 그것은 뇌가 만드는 좋은 상충관계이고 그것은 당신의 몸이 한 번의 수두에 노출됨에 따라 항체를 개발하는 것과 다를 것이 없다. 2가지 사례에서 당신의 신체는 이러한 상황이 한 번 발생했으므로 다시 발생할 가능성이 있다고 반응한다. 그래서 다시 발생할 경우에 대비한다. 특별히 당신의 특정 부족에 의해 점유된 땅의 작은 지역에 영향을 미치는 경우는 몇 가지 질병과 포식자로 위협요소가 제한되어 있다.

그러나 불행하게도, 뇌의 두려움 시스템은 신체의 면역시스템과 같은 방법으로 확장되지 않는다. 신체는 수백 가지의 질병에 대한 항체를 개발하여 이러한 항체는 동일한 질병의 공격에 대비하여 혈류 주변에 떠 있지만, 뇌가 평생의 많은 두려움을 처리하기는 더 어렵다. 이러한 모든 것이 편도체에 관한 것이다. 2번째 근본적인 문제는 신피질의 분석시스템이 너무 새롭기 때문에 진화적으로 말하자면 아직 거친 모서리를 많이 가지고 있다. 여기에서 심리학자 대니얼 길버트가 쓴 훌륭한 인용구를 설명한다.

우리의 뇌는 훌륭하게 설계된 독특한 기계로 지속적으로 환경에 대하여 살펴보고 즉시 습득하기 위하여 특별히 노력하였다. 이것이 수억 년 동안 뇌가 수행한 것이며 그리고 단지 몇 백만 년 전에 포유동물의 뇌가 새로운 재주를 배웠는데 이것은 실제로 무슨 일이 있기 전에 위험의 시기와 위치를 예측하는 것이다. 아직 발생하지 않는 것을 회피하는 인간의 능력은 뇌의 가장 놀라운 혁신 중의 하나이며, 이러한 인간의 예측능력 없이는 치실이나 퇴직연금도 없다.

그러나 인간의 뇌의 이러한 혁신은 개발 초기 단계에 있다. 우리에게 눈에 보이는 야구경기에 응답하게 하는 응용 프로그램은 오래되고 신뢰할 수 있다. 그러나 보이지 않는 미래에 불쑥 다가오는 위협에 대응할 수 있는 추가 기능을 가진 응용프로그램은 아직 신제품으로 최종검사(beta testing) 중이다.[40]

위험의 심리에 관한 현재의 많은 연구들은 뭔가 실수하고 있는 뇌의 새로운 부분에 대한 예이다. 그리고 그것은 단지 위험만이 아니고 인간은 컴퓨터가 아니다. 우리는 보안의 상충관계를 수학적으로 평가하지 않고 다른 이벤트의 상대적 확률을 검사하여 평가한다. 대신 우리는 일반적으로 의사결정법(heuristic)이라고 알려진 지름길, 경험칙, 고정관념과 편향으로 기준선 설정(anchoring) 휴리스틱, 가용성(availability) 휴리스틱, 대표성(representativeness) 휴리스틱이 있다. 이러한 휴리스틱은 우리가 위험에 대하여 어떻게 생각하는지, 어떻게 미래 사건의 확률을 평가할 것인지, 어떻게 비용을 고려하고, 어떻게 상충관계를 유지할 것인지에 대하여 영향을 미친다.

우리는 제한된 인지능력을 가지고 신속하게 최적의 근접한 대답을 만들어낼 수 있는 방법이 있다. 돈 노먼(Don Norman)의 멋진 에세이 '아날로그 존재'는 모든 이를 위한 좋은 배경을 제공한다.[41] 이 작업의 일부로 노벨 경제학상을 수상

40) Daniel Gilbert(2006), "*If only gay sex caused global warming,*" Los Angeles Times, July 2.

한 대니얼 카너먼(Daniel Kahneman)은 인간은 2가지 인지시스템을 가지고 있는데, 하나는 직관이고 다른 하나는 이성이라고 한다.

시스템 1의 동작은 일반적으로 빠르고, 자동적이며, 손쉽고, 공동의, 함축적(자기성찰이 불필요한)이고 종종 감정적으로 변화한다. 그들은 또한 습관에 의해 통제되므로 통제와 수정하기가 어렵다. 시스템 2의 동작은 느리고, 연속적이며, 노력을 필요로 하며, 의식적으로 모니터링하고 의도적으로 통제되어야 할 가능성이 크다. 그들은 또한 상대적으로 유연하고 잠재적으로 규정이 적용된다.[42]

당신이 위험, 보안, 상충관계에 관한 뇌의 휴리스틱을 검토할 때, 당신은 그들이 존재하는 이유에 대한 유전적 이유를 발견할 수 있을 것이다. 그리고 그들 대부분은 여전히 매우 유용하다. 문제는 그들이 특히 현대사회의 맥락에서 우리를 실패하게 할 수 있다는 것이다. 우리의 사회적, 기술적인 발전은 종으로서의 우리의 진화를 크게 능가하고 있으나, 우리의 뇌는 원시적인 작은 가족집단이 사는데 더 적합한 휴리스틱에 머물러 있다. 그리고 이러한 휴리스틱이 실패하게 될 때, 우리의 보안감각은 현실에서 이탈하게 될 것이다.

5. 위기관리와 대응

인간은 본능과 관련된 패턴화된 사고방식 때문에 예상하지 못한 유형의 상황에 대한 대처능력의 취약점은 불규칙적인 상황전개에 따른 당혹스런 불확실성이다. 현대사회에서의 대부분의 위기나 비상상황은 불규칙적이고 일정한 방식으로 전개되지 않는다. 따라서 잘 짜인 구체적이고 단계별로 세분화된 위기상황대처 매뉴얼도 실제적인 위기상황에서의 활용성은 제한적이다. 따라서 현장책임자의 위기대응력이 위기상황의 성패를 가르기도 한다.

---

41) Donald A. Norman(1998), "Being Analog," http://www.jnd.org/dn.mss/being_analog.html. Originally published as Chapter 7 of *The Invisible Computer*, MIT Press.

42) Daniel Kahneman(2003), "A *Perspective on Judgment and Choice*," American Psychologist, 58:9, pp.697~720.

예상치 못한 사고와 비상대응조직의 역할은 일반적으로 비상상황에 관한 정책과 절차, 구급차, 소방대와 같은 위기대응부서의 영역으로 생각한다. 그러나 더 넓은 맥락에서는 비상상황이란 전사적인 대응을 필요로 하므로 조직의 대부분의 구성요소들은 비상상황에서 각자의 역할을 가지고 있다. 물론 개별적으로 자신과 주변 상황을 보호하기 위한 즉각적인 조치에 관심을 기울여야 한다. 이러한 조치에는 응급조치, 경미한 화재의 진화, 간단한 위기대응의 조력업무가 해당된다. 조직 수준에서는 현장에서의 비상서비스의 조력, 실종자의 소재확인, 전화 응대와 같은 업무를 수행하여야 한다.

그러면 비상상황(emergency)이란 무엇인가? 비상상황에 대한 개념을 개별 조직이나 전문가들은 약간의 차이는 있으나 대체적으로 '위험한 사건'이라고 정의한다. 여기에는 사건과 사고, 위기, 비상상황과 재난을 포함하기도 한다. 또한 비상상황에 대한 정의는 사건의 규모와 조직이나 공동체에서 사용하는 개별적인 전문용어가 달라진다. 예를 들어, 버스사고는 비상대응 서비스 기관은 사고로 간주하나 지역 병원은 재난이라고 간주하기도 하듯이 대응기관별로 서로 다른 용어를 사용하는 경우도 있다. 일반적으로 비상상황은 '생명이나 재산, 환경에 위협이 되거나 위태롭게 하는 실제적이고 긴급한 사건으로 심각하고 조직적인 대응이 필요한 경우'를 의미한다.

비상상황 관리는 특히 준비, 대응, 재건에 관한 모든 비상상황을 다루기 위한 책임과 재원의 관리와 조직. 비상상황 관리는 비상상황에 필요한 총체적인 상황에 대응하기 위한 포괄적이며 협력적인 방법으로 정부, 자원봉사, 민간조직의 일반적인 노력과 관련되어 확립된 계획, 체계, 준비를 포함한다. 일반적으로 비상상황에 대한 대응전략은 재난관리로 알려져 있다.

❑ Two-Level 위기관리 조직

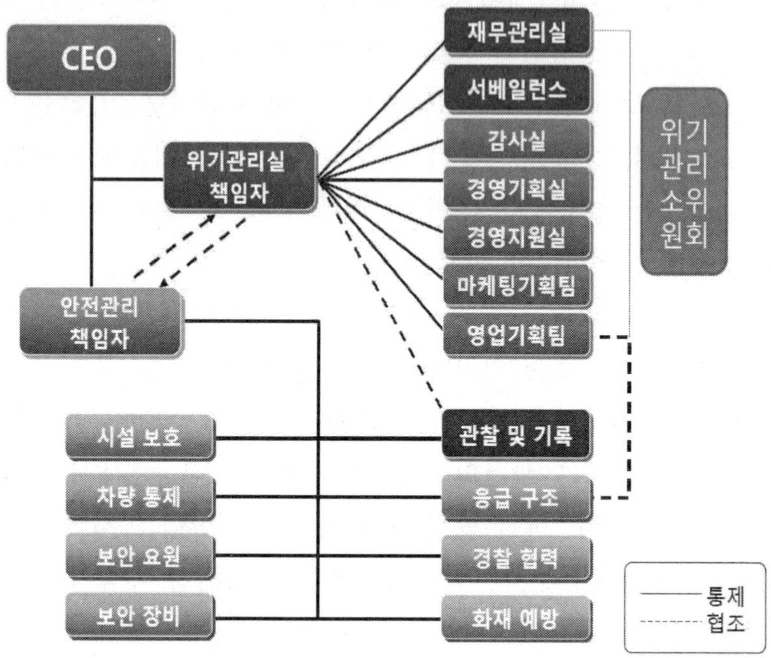

(그림 3-13) 카지노 위기관리 대응조직도

위기관리는 재난과 비상상황에서 기인한 위험을 관리하기 위해 설계된 조치의 범위를 의미한다. 비상상황 관리에는 재난이나 비상상황으로부터의 복구, 대응, 준비, 예방과 완화에 대한 준비상황의 개발과 유지를 포함한다.

조직의 운영을 유지하기 위해서는 기업, 정부, 비정부기구와 같은 조직은 비상상황에 대한 관리능력을 유지하는 것은 필수적이다. 비상상황에서의 비효율적인 대응은 개인건강, 평온과 조직의 기간시설, 수익과 시장점유율에서 위험에 노출된다. 게다가 비상상황에 대한 잘못된 대응으로 비상상황이 확대되어 일정정도를 넘어서면 위기로 전개된다.

자연적 또는 인위적 비상상황이 발생하는 경우에 비상상황에 대한 관리는 사전준비, 지원, 재구축을 포함한 비상상황에 대한 일련의 규칙이 적용된다. 또한 비상상황에 대한 영향력을 최소화하거나 회피하기 위한 노력을 통하여 잠재적 비상상황을 관리하는 모든 조직, 집단에 의한 지속적인 공정이다. 따라서 효과적인 비상상황에 대한 관리는 외부의 모든 이해관계자와 조직의 모든 구성원이 비상상황 계획의 통합을 통하여 실현된다.

비록 다양한 조직과의 관계유지가 중요하지만 비상관리는 위기관리와 비즈니스 연속성관리와는 다르다. 비상관리는 위기가 사회적, 경제적, 정치적인 것으로 구성되거나 결정적인 변화가 따르는 국제적인 문제인데 반하여 비상상황에 대한 대응은 위기관리보다 더 국지적인 부분에 중점을 둔다.

유사하게 비즈니스 연속성은 조직의 기능이 재난 이후에도 계속 유지되도록 하는 공정이다. 반면에 비상관리계획은 위기나 비즈니스 연속성의 더 광범위한 분야까지의 형식을 필요로 하는 반면에 비상상황 자체에 대한 처리에 중점을 두고 다루게 된다. 따라서 비상관리 계획은 직접적으로 상호작용하는 잠재적 결과뿐만 아니라 더 광범위한 결과에 대해서도 고려하여야 한다.

모든 비상관리계획의 목적은 개인의 건강과 안전, 기간시설의 보존에 중점을 두고 시행하여야 구체적이고 가시적인 효과를 발생한다. 조직의 비상관리계획은 직원의 건강과 안전에 대한 주의의무를 향상시키고 자연재난과 인적 재난, 모든 수준의 보안위협요소에 대한 조직의 회복탄력성을 증가시킨다. 비상관리계획은 모든 비상상황이 발생하기 전에 비즈니스 연속성 업무에 중점을 두고 비용효과적인 완화전략을 활용하므로 조직의 비용을 절약하게 된다. 더욱이 비상관리계획의 시행과 비상상황에 대한 통제정도에 대한 연습을 통하여 비상상황이 외부로 전이되거나 조직위기로 확대되는 것을 방지하게 된다.

비상관리계획은 보안위험관리의 포괄적인 접근방법의 필수적인 부분이다. 따라서 어떤 조직이 비상관리계획 없이 비상상황에 대한 위험을 설명하지 못하는 경우엔 그 자체로 위험을 증가시키는 것이다.

1) 포괄적 접근방법

포괄적 접근방법의 의미는 조직, 공동체, 개인에게 영향을 미치는 광범위한 위해의 종류와 규모에 대하여 다룰 수 있는 비상관리준비와 프로그램의 구축을 포함한 접근방법을 말한다.

비상관리계획에서는 위기가 발생하는 경우에 임직원, 재산, 일반 대중을 보호하기 위한 행동요령에 관해서 기술되어야 한다. 비상관리계획은 자연재해나 인위적인 위협의 발생에 따라 의사결정과정과 초기대응에 대한 행동요령에 대하여 조직의 준비에 대하여 구체화한다. 여기에서는 비상상황으로부터의 복구, 대응과 완화전략의 수립, 예상되는 비상상황에 대한 준비를 포함한 광범위한 주제에 대하여 기술한다.

이러한 모든 위해에 대한 준비와 프로그램은 반드시 임무범위의 수행에 관한 지침을 제공하고 조직과 공동체 개인이 신속하게 복귀가 가능하도록 하고 그들이 바라는 상황 또는 운영, 생활에 밀접하도록 능력과 조건을 제공할 수 있어야 한다.

① 예방과 경감활동은 위해의 영향력 자체를 제거하거나 완화시키려는 방법을 모색하거나 영향에 대한 민감성을 감소시키고 위해의 영향력이 미치는 공동체의 회복탄력성을 증가시킨다.

② 예방활동은 사전조치와 계획을 수립하고 위기상황이나 재난이 발생하는 경우에 효과적으로 대처하기 위하여 공동체에 교육과 정보를 제공한다.

③ 대응활동은 위기상황이나 재난을 효과적으로 대응하기 위한 준비계획을 적용한다.

④ 복구활동은 재난에 의해 영향을 받은 기간시설의 복구와 감정적, 사회적, 경제적, 물리적 평온을 되찾기 위한 공동체의 노력을 지원한다.

2) 비상대응관리

비상대응관리는 위기관리와 비즈니스 연속성관리의 의미를 내포한 포괄적인 보안위험관리의 필수적 구성요소이다. 또한 보안공정이 위험관리와 연결되어 있으므로 보안기능은 비상대응관리에서 중요하다. 비상대응관리는 위기관리와 비즈니스 연속성계획과 매우 밀접하게 통합된다. 비록 하나의 계획의 끝과 다른 계획의 시작이 애매하고 사례마다 상이하지만 개념적인 차이는 단순하다.

비상대응은 위기보다는 더 국부적인 개념이다. 그러므로 비상대응계획은 국부적으로 발생한 사고를 다루게 된다. 종종 비상대응계획은 위기관리계획의 시작이나 토대를 제공하기도 하며, 비상대응계획이 이상적으로 수행되는 경우에는 위기를 예방하는데 도움이 된다.

마찬가지로 비즈니스 연속성계획의 핵심은 비상대응 또는 위기 후에 업무를 지속하거나 이상적으로는 위기 도중에도 업무를 계속하는 것이다. 그러므로 비상대응계획은 반드시 비즈니스 연속성계획으로 발전하거나 비상대응계획의 범위에 따라 비즈니스 연속성계획의 1단계를 고려하여야 한다.

위기나 비즈니스 연속성계획과는 다르게 사람들의 건강과 안전에 대한 고려가 매우 중요한 부분이다. 사람의 안전보건을 보장하기 위하여 계획수립을 하고, 조직은 주의의무를 충족시키고 재난과 위협요소에 대한 회복탄력성을 증가시키고 임직원의 결원을 감소시킴으로써 비용을 절감시킨다.

조직에서의 보안기능은 비상대응관리계획의 모든 단계에서 매우 중요한 역할을 수행한다. 비상관리계획의 여러 분야를 촉진시키는 다양한 역할에 보안기능이 필수적일 뿐만 아니라 비상대응은 보안취약성이 노출되는 시기이므로 경계상태를 강조하는데 필요하다.

3) 비상관리팀

비상관리팀에 최소한 한 사람의 보안요원이 계획수립 단계에서 긴밀하게 참여하거나 위험관리팀에 참여하는 것이 바람직하다. 이러한 조치가 조직에서 보안요원과 시스템이 비상상황의 완화나 준비와 대응조치에 협력하는데 도움이 된다.

비상상황은 예상했든 예상치 못했든 관계없이 간단하게 정상적인 경로를 벗어난 사고이다. 그러므로 경로를 변경하여 통상적인 운영 상태로 되돌아오기 위해서는 추가적인 재원과 관리적 노력이 필요하다. 경로를 벗어난 사고라 하더라도 결코 완벽하게 예방하는 것을 불가능하므로 효과적인 계획수립에 따라 비상시 파급효과를 줄이는 것은 가능하다.

비상계획수립은 보안관련 사고에 대한 대응계획을 개발하고 대응함으로써 조직을 지원하도록 디자인한다. 모든 단일한 잠재적 사고에 대응하기 위한 계획을 수립하는 것을 불가능하다. 만약 실제적으로 개별적인 사고 대응계획을 수립하였다고 하더라도 모든 계획에 즉각적인 대응은 매우 어렵고 최소한의 갱신이라도 관리적인 악몽이다. 더욱이 비상시에 수립된 계획을 활용하는 것은 혼란을 야기하게 된다.

보안위험평가는 어떤 유형의 보안관련 비상사태인지에 대하여 적시에 재원의 투자와 사전 계획수립을 보장하기 위한 통찰을 제공할 수 있어야 한다. 유사하게 다른 보안관련 비상상황이 아닌 경험을 통한 과거의 사건은 지침을 제공한다. 이 부분에서 핵심적인 개념은 조직 전체를 위한 것이므로 보안과 관련된 비상관리계획은 존재하지 않는다. 반면에, 보안사고와 관련한 대응은 전체적인 비상관리계획에 포함된다. 이것이 보안과 비상계획이 완전하게 통합되고 시험되는 것을 보장하기 위한 핵심 요구조건이다. 가끔 대응책과 계획의 접점부분에서 불협화음이나 관리감독의 부족은 실패로 직결된다.

4) 비상관리계획의 공정

(1) 비상관리계획

비상관리계획에서는 위기 상황에서 임직원, 재산, 대중을 보호하기 위하여 취해야 할 행동에 대하여 구체적으로 기술한다. 또한 계획에서는 자연적 또는 인위적 위협의 경우에 신속한 초기대응에 필요한 조직과 의사결정과정을 구축한다. 일반적으로 계획은 4개의 광의의 주제영역을 포함하는데, 예상되는 비상사태에 대한 준비, 완화전략의 수립, 비상상황에 대한 대응, 비상상황으로부터의 복구로 구성된다.

비상관리계획이 효과적이기 위해서는 반드시 내용은 간단하고 누구나 이해하기 쉽도록 하여야 한다. 비상상황의 통제원리에 따르면 게시판의 부착된 한 장의 대피도면이 책장에 있는 100페이지의 상세내역보다도 비상시에는 가치가 있다.

(2) 완화단계

비상관리계획의 이 단계에서의 개요는 사고발생으로부터 사고를 예방하는 조치가 필요하고, 광범위한 비상상황이나 조직전체의 위기로 전이되는 것을 통제하는 조치가 필요하다. 보안위험관리계획과 처리계획에 구체적으로 규정된 절차에 따른다. 완화전략에는 비상상황이 확대되는 파급력을 감소시키는 모든 대책을 포함시키며, 다음과 같은 가능한 사례를 포함한다.

건물대피절차, 이웃집 거주자 명부, 전화폭발위협에 대한 지침, 소방훈련, 재난보험, 효과적인 대응을 위한 지역 비상대응기관과의 긴밀한 관계설정, 괴롭힘과 희롱, 폭행을 방지하기 위한 강력한 기업문화의 구축, 비상상황과 같은 위험을 감소시키기 위한 비즈니스 운영을 보장하기 위한 조직의 의사결정팀의 강력한 보안위험관리 대표성을 유지, 원거리에서 정보의 보관 등이 있다.

(3) 준비단계

비상상황에 대한 관리체계의 준비과정에서 조직은 반드시 비상관리팀을 조직하고 계획을 수행하는 대응요원을 훈련하며, 계획을 시험한 다음 계획조정의 필요성에 대하여 반영한다. 준비단계는 이론적으로는 비상관리계획에서 두 번째 단계이지만 실제적으로 계속적인 분석과 개선과정이다. 모든 계획은 내용의 총체적인 관련성의 정도만큼 효과가 있으며, 경영진의 지원이나 지침을 확립하는 것이 중요하다. 추가적인 중요성은 다음을 포함한다.

① 비상상황의 조직의 잠재적인 영향력에 관해서 규정한다.

② 비상관리팀을 조직하고 비상상황에 대응에 관하여 비상상황 전후 그리고 도중에 책임자를 지정한다.

③ 인력, 자금, 장비를 포함한 비상계획수립에 필요한 재원을 지원한다.
④ 평상상태에서 비상상황으로 전환되는 과정을 규정한다.

상기의 조치들은 다음과 같이 세분화될 수 있다.

① 현재의 계획과 절차를 재검토한다. 새로운 비상대응에 대한 이상적인 출발점을 제공하기 위하여 현재의 모든 비상관리계획, 유사한 정책, 절차, 계획을 분석한다.

② 경영진의 지원을 얻도록 노력한다. 비상관리계획의 개발과 시행에 대한 책임에서 지부장이나 경영진의 지원과 재원, 의사결정력뿐만 아니라 이들의 승인이 필수적이다. 경영진은 비상상황에서의 긍정적이든 부정적이든 조직의 대응에 대한 전체적인 주인의식에 대한 인식이 중요하다. 최악의 경우에는 비상상황 이후에 내·외부 이해관계자에 대한 책임과 잘못된 비상관리계획의 수립에 대한 책임을 경영진이 진다.

③ 시설이나 관할 구역을 지정한다. 계획수립자는 반드시 어떤 영역이 비상관리계획의 부분인지에 대하여 이해하여야 한다. 예를 들어, 자체적인 비상관리계획을 수립한 조직의 지역사무구역은 조직전체의 비상관리계획에 따라야 한다.

④ 재원을 확정한다. 비상대응에 배당된 인원, 장비, 시설에 대한 명확한 이해가 전재되어야 한다. 비상상황에서 가용 가능한 재원의 상태에 대한 이해는 필수적이고 조직은 대응계획에 가용 가능한 재원에 대하여 보장하여야 한다.

⑤ 비즈니스 취약성분석을 시행한다. 책임구역에 대한 장단점에 대한 평가에 따라 계획수립자는 비상상황이 발생하는 경우에 가장 관심을 기울일 핵심 비즈니스 분야가 어디인지 규명하게 된다. 예를 들어, 폭발위협이 있을 경우에 30층 높이의 오피스 건물에서의 대피에 따른 공포상황의 발생과 우편물에 담겨진 30그램의 폭발물과의 위험의 경중에 대하여 판단하여야 한다.

⑥ 비상관리팀을 구축한다. 전체적인 비상관리 지휘체계에 대한 책임자의 임명이 확립되어야 한다. 일반적으로 보안위험관리 책임자가 이러한 역할에 이상적이다. 비상관리계획의 조정자는 조직의 모든 종업원과 경영진과 신속한

연락이 가능하여야 한다. 비상관리팀은 필수적으로 정보기술, 인사관리, 통신, 미디어, 법무, 운송, 대외협력, 보안, 산업안전보건 부서의 관리자로 구성되어야 한다. 추가적으로 계획수립 단계에서 주요 계획수립에 다른 추가적인 고려사항에 대하여 역점을 두고 처리하여야 한다.

(4) 의사결정의 흐름

비상상황에서의 신속한 의사결정을 위하여 평상시 조직의 의사결정과정이 신속한 의사결정시스템으로 대체되어야 한다. 의사결정흐름은 정보의 입력과 의사결정을 포함하여 비상상황의 예방, 대응, 복구하기 위하여 필요에 따라 개정되어야 한다. 다음은 비상상황의 의사결정에서 반드시 포함하여야 할 내용이다.

① 비상상태는 어떤 상황에서 비상상황을 선언하는가?
② 비상상황을 선언하는 의사결정자는 누구인가?
③ 비상상황에서 책임자는 누구인가?
④ 의사결정자가 부재중인 경우에 대신 업무를 수행하도록 시스템이 구축되었는가?
⑤ 어떤 상황에서 비상상황의 종료선언이 되는가?
⑥ 누가 비상상황의 종료, 정상운영으로의 복귀를 선언하는가?

(5) 의사소통

휴대폰과 같이 일상적으로 사용되는 통신수단이 비상상황에서의 유효성을 보장하지 못한다. 테리리스트 공격이나 폭동과 같은 대규모 비상상황에서는 휴대폰을 통한 소통은 사용량의 폭주로 인하여 정상적인 역할이 어렵다. 더욱이 많은 비상상황에서 핵심적인 서비스인 팩스, 전화의 전력공급이 중단되므로 인터넷도 이용불가능하다. 이에 대한 대체 통신수동이 필요하며 비상시에 사용할 수 있도록 준비하여야 한다.

① 경고와 경보: 경보와 경보시스템은 간편하게 확산되며 비상상황에 대한 공지에 대하여 쉽게 이해할 수 있어서 임직원과 대중들이 어떻게 행동해야 하

는지에 대하여 알려야 할 필요가 있다. 핵심적인 사례로는 화재, 재연재난 경고, 대피 경계태세에 같은 것이 있다. 이러한 신호들은 사이렌, 자동문자 메시지, 스피커, 자동전화메시지 등 모든 방법을 통하여 전파되어진다.

② 폐쇄와 대피: 비상상황에서 시설물의 폐쇄와 대피가 필요한 경우에 결정하기 위한 절차가 반드시 필요하다. 예를 들어, 보안위험관리자는 비상상황에 대하여 구체적이어야 하므로, 현 장소에 머물 것인지 대피할 것인지에 대하여 태풍이나 폭동에 대한 충분한 경고를 접수하여 한다. 어떻게, 누가 재배치에 포함될 것인가 포함하여 핵심적인 비즈니스 서비스와 피난시설의 유지, 현장 보안요원의 대피를 어떻게 할 것인가를 고려하여 결정한다.

③ 대응팀: 조직에서 비상대응팀의 역량수준은 비상상황, 조직의 규모, 구성원의 기술에 좌우된다. 비상상황에 가장 적합한 대응팀의 설치와 훈련은 비상관리계획 절차에서 가장 중요한 부분이다. 또한 대응팀이 어떻게 현재의 훈련과 시험이 유지되고 있는가에 대한 결정도 결정적으로 중요한 부분이다.

④ 이해관계자: 비상상황에 대하여 이해관계자에게 어떻게, 무엇을, 언제 알려주는가에 대한 결정도 중요한다. 비상상황의 충격 자체는 미디어, 정부당국, 이해관계자, 구성원의 반응으로는 재앙이 아니다. 비상관리계획은 항상 살아 있는 문서(living document)[43]로 유지하는 것이 중요하고 비상관리 준비단계에서 계속적으로 개선이 이루어지는 공정이다.

(6) 대응단계

비상대응계획은 권한을 가진 책임자가 비상상황을 선언하고 모든 비상상황 관련 부서에 통지함으로써 시작된다. 보안요원이 보안감독자에게 상황을 보고하는 형식을 취하고 보안감독자는 이에 대응하는 경보를 울린다. 사고 상황에 따라 관리자, 비상대응서비스 부서와 임직원과의 모임시간이 있을 수도 있다. 예를 들어, 임박한 노동쟁의 전에 어떻게 행동할 것인가에 대하여 결정할 시간이 필요한 것과 같다.

43) dynamic document라고도 하며 계속적으로 편집 · 갱신되는 문서를 말한다.

그러나 테러리스크 공격과 같이 아무런 경고도 없는 상황에서 비상상황이 발생하는 경우에는 반드시 즉시 행동에 옮겨야 하므로 준비된 시나리오대로 비상관리계획은 반드시 지체 없이 이행되어야 한다.

비상상황의 선언에 관한 권한을 가진 임원은 집단이동과 비교하여 집단공포의 잠재적 영향의 이익을 고려하여 비상관리계획의 착수여부에 대하여 결정하여야 한다. 위에서 강조하였듯이 폭탄의 공포와 관련된 위험은 격리된 장소에서의 소량의 폭발물과 관련된 위험보다 훨씬 크다. 따라서 특정한 상황에서는 핵심 비상대응요원과 조직의 선임자에게 단체공지를 하기 전에 이러한 상황을 알려준다. 그러나 반대로, 국지적인 사고의 경우에는 영향권에 있는 소수의 직원들에게만 알리도록 하여 사고의 영향을 받지 않는 나머지 인력은 계속 일과를 수행하도록 한다.

한 번 비상관리계획이 시작되었을 경우에는 조직이 정상적인 운영 상태로 복귀가 준비되기 전까지는 비상상황을 되돌릴 수 없다. 따라서 지역적이거나 단순한 비상상황에서는 즉시 정상상태로 복구가 가능하다. 그러나 만약 실제적인 파괴가 발생하는 경우에는 비상대응은 복구단계로 진행되어야 한다.

(7) 복구단계

비상관리계획의 복구단계에서는 비즈니스 연속성이나 위기복구계획의 첫 번째 단계로 간주될 수 있으며 핵심적인 비즈니스 운영을 즉시 재개하는 것을 다루게 된다. 한 번 복구단계로 진행되게 되면 비상관리계획은 철회된다. 그러나 위기관리계획은 오랫동안 계속되어 비즈니스 생존에 관한 이슈 전반에 관하여 다룬다.

예를 들어, 화학물질이 누출되는 경우에 비상대응은 생명의 위협요소와 핵심기간시설의 통제가 이루어질 때까지 적용되는데 반하여, 위기관리계획은 위기상황으로부터 복구하기 위한 조직의 전체적인 능력과 같이 조직이 어떻게 광범위한 사고의 파급결과를 처리할 것인가에 대해서 담당한다.

응급처치를 비상계획단계에 비유하자면, 복구단계는 부상자의 호흡, 동맥출혈의 지혈, 의식 등 바이탈을 확인하는 것에서 시작이다. 복구단계에서는 현장에서 전문적인 비상대응서비스가 완료되고 사고현장을 통제한다. 만약 부상자의 상태가 악화되면 공정은 대응단계로 되돌아가야 한다. 그러므로 테러리스크 공격중이나 폭탄이 터진 다음의 복구단계는 집단공포 상황이 진전되기 전까지는 복구단계의 진행은 어렵고, 오히려 연료저장소의 2차적인 폭발과 같은 파급확산을 방지하는데 중점을 두어야 한다.

(표 3-8) 비상대응계획의 요약과 요령

목 차	내 용
계획의 작성	비상관리계획의 첫 번째 실패는 계획수립방법에서 시작된다. 만약 계획수립팀이 모든 이해관계자에게 계획이 공표되기 전에 계획에 대해서 검토되지 않았거나 검토가 불가능하였을 경우에는 해당 계획은 불가피하게 문제점을 노출하게 된다.
이해관계자 이익의 창출	돈이 말한다. 어떻게 효과적으로 비상상황을 관리할 것인가에 대한 비용편인분석은 간단히 돈을 절약한다는 것을 경영진에게 보여주면 관심을 자극하기 충분한다. 동일하게 계획수립과정에서 최고경영진과 중간관리자의 역할을 규정하는 것이 중요하다. 한 번 정보가 수집되면 계획수립팀은 계속적으로 이해관계자에게 요청하기보다는 계획된 검토단계를 세부적으로 해결해나가야 한다.
하향식 계획수립/상향식 개선	운영업무를 수행하는 임직원은 얼마나 종종 경영진의 운영에 대한 완전한 이해 없는 결정에 대하여 불만을 표출하였는가? 따라서 시안은 사용자가 시험 후에 내용을 손쉽게 수정하여 입력할 수 있는 방법으로 구성되어야 한다.
계획의 테스트	계획수립팀의 구성원의 단계마다 어떤 사안에 대해 의도적으로 반대 의견을 제기하거나 '만약에'라는 의문을 제기함으로써 계획을 개별 개발단계마다 테스트한다. 또한 간단하게 수립된 계획을 설명한 다음 계획을 개선하기 위한 시연을 하는 과정에서 적극적으로 비판내용을 수집하는 시연계획을 수립한다.

의사소통	모든 계획은 원활한 의사소통이 필수적이다. 일반적으로 복잡한 계획일수록 더 많은 소통과정이 필요하다. 따라서 의사소통 절차의 개발이 저조할수록 반드시 계획실패의 원인이 된다.
내부 소통	현대인의 필수품인 휴대폰 통신망은 종종 비상상황에서 가장 먼저 문제가 발생한다. 유사하게 선통신망과 전원시스템의 안전은 보장하지 못한다. 이러한 이유에서 계획에서는 사용되는 통신시스템의 대안을 구축한다. 한 번 계획이 수립되었으면 최소한의 소통에 필요한 통신이 가능하도록 시행하여야 한다.
외부 소통	비상상황서비스와는 별도로 많은 사람과 조직은 비상상황에서의 통신을 필요로 한다. 이러한 상황에서 가장 중요한 것이 대중매체이다. 대중매체는 비상상황을 위기상황으로 확대나 원조 여부를 결정하는 역할을 가지고 있다. 이러한 이유로 비상관리팀은 반드시 대변인을 지명한다. 이상적으로 대변인은 미디어에 대응하는 훈련이 필요하고 미디어에 핵심적인 주제와 메시지를 간단하게 전달하는 능력이 있어야 한다.
상황설명과 훈련	비상상황에서는 직원의 출입구에 부착된 도면 한 장의 가치가 선반에 보관된 한 권의 설명서의 가치보다 높다. 얼마나 손쉽게 계획을 이해할 수 있는가에도 불구하고 비상상황이 발생하면 구성원이 자신의 역할이 무엇인가를 이해하고 수행하기에는 이미 늦다. 비상관리팀의 핵심적인 구성원으로 단지 책임이 있는 임직원만이 조용하게 비상계단을 내려가 비상상황에 대응하는 것이 현실이다.
보여주기	수립된 계획이 원활하게 이행되기 위해서는 반드시 계획이 손쉽고 명확하게 이해되어야 한다. 따라서 대부분의 계획이 손쉽게 이해되도록 단계별로 도면으로 표시된다. 도면은 어떤 계획이 복잡한지에 대한 판단을 용이하게 하는 장점이 있다. 만약 도면에서 계획이 너무 복잡하게 기술되어있는 경우라면 해당 계획은 아마도 너무 복잡하여 혼란을 야기할 수 있다는 의미이다.

유도 훈련	모든 관계자들은 비상상황에서의 자신의 역할을 안전하고 효과적으로 이행하기 위해서 계획을 명확히 이해하여야 한다. 대부분의 조직에서는 직원들의 유도훈련의 형식으로 기업정책과 산업안전보건에 관한 요약서를 제공한다. 비상관리계획을 간략하게 설명하기 가장 적합한 시간이 언제인가와 모든 구성원이 업무를 처음 시작하는 시간이 비상시 자신의 역할을 이해하는 가장 적합한가에 대하여 결정한다.
주기적 훈련과 테스트	명확하게 대부분의 구성원에게 비상관리계획의 상세한 내용이 자신들의 우선되는 업무가 아니다. 그러므로 주기적인 훈련과 시연과 테스트가 비상시의 개별적인 자신의 업무를 이해하는 것을 보장하는 방법이다. 시연과 테스트를 통한 풍부한 정보의 수집을 통하여 계획의 갱신과 개선과 같은 변화가 필요한 경우에 사무공간을 개장하는 것과 같은 조치를 취한다.
유연성	어떤 계획도 모든 상황에 부합하여 완벽하지 않으며, 모든 상황에 대한 예상은 불가능하다. 과도하게 세부적인 내용을 규정하는 계획이나 다양한 정보를 취합하여 너무 많은 의사결정이 필요한 계획은 실패하게 된다.
연속성	유연한 계획이란 하나가 아니라 애매하다. 하나의 계획은 여분과 연속성을 구축하여야 한다. 만약 계획 '하나'가 주어진 상황에서 적용 불가한 경우에는 해당 계획에서 계획 '둘'로 전환되도록 명확한 절차를 규정하여야 한다.
의사결정	모든 비상상황에 대한 판단을 반드시 중앙통제실에서 한다. 팀의 전체적인 책임자 한 사람이 신속한 결정에 따라 상황정보를 수집한다. 모든 관계자는 누가 의사결정자인가에 대하여 인지하고 있어야 하고, 당사자가 부재중인 경우에 누가 대신하여 업무를 수행하는지에 대해서도 규정되어야 한다. 일반적으로 비상상황에서의 조직은 필요한 경우에 즉시 모든 결정을 즉시 행동에 옮기는 것이 가능하도록 권한을 가지는 계엄령에서의 국가와 같이 움직여야 한다. 그러나 비상상황이 종료된 다음 비상상황에서의 행동에 대해서 뒷궁리를 가진 방어적인 태도를 보이므로, 이러한 권한은 명확하게 규정하고 비상상황에서의 지시자의 모든 행동에는 반드시 책임이 부과되어야 한다.

제 4 장

보안리스크 프로그램

제 4 장
보안리스크 프로그램

제1절 보안관리의 글로벌 트렌드

1. 매트릭스 경영관리 기법

보안조직의 초기 패러다임의 대부분은 군대나 준군대조직의 모델에서 인용되었으며 군대나 공권력에서의 보호기능과 동일시되었다. 그러므로 초기의 보안관리에서는 고정근무나 순찰하는 보안요원과 보안조사를 통한 시설물에 대한 보호가 주요업무로서 강조되었으나, 오늘날에는 첨단기술과 경영기법을 활용한 보안리스크관리와 같은 조직의 업무역량유지의 지원에 중점을 둔다. 따라서 변화된 현대기업의 환경에서 보안전문가들이 자신의 업무에서 성공하기 위해서는 반드시 첨단기술과 경영관리기법의 활용한 전문성을 배양하여야 한다.

매트릭스 구조(matrix structure)는 과거의 라인 조직 또는 라인·스태프 조직처럼 직원에게는 오직 한 사람의 상사가 있을 뿐이라는 '명령 체계 단일화의 원칙'을 벗어나 2개 이상의 직권 계열을 갖는다. 이러한 조직형태는 자칫 혼란을 야기할 수도 있기 때문에 융통성과 전문성을 갖춘 직원을 필요로 한다. 초기 방위산업이나 컴퓨터 업계에서 대형 개발 프로젝트를 처리하기 위해 종종 매트릭스 형태의 조직을 구성하였고 오늘날에는 많은 대기업에서 다양하게 활용된다.

21세기 다원화된 현대 기업에서 많이 활용되는 격자구조, 매트릭스 조직은 명령계통에 대한 강조가 줄어드는 대신에 현대 경제에서 핵심인 사람과 정보의 복잡한 상호관계에 중점을 두고 있으므로 보안업무의 수행에도 이러한 매트릭스 조직이 효과적이다.

거대 다국적기업의 보안업무에 활용되고 있는 매트릭스 구조(그림 4-1)는 기능구조와 사업구조의 결합을 시도하는 조직구조로서, 기업환경이 복잡해지면서 기능부서의 기술적 전문성이 요구되는 동시에 사업부서의 신속한 대응성의 필요가 증대되면서 등장한 조직 형태이다. 즉 기능구조는 전문가의 집합으로 전문성을 살릴 수 있으나 조정이 어렵고, 사업구조는 전문가의 조정은 용이하나 비용이 중복된다는 문제가 있어 양자의 장점을 채택한 조직구조이다.

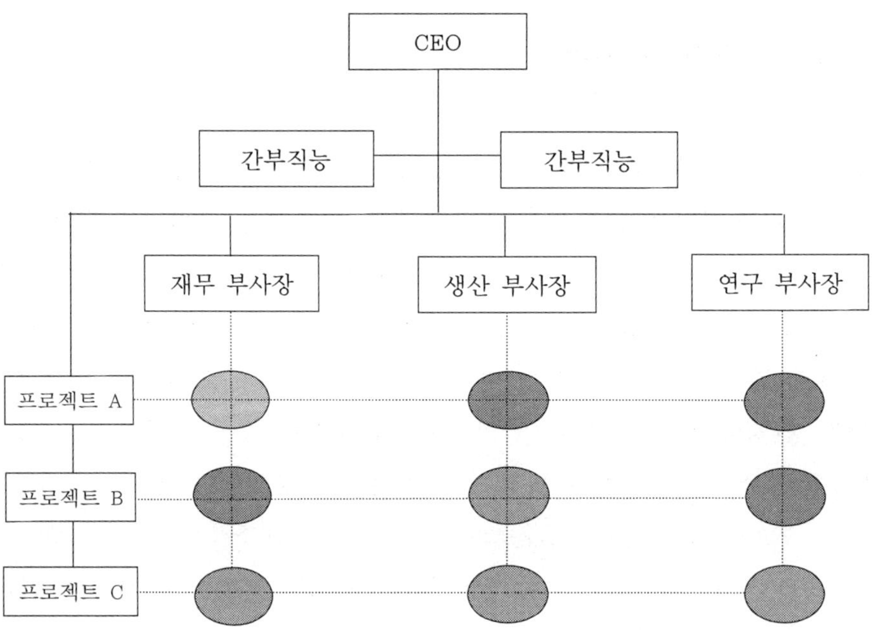

(그림 4-1) 매트릭스 구조도

매트릭스 구조의 기본적 특성은 이원적 권한체계를 갖는 데 있으며, 동시에 기능부서 통제권한의 계층은 수직적으로 흐르고, 사업부서 간 조정권한의 계층은 수평적으로 흐르게 된다. 이러한 이중구조에서 조직구성원은 동시에 2명의 상관에 보고하는 체계를 가지므로, 명령통일의 원리가 약화되는 반면에, 기능적-사업적 권한 체계의 적절한 균형을 찾는 것이 중요하다. 따라서 2명의 상관에 대한 갈등적인 요구를 해결해야 하는 매트릭스 조직의 구성원은 탁월한 인간관계 기술이 필요하며, 매트릭스 구조의 상관은 부하에 대해 완전한 통제력을 갖지 못하며, 상관들 간에 대면 · 협력 · 갈등을 조정할 수 있는 관리능력이 요구된다.[1)]

이러한 매트릭스 구조는 급격한 변동성을 관리해야 하는 글로벌 다국적기업에서 보편적으로 활용하고 있으며 특히, 복잡성이 증가하고 있는 보안업무에 활용도가 높다. 이러한 기업구조의 전략적인 변화는 변화된 기업환경에서 기업의 효율성을 최대화하고 능동적으로 기업환경에 변화하기 위한 글로벌기업의 생존전략이다.

오늘날 세계시장에서 경쟁해야 하는 한국기업들의 보안리스크는 과거 국내시장에 한정되었던 상황과 비교할 수 없을 정도로 급격하게 증대하였다. 이에 반하여 빈발하는 대형 보안사고에도 불구하고 한국기업에서 보안리스크를 어떻게 관리할 것인가에 대해서는 아직 체계화된 대응전략을 수립하지 못하고 있으나 과거의 보안조직과 전문성을 가지고는 오늘날의 보안리스크에 효과적으로 대응하지 못하므로 보안조직의 변화필요성은 대부분의 보안전문가들이 인정한다.

현대 기업의 변동성에 적절하게 대응하기 위해서는 기업의 변화된 보안리스크에 대하여 직시하여야 한다. 그리고 보안리스크에 양적인 대응이 아닌 질적인 대응으로, 혁신적인 변화에 의한 새로운 패러다임으로 가장 경제적인 보안리스크관리 방법을 탐색하여야 할 것이다.

1) 최선태, 21세기 산업보안론, 2009, p.90.

2. 보안디자인의 원리

보안디자인은 보안대책을 수립하여 원하는 목적을 성취하기 위한 가장 효율적인 보안대책수립에 필요한 기본원리이다.[2)]

① 보안은 반드시 리스크와 균형을 유지하여야 한다. 따라서 보안시스템이 디자인되기 전에 전체적인 리스크분석이 시행되어야 한다. 이러한 결과물은 해당자산에 잠재된 리스크에 대하여 결정하고, 자산에 어떤 위협요소가 있는지, 해당 위협요소가 실제로 구현될 가능성은 얼마나 되고, 발생할 경우 비즈니스에 어떤 영향력이 있는지를 구체화할 수 있게 된다. 이러한 리스크분석의 결과로 대부분의 조직에서는 그 동안 중요하지 않는 자산이 과잉보호 되거나 중요한 자산이 잘못된 방법으로 보호되고 있는 것을 발견하게 된다. 따라서 보안전문가에 의한 리스크분석은 보안시스템을 디자인하기 전에 반드시 선행되어야 한다.

② 가장 강력한 시설장벽은 목표물에 근접하여 설치한다. 우리는 가끔 경계시설의 펜스의 강도를 과신하는 경우가 있다. 일반적으로 외부장벽에 많이 사용되는 유형인 면도칼같이 날카로운 모양으로 된 2.4미터 체인링크 펜스는 단지 30초 정도 침입을 지연시키는 역할밖에 하지 못한다. 더군다나 경계시설은 매우 광범위한 영역을 보호하는 경우가 많으므로 비용효과적인 관점에서 분석되어야 한다. 이러한 비용효과적인 방법 중의 하나가 경계시설의 강도를 강화하기보다는 심층보호조치로 보호구역의 범위를 축소하여 귀중품을 금고에 보관하는 방법이 더 향상된 보안대책이 될 것이다.

③ 최상의 경보시스템은 침입자에 대해 가장 먼저 경보를 울리는 것이다. 일반적으로 우리가 경보시스템을 설치하는 주요 이유는 침입자가 목표물에 접근하는 시간을 지연시켜 경보가 울린 다음에 보안요원이 최대한 신속하게 침입자를 제지하거나 무력화하게 하는 시간을 확보하게 만드는 것이다. 그러

2) ARC Training(2008), *Security Management stage 1(core skills)*, Principle of Security Design, pp.22~27.

나 침입감지시스템을 목표물에서 너무 멀리 설치하는 경우에는 설치범위가 넓어지게 되어 설치비용이 증가하고, 침입경보를 받고 출동하는 대응팀이 침입자의 위치를 파악하기가 어렵게 된다. 따라서 침입감지시스템은 외부장벽에 가장 근접한 위치에 설치하는 것이 적절하다.

④ 비용과 편익은 반드시 균형을 맞추어야 한다. 뛰어난 보안대책에는 많은 비용이 들어간다. 비용이 들지 않는 보안대책은 없으나 얼마나 효율적으로 한정된 재원을 활용하는가는 전문가의 몫이다. 비즈니스에서 주요한 보안의 관심은 조직의 자산을 보호하는 것이나, 이러한 자산을 보호하고자 하는 비용이 손실비용을 초과하는 경우 보안대책은 의미가 없으므로 더 비용이 적게 드는 대안을 찾아야 한다. 이러한 원리는 모든 이윤을 추구하는 기업의 보안대책에 적용된다.

⑤ 보안대책은 반드시 업무활동의 자유로움을 고려해야 한다. 보안대책이 통상적인 업무활동을 방해하는 경우 이용자들은 이러한 방해물을 우회하는 방법을 찾게 되는 것은 매우 자명한 사실이다. 특히 특정한 보안지침이나 IT보안절차가 인간의 기본적인 특성들은 고려하지 않고 획일적으로 적용되는 경우 이러한 상황이 발생하게 된다. 보안지침이 구성원의 극히 일부만이 지키거나 불편함의 정도가 효과를 능가하지 않는 경우 모두가 편법적으로 규정된 지침을 무력화하는 상황이 발생하게 되면 보안부서에서는 이러한 상황을 발견하기 어려우므로 매우 심각한 보안취약성에 노출되게 된다.

⑥ 모든 보안시스템은 범죄자에게 경고의 의미를 내포한다. 대부분의 전문적인 범죄자는 학습에 의하여 눈에 보이는 보안대책의 효과를 정확하게 평가한다. 그러므로 보안대책들은 다소 과장되거나 보안극장과 같은 속임수단도 포함하여 운영되는 것이 좋다.

⑦ 최고의 보안시스템은 물리적·전자적·인적 그리고 관리적 대책들이 가장 적절하게 조화가 이루어져야 한다. 이러한 여러 가지 대책들의 조화로움은 비용편익 상황과 밀접한 관련이 있다. 때때로 전자감지장비에 막대한 금액을 투입하는 것보다 보안절차를 엄격하게 적용할 경우가 더 효과적일 경우

가 있다. 반대로 인건비가 높은 지역의 경우 많은 인력의 순찰요원을 유지하는 대신 대응역할을 수행하는 인력을 최적으로 활용하되 대신에 로봇이나 전자감지장치를 활용하는 것이 효과적이다.

⑧ 보안의 허점은 목표물의 존재가 노출될 경우에 시작된다. 대부분의 경우 보안장비가 존재한다는 것은 인근에 중요한 목표물이 있다는 것을 의미한다. 예를 들어, 현금운송용 차량에는 내부에 다량의 현금이 들어 있다는 것을 의미하며, 어떤 사람이 검은 양복과 선글라스를 낀 건장한 사람들에 의해 호위되는 상황은 그 사람을 갑자기 중요한 사람으로 인식하게 만든다. 또한 새로운 장비 설치 시 장비뿐만 아니라 포장용기가 외부에 방치되면 어떤 장비가 설치되는지가 노출될 수 있다.

⑨ 보안대책은 보안취약점이 발생할 경우 즉시 발견이 가능하도록 설계한다. 우리는 가끔 보안시스템의 실패 상황을 너무 늦게 발견하기도 한다. 특히 내부인에 의한 부정행위나 산업스파이가 발생하는 경우, 범죄자는 실제로 해당 목표물의 담당자인 경우가 대부분으로 매우 뛰어난 범행기법을 보여주거나 상당기간 동안 발견되지 않은 상태로 방치되다가 결국 해당 조직이 파국적인 상황에 이르게도 한다.

⑩ 보호대상물은 반드시 자체적으로 보호되어야 한다. 보안대책들은 본질적으로 이러한 대책을 무력화시키려는 사람에게는 잠재적인 목표물이 된다. 보안업무를 수행하고 있는 보안요원이 구성원이나 대중의 공격에 노출되기 쉬운 위치에 있거나 CCTV 장비는 무차별적 파괴행위의 목표가 되기 쉽고 경보시스템은 침입자에 의해 무력화되기 쉽다. 따라서 보안시스템을 디자인할 경우에는 보안시스템과 보안장비 자체가 일정 정도의 내구력을 보유하는 것이 필수적이다.

⑪ 개별적으로 필요성의 원리를 적용한다. 일반적으로 대부분의 경계구역은 모든 내부인들이 별다른 제한 없이 대부분의 장소에 접근이 가능하다. 이러한 잘못된 보안관행들은 모든 구성원이 건강에 위협이 되는 장소나 위험물질이 있는 장소에 접근하는 것을 제지하지 않는 경우와 마찬가지이다. 따라서 이

러한 경우에는 명확한 절차를 적용하여 지정된 특정구역과 특정장소에는 인가된 요원만이 출입이 가능하도록 하고 출입 시에도 출입기록을 유지하며, 가능하다면 내부 출입통제시스템이나 관리자가 직접 관리하도록 한다.

⑫ 보안은 모든 실행 가능한 대책들의 총량이다. 보안대책들은 서로 따로 분리되어 작동하지 않도록 구역의 모든 시스템이 완전하게 서로 결합하여 작동하도록 구성한다. 종합보안시스템은 여러 가지 보호대책들이 서로 겹쳐지게 디자인하여야 한다. 그러나 좋은 경보시스템의 효율성도 경보가 발생하는 경우의 대응역량뿐만 아니라 대응팀의 대응절차에 의해서 급격하게 무력화될 수 있다.

⑬ 하나의 보안시스템은 보호정도는 가장 취약한 부분에 좌우된다. 이 원리는 보안의 구성요소가 인간, 전자, 시설, 절차의 조합에 상관없이 모든 구성요소에 적용된다. 지금 즉시 침입자의 입장에서 자신의 조직의 취약점을 찾아보는 것이 보안시스템의 보호정도를 알 수 있는 최상의 방법이다. 잘 설계되고 시공된 경계펜스는 바로 이웃집에 경계선을 따라 단층 창고를 짓는 경우에 효과를 상실한다. 동일하게 고성능의 전자 장비를 활용한 보호시스템도 운영자의 의지부족과 성향으로 효과가 반감되게 된다.

⑭ 목표물 침투에 소요되는 시간은 침입감지에서부터 대응에 걸리는 시간보다 커야 한다. 상식적으로 물리적 장벽의 침입지연시간은 침입이 감지되어 보안요원이 침입지점에 도달하는 시간보다 길어야 침입자를 제지하거나 체포할 수 있다. 오늘날 대부분의 물리적인 방벽은 단 몇 분 안에 무력화된다. 대부분의 건물의 외벽도 마찬가지다. 이러한 트렌드에 따라 원격감시와 이동식 순찰대응을 하고 있으나 휴대폰과 같이 고가의 IT상품을 탈취하는데 걸리는 시간은 3분을 넘지 않으며, 경계가 엄격한 시설물을 침입자들이 침입하여 목표물을 탈취하는 데 걸리는 시간은 최대 15분을 넘지 않는다. 그러나 오늘날 경비업체에서 제공되는 전자경보시스템의 원리는 단순하게 침입을 감지하여 경비회사의 상황실에서 출동하는 것으로 임무가 종료된다. 그리고 이러한 침입감지에서 침입지점까지 출동하는 시간은 우리나라의 경

우엔 경비업법에 25분으로 명기되어 있다.

⑮ 좋은 보안대책은 다층 보호대책을 활용한다. 다층 또는 심층보호는 보호대책의 목표를 달성하게 하는데 좋은 방법이다. 이 경우에 침입자는 연속되는 보호 장치들을 무력화하거나 피하면서 목표물에 접근하여야 한다. 심층보호의 효과에 대하여 Garcia는 보호시스템에 대한 불확실성을 증가시키고, 시스템을 공격하기 전에 더 광범위한 준비를 하며, 침입자들이 침입을 단념하거나 실패할 수 있는 추가적인 조치를 취해야 한다고 하였다.[3] 단일 보호대책은 이것이 아무리 강력하다 할지라도 한 번 보호벽이 무너지면 더 이상의 보호대책이 없다. 또한 단일 보호대책은 하나의 유형이나 위협요소에 대해서만 보호가 가능하다. 만약 출입문이 개방되었거나 잠금장치가 해제된 경우에 개방된 사무실 서랍에 있는 귀중품은 쉽게 침입자의 손에 들어간다. 따라서 출입문의 잠금장치와 보안요원의 상주, 전자적인 감지장치, 사무실의 출입문의 전자출입문, 내부의 감지기, 귀중품을 보관하는 보관실을 분리하여 출입 장치와 비밀번호의 부여 등 다층적인 보호대책이 필요하다.

⑯ 보안대책은 보호비용과 사용자의 불편함의 합으로 표현되므로 좋은 보안대책은 적절한 비용과 사용자의 수용 가능한 불편함이 유지되어야 한다. 이 원리가 중요한 것은 대부분의 사용자는 보안대책을 귀찮은 것일 뿐만 아니라 필요 없는 비용을 들여서 조직의 업무를 방해한다고 생각하기 때문이다. 따라서 보안시스템과 운영은 비용대비 가치가 뛰어나도록 설계되어야 하고 기업의 업무와 임직원 모두에게 불편함을 최소화하도록 한다. 잘 설계되고 효과적으로 운영되는 보안대책은 잘못된 설계와 운영에서 차이가 발생한다. 사용자의 관점에서 잘 훈련된 보안요원은 불편함을 최소화하고 보안대책을 수용하도록 유도한다. 만약 불편함이 제기되고 비용이 상승한다면 보안대책의 정당화와 보안성과가 이것을 상쇄하도록 한다. 모든 경우에, 기업의 보안대책의 필요성은 개개인의 이익보다 우선하여야 한다.

⑰ 침투 불가능한 보안대책은 없다. 대부분의 보안방벽의 목적은 침입시간을

3) Garcia, Mary Lynn(2001), *The Design and Evaluation of Physical Security System,* Woburn, MA, BH.

지연시켜서 침입경보가 울리고 이에 대한 대응책이 수립되기까지의 시간을 확보하는데 있다. 따라서 보안실무자들은 자신의 보안대책이 절대 침입에 대해서 완벽하다고 착각하지 말아야 한다. 어떤 특정 교도소의 보안요원이 육중한 철제 출입문, 두께 1m의 전자방벽, 보이지 않게 매설된 지뢰, 24시간 무장한 보안요원과 경비견, 촘촘하게 설치된 망루와 강력한 가시철선의 보호대책이 매우 강력하고 아직까지 이러한 보안대책이 무력화한 경우가 없으므로 침투불가능하다고 생각한다. 이러한 착각은 완전한 허구가 아닌 개연성 있는 허구 같은 영화에서 허구임이 증명되었다.

⑱ 보안대책은 반드시 화재와 안전관련 규정에 부합하도록 한다. 보안대책의 중요성과 마찬가지로 생명의 안전과 밀접한 소방과 안전관련 규정은 법으로 강제된다. 일상적으로 모든 비상구는 평상시에도 개방되어야 하나 일부 다중시설에서는 안전과 관리의 편리성의 목적으로 일과시간에 폐쇄되거나 아니면 일과 후에 폐쇄하는 경우가 많다. 그러나 위기나 재난은 예고 없이 발생하므로 서로 상충되는 필요성에 부합하는 운영방법은 언제나 중요하다.

3. 보안디자인의 활용

어떠한 형태나 규모의 조직을 운영하든 리스크가 없는 비즈니스는 존재하지 않는다. 이러한 조직의 리스크 중에서 보안리스크는 매우 다양한 형태이나 물리적 보안은 그 중 가장 기본적인 형태이다. 이러한 물리적인 통제를 통하여 경계구역 · 사업장 · 시설물 · 건물을 보호하고 조직에 속하는 모든 자산을 보호한다.

또한 물리적 보안은 사람이나 정보보호대책에 대해서도 토대가 된다. 구성원과 정보시스템에 대한 보안은 고도로 치밀하게 디자인된 시설보안대책을 토대로 시작되며, 기업의 모든 자산보호의 핵심이 되므로 조직의 자산보호대책에 대한 전체적인 평가를 바탕으로 한 체계적인 시설보안디자인은 물리적 보안의 기초뿐만 아니라 조직 전체의 보호대책의 근간을 구성하므로 첨단화된 물리적 · 기술적 보호대책이 서로 긴밀하게 연계되어 디자인되고 운영되어야 초기에 의도한 목적을 달성할 수 있다.

디자인이란 주어진 목적을 조형적으로 실체화하는 의미로서, 주어진 어떤 목적을 달성하기 위하여 여러 조형요소 가운데 의도적으로 선택하고 그것을 합리적으로 구성하여 유기적인 통일을 얻기 위한 창조활동이며 그 결과의 실체가 디자인이다.

기업보안업무에서 어떤 보호대상에 대하여 효과적인 보안디자인을 적용하기 위해서는 몇 가지 중요한 원리가 적용되며, 보안실무자들은 이러한 원리를 적절하게 적용함으로써 원하는 시설에 대한 최적의 관례를 만들 수 있다.

1) 안전한 시설물 설계

새로운 시설물을 설계할 때 시설물의 안전성을 위하여 보안디자이너와 보안전문가의 협조가 필수적이며 여기에 지역 경찰과 소방공무원의 협조도 중요하나 지금까지는 대부분 이러한 다양한 변수들에 대하여 간과되어 왔다.

시설물 설계에 관한 다양한 전문적인 의견과 관점들의 수렴과정을 통하면 손실의 기회를 줄여서 시설물의 가치와 안전성을 향상시킬 것이다. 더욱이 실제로 시설물이 건축되기 전에 방어계획이 실시되면 차후에 시설물에 보안대책을 추가할 필요가 없어진다. 그러나 아직까지 우리나라에서 시설물을 설계할 때 보안대책을 설계에 반영하는 경우는 거의 없었으나, 최근 들어 여러 신도시 등 수도권에 위치한 아파트단지 설계에 CPTED(환경디자인을 통한 범죄예방) 개념을 적용하고 있다.

CPTED는 시설보안의 중요성이 대두됨에 따라 시설물의 기획단계에서부터 범죄예방이 고려된 설계 개념을 도입한 미국의 건축가들로부터 시작되었다. 주차장이나 통행로의 자연적 · 전자적인 감시를 포함하여, 창문이나 조경, 밝은 조명, 기타 여러 건축적인 설계방법을 적용하여 자연스럽게 거주자의 시계를 향상시키고, 울창한 수풀과 같은 은신처는 침입자가 몸을 숨길 장소를 없애기 위해서 잘 정리되도록 하며, 바둑판식 도로는 침입자가 쉽게 도주하는 것을 방지하기 위해 통행 차단을 위한 방호물을 이용하여 막힌 길로의 개념으로 바꾸는 등 환경적인 안전 설계를 통해 범죄예방 능력을 증진시키는 디자인 방법이다.

이러한 설계방법은 거주자에게는 지역의 모습과 설계를 통해 관심을 유도하며, 이웃과는 빈번한 접촉을, 더 나아가 지역의 환경개선을 이끌어냄으로써 범죄의 통제와 감소를 위한 주민의 참여를 가능케 할 수 있다. 반대로 범죄자에게는 지역의 물리적인 환경개선과 관심을 통해 거주자의 존재감, 감시수준의 증가, 그리고 범죄감소에 따른 지역사회의 관심 등으로 범죄 실행을 억제하게 만든다.

2) 보안디자인 프로세스

보안디자인과 시스템통합 효과의 핵심은 보호목표에 대한 위협요인의 본질을 파악하는 것으로, 소규모 기업의 경우 대안이 없는 중급수준의 위협요인으로도 손실의 파급효과는 핵심 비즈니스 자산이 위태롭게 되어 기업이 파국에 이르기도 한다.

효과적인 보안디자인과 시스템통합 공정은 보안관리자가 위협요인에 효과적으로 대응하고 실제적으로 리스크나 손실로 인한 파급효과를 줄이는 핵심적인 역할을 한다. 이렇듯 효과적인 디자인 해결책에 도달하기 위하여 보안관리자가 자신의 보안문제점을 전반적으로 파악할 수 있도록 보안공정이 통합적 · 포괄적이어야 한다.

디자인의 핵심요소는 계획에 부합하도록 시스템의 구성요소와 세부사항을 순서대로 배열하는 것을 구체적으로 구현해 내는 것이며, 보안 혹은 다른 기능이든 상관없이 모든 사례에서 시스템은 구체적인 목적을 위하여 디자인된다. 보안디자인의 경우, 계획은 규명된 위협요소를 토대로 하여 이에 대한 취약성을 통제하거나 축소할 수 있도록 통일된 시스템에 다양한 물리적인 요소, 인적 요인과 절차를 통합하거나 선정하는 것을 의미한다.

대체적으로 공학적인 디자인에는 연구와 보고, 기초적인 디자인, 최종 디자인,

제안과 협상, 시공 그리고 운영의 6단계의 프로젝트 과정이 포함된다. 이러한 공학적인 단계에서 보안관리자는 프로세스의 목적을 성취하기 위하여 건축가 및 엔지니어와 긴밀한 관계를 유지하면서 공학적인 디자인의 기능뿐만 아니라 위협에 대응하기 위한 보호시스템의 디자인에 대해서도 필요시 조정해야 한다.[4)]

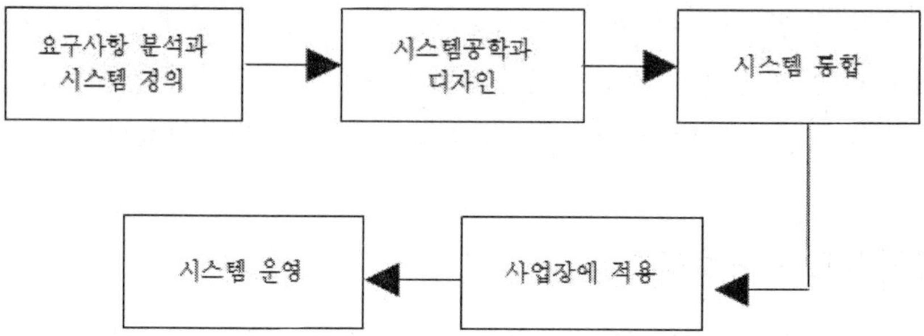

(그림 4-2) 보안디자인 프로세스

대부분의 공정에서 따로 분리되어 운영되는 개별적인 부분을 한 군데로 모아서 하나의 완전한 운영체로 만드는 것이 통합의 핵심이다. 따라서 보안관리자에게 있어서 시스템통합은 사후 대응보다는 사전 대응의 자산보호 방법을 만들어내기 위한 것이며 보안장비 · 시설과 인력 · 절차를 유기적으로 융합하는 기법이다.

전체적으로 통합된 보안시스템은 위기상황에서 역동적으로 위협요소와 리스크에 대응함과 동시에 통상적인 상황에서도 알아차릴 수 없을 만큼의 미세한 기능을 계속적으로 수행하여야 한다. 위협요소와 리스크에 대응하기 위한 다양한 보안과 관련된 요소의 결과가 디자인이라 한다면 통합은 효과적인 자산보호를 위한 매일의 전략과 실제적인 업무의 촉매제 역할을 수행한다.

보안시스템의 디자인과의 통합은 해당 공정을 통하여 추구하는 목표에 대한 분석과 구체적인 개념 정의를 토대로 시작되고, 시설물과 사업장의 보호계획은 항상 개별적인 자산에 대해 가장 적합한 대응책과 핵심자산에 대하여 필요한 보호대책이 무엇인가를 토대로 한다. 따라서 디자이너와 보안관리자는 보안시스템

4) 최선태, 기업보안핸드북, 2009, 진영사, pp.136~148.

의 구성요소인 물리적인 장벽, 전자적인 하드웨어, 보안요원과 절차가 서로 상호 작용이 가능하도록 디자인 계획을 구성하는 것이 필요하다.

이러한 과정을 거쳐 최종적으로 승인된 개념을 토대로 한 공학적인 시스템과 디자인 단계는 예비단계에서 최종 디자인까지의 단계별 디자인 과정을 거쳐 통합적으로 최종 시스템에 제공된다. 이러한 통합기능은 최종 디자인단계에서 디자인 검토과정으로 이어지므로 사전에 언급된 요구조건에 근거하여 보안관리자에 의해서 공식적으로 검토되어야 한다.

통합단계는 보안관리자에 의해서 사전에 요청한 모든 요구사항이 통합 디자인 솔루션에 반영되었는가를 확인하는 과정으로 가장 중요한 단계이다. 또한 하드웨어가 구비되고 난 다음 시공이 시작되기 전에 더욱 중요한 것은 디자인 솔루션의 인증이다. 따라서 일단 인증이 되고나면 해당 시스템은 사용자에 의해서 최종적인 운영과 시행의 최종 단계로서의 준비가 되었다는 의미이다. 그러므로 시스템의 효율성에 대한 재검토는 위협요소의 역동성과 변화된 임무에 근거하여 시행하고 계속적으로 최초의 요구사항 단계에 반영하도록 한다.

이러한 보호대책에는 반드시 통합적인 관점에서 해당 사업장의 개별적인 특성과 전체적인 시설물 및 자산보호대책의 분포를 고려한다. 예를 들어, 선정된 건축물의 보호 장벽이 침입자를 지연시킬 수 있는 성능을 보유하였는지 여부는 이와 관련된 감지기와 출입통제의 하부시스템의 구성요소에 대한 디자이너의 선택에 의해 조정된다. 이러한 경우에는 위협요소 시나리오에 가장 적합한 감지기를 선택하고 지연 시간동안에 충분히 대응팀이 출동할 수 있는지와, 연관된 보호 장벽의 지연성능은 적합한지에 대하여 측정하여야 한다. 따라서 대응팀의 가용성과 운영능력은 대응팀의 최상의 선발과 구성 그리고 다양한 보호대책의 적용이 핵심적인 요소이다.

예로서, 디자이너는 감지 가능성을 최대화하기 위하여 최신의 기술을 활용한 극초단파와 적외선 감지기와 같은 구체적인 기술의 조합에 중점을 둔다. 이러한 방식에 따라 보안디자이너는 완전한 통합 시설보안시스템을 구축하기 위한 여러가지 보호대책을 선정하고 서로 조화롭게 보호대책을 조합하기 위하여 사업장에 가장 적합한 방식을 선택할 수 있다.

개별적인 보호대책을 평가할 경우 대응책들은 핵심적인 자산을 완전하게 보호하는 방법은 거의 없으나, 자산보호를 위한 통합적인 접근법을 활용하여 보호대책들의 서로 다른 장점들이 조합되게 되면, 시설물과 해당 사업장에 적합한 대책들의 구체적인 조합을 신중하게 선정할 수 있을 것이다. 디자이너의 개별적인 결정과 성능, 신뢰도, 유지가능성, 비용, 취약성의 축소 가능성을 종합적으로 검토하여 최상의 보호대책을 선정한다.

모든 시스템디자이너의 기본적인 기능은 다양한 구성요소와 하부시스템의 선정과 통합을 통하여 완전한 시스템 디자인을 구성하는 것이다. 따라서 모든 경우에 사업장마다 개별적으로 독특하게 인식된 위협요소에 따른 자산보호대책의 조합의 선정과 균형, 그리고 의도된 결과를 달성하는 것이 디자인통합의 핵심이다.

3) 시스템통합 프로세스

계속적인 인건비 상승과 빌딩자동화에 따라 대부분의 자동제어시스템의 통합화가 가속화되고 있고, 건물의 방제실에 소방설비, 가스제어, 보안시스템이 동일한 공간에 배치되는 것이 일반화되었다. 시스템 통합은 사업장이나 시설물 각각의 분야에 산재된 보안업무와 관련된 모든 보안기능을 하나의 시스템으로 인식하고 보안관리자가 종합적으로 운영·통제하는 것을 말한다.[5)]

일반적으로 빌딩의 라이프 사이클이 건축 후 약 50~60년이라 할 때, 라이프 사이클 비용을 분석해 보면 건축에 드는 비용과 운영비용으로 구분됨을 알 수 있으며, 이러한 비용의 비율은 통계적으로 건축에 드는 비용이 약 17%, 운영비용이 약 83% 정도로 나타난다.[6)]

시스템디자인과 통합은 보안관리자와 보안설계자에 의해 이루어지며 완성된 공정으로 제시된다. 비록 통합기능이 공정의 모든 단계에 공통으로 적용되기도

5) Timothy J. Walsh(1994), *Protection of Assets*, Volumn Ⅲ, The Merritt Company.

6) 일본능률협회 자료, security management, 통합 시큐리티 디자인 방법과 사례, 에스원, 1997, p.112, 재인용.

하나 디자인과 실제적인 운용사이의 주요한 단계가 시스템통합 과정이다. 이전 단계인 공학적인 시스템디자인 단계를 마친 다음 보안관리자와 디자이너는 디자인된 시스템에 대하여 주의 깊게 검토한 다음 핵심적인 통합공정에 대한 결과물로 선택된 보호대책과 구성요소가 전체적인 시스템의 효율성을 다함께 달성하기 위해서 운영상의 최적상황을 달성하는데 필요한 요소가 무엇인가를 도출한다.

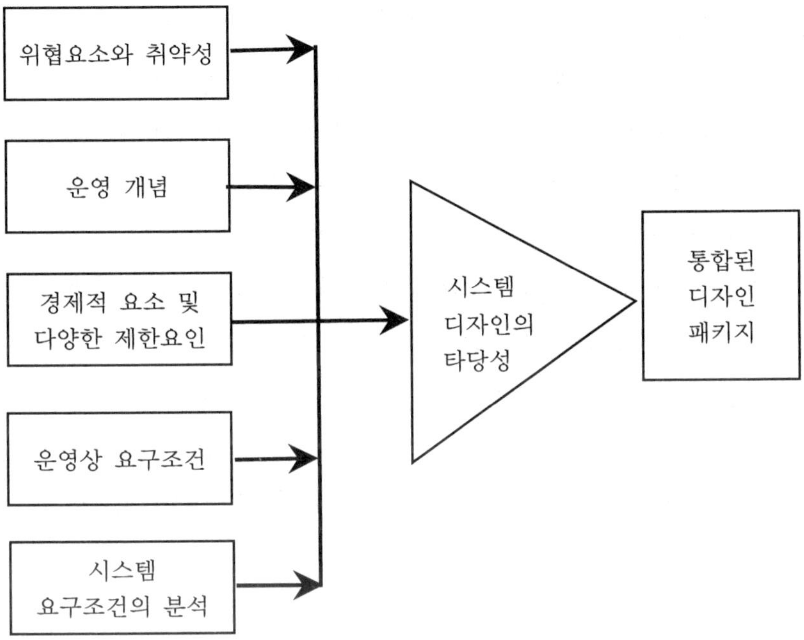

(그림 4-3) 보안디자인 통합공정

시스템통합 구축공정은 많은 비용이 들어가는 실제적인 시공과 운영 단계 이전에 정당하게 인정된 요구조건과 제한요소에 따라 검토의 중요성을 부각하며 공학적인 디자인의 균형감을 강조하기 위한 중요한 하나의 단계로써 취급되어야 한다. 실제로 통합단계에서는 디자인공정의 중요한 단계로서 세부적인 최종 디자인을 검토하고 평가한다.

그러나 실무에서는 아직도 시스템통합 단계를 주요한 디자인 단계로써 인식하지 못하는 경우가 있는데, 시스템통합은 최종디자인과 시행 사이에 보안관리자가 사전에 확립된 요구조건에 의거하여 시스템디자인을 검증하는 매우 중요한 공정이다. 이러한 관점에서 보안관리자는 사전에 결정된 위협요소와 취약성, 보안운영에 관한 보안관리자의 개념, 경제적 요인 등 여러 가지 제한 사유, 조직 운영, 전체적인 시스템에 대한 요구조건을 근거로 하여 완성된 최종 시스템디자인 솔루션의 적합성을 고려한다.

시스템통합 구축단계에서는 자산보호를 위한 통합공정을 만들어내기 위한 인적 요인과 절차적 요인과 더불어 다양한 하부시스템의 요소인 물리적인 장벽, 감지기, 데이터 전송기기, 통제기, CCTV 등을 통합하기 위하여 이전의 디자인공정의 주요한 목적을 확정한다. 이러한 통합과정에서 이와 관련된 구성요소와 더불어 개별적인 하부시스템은 취약성의 감소와 전체적인 시스템의 보호효과에 대한 기여정도에 대하여 보안관리자와 디자이너에 의해서 평가되어야 한다. 이러한 개별적인 측정치는 비용과 편익의 관점에서 상충관계(trade-off)를 필요로 한다. 이와 같은 하부시스템의 통합은 개별적인 자산보호결정에 적절한 선택의 최적점을 의미하는 것으로 최종적인 디자인에 반영된다. 공학적인 디자인단계의 최종적인 결과는, 다양한 하부시스템과 이와 관련된 고도의 신뢰도와 확신을 가진 집합체로서, 다양한 부정적인 환경에 대응하는 요소들로 구성되어 완전하게 통합된 보안시스템으로 구현된다.

4. 지역공동체와의 협력

기업의 '운영 생태계(operating ecosystem)' 내에서 지속가능한 방법으로 비즈니스를 영위하기 위해서는 기업의 위치, 기업의 운영원리 등의 기업역량을 확대함으로써 기업보안활동에 직·간접적으로 영향을 미치는 지역공동체 및 이해당사자와의 원만한 관계를 유지하는 것이다.

기업은 '평화로운 공존'을 이루기 위하여 영업장소에 대한 포괄적인 이해를 필요로 하고 지역 이해당사자들과 효과적인 대화채널을 유지·운영하여야 하며, 구성원과 관련된 행위에 대한 격려 및 보상에 관련된 올바른 관리절차와 구조를 유지하고, 지역 노동자에게도 투자하여야 한다. 기업체의 사회적 활동은 기업의 보안전략과 밀접하게 관련되어 있으며 보안과 기업의 사회적 책임과의 협력관계의 형성은 비즈니스와 보안이 더욱 긴밀한 관계를 맺는 것을 가능하게 할 것이다.

기업이 지역공동체와 기업 활동의 대상물이 아닌 협력자로써 받아들여질 때 기업은 공동체와 적절하게 동화되었다고 할 수 있다. 만약 조직 활동을 지역공동체가 이해하고 신뢰한다면, 조직 활동은 그들의 공격 목표물에서 훨씬 멀어지게 될 것이다. 드문 경우이지만, 국제적십자위원회와 같은 조직은 시민들에게 특별히 '보호되는' 위상을 확립하였으며, 적십자가 활동하는 거의 모든 장소에서는 상대적으로 거의 물리적인 보안조치가 없이 운영된다.

기업목표를 성취하기 위해서는 기업들은 반드시 위협요소와 어려움에 대한 그들의 시각과 보안에 대한 접근을 '방어적 요새'의 개념에서 개방과 통합의 토대로 변경하여야 한다. 기업보안은 공동체의 관점에서 개인적이든 혹은 집단적이든 어떤 분류에서든지 간에 긍정적으로 보이지 않는 경우에는 위협적이다. 특히 개발도상국에서 부유한 다국적기업과 외국인 근로자나 지역 출신근로자 사이에서 두드러지게 나타나며, 이러한 불안정성이 증폭되면 광범위하고 극단적인 결과로 연결될 수 있다.

기업은 기업이 활동 중인 국가의 지배구조에 대한 도전을 통제할 수는 없지만 역량을 강화하는데 기여할 수는 있다. 또한 부패와 가난, 배타주의와 토지권 혹은 재산권의 상실과 같이 활동지역을 어렵게 하는 요소는 기업활동을 어렵게 하므로, 서로 협력하여 이러한 공유된 문제점을 해결하면서 이해당사자와의 긴밀한 관계를 구축하여야 한다. 시장에서 경쟁의 치열함이 가중됨에 따라 어떤 파트너를 선택하느냐가 기업에 있어서는 중요한 영업 포인트가 되었으며, 좋은 관계를 유지하게 되면 즉석에서 시장상황에 대한 유용한 정보를 얻는 기회를 제공받을 수 있다.

기업은 결코 정부와 같이 행동할 수는 없으나, 향상된 지배구조에 도움이 되는 촉매제가 될 수는 있다. 민간영역에서의 이러한 역할은 간단하거나 쉽지 않은 업무이다. 왜냐하면 기업 대부분의 프로젝트 관리자가 계약기간 동안에 최소한의 이익을 기대할 수 없어서가 아니라, 기업자산의 안전성에 기여하고 더 나아가 해당 시장의 안정성에 기여하기 때문이다. 특히 부패와 폭력 그리고 범죄가 광범위하게 퍼져 시장의 안정성이 낮은 지역에서의 관계구축은 결코 위험성이 없는 활동이 아니므로 이러한 장소에서 기업의 관계 활동은 직접 참여하거나 아니면 상대적으로 안전한 거리를 유지하는 것과 같이 작지만 아주 미묘한 차이를 유지하는 것이 필요한 반면, 항상 지역상황, 관행, 풍습과 정책에 대하여 민감하여야 한다. 여기에서도 이해당사자와의 위압적 참여와 건설적 대화 사이의 미묘한 균형이 요구된다.

기업들은 기업이 영업하는 장소에 대한 포괄적인 이해를 필요로 하고, 지역공동체의 관습에 대하여 이해하여야 한다. 기업이 어떤 좋은 의도를 가지고 있다 하더라도 지역공동체에 대한 이해가 없으면 오히려 지역공동체와 마찰을 일으키게 된다.

지역 공동체와의 좋은 관계를 수립하기 위한 출발점은 효과적인 대화이며 기업에 도움이 되는 핵심적인 몇 가지 교훈은 다음과 같다.

첫째, 기업에서 항상 좋은 대화의 시작은 상대방인 공동체의 관심사와 상대방이 하고자 하는 이슈에 대하여 관심을 가지고 들어주는 자세를 견지하여야 한다. 그런 다음 모든 계속적인 대화는 몇 가지 피드백 기법의 형태로 통합되어야 한다.

둘째, 다양한 대화 도구를 활용하는 것이 필수적이므로 한 가지 방법에 의존하지 말고 지역적 특색에 따라 공동체에서 수용이 가능한 그들이 선택한 기법을 보장한다.

셋째, 기업은 장기적인 공약으로 대화채널을 유지하여야 하므로 필요하다면 정기적으로 적절한 시기에 개별적인 노력을 반복적으로 시행한다. 물론 기업은 또한 대화에 있어서 개방성과 투명성이 기업 내·외부적으로 혼란을 최소화한다는 것을 인식하여야 하며, 메시지는 일관성을 유지하고 다른 사람들에 의해서 지지되어야 한다는 것을 명심한다.

결과적으로 기업은 공동체에게 과도한 약속과 이에 미치지 못한 이행에 대하여 주의를 기울여야 한다. 많은 기업들의 이러한 실수에 대하여 지역공동체는 아주 오랜 기간 동안 기업이 공동체에 한 약속을 기억하고 대부분의 프로젝트 관리자의 근무기간을 넘어서까지 이러한 기업의 약속이 지켜지는가를 공동체 구성원은 기대하고 지켜본다는 것이다.

기업들은 신뢰성 있는 협력관계를 구축하는 방법으로 지역 공동체와 공식적인 협력을 발전시키기 위하여 노력하고 있다. 기업들은 그들 자신을 지원함으로써 지역 비즈니스를 발전시키고 지역 공동체는 사업장을 더욱 쾌적하고 안전한 환경으로 만들기 위한 방법을 찾게 된다. 기업들은 반드시 이러한 협력관계 구축에 대하여 지원하여야 하며 적절한 내부 절차에 의하여 지원활동이 강화되어야 한다. 기업의 임직원들은 기업과 공동체를 연결하는 주요한 접점 역할을 수행하므로, 그들이 개별적인 지역에서의 해당 기업의 장기적인 목표를 이해하는 것은 매우 중요하며, 그들의 행위들이 공동체에 어떠한 영향을 미치는가를 이해하여야 한다. 기업 내에서 먼저 인정받는 구성원이 경영진과 구성원의 지원을 확보한 다음 적절한 공동체의 상대방을 물색한다. 이러한 과정은 반드시 인센티브와 경영진에 의해서 지원이 되어야 하고, 지원행위에는 폭력적인 행위, 이해당사자에게 무례한 행위, 안정성과 삶의 질을 저하시키는 행위, 분열을 조장하는 행위, 폭력을 행사할 수 있는 역량, 서비스를 제공할 수 있는 권한을 가진 기업의 역량이나 의지를 저하시키는 행위에 대해서는 금지되어야 한다.

여기에서 가장 중요한 제한요소 중의 하나는 프로젝트 관리기간이다. 기업에서 대부분의 관리자들은 1~2년 정도 단기간 동안 해당 지역에서 업무를 수행하므로 신속하게 프로젝트에 대한 성과를 만들어내야 하는 압력에 노출되게 되나 기업들은 공동체의 참여를 유도한 훌륭한 프로젝트관리의 초석으로써 기업의 업무처리방식을 후임자에게 완전히 전달하는 것이 필요하므로 후임자에게 기업의 공동체 네트워크를 완전하게 전달하기 위하여 관리자의 임무가 완료될 때까지 시간이 필요하다.

기업은 반드시 해당 지역의 근로자에게 투자하는 것을 보장하여야 한다. 훈련과 기회의 부족으로 인한 높은 이직률은 보안 문제의 한 부분으로서 모든 결과가 직·간접적으로 기업에 귀속된다. 만약 임직원들이 그들의 사업주를 존경하여야 할 필요성을 느끼지 못한다면, 절도와 무단 결근율은 증가하게 될 것이다. 또한 이러한 유형의 투자는 기업에 대한 불평의 형식으로 더욱 퍼져나가 기업에 부정적인 영향을 미친다.

기업이 비즈니스를 영위하는 방법, 공동체와의 협력관계의 질과 깊이를 안정되고 지속가능한 방법으로 운영하고자 하는 기업역량은 명확하게 연계되어 있다. 보안과 리스크관리에 대한 접근법도 이러한 큰 그림의 한 부분으로 기업보안활동이 긍정적이고 실제적인 영향력을 얻기 위한 방법은 다음과 같은 창의적인 사고를 활용하게 되면 매우 다양하다.

첫째, 기업보안기능은 프로젝트 관리공정과 더불어 명확하고 밀접한 협력관계를 달성하기 위하여 필요하다. 따라서 프로젝트 관리자들은 이러한 전략을 효과적으로 적용하기 위하여 프로젝트의 전단 부분에 운영하는 것이 전략성공에 필수적이다. 만약 기업과 공동체가 함께 안전하고 지속가능한 환경을 만들기 위하여 공동으로 노력하여야 한다는 생각을 초기에 활용하지 않는다면, 프로젝트는 결코 성공적인 결실을 맺지 못한다. 기업보안전문가는 이러한 협력관계로부터 실제적인 도움을 얻게 되는데, 프로젝트 관리자와 지역 공동체 사이의 자연스러운 모임에서 습득한 정보가 사건의 증거로 제시되기도 하므로 보안관리자와 밀접한 관련성이 있다.

둘째, 그룹의 보안부서는 기업의 사회적 책임, 사회적 업무수행과 공동체와의 관계와 관련된 그룹차원의 논의에 보안부서가 포함되도록 자체적인 위상강화를 필요로 한다. 공동체의 참여에 관한 방법론에 대한 논쟁에서 초기에 추가된 자선활동으로서 참여가 나중에는 비즈니스 업무수행으로 변화하는 것에 대하여, 이러한 활동이 해당 분야의 비즈니스 활동에 참여함으로써 활동에 어떠한 기여를 할 수 있으며 무엇을 얻을 것인가를 보안부서가 이해하는 것은 매우 중요하다. 이러한 변화는 기업보안부서가 공동체의 참여에 대한 관점의 변화가 보안을 강화시키는데 도움이 된다는 이해와 함께 공동체와의 협력관계를 발전시키는데 중점을 두고 프로젝트를 통합시키는 효과적인 방법을 찾는데 기회의 창을 제공하게 될 것이다.

셋째, 기업보안기능은 반드시 보안관리에 대한 접근방법을 이제는 진부한 개념인 요새를 지킨다는 생각에서 벗어나야 한다. 과거의 권위적이고 잘못된 보안활동으로 인하여 오늘의 기업 친구들을 잃게 할 수도 있다. 오늘날 방어적으로 장벽을 구축한다는 목표를 가진 기업의 보안전략은 지역 공동체와 기업과의 협력관계에 부정적인 영향을 가져오기 쉽고 이것은 장기적으로 더 큰 문제를 발생하게 된다. 더불어, 공동체의 불만 표출에 대하여 적절하지 못한 대응책의 적용은 공동체와의 협력관계에 악영향을 미치거나 해당 지역에서 기업의 위상을 강화하는데 아무런 도움을 주지 못한다.[7)]

제2절 기업보안 직무의 확대

1. 부정행위 조사기능

기업의 경쟁력은 건실한 기업문화에서 출발한다. 위기에 강한 기업은 정책의 적용에 공정하고 엄격하여야 하고 기업구성원도 기업정책을 신뢰하여야 한다. 다양한 구성원들이 모여 있는 다국적기업이 이러한 보편적인 기업정책의 적용에서 취약점을 노출하게 되면 기업의 안정성은 크게 흔들리게 될 것이다.

현대 기업경영의 화두 중 하나가 윤리경영이다. 2001년 파산신청을 한 미국의 에너지회사 엔론(Enron)과 같은 세계적인 규모의 기업이 기업내부의 부패행위로 붕괴되어 가는 모습을 우리는 빈번하게 접하게 된다. 다국적기업에서는 이러한

7) Rachel Briggs/Charlie Edwards(2006), *The Business of Resilience*, pp.38~42.

부정행위를 방지하는 업무가 기업보안 업무에서는 중요하므로 보안부서의 조사요원은 중급 정도의 회계감사 업무를 수행할 수 있는 지식을 학습하여야 한다.

경제적인 발전정도와는 상관없이 부패공화국이라는 오명을 가진 대한민국의 경우, 국민의 세금으로 운영되는 국책은행인 한국산업은행의 자회사로 사실상 공기업인 대우조선해양은 2012~2014년에 걸쳐 5조 4천억 원대의 분식회계를 통해 4500억 원의 이익을 낸 것으로 허위 공시하고, 이를 근거로 45조 원을 대출받아, 임직원에게 490억 원의 성과급 잔치를 벌여 부패의 온상임이 드러났다. 이것은 내부감사시스템 붕괴와 외부감사기관의 부패와 이를 감독해야 할 감독기관의 무능한 관치와 정경유착이 총체적 부패의 공동 주연이었다. 한국 기업에서 보안리스크를 효과적으로 대응하기 위해서는 필요에 따라 보안이슈에 적절하게 대응하는 것도 필요하지만 포화된 경쟁사회에서 자신의 욕망을 채우기 위해 질주하는 인간의 탐욕을 통제하고 감시하는 부정행위 조사부서의 운영은 필수적이다.

보안조직에 부정행위 조사팀을 운영하여야 한다는 법적인 강제성은 없지만 오늘날 경쟁력 있는 외국의 다국적기업의 가장 기본적인 보안부서의 직무이다. 오늘날 기업에서의 조사업무가 보안조직의 매우 중요한 업무임을 알 수 있으며 업종에 따라서 추가적으로 회계 기초실사와 정보보호나 브랜드보호와 같은 새로운 전문보안업무가 기업의 특성에 따라 부가되기도 한다.

다국적기업의 보안관리의 핵심적인 직무에는 구성원의 부정행위를 조사하고 감시하는 조사부서가 존재하나 한국기업의 보안부서의 업무영역에는 구성원의 부정행위에 대한 조사 및 기업정책과 절차의 이행여부 확인에 관한 권한이 없거나 감사업무의 일부로 대체하여 운영하는 것은 경영진의 의사를 반영한 것이다. 이것은 외국계 다국적기업들의 보안부서의 핵심적인 업무 중에 하나가 구성원의 부정행위 방지업무와 구체적인 기업규정의 준수여부의 확인과 비즈니스 절차의 이행여부의 확인에 속하는 것과 비교하면 한국기업에서의 보안부서의 위상이나 업무활동은 아직도 단순한 출입관리나 시설보안이나 정보보호에 머물러 있음을 알 수 있다.

오늘날 빈발하는 기술유출과 같은 보안사고의 대부분이 내부인과 관련되어 있듯이 모든 구성원에게 공통적으로 적용되는 기업보안에 대한 구체적인 프로세스의 준수여부를 확인하는 권한을 보안부서에 부여하고 이에 대하여 경영진 차원에서 엄격하게 관리하는 것이 기업가치를 유지하는 첫걸음이 될 것이다. 아래의 (표 4-1)은 사기조사업무와 감사업무와의 차이를 보여준다.

(표 4-1) 감사와 사기조사의 비교[8)]

	감 사	사기조사
시 기	반복적: 감사는 정기적으로 이루어짐	비반복적: 사기조사는 혐의가 있을 때 실시
범 위	일반적: 감사의 범위는 재무자료 전반	특정적: 특정 혐의 분야의 자료를 분석
목 적	의견: 감사결과는 의견으로 제시	결과: 사기여부를 조사하고, 사기 규명
결 과	복구불능: 감사결과로 과거의 잘못이 회복되지 않음	복구: 사기조사로 책임여부를 가리고 책임을 물어 피해를 복구
방 법	감사기술	조사기술
가 정	전문적인 의구심: 감사는 전문적인 의구심을 가지고 감사	증거: 사기조사는 책임을 물어야 하므로 증거에 모든 것을 의지

부정행위 조사업무의 중요성은 대부분의 기술유출이 전·현직 종업원에 대한 경쟁사의 스카우트나 매수에 의한 것이므로 내부자의 정보보안 의식을 높이고 유출 시도를 막을 수 있는 내부 프로그램을 구축하는 게 외부로부터의 침입을 막는 것보다 우선시 돼야 한다.

Benedict는 저서 『국화와 칼』[9)]에서 사막의 종교를 배경으로 한 죄와 벌의 서양문화는 부정행위자에 대한 고발과 엄벌에 처하는 것을 당연시하는 반면에 명예와 부끄러움의 동양문화는 구성원의 부정행위에 대하여 상대적으로 관대하며, 내

8) 성태경, 부정·사기에 대한 현황과 대책, 2003, p.20.

9) Ruth Benedict(1989), *The Chrysanthemum and The Sword: Patterns of Japanese Culture,* Mariner Books.

부고발자에 대한 보호제도도 허술하다고 주장하였다.[10)]

그러나 기업에서 명확한 비즈니스 프로세스가 모든 구성원에게 공정하게 적용되지 않는다면, 상당수의 구성원은 언제든지 부정행위의 가능성이 있다. 이것이 우리나라 기업에서 보안부서의 핵심 업무로써 구성원의 부정행위조사권한의 부여와 적절한 관리통제를 하여야 하는 이유이다.

오늘날 언론에 회자되듯이 기업보안업무를 산업기술 유출방지에만 중점을 둘 경우에는 온라인(IT)보안이 기업보안업무에서 상당히 중요한 역할을 차지하는 것처럼 보이며 보안리스크 관리대책의 전부인 것처럼 여겨진다. 그러나 오늘날 보안의 글로벌 트렌드는 물리적 보안과 기술적 보안의 융합(convergence)을 어떻게 이루어내는가이다. 사업장에 수없이 설치된 CCTV와 엄격한 출입통제시스템 그리고 보안서약서가 가시적인 보안수준을 제고하는 것처럼 보이지만 허가된 출입자(종업원)에게는 거의 효과가 없다.

오히려 임직원 모두에게 기업의 보안정책에 대한 홍보를 주기적으로 실시하고 효과적인 교육시스템을 통하여 개인의 사소한 보안활동이 조직과 구성원 모두에게 직접적인 도움이 된다는 인식을 심어주어서 조직원 전체가 보안 의식을 가질 수 있도록 노력하여야 한다. 산업스파이 방지를 위한 보안시스템의 구축에서 중요한 것은 시스템의 번잡함을 최대한 배제하여야 하고, 상황에 따라서 시스템의 탄력성 있는 적용이 효율성을 극대화하게 될 것이다.

미국정부 및 기업의 보안 전문가들도 기술유출의 약 75%가 스파이 활동 등과 같은 인적 정보원에 의한 것이고, IT를 활용한 유출은 6%에 불과한 사실을 잘 알고 있으면서도 여전히 전통적인 IT보안 정책을 고수하고 있다고 비판하였다. 2004년에 미국 기업은 IT보안에 4,440억 달러를 소비했으며, 79%의 기업이 2005년에도 동일 혹은 증가한 금액을 투자할 것으로 조사되었다.[11)]

그러나 현재 일어나고 있는 기술유출의 대부분은 내부자와 연관되어 발생한 것이므로 첨단 네트워크 보안장비를 갖춘다고 해서 기술유출 문제가 해결된다는

---

10) 정성본, 선불교 해설, 2005, p.21 재인용.

11) Thomas E. Cavanagh(2005), *Corporate Security Management: Organization and Spending Since 9/11.*

생각은 난센스다. 오히려 이러한 첨단시스템은 인간관계를 가장한 사회공학적 기법에 의해 손쉽게 무력화된다.

2004년 ASIS International(이하 ASIS)에서 조사한 결과를 보면 미국기업의 CSO 가운데 보안분야의 자격증 소지자는 49%, 이 중에서 70%는 보안관리분야인 CPP(Certified Protection Professional)자격이고 단지 4%만이 IT분야(CISSP, CISA)의 자격증을 갖고 있는 것으로 나타났다.[12] 반면 우리나라는 기업보안전문가는 IT보안전문가로 치부하기도 한다. 이것은 기술유출방지를 IT보안으로 생각하는 것과 같다. 그러나 기술유출은 기술 자료가 스스로 유출되는 것이 아니라 사람에 의해서 유출되는 것이므로 기술유출방지는 디지털자료관리가 아니라 인간이 가진 탐욕에 대한 통제와 취약성에 대한 통찰력과 비즈니스 프로세스관리이다.

우리는 보안대책을 주로 첨단 기술 도입에 치우쳐서 생각하는 경향이 높다. 물론 이것이 가장 쉬운 접근법인 것은 사실이나 이러한 제한적인 접근은 더 큰 위협요소를 간과하는 잘못을 저지르기도 한다. 첨단기술보호에서도 무엇보다 중요한 것은 기술적인 보안대책보다는 다양한 보안 프로세스가 제대로 운영될 수 있도록 하는 개별조직의 보안환경의 조성이다. 최신 보안 기술이나 솔루션 도입만으로 기업이 당면한 보안 문제를 해결할 수는 없다. 아무리 좋은 제품이나 서비스를 갖고 있더라도 정책이나 이를 뒷받침할 전문 인력이 없다면 결국 투자비용만 낭비하게 되는 결과를 가져올 것이다.

좋은 보안정책이란 보안 관련 전문 인력이 얼마나 있는지, 정책이 제대로 세워져 있는지, 일상적인 업무에서 어떻게 적용되고 있는지, 보안이 취약한 부분에 대해서 집중적으로 관리하고 있는지, 보안사고 발생에 대비한 계획은 세워져 있는지 등에 대한 기업의 계속적인 확인이다. 여기에 사고가 발생하기 전에 미리 예방하는 시스템의 확립도 포함된다.

보안정책 프로그램에서 중요한 것은, 기업 구성원들 자체가 바로 강력한 보안시스템 구현의 핵심 요소라는 점이다. 최상의 기술과 절차를 적용한다 하더라도 구성원들이 조직자산의 보안에 관련한 자신의 역할을 숙지하고 실천하지 못한다

12) Sherry L. Harowitz(2005), *The Very Model of a Modern CSO,* Security Management.

면 그 효과가 제한적일 수밖에 없다.

강력한 보안 기술과 정책을 무력화시키는 것은 숙련된 해커가 아니라 보안에 대한 지식 또는 인식이 부족한 대부분의 기업 내부구성원들이다. 보안 취약점에 노출된 기업자산을 효과적으로 보호하려면 기업의 전 구성원들이 보안 정책과 정보 자산보호에 있어서 자신의 역할과 그 중요성을 기본적으로 이해하고 있어야 하고 일상의 과정에서 보안관리의 중요성에 대하여 구성원 스스로가 인식하여야 한다. 이러한 이해가 선행되지 않는다면, 기업의 자산과 수익을 보호하는데 있어서 구성원들의 참여와 기여는 기대하기 어려울 것이다.

더불어, 우리나라 보안실무자 업무수행력의 문제점은 보안기능의 확대를 방해하는 원인이 된다. 현대 다국적기업의 다양한 보안기능을 수행하기 위해서는 뛰어난 업무수행력이 요구되나, 교육훈련 프로그램이 미흡한 우리나라의 경우 보안실무자의 업무수행력이 상당히 제한적이다. 이것은 낮은 업무수행력, 낮은 급여, 낮은 직책, 제한된 보안직능의 악순환의 고리를 형성하게 된다. 이라한 악순환은 실력 있는 보안실무자의 배출과 교육프로그램의 충실도에 좌우된다.

2. 보안업무의 기능 확대

세계화와 과학기술의 발전에 따라 기업의 영업환경이 급변하였으나 한국기업에서의 보안업무는 과거와 비교하여 크게 변화하지 않고 있으며, 세계시장에서 경쟁하고 있는 글로벌 다국적기업과 비교하면 극히 제한적인 영역에 머물고 있다. 이러한 보안직무의 한계는 기업에서의 보안부서의 중요성에 대한 인식과 비례한다. 우리나라의 경우 관련 법령에 의거하여 주요 공기업과 대기업에서의 보안업무는 비상대비자원관리법에 의한 비상계획관과 향토예비군설치법에 의한 예비군부대 지휘관이 직·간접적으로 기업보안업무에 참여하고 있다. 그러나 이들이 법령에 의거한 업무 외에 글로벌 보안환경의 변화에 따른 (표 4-2)와 같은 다양한 업무를 수행하지는 않는다. 비상계획관은 관련법령에 의하여 채용이 의무화되거나 권장되는 경우이므로 사실상 기업보안의 최고책임자의 역할을 하는 경우가 많다. 이에 반하여 기업보안업무의 복잡성은 가속화되어 관계법령에서 규정된 직무를 초월한 다양한 기업보안활동을 군대에서 습득한 국가방위개념의 보안지식으로 수행하기에는 어려움이 가중되고 있는 것이 현실이다. 따라서 정형화된 체계 없이 기업마다 다양한 형식과 구성으로 필요에 따라 주로 총무조직이나 업무지원부서의 하나로 보안조직을 구성하여 운영하고 있는 것이 우리나라 기업들의 현 주소이다.

개별적으로 기업의 고유한 특성이 존재하므로 현재 우리나라 기업보안업무의 직무범위에 대한 구체적인 합의는 없다. 이러한 직무범위의 불명확성은 아직은 기업보안의 중요성에 대한 인식의 한계와 보안활동이 기업에 기여하는 역할에 대한 제한으로 귀결된다. 이러한 직무범위의 한계의 근간에는 보안실무자의 전문성의 한계에서도 기인하게 된다. 실제적으로 다국적기업의 아시아 지사나 한국지사에서 글로벌 보안기준에 부합하는 업무를 부여하는 경우에도 한국의 보안실무자의 업무수행력의 한계를 드러내는 경우가 많았다.

(표 4-2)는 글로벌 시장을 장악하고 있는 다국적기업의 보안직능을 나타낸다. (표 4-2)에서 보는 바와 같이 모든 한국 기업이 제한된 보안직능을 수행하는 것은 아니지만 대체적으로 한국 기업의 보안직능에는 산업기술과 정보유출의 방지, 출입통제와 절도방지, 시설보안시스템의 운용과 유지, IT보안 관리에 중점을 두고 있어 다국적기업과 비교할 때 명백한 편향성과 한계가 존재한다. 한국 기업에서의 이러한 보안관리 직능의 한계가 보안실무자의 전문성의 한계로 이어지고, 기업에서의 위상이나 대우가 외국계 다국적기업과 비교하여 상당히 열악한 상황으로 이어지고 있다.

현대 우리나라 기업에서의 보안직능이 현실적으로 확대되어야 함에도 불구하고 한반도의 지정학적 보안리스크에 대한 한국인의 왜곡과 보안의식의 휴리스틱, 한국기업의 지배구조, 구성원과 경영진의 의식 때문에 한국기업에서의 보안직능의 확대를 가로막고 있다.

근본적으로는 우리나라 국민들의 보안휴리스틱이나 근시안적인 보안에 대한 인식과 비합리성에 원인이 있다. 대한민국은 6·25전쟁 이후에 산업화과정을 거치면서 국방을 미국에 의존하는 의존적 국방정책에서 벗어나지 못하고 있으며, 지금까지도 대한민국 국가와 국민 모두에게 갈등을 겪고 있는 한반도 유사시 군의 작전을 통제할 수 있는 권리인 전시작전통제권과 사드(THAAD)[13]배치에 관한 국가와 국민과의 갈등도 이러한 의존적 국방정책에 기인한다.

제2차 세계대전 승전국인 미국은 한국과 대만을 소련과 중국의 국제 공산주의가 태평양으로 진출하는 것을 막는 태평양 방어선의 전초기지로 설정하고 한국과 대만에게 철지난 반도체 제조기술과 같은 다양한 원조를 제공하여 미국의 교두보역할을 수행하도록 산업성장에 도움을 주었으나, 한국의 군사적인 독립성을 통제하기 위해서 핵무기 개발통제와 SOFA와 같은 다양한 통제수단을 가지고 한반도를 안보종속국으로 하여 미국국익을 실현하는데 하나의 도구로 이용하였다. 이에 따라 한반도의 군사전략정보의 미국에 대한 의존도는 절대적으로 실제로 미국 정보기관의 군사전략정보의 제공 없이는 전시에 한국군 스스로가 전쟁전략 수립이 불가능할 정도로 대한민국의 국가안보의 자주력은 제한적이다.

한국 재벌기업의 경영자들도 이러한 보안휴리스틱에 매몰되어 있고, 크게는 휴전상태인 한반도의 국가안보 그리고 개별적으로는 기업의 보안틈새가 기업경영에 미치는 영향력에 대한 인식이 미미하고 보안실무자들도 한반도의 숙명적인 지정학적 보안리스크가 기업경영에 미치는 영향과 대응방안에 대한 포괄적인 분석능력이 없고 제한적 직능영역을 수행하는 정도의 기능인에 머물고 있다.

13) 사드는 Terminal High Altitude Area Defense의 약자로 고고도 미사일 방어체계로, 미국이 추진하고 있는 미사일 방어체계의 핵심요소 중 하나이다. 이러한 사드는 중단거리 탄도미사일로부터 군 병력과 장비, 인구밀집지역, 핵심시설 등을 방어하는데 사용된다.

(표 4-2) 다국적기업의 보안직능[14)]

보안조직의 직능
① 보안리스크관리를 위한 보안전략기획(기업경영전략과 일치)
② 보안시스템관리(침입감지시스템, 대응시스템, 출입통제시스템, CCTV)
③ 요인보호와 비즈니스 출장보안기획
④ 내부자 절도의 조사업무
⑤ 채용 전 적격심사와 구성원의 규정이행
⑥ 사기행위와 같은 지식인 범죄
⑦ IT보안과 컴퓨터범죄(IT부서와의 협력유지)
⑧ 침해, 절도, 사업장 침입과 점거, 집단항의와 행동
⑨ 약물과 알코올남용
⑩ 범죄손실을 포함한 자산범죄
⑪ 사보타지와 방화
⑫ 납치와 테러리즘(악의적 폭파위협전화)
⑬ 금품강요와 이익갈등과 같은 비윤리적 행위
⑭ 산업스파이와 정보유출 방지
⑮ M&A 대상 기업에 대한 실사
⑯ 공급라인을 통한 절도와 제품의 전용 방지
⑰ 악의적 제품손상과 제품위조
⑱ 정치적 불안정성에 대한 분석
⑲ 조직범죄와 부패(특히 고위직)

지난 수십 년 동안 기업보안은 보호와 손실예방에 중점을 둔 '방어적인' 접근법에 의해서 지배되어 왔다. 보안책임자는 비즈니스 기능을 더 효과적으로 수행하는데 도움을 주는 활동보다는 언제나 비즈니스 활동을 제지하는 '출입구에서의 보안요원'의 모습으로 비쳐졌다. 지금까지 한국 기업에서의 보안업무에 대한 전문성은 보안선진국과 유사하게 대부분 군이나 경찰과 같은 보안업무와 유사한 조직의 경력을 바탕으로 기업에서 보안직능을 수행하는 것이 일반적인 보안실무자의 전문성의 바탕이 되었다.

14) ARC Training(2008), *Security Management stage 1(core skills)*, p.11.

The Conference Board의 조사에 따르면 아직까지도 미국에서의 기업보안 분야는 대부분의 실무자들이 과거 경찰이었거나 보안 관련 경력자들로 구성되었다. 이 조사에 의하면 보안실무자의 $\frac{3}{4}$은 전통적인 보안분야 경력자였다. 이 중의 31%는 경찰, 19%는 정보기관, 21%는 군대 경력자였다. 그러나 오늘날 기업보안 기능에서는 다양성이 필수적으로 요구되는 아래와 같은 상당성이 존재하는데 그러한 이유는 다음과 같다.

① 보안에 대한 전략적 중요성에 대한 인식이 증가함으로써 보안부서는 과거보다 더 상위직급에서 운영되어야 할 필요성이 제기된다. 이러한 필요성을 충족시키기 위해서는 전체적으로 새로운 기법인 리더십의 부여, 의사소통, 과거의 경력이나 전술적 지식 이상의 활동과 네트워킹 지식이 필요하게 된다. 전략적 사고자와 전술적 사고자 사이의 구분은 보안과 비즈니스를 효과적으로 제휴하려는 기업의 가장 구분된 중요한 요소 중의 하나이다.

② 매트릭스 조직에서는 경찰이나 군 경력을 배경으로 가진 사람들과는 대조되는 경영과 리더십에 대한 특별한 접근법이 요구된다. 과거 유형의 조직은 명령과 통제관리 형태로서 상대적으로 확실성의 정도가 높은 수준의 지시를 조직의 상층부에서 내리고 즉시 아래로 전달되는 형태인 반면, 오늘날 기업 환경에서의 보안부서 영향력은 보안부서의 능력을 기업전반의 모든 개개인이나 팀들과 협력하거나 협조하도록 설득하는데 있어서 균형을 유지토록 하여야 한다. 이러한 공정은 보안전문가와 비전문가 사이의 의사소통으로 기업 업무수행에 필수적이며 이로 인한 이해증진은 기업보안 직능이 '고객중심'을 대표하는 것으로 더욱 중요한 의미를 가진다.

③ 전통적인 보안기능은 '비즈니스 공정을 어렵게 만드는 업무'로서 인식되어 있다. 공식적인 보안훈련은 리스크를 꺼리는 경향이 있는 반면에 비즈니스는 경쟁업체에 앞서거나, 새로운 시장을 개척하거나, 이윤을 극대화하기 위하여 계산된 리스크를 수용할 필요성이 있다.

④ 기업보안 직능은 혁신적이고 고정된 틀을 벗어나 생각하는 사람들을 필요로 한다.[15] 경찰, 응급의료서비스, 비상기획부서와 같은 보안 관련 직업에 관한

연구에 따르면 전통적인 보안분야에서의 '장기간'의 경험은 기업에서 요구하는 보안사고에 대한 혁신적인 대응을 저해하는 요소가 된다고 지적하였다. 오늘날의 보안책임자는 계속적으로 독립적인 사고력, 가정과 행동양식 그리고 혁신에 도전하는 의지와 같은 것들의 품성을 평가하여 팀의 가치를 극대화하려 한다. 따라서 여느 부서와 마찬가지로 보안직능에서도 한계를 넘어서려고 노력하거나 계속적으로 주어진 업무에 도전하는 사람들을 필요로 한다.

⑤ 보안업무에서도 '인적 요인'의 가치에 대한 인식이 증대되고 있다. 실무에서 많은 보안전문가들은 일반적으로 감정의 영향력, 인간행동에 대한 인식과 공포를 포함하는 역동성 요소의 실패에 대응하여 보안사고와 응급상황을 다루는 방법을 훈련한다. 감정지수는 효과적인 협력관계의 형성에서 핵심적인 요소이지만, 보안과 위험관리에서 인적 요인은 IT보안에 비하여 일반적으로 중요성이 간과되어 왔다.

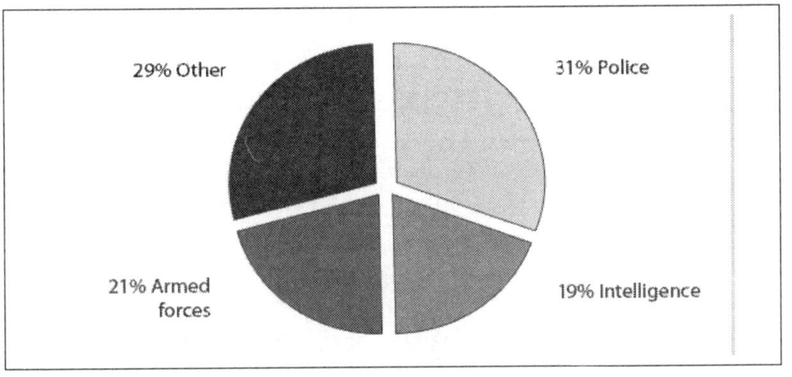

(그림 4-4) 기업보안책임자의 경력 배경16)

보안과 리스크 전문가는 비이성적인 방법으로 어떻게 리스크가 사회적으로 형성되었는가에 대하여 정확한 인식을 필요로 하며, 구성원의 이성에 상관없이 구성원의 불안감과 관심사항에 대해 민감하게 대응하여야 한다. 다시 말해 기업은 효과 없는 대책에 비용을 낭비하지 않아야 하듯이, 보안전문가는 구성원의 감정

15) E Boeodzicz.(1996). '*Security and risk: a new approach to managing loss prevention*' *International Journal of Risk, Security and Crime Prevention* 1, no 2.

16) Briggs/Edwards(2006), op. cit., p.79.

적 불안정성에 중점을 두어 물리적 안정감의 중요성만큼이나 반드시 구성원의 감정적 안정감을 평가하여야 한다.

기업이 (그림 4-4)와 같이 전통적인 배경을 가진 보안관리자의 채용을 선호했던 것은 과거의 경찰과 군인이 보안과 방위 분야에서 집중적인 훈련을 체득해 왔기 때문이다. 최근 기업에서는 보안직능의 중요성을 고려하여 기능적 수준보다는 전략을 주도하는 역동적인 보안팀이 구현되도록 기업보안에 관한 새로운 비전을 제시하고 있다. 과거에는 기업에서 보안실무자를 채용할 경우에 100% 보안경력자를 채용함으로써 이들에게 비즈니스 기법을 가르치는데 많은 어려움을 겪었으나 지금은 여러 가지 경력을 가진 혼합되고 다양화된 팀을 구성하고자 노력하고 있다. 이러한 결과는 이 분야의 발전 방향을 제시하는 것으로 기업보안 분야가 다른 분야보다도 발전의 속도가 느리므로, 보안팀의 미래가 현실화되기에는 더 많은 노력이 필요하다는 반증이다. (표 4-3)은 기업보안책임자의 배경 경력별 장·단점을 비교한 것이다.[17]

(표 4-3) 기업보안책임자의 배경 경력별 장·단점

분 야	장 점	단 점
군 인	외부위협에 대한 인식, 사업장 보호 기법과 경험, 리더십과 인원관리, 뛰어난 자기절제와 조직력	기업보안관리 훈련 비즈니스 관리기법 훈련
경 찰	범죄예방에 대한 인식, 법률지식, 리더십과 인원관리, 조사기법	기업보안관리 훈련 비즈니스 관리기법 훈련
안전관리	공식적인 위험관리기법, 비즈니스에 대한 이해, 뛰어난 위험분석력, 보안관리에 대한 경험	기업보안관리 훈련 인원관리, 변화관리와 리더십 훈련
비즈니스	내부 취약성에 대한 인식, 비즈니스의 흐름에 대한 이해, 실제적인 손실 영향력에 대한 평가, 단위조직간 관계에 대한 이해력과 감각의 탁월성	기업보안관리 훈련 인원관리와 리더십 훈련

17) ARC Training(2008), op. cit.,, pp.4~5.

보안은 비즈니스와 긴밀한 협력관계가 필요하므로, 보안관리자는 반드시 비즈니스에 대한 이해와 어떻게 보안직능이 비즈니스의 목적을 달성하는데 기여할 것인가에 대하여 고려하여야 한다. 보안직능에서 비즈니스 기능의 중요성이 증가하는 것은 경찰이나 군 경력을 가진 지원자의 장기간의 과거경력이 보안에 대한 고착된 사고를 형성하였기 때문에 채용을 꺼리는 것으로 나타나는 것을 보면 보안관리에서 비즈니스 기법의 중요성이 증가되고 있음을 잘 보여주고 있다.[18]

3. 보안리스크의 관리방법

1) 보안리스크의 범주

오늘날 기업의 새로운 리스크 중에 특히 한국기업들이 안이하게 대처하는 분야가 보안리스크이다. 과거와 다르게 훨씬 대규모이고 전파 속도가 빠른 보안리스크는 경영진이 다루어야 하는 주요한 기업리스크 중에 하나이다. 다양한 보안리스크 중에서 현대기업에 핵심적인 영향력을 미치는 보안리스크에는 기업 브랜드와 평판의 보호, 생산과 운영의 연속성, 고객신뢰의 유지가 우선한다.

현대인의 대부분은 미래의 다양한 리스크에 대비하여 보험을 들며, 이러한 비용을 미래의 자신과 조직의 안정성을 유지하는 당연한 것이라 생각한다. 다양한 생명보험 상품에 가입하고 자동차를 사면 자동차보험에 가입하는 것을 미래의 위험성에 대비한 투자로서 당연시한다. 이와 같이 미국보험산업에서 출발한 보안산업과 손실예방의 기원은 오늘날 모든 선진기업의 경영진들에게 기업의 적극적인 보안관리와 손실예방 활동을 필수적인 자산보호업무로 여기게 한다.

대부분의 보험회사들은 자신의 기업과 보험가입자들에게 도움을 주기 위해서 손실예방부서를 운영하며, 보험가입자들은 기업의 손실예방활동에 따라서 연동되는 보험료를 줄이기 위해서 엄격한 손실예방정책과 보안투자를 하고 있다. 따라

18) Briggs/Edwards(2006), op. cit., pp.78-87.

서 이러한 업무를 수행하는 보안활동은 기업 손실과 보험료율을 줄이는 가시적인 성과로써 나타나므로 기업에서는 결코 보안투자를 게을리 할 수가 없다.

오늘날 기업이 직면한 리스크는 자산손실과 매출감소, 업무상 배상책임, 시장환경의 급변에 따른 시장의 상실, 빈부갈등에 의한 사보타지, 인종·국가 간 전쟁이나 테러로 인한 다국적기업의 인적·물적 손실 등 수없이 많으며 이러한 리스크요소들을 어떻게 예상하고 적절하게 관리하는가의 여부가 현대기업경영에서 기업의 성패에 엄청난 영향을 미친다. 보안전문가인 Purpura는 리스크를 손실 가능성에 노출되어 있는 것을 의미하는 것이라 하였으며, Pitorri는 유해하거나 손실에 노출되었거나 이러한 상황에 노출된 상태를 의미한다고 정의하였다.

Roper는 리스크관리란 위험을 평가하고 피해자가 수용할 수 있는 수준까지 위험부담을 줄이기 위한 조치를 강구하며 이러한 위험수준을 유지하는 것이라고 하였다. 또한 Broder는 리스크관리를 어떤 독립적인 실체가 가지는 잠재적인 손실에 대하여 규명하고 어떻게 이러한 잠재적인 손실을 처리할 것인가를 판단하는 과정이며, 리스크관리의 목표는 손실이 발생할 수 있는 수많은 사건들에 대한 종합적인 관리를 통하여 손실이 불가피한 것을 최소한의 비용으로서 위험을 효과적으로 관리하는 것이라고 하였다. 현대기업에서의 리스크관리는 보안과 산업안전보다도 더 넓은 영역을 포함하지만, 이 두 영역이 가장 효과적인 리스크관리 프로그램의 토대가 된다.

우리가 보안이라고 하는 시큐리티(security)의 원래의 의미도 보안, 경비, 경호, 안보의 의미가 아니라 불안정성이나 두려움이 없는 안전한 상황이나 상태인 리스크가 통제된 안전한 상태를 의미하며, 보안산업의 뿌리인 보험업도 리스크관리를 핵심으로 한다. 마찬가지로 기업에서도 산업보안대책에 대한 접근은 리스크관리 혹은 위기관리차원에서 접근하여야 보안에 대한 투자가 소모성 경비가 아니라 기업의 안정성을 제고하는 투자의 개념을 가질 수 있다.

그러나 대부분의 우리나라 기업에서 보안정책은 사건이 발생한 다음에야 피해규모나 손실액의 경중에 따라 임시방편의 대응책을 수립하는 사후대응에 연연하는 상황을 계속하고 있으나, 기업안정성을 제고하는 투자가는 결코 소모성비용이 될 수는 없다. 일반적으로 리스크관리에 실패하여 심각한 손실이 발생할 경우 직접적인 손실에 의해서 파급되는 관련 간접손실액은 직접손실의 10배에 이른다.

예를 들어, 제조업의 경우에 방화에 의하여 제조라인이 전소된 경우에 해당 간접손실의 내용에는 운영상의 손실(생산차질의 발생), 이윤손실, 사고조사비용, 업무중단으로 가용인력의 급여손실, 고객이탈, 고객들의 손실, 소송손실, 신용손실, 보험료의 할증, 보험청구액의 조정, 직원의 재고용, 직원의 재훈련, 임시 숙박시설과 장비사용료, 화재장비의 교체, 전산시스템의 재구축과 프로그램의 재설치, 자료 가용성의 손상, 사업장 인근의 피해, 운송업체의 비용, 예방정비, 청소, 재단장, 통신장비의 복구, 기업이미지 손상, 원재료의 손괴, 완성품의 손괴, 고객신뢰도의 하락, 시장점유율의 하락, 정상운영에 따른 광고비, 현금흐름의 문제, 업무재개 전의 안전보건시설의 점검, 협력업체의 손실, 시장점유율을 복구하기 위한 더 향상된 서비스의 제공을 위한 노력 등이 있다.[19]

오늘날 주요한 산업보안의 이슈로 등장한 산업기술유출의 발생이 이미 기업의 핵심적인 경쟁력을 약화시키는 주요한 위협요소임을 인지하고도 막연하게 사건이 발생되지 않기를 기대하는 것은 요행을 바라는 것과 동일하다. 설사 지금까지 어떤 기업에서 산업기술유출사건이 발생하지 않았더라도 어떠한 적절한 보안대책도 운영되지 않았으므로 이미 해당기업은 수많은 기술유출이 있었으나 단지 발견되지 않았을 것이라고 추정하는 것이 합리적인 분석이다. 기업의 매출과 성장이 기업경쟁력의 주요한 부분을 차지하지만, 기업의 수명은 치명적인 위협요소나 위기를 어떻게 관리하느냐에 따라 좌우되기도 하며, 지금의 경제상황의 변화의 속도는 위기관리에 미흡한 조직의 설자리는 점점 좁아져가고 있다.

미래의 손실이나 위험성에 대한 대책이나 예방업무를 수행하는 보안부서의 활동을 수치화하기에는 많은 경험이 있는 실무자나 뛰어난 연구자라 할지라도 어려움을 느끼는 것은 동일하다. 그러면 업무활동에 대한 효과를 어떻게 분석하고 이에 대한 대응책을 수립할 것인가? 보안부서의 업무성과에 대한 접근은 위험관리에서 출발함으로써 적절한 효과를 얻을 수 있을 것이다. 위험관리분석 결과에

19) ARC Training(2008), op. cit., pp.8~9.

따라서 경영자는 어떤 정도의 위험수준까지 수용할 것인가를 결정하게 된다. 이러한 결정에는 기업의 업종이나 규모 그리고 여러 가지 변수가 고려될 것이다. 만약 어떤 기업이 항상 가시적인 손실이 발생하거나 파국에 이르러서 대응책을 수립한다면 그만큼 비용을 커지게 되고 기업의 수명과 안정성을 저하되게 하는 것은 명확한 사실이다.

(표 4-4) 기업의 보안리스크 유형

분 야	상세 내역
인 사	주요인물의 부상이나 질병에 노출되어 가용성의 손실, 동시에 다수가 전염병에 감염, 핵심인물의 사직이나 사망
공익설비	기간설비(전화, 식수, 전기와 가스, 난방설비 등)의 공급중단이나 지연
협력업체	주요 협력업체의 파산 등으로 인한 가동중단
소 요	전쟁(국지전, 전면전)이나 사업장 지역의 폭동
대량살상무기	핵물질, 생화학무기의 공격
자연재난	태풍, 지진, 해일, 홍수, 한발, 식수오염
산업재해	폭발, 구조물붕괴, 대형사고, 화재, 방사능물질 누출
악의적 파괴행위	방화, 악성노사분규, 반달리즘, 제품손괴, 폭발물 위협, 시민소요, 조직범죄, 살인, 테러리즘
자산범죄	좀도둑, 사기, 근로자 보상사기, 횡령, 차량절도, 컴퓨터범죄, 지식재산절도, 영업비밀절도, 자산절도, 강도와 납치
이익갈등	종업원의 배임, 경쟁업체에 협력, 뇌물수수, 금품강요
개인문제	도벽, 고리대금업, 조직에 불만족자, 근무태만, 성희롱, 알코올중독, 반사회적 성향, 금지약물 사용, 작업장 폭력
기 타	교통사고, 판단착오, 조직의 정책과 절차의 위반, 부적절한 장비관리, 국가안보문제

2) 보안리스크 관리 방법

보안리스크 관리는 의도된 위협으로부터 개인이나 조직이 소유하고 있는 다양한 자산을 가장 합리적인 비용으로써 가장 효과적으로 보호하는 방법을 결정하는 것이므로 모든 조직이나 개인에게 매우 중요한 부분이다. 그러므로 리스크관리는 미래를 대비하는 현재의 투자를 의미하며, 이 투자는 모든 사람들에게 도움이 된다. 보안실무자는 이러한 투자의 판단과 실행에서 가장 핵심적인 역할이 부여되며, 리스크관리공정에서 가장 밀접한 핵심 업무를 수행하게 된다.

일반적인 리스크관리 방법에는 위험의 제거, 통제, 회피, 전환이나 전가, 수용 등의 5가지 방법이 있으며, 상황이나 사례에 따라 다양하게 위험관리기법을 적용하는 것이 기업의 리스크를 최소화하고 기업의 수익성과 안정성을 최대화하는 방법이 될 것이다.

오늘날 기업에서의 보안활동은 모든 비즈니스와 관련된 업무를 보호하고 비즈니스 안정성을 유지하는 것을 목표로 한다.[20] 기본적으로 기업은 경영의 효율성을 통한 이윤의 극대화를 기업경영의 첫 번째 목표로 삼는다. 따라서 각각의 산업이나 기업자산을 적절한 재원을 활용하여 얼마나 효율적으로 보호하고 안정성을 제고하는가가 보안전문가의 전문성을 나타낸다.

오늘날 글로벌 기업의 보안리스크관리 프로그램에는 비즈니스에 영향을 주는 5가지 분야인 시설 · 인력 · 정보, 통신 · 기술(컴퓨터, 기술적 보안대책 등) 분야를 포함하게 된다.

현대사회에서의 대부분의 조직들은 자신의 자산보호를 위한 다양한 보안계획을 수립 및 적용하고 있으나 정형화된 규정은 존재할 수 없다. 따라서 조직의 자산을 보호하고자 하는 보안계획의 프로그램에는 보호하고자하는 대상이 우선 결정되어야 하고 프로그램의 가장 핵심적인 요소에 대한 규정과 우선순위를 결정한다. 여기서 보호하고자 하는 핵심요소와 다양한 위협요소에 대하여 결정한다. 마지막으로 앞에서 규정된 다양한 위협요소에 따른 취약성 역시 리스크관리 프

20) Briggs/Edwards(2006), op. cit., p.52.

로그램에서 고려될 핵심적인 사항으로 확정한다.

다음으로 현재 적용 가능한 대응책을 선정하고 선정된 대응책의 적절성에 대한 검토를 한 후, 또 다른 가능한 대응책이 필요하지는 않은가를 검토한다. 더불어 각각의 대응책을 선정할 경우 고려해야 할 핵심적인 사항 중 하나가 각각의 대응책에 대한 필요한 비용의 검토이다. 한 번 대응책과 비용이 결정되었으면, 가장 비용효과적인 대응책을 선정하고 다양한 위협요소에 어떻게 대응하며 취약성을 줄이거나 제거하기 위한 구체적인 방법을 적용한다. 다음에는 대응책을 어떻게 적용하는 것이 최적의 방법인가, 새로운 위협요소와 대응책은 없는가를 면밀히 검토하고 필요한 경우 해당 프로그램을 개정하거나 유연하게 조정하여야 한다.

리스크관리공정의 문서화 또한 매우 중요한 부분이다. 문서화 작업은 프로그램의 설계단계에서부터 시작되며 다양한 정책과 절차들이 가감 없이 토론되고 가장 적절한 방법들이 채택되도록 최대한의 풍부한 정보와 자료를 수집하고 분석하는 과정을 필요로 한다. 이러한 문서화 작업에는 핵심적인 요소, 위협, 취약성에 대한 결정, 조직 내에서 개발된 보고 자료와 다른 정보원으로부터 수집된 자료, 정부 프로젝트에서 필요로 하는 특정한 보안 분류지침, 특정한 계획과 절차가 필요한 프로그램에 대한 문서화 등도 포함된다.

오늘날 리스크관리에 활용되는 방법론은 단지 과거에 우리나라 대부분의 기업에서 사용되던 시설보안조사가 아니라 리스크를 관리하고 책임지는 관리자들에게 매우 가치 있는 지침이자 도구이며, 보안프로그램의 기획과 재원에 관한 것을 의미한다. 이런 문서화는 책임추적성과 일관성을 유지하기 위한 방법론에 따라 주요한 판단에 결정적인 영향을 미치고 여러 가지 위험관리기법과의 통합을 촉진하며, 현재 사용하고 있는 보안문서를 좀 더 융통성 있게 활용하게 한다. 따라서 리스크관리 프로그램을 항상 새롭게 제정하는 것이 좋은 것이 아니라, 현재 사용하고 있는 프로그램의 개선책을 찾는 것이 효과적인 경우가 더 많다.

이러한 방법론은 정량적 · 정성적 평가 등 모든 영역에 다양하게 활용될 수 있으며, 다양한 형태의 조직체와 시설물 그리고 사용자의 입장에서 이러한 기법을 활용하는 것도 가능하다.

다음의 단계는 ASIS 국제지침위원회에서 권고한 종합적인 보안리스크 평가를 수행하기 위한 접근법과 기본구조를 설명한 것이다.[21)]

하나, 상황에 있는 자산과 사람을 규명하고 조직 전반의 안정성 상태를 이해한다. 사람에는 임직원, 임차인, 방문자, 공급업자, 초청자와 더불어 기업과 직·간접적으로 관련 있는 모든 사람을 포함한다. 그리고 자산에는 현금·귀중품과 같은 유형의 자산과 지적 자산·소송원인과 같은 보이지 않는 자산을 포함한다. 핵심적인 비즈니스에는 주요 생산품이나 서비스와 더불어 기업의 평판과 이미지도 포함한다. 네트워크에는 모든 시스템, 하부구조, 데이터와 관련된 장비, 통신시설과 컴퓨터처리 자산이 포함되며, 정보에는 다양한 유형의 재산적 데이터가 포함된다.

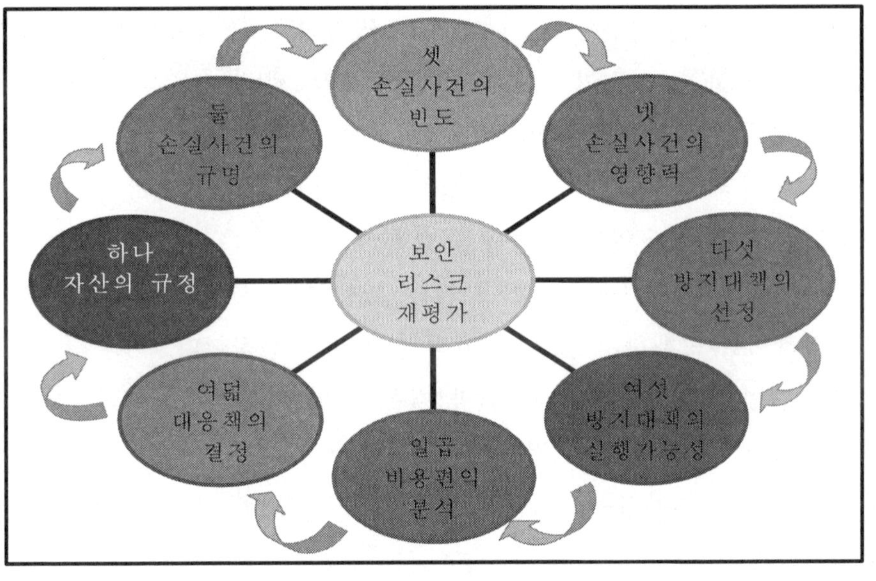

(그림 4-5) 보안리스크평가 순서도

둘, 리스크 상황과 취약성을 구체화한다. 지역적인 환경에서 위험이나 위협요소의 상황과 과거에 발생하였던 사건으로 사업장에서 발생할 수 있는 사건을 의

21) ASIS(2003), op. cit., pp.6~7.

미한다. 이러한 위험은 고유한 자산의 가치와 사업장의 현재성을 근거로 하여 평가한다. 여기에서 위험에 의한 손실결과는 취약성분석을 통하여 결정하므로, 취약성분석에서는 위협요소를 제거하므로 얻을 수 있는 모든 장점을 고려한다. 이러한 과정을 통하여 조직에 잠재된 취약한 분야를 강조함으로써 연속적인 분석과 대응책을 선정하기 위한 기본체제를 형성하는데 도움을 준다.

셋, 리스크와 사건빈도의 개연성을 확립한다. 사건발생의 빈도는 손실발생의 규칙성과 관련되어 있다. 예를 들어, 쇼핑몰에서 고객에 대한 폭행이나 강간의 위협이 존재할 경우에는 매장이 개장된 후 몇 번이나 발생하였는가 하는 것이 해당 사업장에서의 빈도를 의미한다. 손실리스크의 개연성은 과거에 발생한 사건, 경향, 경고나 위협요소 그리고 기업에서 발생한 사고의 문제점을 주요하게 고려한 다음 이것을 토대로 한 개념이다.

넷, 사건의 영향력을 결정한다. 여기에서 영향력은 조직자산의 유·무형의 손실을 포함한 재정적, 심리적인 영향을 포함한 모든 제반 비용을 의미한다.

다섯, 위험을 제거하거나 완화시키는 방법을 개발한다. 이 단계에서는 물리적·절차적·논리적 방법을 통하여 손실을 예방하거나 완화시키기 위한 보안 프로세스와 관련된 실용성 있는 방법을 규정한다.

여섯, 대응책의 시행가능성을 연구한다. 대응책을 시행하는데 기업의 수익과 운영을 본질적으로 방해하지 않는 실제적인 방안을 선정한다.

일곱, 비용편익분석을 수행한다. 위와 같은 계획을 수행하는 데는 반드시 비용과 자산의 투입에 대한 결정이 필요하다. 이러한 분석은 특정한 비용의 투입으로 인하여 자연스럽게 얻어지는 모든 이익의 가치를 분석하거나 측정하기 위한 체계적인 접근방법이다.

대체적으로 이러한 과정에는 다음의 3가지 단계가 포함된다. ① 지출에 따른 모든 직·간접적인 결과물을 규명한다. ② 지출에서 발생하는 모든 이익과 비용을 금전가치로 결정한다. ③ 이러한 비용과 예산을 현재의 금전가치로 환산하기 위하여 지출로부터 발생한 기대되는 미래의 비용과 예산을 할인한다.

3) 최고보안책임자(CSO)체제의 구축

보안리스크의 발생에 따른 기업연속성과 수익에 대한 손실이 확대됨에 따라 이에 대한 대응도 기업경영차원의 주요 기능으로 보안리스크에 대한 관심이 증대되었다.

9·11테러 이후 기업의 보안을 책임지는 CSO가 주목받고 있다. 글로벌 기업에서의 CSO는 경영진, 관리자, 구성원의 보호, 시설자산과 정보자산의 보호를 보장하기 위한 활동, 보안조직의 운용, 사업장 보안의 적용과 조정을 하부 관리자를 통하여 수행하고 있다. 대부분의 CSO는 재무, 시설, 네트워크, 정보기술, 구성원의 위험에 대한 모든 안전성을 보장하며, 정보수집과 리스크의 평가, 사고에 대한 대응에 대하여 국내·외 모든 보안기능들을 관리한다.[22)]

오늘날 CSO는 기업의 비즈니스 과정에서 발생하는 재무범죄의 손실, 문서 위조, 사람에 대한 범죄, 사보타지, 위협, 비상사태, 불법적인 행위, 기업자산과 환경에 대한 범죄에 대응하기 위한 최상의 서비스를 개발하고 제공한다. CSO란 기업보안을 위한 정책수립은 물론 기술적 대책과 법률적 대응까지 총괄하는 최고보안책임자로서, 기업전반의 보안정책의 수립·실행·관리·교육과 법률적 대응에 이르기까지 기업보안에 대한 전반적인 책임을 맡는다.

앞에서 언급한 바와 같이 기업리스크에서 보안리스크가 차지하는 중요성이 강조되면서 글로벌기업에서 리스크관리 문화를 새로 만들고 지속적으로 발전시키는 일을 수행하는 직책이 CSO이다. 9·11테러 이후 그 동안 개별적인 보안업무의 한계와 통합적인 보안업무의 중요성을 인식한 미국 기업들은 CSO 채용을 늘리고 있고, CSO가 빠른 속도로 미국 기업들의 최고경영진의 구성원으로 주요 의사 결정권자가 되고 있으며, CEO에게 없어서는 안 될 동반자가 되고 있다.[23)]

기업구조에서 보안조직이 어디에 위치하든 간에 CSO는 반드시 경영진에 직접적인 보고라인과 만남이 가능하여야 한다. 2001년 Harvard Business Review에서 이상적으로 CSO가 독립성을 보장받기 위해서는 최고경영자나 최고운영책임자에

---

22) ASIS(2008), *Chief Security Officer Guideline*.

23) William G. Parrett/양승우 옮김, 서울: 중앙 books: The Sentinel CEO/위기의 CEO, 2008.

게 보고할 수 있어야 한다고 하였다.[24)]

오늘날 다국적기업의 CSO는 대부분이 부사장급이며, 33%는 CEO에게 직접 보고하는 직속된 독립조직이다. 미국기업의 최고보안책임자는 평균적으로 20년 이상의 경력과 석·박사학위를 가졌거나 학사학위 소지자는 25년 이상의 경력자였으며, ASIS 공인 보안자격증인 CPP 자격을 갖는 것을 개인들이나 기업에 의해 선호되었다.[25)]

2007년 Fousheé Group의 조사에서 CSO가 기업의 모든 네트워크와 정보보호시스템에 대한 안전성을 보장하는 책임을 갖고 있느냐에 대한 질문에 대하여 '그렇다'는 응답은 26%에 불과하고, 74%는 네트워크와 정보보호시스템의 안전성에 대한 책임은 IT부서의 업무로써 분류하고 있는 것으로 조사되었다. 이것은 보안기능의 효율적인 운영을 위하여 온오프라인의 융합과정이 꾸준히 진행되고 있으나, 모든 네트워크와 정보보호시스템에 대한 안전성의 보장은 CSO의 핵심적인 업무에 속하지는 않는다는 의미이다.

한편, 다국적기업의 정보보호최고책임자(CISO)는 급변하는 국제경제와 산업에 대한 거시적 안목과 감각, 비즈니스 트렌드에 대한 분석력이 필수적이다. 지금까지의 보안실무자는 정보기술에 대한 한정된 전문지식으로 조직 전반에 대한 보안업무를 수행하려 하였는데 반하여 오늘날 산업분야에서 필요로 하는 CISO는 정보기술에 대한 기본 지식과 더불어 거시경제와 산업분야에 대한 안목과 감각, 정보수집과 위험분석, 의사전달력까지 겸비해야 하고 기업의 최고 보안책임자로서 기업 비즈니스 안정성을 제고하는 업무를 수행하여야 한다.

지금까지 기업들은 보안을 기술적인 문제로만 인식했다. 그러나 현재 보안은 경영활동의 주요한 업무의 일부로 다뤄지고 있으며, 현대 기업에서의 보안은 기술적인 문제로 한정되지 않는다. 즉, 보안은 조직의 위험의 정도를 어떻게 관리하느냐의 관점에서 불확실성이 상존하는 현대 기업경영에서 중요성이 배가 되고 있다. 그러나 아직까지 우리나라에서는 대부분의 기업들이 최고정보관리자(CIO)

24) Cecere, Mark.(2001). *Drawing the Lines*, Harvard Business Review, p.24.
25) 최선태, 기업보안핸드북, p.410.

가 CSO를 겸하거나, 보안 관련 전문 전담부서조차 설치돼 있지 않은 경우도 허다하다. 또한 보안담당자가 있다 하더라도 대부분 정보보호부서에 속한 팀장이나 과장의 직책을 갖고 있기 때문에 기업의 거시적 보안정책을 제안하고 결정에 참여할 수 있는 권한은 거의 없다.

현대 기업경영은 변화에 어떻게 대응하고, 신속하게 변화에 대한 정보를 수집하고 분석함으로써 기업의 진로를 결정하는 정보수집력과 분석력이 뛰어난 기업만이 생존할 수 있다. 급변하는 글로벌 환경에서 기업이 존립하기 위해서는 재난관리 · 보안관리 · 정보관리 등으로 산재된 기업의 조직과 운영이 CSO체제를 중심으로 보안조직과 활동을 결합, 이를 비즈니스에 관한 정보를 통합시켜 조직 내부가 운영될 때 비로소 기업의 생존가능성과 안정성은 향상될 것이다.

제3절 자격제도와 교육과정

1. 산업보안 자격제도

현대사회에서 기업보안의 중요성은 누구나 인정하고 있는 현대사회의 핵심적인 부분이다. 그러나 기업이나 연구소에서의 보안 실태를 보면 보안의 중요성에 비하여 이에 대한 인식과 대응책은 너무 안이하다. 근본적인 이유는 보안업무에 대한 가치판단의 차이에서 기인될 것이나 조직체의 기업자산을 보호할 전문가의 부족에서 기인하는 것도 주요한 원인 중의 하나이다.

기업보안 선진국인 유럽이나 미국에서는 여러 가지 기업보안전문가에 대한 자격증이 존재하고 대부분의 조직에서 이러한 전문 인력의 확보에 중점을 두고 있다. 이러한 추세에 따라 우리나라 기업들도 이러한 기업보안 관리체제를 도입하고 있으나 기업보안 전반의 트렌드에 대한 이해는 상당히 부족한 것이 현실이다. 글로벌 기업보안 트렌드는 온오프라인의 통합을 지향하는 방향인 반면에 우리나라는 사이버 보안에 중점을 두는 것이 우려되는 현실이다. 세계화 · 정보화 시대에 선진국은 급속한 기술발전과 경제 · 사회적 변화에 대응하기 위해서 평생학습체제를 구축하여 경쟁력을 갖춘 질 높은 인력을 양성 관리하여야 한다는 전제하에 학생은 물론 일반 성인의 직업능력을 체계적으로 평가하는 자격제도를 발전시키고 있다.

자격제도의 효용성은 고등교육기관인 대학이 사회의 변화의 추세에 적응하는 능력보다는 자격제도를 통하여 전문 인력의 배출을 독려하는 것이 변화에 적응하는 한 방법이 될 것이다. 그러나 그 동안의 한국에서의 보안 분야의 자격제도는 전문적인 영역의 발전이라고 하기에는 부족한 제한된 부분에 한정되어 시행되어 왔다.

우리나라 IT산업의 발전에 따라 자격시험으로 정보보호에 국한된 정보보호전문가[26] 시험이 실시되어 왔고, 제한적인 시설보안과 특수경비 분야라고 할 수 있는 경비서비스 업무에는 경비지도사 제도가 시행되고 있으나, 산업전반의 안전성을 확보하고 관리하거나 산업보안 전반에 대한 영역을 어우르는 자격제도는 아직까지 존재하지 않고 있다.

21세기 열린 시대의 새로운 경쟁의 장에서는 달라진 생존논리에 적응할 줄 알아야 한다. 그 동안의 국내기업과의 경쟁에서의 우위는 이제는 더 이상 아무런 의미가 없다. 현대의 국가 간, 기업 간의 경제 전쟁이라는 의미는 경쟁이라는 생존의 전쟁에서 뒤쳐지면 경제주권의 종속이라는 의미로써 절박한 생존권의 문제이다. 지금까지 보안 분야의 국제자격증 (표 4-5)로 인정된 보안 분야의 자격을 보면 보안관리, IT보안과 감사, 재난복구와 기업연속성, 기업자산 보호, 하이테크 범죄의 조사, 컴퓨터 포렌식과 같은 매우 다양하고 기업보안 전반을 어우르는 자격이 있음을 보여주고 있다.

26) 2013년부터 정보보안 분야의 국가기술자격인 정보보안기사/정보보안산업기사 자격검정이 실시됨으로써 민간자격이었던 정보보호전문가(SIS, Specialist for Information Security) 시험은 폐지되었다.

(표 4-5) 보안 관련 국제자격증

자격증의 종류	자격증 이름	인증기관
Electronic Security	CISSP(Certificate Information System Security Professional)	(ISC)^2
	SSCP(Systems Security Certified Practitioner)	
IT Auditor	CISA(Certified Information Systems Auditor)	ICASA & ICASF
Disaster Recovery / Business Continuity Planning	BS 7799 심사원	BSI 인증원
	CBCP(Certified Business Continuity Professional)	Disaster Recovery Institute
Corporate Security	CPP(Certified Protection Professional) 공인보안전문가	ASIS International
Corporate Physical Security	PSP(Physical Security Professional) 시설보안전문가	
Investigator	PCI(Professional Certified Investigator) 공인조사전문가	
Computer Forensics (Cyber-Investigator)	CCFT(Certified Computer Forensic Technician)	High-Tech Crime Network

기본적으로 글로벌 비즈니스에서 기업보안 전문가들이 숙지하여야 할 내용은 ① 기업보안론, ② 산업보안정책론, ③ BIA와 BCP, ④ 범죄예방론, ⑤ 시스템경비론, ⑥ 컴퓨터(IT) 보안, ⑦ 위험관리와 운영보안, ⑧ 재난관리와 비상기획, ⑨ 시설보안론, ⑩ 정보보호론 등의 분야를 포함하여야 할 것이다.

이와 같이 앞으로 시행될 한국의 보안전문가를 선발·양성하기 위한 자격은 현재까지의 기술적분야인 IT분야에 편향된 자격이거나 제한적인 시설물 보안에 한정된 것이 아닌, ASIS에서 실시하는 기업 전반의 보안 업무를 담당할 수 있는 전문가를 선발하는 CPP제도와 같은 자격의 시행을 적극적으로 고려해야 할 것이다.

우리나라의 기업과 공공조직에서도 재난복구와 기업연속성기획, 컴퓨터 포렌식과 컴퓨터 범죄수사, 기업자산보호, 위험관리와 비상기획과 같은 현대조직경영에서 가장 중요하고 산업보안의 핵심적인 분야에 보안전문가가 특히 부족하므로 정부·학계·산업계가 협력하여 적극적인 인재양성에 힘써야 할 것이다. 2005년 ASIS에서 조사한 바에 의하면 미국의 매출 10억 달러 이상의 기업의 최고보안책임자 중에서 보안 분야의 자격증 소지는 49%이고 이 중에서 70%는 CPP자격증, 12%는 CFE자격, 4%는 CISSP 등 정보보안 분야의 자격증을 소지한 것으로 나타났다. 이와 같이 ASIS의 CPP자격은 자격시행 30여 년이 지나는 동안 13,000명 이상이 합격하였고, 현직에서 6,000명 이상이 활동하면서 미국기업이나 정부기관뿐만 아니라 전 세계로 진출한 미국의 다국적 기업을 근간으로 기업보안 분야의 최고의 인지도를 가진 자격증으로 인정되고 있다.

1) CPP(Certified Protection Professional)

ASIS에서 1977년부터 시행하는 시험인 CPP자격제도는 공인보안 전문가를 선발하려는 시험으로 응시자는 첫째, 경력 및 학력이 고졸 이하인 경우 9년의 보안 경력, 학사학위 소지자인 경우 7년의 보안 경력을 갖추어야 하며, 보안 경력 중 최소한 3년 이상은 보안 분야의 책임자로서의 경력이 있어야 한다. 둘째, 필기시험의 합격(CPP)을 요구하고 있다.

더불어 ASIS에서는 최근에 2가지 분야의 추가적인 전문자격제도인 시설보안전문가(PSP: Physical Security Professional)와 공인조사전문가(PCI: Professional Certified Investigator)를 신설하여 운영하고 있다. CPP 자격시험의 구체적인 시험의 내용은 다음과 같다.

① 물리적 보안(Physical Security)분야는 종업원과 방문자의 통제, 경보, 장벽, 시설 계획, 안전순찰과 무기, 화물의 통제, 기계적, 전기적, 전자적 장비와 장치, 주변 경계, 출입구와 로비 보호, 보안 조명, 보안 조사, 주차관리, 교

통 통제, 교신, 운송 보안

② 조사(Investigations)분야는 조사 재원, 조사 방법, 조사 보고 및 결과, 조사 유형

③ 손실 예방(Loss Prevention)분야는 위험의 측정, 대응조치, 대응정책

④ 외부와의 관계(Liaison)분야는 연방정부, 주정부, 지방정부의 업무연계성

⑤ 비상계획(Emergency Planning)분야는 실행, 계획의 개발, 비상상황의 형태 등

⑥ 보안관리(Security Management)분야는 대응책의 선택, 재정관리, 관리체재, 보안기획, 조직, 지도 및 연락방법의 관리, 취약성 평가, 손실예방, 관계, 자산의 낭비

⑦ 기밀정보의 보호(Protection of Sensitive Information)분야는 기밀정보의 통제, 인식, 민감도에 대한 평가

⑧ 약물의 남용(Substance Abuse)분야는 금지약물 남용의 인식과 남용자의 배제, 예방계획, 해결책

⑨ 개인 보안(Personnel Security)분야는 구성원 선발과 유지 기준, 정보평가, 선발기술, 안전 경고 계획들, 징계적인 조치

⑩ 미국과 캐나다의 시험 지원자들은 그들을 대표하는 나라의 법률적 측면에 관해 추가적인 25문항의 질문에 답해야 하므로 지원자에게는 총 225문항의 시험문제가 출제된다. 여기에서는 행정부와 관리기관의 요구사항, 시민의 책임, 불법행위, 시민의 권리와 공정한 고용, 계약 시 고려할 사항, 범죄, 형법상 절차들과 형사상의 조직, 정당한 법절차와 헌법상 소추의 면책 등이 포함된다.

한편, 우리나라는 2007년부터 시행된 산업기술의 유출방지 및 보호에 관한 법률에 의거하여 설립된 한국산업기술보호협회는 동법 제16조 제4항에 따라 첨단산업기술의 유출방지 및 보호를 위한 민간 전문인력을 육성·활용하기 위해 민간자격시험을 시행중이다. 우리나라의 산업보안관리사와 미국의 CPP시험의 내용을 비교해 보면, 산업보안관리사 시험의 기본적인 목적이 산업기술을 보호하기 위한 것으로 CPP자격이 조직의 전반적인 보안리스크에 대한 대응능력을 테스트하고

있는 것에 비하면 산업보안관리사[27] 시험은 조직의 보안리스크 중에서 일부분인 기술유출방지에 관한 전문지식을 배양하는데 중점을 두고 있다.

자격시험에서 다루는 것은 '산업기술보호'인데 자격증 명칭은 '산업보안관리사'이다. 이것은 우리나라의 보안자격증의 문제점이자, 대부분의 우리나라 조직에서 산업보안을 바라보는 현실을 반영한 것이다. 즉, 산업보안이 기술유출보호나 기술적인 보안대책을 중심으로 이루어지고 있고, 이러한 경향은 앞으로도 계속될 것으로 보이나 산업보안을 산업기술유출방지와 동일시하면서 발생하는 문제이다.

2) CFE(Certified Fraud Examiners)

우리나라 기업에서 종업원의 부정행위로 이한 기업손실에 대한 통계는 없으나 미국의 부정조사협회(ACFE)에서 발간한 『ACFE 2002 국가보고서』에 의하면 미국 기업들은 70억 달러 이상의 손실을 보았다고 주장하고 있다. CFE의 조사에 의하면 미국 기업들은 2002년도에 총수익의 6% 정도를 직무와 관련된 사기와 직권남용에 의하여 손실을 보았으며, 이것은 미국 국내총생산과 비교해 보면 6,000억 달러 또는 직원 1인당 4,500달러에 해당한다.

현재 공인부정행위조사자(CFE) 자격은 각종 부정 및 사기의 예방, 적발, 조사하는 공인된 전문가로서, 주로 회계사, 감사인, 준법감시인, 법조인, 공무원, 교수, 수사 및 조사기관 중견요원들로 구성된다. 자격은 일정 요건(점수제에 의하여 50점) 이상을 갖춘 전문가가 CFE 자격시험을 합격할 경우 인증한다. 다음은 CFE협회에서 제시하는 자격 조건이다.

① 도덕성을 갖춘 사람
② 일정한 수준 이상의 교육과 경험을 갖춘 사람(특정 학위는 필요 없음)
③ 최소한 2년 이상의 직 · 간접적인 부정행위의 적발과 방지에 관련된 경력
④ 준회원에 가입한 자
⑤ CFE 자격시험을 통과한 자 혹은 자격시험면제를 인정받은 자

---

27) 저자의 견해로는 '산업보안관리사'보다는 '산업기술보호사'가 자격증 명칭으로 적합하다.

⑥ 매년 직무연수를 수료(CPE)

⑦ 연회비를 납부

⑧ CFE협회의 내규와 직업윤리규정을 준수

만약 위의 어느 곳에도 해당되지 않으나, 응시자의 업무가 부정행위의 조사, 적발, 방지에 관련된 것이라면 해당 경력을 상세하게 검토하여 경력으로 인정된다. CFE 자격시험은 4가지 분야인데(Fraudulent Financial Transactions, Legal Elements of Fraud, Fraud Investigation, Criminology and Ethics), 각 분야별로 125문제, 총 500문제가 출제되며, 각 분야별로 75점 이상을 획득하여야 시험에 합격한다. 시험은 2년 내에 3번의 기회가 주어지며, 실패한 분야만 재시험을 치르면 된다. 시험시간을 각 분야별 2.5시간, 총 10시간이다. 자격을 유지하기 위해서는 모든 CFE는 협회나 각종 교육 프로그램을 통하여 매년 CPE 20학점을 얻어야 자격이 유지된다.

3) 정보보안 자격증

정보보호와 관련된 자격증은 글로벌 IT기업에서 자체적으로 시행하고 있는 여러 가지 자격증을 포함하여 매우 다양하게 시행되고 있다. 대표적으로 공인정보시스템보안전문가(CISSP)는 정보보안전문가 자격증 개발에 관심 있는 국제 조직들이 1988년에 컨소시엄(ISSA, CSI, DPMA, SIG-CS, CIPS, IFIP) 형태로 설립한 국제정보시스템보안자격협회(ISC²: International Information Systems Security Certification Consortium)에서 운영하는 자격으로 우리나라에서만 2,000명이 넘는 자격증 소지자를 배출하였다.

또한 공인정보시스템감사사(CISA: Certified Information Systems Auditor)는 IT 감사·통제 분야의 전문가로 매년 미국 정보시스템감사통제협회가 주관하는 자격시험을 통과하고, 또 정보시스템 감사통제 분야에서 5년 이상 근무한 경력이 있는 지원자만 자격증을 취득할 수 있다. 그러나 이러한 정보보호 자격증의 실효성에 대해서는 의문이다.

전자신문의 기사에 의하면 대학가에서 취업 준비를 위해 CISA·CISSP 등 정보보호 관련 자격증 취득 열기가 뜨겁지만 정작 실무에선 쓸모가 없는 '장롱 자격증'으로 전락했다.[28] CISA 누적 합격자는 9,699명인 데 비해 실제 자격증 유지자는 2,903명으로 29.9%에 불과한 것으로 파악됐다. 합격자 10명 중 7명은 자격증을 딴 이후 관련 업무를 종사하지 않으며, 심지어 자격증 소지 필요성을 느끼지 못해 자격증 유지를 포기한 것으로 알려졌다. CISSP도 CISA와 이와 비슷한 상황이다. 이러한 현상에는 취업수단으로 자격증을 취득하였다가 쉽게 관련 분야에 취업을 하지 못할 경우, CISSP의 경우 자격증을 유지하기 위해서 매년 지불하는 상당액의 비용과 3년간 보안관련 교육(CPE)을 120시간 이수해야 하여야 한다. 또한 120시간 중 80시간은 정보보안 활동과 직결되어 있어야 하며, 나머지 40시간은 포괄적인 전문성 향상을 위한 활동들로 이루어져야 한다.

우리나라의 자격증은 한 번 발급되면 거의 주기적인 갱신이나 보수교육 같은 시스템이 없는 반면에, 정보보호에 관한 자격증은 보호기법이나 제도변화가 매우 크기 때문에 자격증 소지자의 이에 대한 관련 지식의 현재성을 확인하는 것은 자격증 소지자에게 많은 장점을 가져다주나, 우리나라 자격취득자의 경우에는 결국 취업과 연결되지 않는 자격증은 유지비용에 대한 의미가 퇴색하게 된다.

2. 산업보안전문가 프로그램

1) 보안실무자 교육과정

보호무역에 오랫동안 의존하던 폐쇄적인 경제시스템과 다르게 열린 자유무역시대의 기업 비즈니스 활동에서의 보안과 자산보호 분야는 업무수행에서 뛰어난 전문성이 필요한 시기가 도래하였다. 특히 다국적기업의 납치나 테러에 대비한 구성원의 생명보호와 핵심기술과 노하우를 보호하고자 하는 기업에서 보안업무의 중요성이 대두되면서 실무자의 전문성은 보안프로그램의 질을 좌우하는 중요한 요인이 되었다. 따라서 기업의 보안실무자의 교육적인 배경과 경험은 기업보

28) 전자신문, 2010.3.10.

안 프로그램의 전반에 영향을 미치고 나아가서는 기업의 안정성에도 상당한 역할을 수행한다.

오늘날의 비즈니스 환경에서 보호 장벽이란 없을 정도로 대부분이 개방됨으로써 기업 간, 국가 간의 경쟁은 더욱 치열해졌고, 이에 따라 기업의 구성원, 정보, 물리적 자산을 보호하는 업무는 결코 단순하지 않으며 오히려 너무 복잡하다. 따라서 (표 4-2)와 같은 다양한 업무를 효과적으로 수행하기 위해서는 보안전문가는 다음과 같은 세미나와 교육과정을 이수하여 업무수행력을 배가하여야 한다.

그러나 아쉽게도 아직 우리나라에는 정보기술에 대한 보안 교육과정에 대한 프로그램은 다양하게 분포하고 있으나, 보안정책이나 산업보안, 시설보안, 운영보안 등 보안체인 전반에 대한 교육 프로그램은 상당히 미흡하다. 산업보안에 대한 내실 있는 교육과정이 없다보니, 소수의 필요에 따른 지엽적인 보안교육이 산업보안 전반에 대한 보안교육인 양 호도되고 있는 것이 오늘날 우리나라 보안교육의 현실이다. 다음에 제안된 과정은 이미 20여 년 전에 기업이나 조직의 보안실무자를 위한 단기 교육과정과 다양한 세미나 분야로 미국에서 소개한 것이다.[29)]

(1) 보안요원을 위한 세미나(보안요원이나 조사원)

① 방화현장의 조사기법의 강의나 세미나
② 구성원의 배경조사 강의나 세미나
③ 폭발물의 위협에 대한 강의나 세미나
④ 공공기관(경찰이나 소방 또는 검찰)과의 협력에 관한 세미나
⑤ 구성원의 보안관리 강의나 세미나
⑥ 화재나 산업안전 강의나 세미나
⑦ 소화기 사용 훈련에 대한 강의
⑧ 응급처지와 준(準)의료 활동에 대한 세미나
⑨ 내부 절도조사기법의 강의
⑩ 면담기법의 세미나

29) Russell L. Bintliff(1992), *Complete Manual of Corporate and Industrial Security*, pp.578~579.

⑪ 법률과 보안관리 역할에 대한 강의
⑫ 문서작성과 보고서 작성 과정
⑬ 보안순찰에 대한 세미나
⑭ 시설물 보안관리 강의나 세미나
⑮ 조사를 위한 준비활동과 범죄현장보존 강의나 세미나
⑯ 보안관리 서비스를 위한 공공관계에 대한 강의나 세미나
⑰ 보안관리 기법과 절차 강의
⑱ 좀도둑 예방에 대한 세미나
⑲ 감시기법에 대한 세미나
⑳ 시민소요 대응에 관한 세미나

(2) 보안관리자를 위한 강의와 세미나

① 환경디자인을 통한 범죄예방(CPTED)
② 재난과 비상기획
③ 위험관리와 평가
④ 보안취약성분석과 대응
⑤ 폭발물 위협 관리방법
⑥ 보안조사와 감사
⑦ BIA와 BCP
⑧ 위기관리와 요인보호
⑨ 보안관리와 행정
⑩ 시설보안과 감사

아래의 (표 4-6)은 영국의 보안실무자 교육 프로그램으로 세부적인 교육내용에 대하여 살펴보기로 한다.

(표 4-6) 보안실무자 교육과정30)

과정	보안관리(핵심과정)	보안관리(발전과정)	보안관리(전략과정)
기간	10일	10일	10일
교육 내용	① 보안리스크관리 ② 보안운영관리 ③ 보안디자인 ④ 보안실사개론 ⑤ 경계구역&건물 보안 ⑥ 출입통제관리 ⑦ 범죄와 손실예방 ⑧ 조사개론 ⑨ 폭발장치관리 ⑩ 인사관리의 보안요원운영 ⑪ 중요정보보호 ⑫ 위험상황의 인사보호 ⑬ 위기관리 ⑭ 과정 프로젝트	① 보안리스크관리연구 ② 통합보안운영관리 ③ 리더십&동기부여 ④ 통합&구체화된 보안기술 ⑤ 보안프로젝트관리 ⑥ 구체화된 CCTV ⑦ 부정행위 위험관리 ⑧ 공급망 보안 ⑨ 대테러리즘 ⑩ 출장보안관리 ⑪ IT보안 ⑫ 시설&IT보안의 융합 ⑬ 경비업체의 선정 ⑭ 기업연속성관리 ⑮ 보안&위기관리훈련 ⑯ 과정 프로젝트	① 기업위험관리&거버넌스 ② 글로벌리스크&기업연속성 ③ 기업의 사회적 책임 ④ 보안의 전략적 가치 ⑤ 경영관리 ⑥ 기업보안의 비전설정 ⑦ 납치위험의 감소와 대응 ⑧ 불법거래와 밀수 ⑨ 항의활동의 관리 ⑩ 보안업무의 윤리 ⑪ 부패와 규정준수 ⑫ 제품손괴와 강탈 ⑬ 외부관계와 이해관계자 참여 ⑭ 기업확장과 보안고려사항 ⑮ 보안정보 ⑯ 변화관리와 보안의 미래경향 ⑰ 전략적 보안관리훈련 ⑱ 과정 프로젝트
비용	5,650파운드(숙박)	5,650파운드(숙박)	5,560파운드(숙박)

30) http://www.arc-tc.com/, 2016년 교육 프로그램으로 보안관리과정 1~3을 마치면 80학점을 취득하고 영국 런던에 위치한 미들섹스대학교에서 1년 과정으로 100학점을 취득하고 논문을 통과하면 기업보안관리에 대한 전문과정으로 석사학위를 취득하게 된다.

2) CSO 교육과정

(1) 프로그램의 개요[31)]

현대 조직이 직면한 보안리스크는 지금까지 경험했던 것보다 훨씬 증가하였으나, 아직 증가된 위협요인에 대하여 현실적인 인식부족으로 조직예산에 적절하게 반영하지 못하고 있다. 그러면 보안관리자나 보안최고책임자(C-suite)에게 기업에서의 현재 보안전략은 어떤 상황인가? 어떻게 보안에 대한 투자를 효과적으로 이끌어낼 것인가? 개별적인 조직에서 보안과 비즈니스 프로세스의 균형은 어떻게 이루어지는가?

이에 대하여 보안최고책임자를 위하여 세계적인 비즈니스 스쿨의 하나인 Wharton/ASIS 프로그램이 '보안업무의 효용성'이란 주제로 핵심적인 비즈니스에 관한 지식을 제공한다. 이 2주간의 인증과정은 세계최고의 Wharton's MBA 프로그램의 교수진에 의해서 진행된다. 이 프로그램에서는 경영과 전략적 관점을 확장하기 위한 비즈니스의 핵심개념을 포함하고, 비즈니스 감각과 경영상의 어려움을 극복하는 역량을 강화시킨다. 더불어 보안업무에 대한 결정의 최종적인 영향에 관한 의사소통과 조직의 다른 리더와 더 효과적으로 업무를 수행할 수 있도록 도움을 줄 것이다.

(2) Wharton 접근법: 교육을 통한 효과

이 프로그램은 미국 최고의 경영대학원 중의 하나인 와튼 스쿨(Wharton School) 교수진의 통찰력과 연구를 바탕으로 구성된 것으로, 토론의 주제와 사례는 CSO가 직면하고 있는 가장 핵심적인 문제에 중점을 두었다. 이 프로그램의 디자인은 ASIS의 산업분야 전문가와 Wharton 교수진의 긴밀한 협력의 결과로 이 프로그램은 개별 사업장의 업무에 바로 적용이 가능한 비즈니스 지식을 제공할 것이다.

---

31) Wharton/ASIS Program for Security Executives: Making the Business Case for Security는 미산업보안협회와 University of Pennsylvania(Wharton School)가 공동으로 진행하는 2주간의 최고보안관리자(CSO)를 대상으로 한 인증 프로그램이다. 더불어 ASIS는 IE Business School/ ASIS Effective Management for Security Professionals, AMU/ASIS Business Essentials for the Security Executive 프로그램을 제공하고 있다.

또한 이 프로그램의 디자인은 강의실에서 배운 아이디어를 현장에 직접 적용하는데 중점을 두었다. 1번째 주의 구성은 2번째 주와 약 1달간의 간격을 두고 구성되었으며, 이 기간 동안에 참가자들은 계속적으로 안전한 웹사이트를 통하여 다른 참가자나 교수진과 상호 교류를 한다. 이러한 과정은 참가자에게 테스트를 통하여 더 심층적인 학습을 가능하게 하고 2번째 주 강의에 참가하기 전에 현업에서 새로운 지식을 적용하도록 하기 위함이다.

이 프로그램을 마치게 되면 참가자는 다음과 같은 내용을 배우게 된다.

① 최고경영진(C-suite)과 조직전반에 보안에 관한 전략적 비즈니스 사례를 제시하는 것을 가능하게 하는 비즈니스 언어를 개발한다.

② 현재의 연구와 업무처리 규범에 기초한 재정, 마케팅, 관리와 전략과 같은 핵심적인 비즈니스 분야의 지식을 습득한다.

③ 운영과 재정적 결정이 어떻게 전략과 마케팅 결과에 영향을 미치는 가를 이해하게 된다.

④ 가치 지향적 의사결정법을 활용하여 다양한 관리적인 문제에 접근하는 기법을 학습한다.

⑤ 전략의 시행에 따라 조직문화에 어떠한 영향을 미치는가를 이해하게 된다.

⑥ 효과적으로 변화와 갈등을 관리하는 방법을 학습한다.

(3) 핵심 강의 주제

① 전략적 사고(전략적 체제, 생각하는 조직, 전략의 이행)

② 리더십(의사결정과 리더십)

③ 인사관리(전략적 관점, 인간의 영향력)

④ 협상기법(경영자 협상 워크숍)

⑤ 재정관리(재정과 전략과의 연관성, 업무수행의 재정적인 측정, 가치 지향적 의사결정)

⑥ 마케팅기초(시장의 세분화, 마케팅계획의 개발)

위와 같이 보안선진국에서는 보안요원과 보안관리자를 위한 교육프로그램은 물론이거니와 이제는 최고경영진(C-suite)으로서 CSO를 위한 보안프로그램의 운영도 상당히 보편적이며, 보안을 기업경영의 핵심 업무의 하나로 판단하고, 다양한 경영전략 측면에서 접근한 프로그램이 시행되고 있으나, 아쉽게도 한국의 보안정책이나 보안실무자를 양성하는 교육기관에서는 상기와 같은 현대 기업이나 조직의 생존에 필수적인 보안교육 프로그램을 제공하지 못하고 있다.

3) 대학(원) 교육과정

대학교육은 사회의 변화와 밀접한 관계를 가지고 발전·변화하여야 하며, 질적·양적으로 시대의 변화와 사회적 구조 특성에 영향을 받으므로 대학교육에서 교육과정의 중요성은 더욱 강조되어야 한다.

최근에 대학에서도 보안전문가의 사회적인 수요에 부응하기 위하여 보안교육 프로그램의 필요성을 인식하게 됨에 따라서 형사사법 분야에 속하는 경찰행정이나 IT보안 분야에 해당하는 정보보호와 관련된 전공분야와는 별도로 물리적 보안 업무 중의 하나인 경호업무에 집중된 보안교육 분야에서 다양한 학위 프로그램이 한국의 대학(교)에서 90년대 중반부터 시작되어 이제는 60여 개가 넘는 고등교육기관에 개설되어 있으나 각각이 매우 상이한 교육과정으로 운영되고 있다.

한편 보안선진국인 유럽이나 미국에서는 수많은 보안교육기관이 운영되고 있는데 이 중에서 가장 주목할 만한 사례로는 ASIS와 웹스터대학교가 합작하여 개발한 대학원 과정으로 미국에서나 외국에서도 온라인으로 수강이 가능하다. 미국 웹스터대학교와 ASIS 재단은 보안관리 분야에서의 관리자를 위해서 2가지의 대학원 프로그램을 운영하고 있다. 이 프로그램의 주요한 장점은 ASIS 회원들은 그들 업무를 계속하는 가운데 여기에서 요구하는 과정을 마칠 수 있다는 점이다.

ASIS 재단은 ASIS 회원들을 위한 가치 있는 전문성 개발의 기회로써 이 프로그램을 후원하며, 이 과정을 마친 학생들은 보안관리분야의 인문학석사(MA)나 보안관리를 전공으로 하는 경영학석사(MBA) 학위를 받는다. 여기에서는 보안관리를 전공으로 하거나 중점과정으로 한 과정은 보안관리, 보안관리에서의 법적·인종적 문제, 보안행정과 경영, 기업자산보호, 비상기획, 정보시스템보안, 행동과학 문제, 보안관리의 종합적인 연구를 반드시 포함해야 하고, 인문학 석사과정은 학기당 36시간이 필요하며 경영학 석사과정은 학기당 48시간이 필요하다.

(표 4-7) 미국의 교육과정을 보면 미국은 보안 전반에 관한 기초과정과 개별 산업 분야 전반에 관한 교과 과정이 개설되었다.

(표 4-7) 미국대학 보안교육과정

Department of Security, 전학년 교육과정(St. John's University)	
① 보안 개론(Introduction to Security) ② 비정상적 행동의 심리(Psychology of Abnormal Behavior) ③ 소매점 보안(Retail Security) ④ 시설보안(Effective Physical Security) ⑤ 위험성이 높은 순찰에서의 생존전략(Surviving High Risk Patrol) ⑥ 직장폭력(Work Place Violence) ⑦ 형사사법 개론(Introduction to Criminal Justice) ⑧ 전략적 생존전략(Survival Strategy) ⑨ 경찰의 통신기법(Police Communications) ⑩ 범죄수사 실무(Practical Criminal Investigation) ⑪ 보안요원 훈련(Protection Officer Training) ⑫ 아동 유괴(Child Abductions) ⑬ 병원 보안(Hospital Security) ⑭ 전문적 조사기법(Professional Investigation Techniques) ⑮ 심층연구(Deep Cover-DEA) ⑯ 주거지의 절도(Residential Burglary) ⑰ 경호 개론(Introduction to Executive Protection) ⑱ 폭동 통제(Riot Control)	① 컴퓨터보안(Computer Security) ② 산업보안(Industrial Security) ③ 화물보안(Cargo Security) ④ 학교보안(School Security) ⑤ 업무용 건물보안(Office Building Security) ⑥ 심문기법(Interrogation Techniques) ⑦ 테러에 대한 대응(Counteraction to Terrorism) ⑧ 호텔보안(Hotel Security) ⑨ 보안관리(Effective Security Management) ⑩ 교관 개발훈련(Instructor Development Training) ⑪ 민간보안업무에서의 형사소송법(Criminal Law Procedure for Private Security) ⑫ 캠퍼스 공공안전(Campus Public Safety and Security) ⑬ 테러리즘(Terrorism) ⑭ 소기업의 범죄예방(Small Business Crime Prevention) ⑮ 전자상거래보안(Security for e-Commerce) ⑯ 위기 시 협상기법(Crisis Negotiations)

산업보안선진국은 이미 30여 년 전부터 미국과 영국을 시작으로 대학원 교육과정에서의 보안교육은 주요한 매니지먼트 분야로 다루어지고 있으며, 오늘날 대부분의 경제선진국을 포함하여 우리나라와 경쟁하거나 밀접하게 관련된 호주, 싱가포르 등의 국가에서도 이미 다양한 산업보안관리 교육과정이 개설되어 전문가를 양성하고 있는데 반하여, 우리나라의 보안교육과정은 지엽적으로 방범 및 시설보안, 정보보호에 대한 교육과정에 국한되어 산업보안을 통합적으로 매니지먼트 분야로 다루는 과정은 미흡하다.

(표 4-8) 국가별 산업보안 MBA 교육과정의 비교

국 가	미 국	영 국	한 국
학 교	Webster University Security MBA	Cranfield University Security MBA	중앙대학교 일반대학원 융합보안학과 산업보안전공
커리큘럼	Security Management Legal and Ethical Issues in Security Security Administration and Management Business Assets Protection Business Intelligence Emergency Planning Information Systems Security Behavioral Issues Proprietary Information Investigation Management Integrated Studies in Security Management Terrorism and Extremist Activity	Corporate strategy Organization behaviour Security concepts and models Criminology and the law Corporate finance/project management Risk management Contingency planning /business continuity Retail and Commercial security Information security Security systems Counter-terrorism and national security Aviation and maritime security Investigations	〈공통과목〉 융합보안학 보안법률과 정책 보안컨설팅 보안관리체계 IT인프라 보안 보안디자인과 커뮤니케이션 연구조사방법론 〈전공과목〉 산업융합 보안세미나 공급망 보안 산업테러 및 기반시설 보안 산업보안 조사 및 분석 물리적 경호경비 보안 거버넌스 보안범죄 심리학 조직관리와 보안문화

위의 (표 4-8)은 산업보안 선진국인 미국과 영국의 산업보안을 전공으로 하는 MBA 혹은 경영대학원 산업보안 교육과정에서 운영 중인 프로그램과 한국의 산업보안 대학원과정을 비교한 것이다. 산업보안관리 MBA나 대학원 과정을 비교하

면, 미국과 영국의 산업보안과정이 일반적으로 경영전략과 같은 조직전체의 보안리스크를 효과적으로 다루기 위하여 교육 프로그램이 구성된 반면에 한국도 유사한 교육과정으로 구성되었으나, 세부적인 전공교육과정은 융합보안에 교육과정이 집중된 것을 알 수 있다.

산업보안 대학원 과정은 대학과정에서 보안관리, 형사사법, 정보관리, 범죄심리학과 사회학, 산업안전과 소방 분야의 전공을 바탕으로 대학원 과정에서 보안관리자로서 전문과정을 학습하는 것이 바람직하다. 현대 국가와 기업경쟁력을 제고하기 위해서는 전략적 사고를 가진 보안전문가의 양성이 필수적이므로, 예시로 대학원의 산업보안 교육과정에서 학습해야 하는 프로그램에 대하여 제시하였다.[32)]

〈필수과목〉

① 산업보안정책(Industrial Security Administration)
② 보안관리(Advanced Security Management)
③ 기업자산보호(Business Assets Protection)
④ 산업보안관련법(Legal Issues in Security Management)
⑤ 위험관리(Risk Management/Emergency Planning)
⑥ 시설보안(Effective Physical Security)
⑦ 정보시스템보안(Information Systems Security)
⑧ 범죄수사(Criminal Investigation)

〈선택과목〉

① 범죄학(Criminology/Behavioral Issues)
② 테러리즘(Terrorism and Extremist Activity)

교육이 인간행동의 특성을 계획적으로 변화시키는 과정이라면 교육과정은 인간행동 특성의 변화를 계획하는 것이다. 즉 교육목적을 달성하기 위하여 지도할

32) 상세한 내용은 최선태, 기업보안론, pp.401~417.

내용 혹은 학습활동이나 경험을 결정하는 일이다. 한국 보안 교육과정의 문제점은 산업보안 전반에 관한 교육과정의 개발은 요원하고 정보보안은 오직 기술적인 분야에 경도되어 분야별 편중성이 너무 높다는 것이다. 따라서 보안 교육과정이 현재와 같이 물리적 · 기술적인 편향성을 지양하고 미국에서 보안관리를 전공하는 학생은 인문학사와 석사과정에서는 경영학석사(MBA)를 수여하고 있듯이, 보안리스크관리 차원에서 매니지먼트 분야로 다루어져야 할 것이다.

또한 한국의 보안산업은 아직까지 시설경비업무를 다룬 물리적인 보호업무와 정보보호에 편중되어 발전하여 왔고, 관리적인 보안관리나 통합적인 접근은 최근에 관심을 가지게 되었으므로 이러한 보안산업 발전의 편향성이 교육과정에도 영향을 미치고 있으므로 보안산업의 발전과 교육과정의 발전은 동시에 추구되어야 한다. 따라서 이러한 보안산업의 편향성을 지양하고 사회와 기업에서 요구하는 보안 전문가를 양성하는 것이 대학 교육과정의 목표가 되어야 할 것이다. 이와 같은 전문성을 배양하기 위해서는 앞에서 열거된 전문화된 산업보안 업무의 수행할 수 있는 전문지식이 교육과정에 포함되어야 한다.

이미 선진국에서는 산업보안 교육과정이 산업손실예방, 위험관리과 위기관리, 정보보호와 분석, 테러리즘, 비상기획과 업무연속성 같은 전문적인 교육과정으로 구성되어 있으며, 보안관리자를 위한 강의와 세미나에는 환경디자인을 통한 범죄예방(CPTED), 재난과 비상기획, 폭발물 위협 관리방법, 보안부서의 운영에 따른 법률의 적용, 요인보호, 보안관리, 보안행정 등의 강의나 세미나가 다양하게 운영되고 있다.

3. 기업보안의 미래

기업이 국가경제에서 차지하는 비중이 증가할수록 기업과 국가안보의 상호간의 영향력은 계속적으로 증가할 것이다. 21세기 군사경제력에서 최강의 자리를 지키고 있는 미국의 정보기관들은 수집된 산업정보를 자국의 기업들에게 제공하여 자국기업의 경쟁우위를 확보·유지하는데 은밀히 조력하는 거래는 이미 오래전부터 알려진 사실이다. 이러한 거래는 정도의 차이일 뿐 선진국뿐만이 아니라 대부분의 국가에서의 오래된 관행이다. 이와 같이 국가 경제에서 기업이나 기업의 경쟁력이 차지하는 영향력은 계속 증가하고 있다. 오늘날에는 경쟁력 있는 세계적인 기업을 몇 개나 보유하고 있느냐가 선진국을 판단하는 기준이 되기도 한다. 또한 국가안보에 대한 국민들의 인식은 기업보안에도 유사하게 적용된다.

한반도는 지정학적으로 유라시아 대륙세력이 태평양으로 진출하기 위한 길목에 위치하고 역으로 해양세력이 대륙으로 진출하는 길목이기도 한다. 이와 같은 지정학적 상황이 대한민국 국가안보에 미치는 영향은 절대적이다. 제2차 세계대전 이후에 한반도에서 소련과 중국의 공산국가와 미국을 주축으로 한 민주주의 세력의 균형이 유지되어 왔으나, 상황의 변화에 따라 양대 세력의 균형추가 기울게 되면 한반도의 안정성은 언제나 흔들리게 될 개연성을 내포하고 있으므로, 대한민국은 숙명적으로 국가적 역량을 모아 어떤 경우에도 한반도가 다시는 강대국의 각축장이 되는 것을 방지하여야 하나 오랫동안 주변 강대국의 영향력으로 대한민국 스스로 통일을 이루지 못하는 분단 상황이 고착화되고 있다.

이미 군사경제력에서는 대한민국의 경쟁상대가 되지 않는 북한이지만 파괴적인 재래식 무기나 핵무기와 같은 비대칭적인 군사력의 증강과 정권유지를 위한 전략적 호전성을 견지하고 있는 북한정권의 불안전성은 우리의 국가안보와 산업자산보호·유지에 치명적인 위협요소이다. 무역자유화와 같은 복합적인 이유로 앞선 기업들의 생산시설들은 상당부분 국외에 위치하므로 이에 비례하여 잠재적인 한반도의 위기상황에서의 회복탄력성은 상당히 증가하였으나 대부분의 산업시설이 수도권에 집중되어 취약점에 노출되어 있고, 본질적으로 북한의 위협요소를 우리 스스로 통제하여야 하고 이러한 위협요소를 궁극적으로 제거하기 위하여 대한민국 스스로의 국가역량으로 한반도의 통일을 달성하여야 하나, 사회통합력 등 우리의 내부적인 통제력의 한계와 주변 열강의 통일된 한반도에 대한 손익계산이 장애물로 존재한다.

한국전쟁 이후에 미국과 중국은 자국의 이익을 위하여 한반도 분단 상황

(devide and rule)을 전쟁의 노획물을 관리하듯 적절하게 활용함으로써 대한민국의 독립적인 주권행사와 국가와 국민의 안전성 확보에서 중요한 장애물로 자리매김하고 있으며, 이들은 한반도의 분단 상황을 자국의 이익을 위하여 전략적으로 활용하거나 한반도의 통일과 역학관계에서 상수역할을 계속하려고 지원과 개입을 계속하고 있다.

한편, 기업의 위기관리 측면에서 지구촌의 세계화로 그 동안 국내에만 국한되었던 기업의 리스크 통제와 관리가 글로벌 혹은 외부적인 영향력에 좌우됨으로써 현대사회에서의 보안리스크가 기업에 미치는 영향력은 급증하였다. 보안은 기업의 현안으로 부상하였으며 몇몇의 기업에서는 상대적으로 다른 현안보다 우선권과 영향력이 큰 경우도 발생한다.

보안직능은 구체적인 위협요소에 대한 대응보다는 비즈니스 운영자에 의해서 진행되고 이러한 방법이 잘 작용하기 위하여 복잡하고 빠르게 변화하는 세계에서 비즈니스의 현실을 어떻게, 무엇을 반영할 것인가를 경영자의 시각에서 전략적으로 결정하여야 한다. 다음은 보안과 비즈니스의 긴밀한 협력에 필요한 6가지 특성이다.

① 보안부서의 기본적인 역할은 보안을 직접적으로 적용하거나 기업을 위한 보안이 아니라, 기업의 모든 비즈니스 분야에서 구성원의 매일의 행동과 의사결정에 보안기능이 반영되도록 구성원을 설득시킨다.

② 보안기능은 변화관리의 업무이며 규정의 엄격한 적용보다는 신뢰감 있는 사회적 네트워크를 통하여 영향력을 미치게 한다.

③ 보안은 리스크를 예방하기보다는 기업이 리스크를 수용하는데 도움을 주므로 새로운 비즈니스를 시작할 때 기업의 전면에 위치한다.

④ 보안은 책임의 분산과 시간의 흐름에 따라 변화의 중요성이 예견되는 새로운 비즈니스가 접해야 할 고려사항에 대응한다. 더불어 보안부서는 결코 정체되어 있거나 고정된 조직으로 있어서는 안 된다. 오늘날 기업보안 선진국들의 보안의 역할은 전통적인 보안의 역할보다는 전반적인 기업의 탄력성에 더 관심을 기울인다.

⑤ 보안직능은 전략과 운영활동 모두를 포함하므로, 보안부서는 반드시 이러한 두 가지 서로 다른 업무를 구분하여야 한다.

⑥ 보안부서의 힘과 정당성은 보안에 국한된 전문지식으로부터 나오는 것이 아니라, 비즈니스에 대한 통찰력, 구성원의 기능, 관리능력과 의사전달의 전문성에 좌우된다.

1) 보안의 활동철학

기업보안부서는 반드시 다음과 같은 방향을 지향하여야 한다.

① 보안업무를 통하여 기업 활동을 자유롭게 한다. 보안실무자는 그들의 권한과 정당성이 기밀성보다는 개방성과 투명성에서 기인한다는 것을 이해해야 하며, 기존의 '보안에 대한 사회적 통념'을 변화시키는데 노력해야 한다.

② 과거의 은밀하게 행해진 보안업무 수행기법의 관행을 벗어나야 한다. 보안실무자는 보안사건에 대하여 과잉되게 반응하지 않으며 더 많은 자원과 권한을 획득하기 위한 기회로서 이러한 상황을 활용하거나 자기 자신의 이익을 위해서 타인의 무지를 활용하려고 해서도 안 된다.

③ 비즈니스를 우선으로 하여 업무를 수행한다. 이러한 사고는 기업 지배구조와 같은 새로운 조직구성의 원리에서부터 해외 사업장의 운영과 같은 새로운 비즈니스 업무처리에 모두 적용된다.

④ 최상의 해결책만을 추구하지는 않는다. 절대적 보안이란 불가능한 것이므로, 절박한 경제적인 필요성이 발생한 상황에서도 최상의 해결책만을 고집하는 기업의 결정은 바람직하지 않다.

⑤ 좋은 인간관계를 구축한다. 보안부서만의 강력한 방벽 설치는 우군을 잃을 뿐만 아니라 결국 모든 조직에 손상을 미친다.

⑥ 의사전달의 중요성을 이해한다. 기업전반에 걸쳐 선명성을 얻고, 보안기능이 필요한 곳에서 핵심적인 의사결정에 영향력을 발휘하며 인식의 오류를 바로잡음으로써 보안서비스가 기업전반에 구현되도록 노력한다.

2) 그룹의 보안부서

그룹의 보안부서는 반드시 다음의 역할을 수행하여야 한다.

① 전통적인 보안업무의 한계를 넘어서 비즈니스 연속성, 기업평판의 관리, 리스크관리와 기업의 책임을 포함하여 전반적으로 보안업무 영역을 확장한다. 이러한 업무의 확장은 네트워크의 중요성과 변화관리 기법이 강조되어야 하고 기업전반을 관리하기 위한 부가적인 압력이 발생한다.

② 가능한 경영진과의 최단거리의 보고체제를 구축한다.

③ 기업전반의 기업보안의 핵심 조정자로서 행동한다.

④ 내·외부 비즈니스 환경변화에 민감하게 대응한다.

⑤ 전략적 계획, 비즈니스의 전략적 우선순위에 반한 부서활동의 평가지표, 다른 비즈니스 부서와 더욱 공식적인 연계를 위한 활동과 같이 보안과 비즈니스의 긴밀한 협력관계를 구축하기 위하여 지속적으로 더 많은 노력과 활동이 필요하다는 것을 이해한다.

3) 보안책임자

보안책임자는 다음의 역량과 업무를 수행하여야 한다.

① 보안책임자는 효율적인 리더로서 기업의 최고경영진에게는 신뢰할 수 있는 동료로, 보안부서에서는 민주적·개방적 유형의 리더십을 가지고 부서를 이끈다.

② 해당 기업에서 경영진의 위치를 차지한다.

③ 이사회나 최고경영진과의 정기적인 모임을 가지며 경영진의 보안인식을 향상시키기 위하여 핵심적인 시간을 투자한다.

④ 전술적 수준보다는 전략적 업무를 중시하고, 보안직능에서 구체적인 내용물에 의한 유도보다는 전반적인 제안에 의하여 유도한다.

⑤ 기업의 비즈니스, 관리와 의사전달 경험이 보안책임자의 경험보다도 중요하다는 관점을 가져야 하며 환경변화에 민감해야 한다.

⑥ 기업전반에 걸쳐 보안부서와 보안실무자 사이의 관계를 촉진시키고 더불어 보안팀은 다음과 같은 업무를 반드시 수행하여야 한다.
하나, 성별, 연령, 민족, 리더십 유형과 핵심역량의 가치를 다양화한다.
둘, 환경변화에 민감하고 비즈니스의 기능을 중요하게 여긴다.
셋, 변화하는 환경에 부응하기 위해서는 더 많은 시간과 재원을 투자해야 한다는 것에 대한 이해를 바탕으로 개인의 발전, 보안전문가를 양성하기 위한 고속성장 설계, 순환근무와 역량개발에 투자한다.

4) 조직구조

기업보안부서는 다음과 같은 다양한 방법을 통하여 반드시 비즈니스 통합을 수행하고 성취한다.

① 핵심적인 위원회와 활동 중인 그룹에 참석하여 다른 비즈니스 분야와 연계되거나 최고경영진에 영향력을 미치게 한다.
② 프로젝트관리와 협력공정에서 긴밀하게 협력관계를 유지한다.
③ '구조적 계층'의 중요성을 이해하고 다양한 보고체제를 개발한다.
④ 그룹차원에서 개별적인 비즈니스 부서로 보안업무에 관한 책임과 권한을 가능한 많이 위임한다.
⑤ 지역 사업장에 가치를 부여하지만 혁신적인 대응책의 개발이나 올바른 수행이 정착하기까지 상당한 어려움이 있다는 것을 인식해야 한다.
⑥ 가급적 중앙에는 작은 예산을 유지하고, 비즈니스 부서로 예산을 분산시키도록 한다.

부 록

CSO 지침
조직탄력성 표준지침
위기관리 지침
위기관리 체크리스트
시설보안 체크리스트

CSO 지침

1) 적용범주

CSO(Chief Security Officer) 지침은 민간과 공공분야 모두에 적용되며, CSO 지침의 효과적인 활용을 위해서는 국내 · 외 모든 부분에서 효과적으로 자산을 보호하기 위하여 계속적으로 증가 · 변화하는 조직의 리스크를 반드시 재평가하고 대응하여야 한다.[1)]

2) CSO 지침의 요약

CSO 지침은 위협요건의 변화에 대한 적절한 인식, 예방, 준비, 그리고 대응하기 위하여 특징 지워진 보안체제를 판단하여 조직에 제공하는 도구로써 디자인되었다. 이 지침의 구체적인 고려와 대응에도 불구하고 조직의 높은 단계에서 적용되는 체제에 대한 지침이며, 또한 구체적인 리스크 평가와 요구사항을 토대로 개별적인 조직에 대한 고려에 중점을 두었다.

3) 목 적

ASIS International은 조직의 성공과 생존능력에 기여하고, 포괄적이고 통합된 보안리스크 전략을 제공하며, 리더십 기능의 개발에 활용하고자 다양한 조직을 위한 모델로써 CSO 지침을 개발하였다.

4) 개 관

오늘날 비즈니스 리스크 환경은 국내 · 외적으로 더욱 심각하고, 복잡성과 상호의존성이 증가하고 있다. 이러한 경영환경에서의 효과적인 경영은 비즈니스의 기

1) ASIS International

본적인 요구사항이 되었다. 기업의 이사회, 주주, 핵심 관계자와 공공기관은 정확하게 조직의 미래에 영향을 미치는 리스크의 영역을 규정하거나 예상하여야 한다. 또한 이러한 리스크를 완화시키거나 감소시키기 위하여 모든 직능에 걸쳐 응집력 있는 전략을 적시에 구축하여야 한다. 더불어 경영진은 조직의 자산에 위협을 주는 다양한 이벤트와 사건에 가장 효과적인 방법으로 대응하기를 기대한다. 손실에 대한 리스크에 적극적으로 대응하는 것이 궁극적으로 수익성에 긍정적인 영향을 미쳐야 하고, 리스크관리는 최고 경영진과 조직이사회의 지배체제의 책임이다.

조직의 능동적인 보호활동을 위해서는 보호기술과 역량이 필수적이라는 것이 이 지침의 주제이며, 현대의 위협적인 경영환경에서 눈에 띄게 효과적으로 대응하는 것이 과거와 비교되는 핵심적인 요소이다. 이를 위한 조직의 최상위 계층에서의 효과적인 리더십과 이와 관련된 보안직능은 절대적인 요소이다. 조직의 평판, 기술적인 인프라의 중단 없는 신뢰성과 정상적인 비즈니스 공정, 시설과 재무자산의 보호, 구성원의 안전보장, 주주의 신뢰는 모두 책임 있는 최고보안책임자의 효율성에 상당히 좌우된다.

전통적으로 조직전반의 보호전략을 정교하게 구성하고, 조직 전체에 영향을 미치며, 방향을 제시하는 책임을 지는 최상위 지배체제에서 CSO와 같은 단일한 직위는 거의 존재하지 않았다. 더불어 대부분의 조직에서의 보안리스크에 대한 책임소재(accountability)는 아마도 잠재적인 갈등의 소지가 있는 서로 다른 목표를 가진 부서의 몇몇 관리자에게 산재되어 있었다.

그러나 오늘날 리스크의 다양성은 서로 연관된 위협요소, 취약성과 영향력에 의한 복잡한 매트릭스에서 기인하므로, 여기에 대한 대응책도 반드시 상호 의존적이어야 한다. 비즈니스 전략에 대한 영향력과 내부적인 리스크 노출문제를 다루기 위하여 조직에서 적절한 직위에 CSO가 위치하여야 한다. 이러한 단일한 경영진의 직능을 통하여 수직적인 부서구조에서 존재할 수 있는 중복성과 편협한 이익을 제거하고 조직의 재구성을 통한 현재의 노력을 집중함으로써 조직의 목표를 성취한다.

5) 보고라인의 관계

CSO직위에서 적절한 보고라인의 관계에 대한 판단은 현재의 조직구조의 평가에 의해서 설정된다. CSO의 보고체제는 조직의 최고경영진에 직접적으로 보고되어야 이사회나 운영위원회와 강력한 연계성이 유지되므로 강력하게 권고되어야 한다. 계급체제에서의 CSO의 상대적 위상은 최고경영진의 약속과 지원뿐만 아니라 궁극적으로 보안프로그램의 정당성을 부여하는 것을 의미한다.

6) 모델 직능

다음의 CSO 직능모델 프로파일은 조직의 보호프로그램의 업무영역을 펼쳐놓은 것으로 조직 내에서의 직능적 책임영역, 핵심공정, 업무 구성요소에 대한 논의를 포함한다. 엄격한 의미에서의 '오너십'은 필수적, 전략적 책무와 효과적인 영향력을 미치지 못하는 반면에, 리더십은 보안위원회의 형태 또는 모든 보안직능에서의 실제적인 관리적 그리고 예산상의 책무를 동반한다. 조직 내 직무에서의 문화와 비즈니스 모델은 최상의 해결 방법을 수립하기 위한 판단을 모색하는 지침이 될 것이다. 그러므로 보호목적을 위한 조직의 비전과 표현의 개념은 이 지침의 핵심적인 요소이다.

주요한 조직모델과 협력하기 위하여 많은 다양한 접근법이 시도되어야 한다는 것을 인정하여야 한다. 조직모델의 시행촉진과 이해를 증진하기 위한 도움이 되기 위하여 이 지침에서는 모델 직위에 대한 구체적인 기술을 제시하였고, 추가적인 보안 지배체제의 관련모델을 첨부하여 '차세대 보안리더십'에서 언급하였다.

(1) CSO 직능의 모델 프로파일

◆ 보안리스크의 분류

① 인적 자원과 지적 자산

② 기업윤리와 평판

③ 금융자산
④ 정보기술 시스템
⑤ 물류, 분배와 유통망
⑥ 법률, 규정과 법무조직
⑦ 시설과 사업장
⑧ 환경, 건강과 안전(safety)[2)]

◆ 잠재적 공정과 서비스

① 글로벌 보안정책과 절차의 관리
② 기술과 인프라의 보호
③ 정보리스크 관리
④ 비즈니스 연속성, 위기관리와 대응
⑤ 구성원 리스크인식
⑥ 조사와 포렌식 서비스
⑦ 안전과 안전한 사업장 운용
⑧ 맞춤형 비즈니스공정의 보호
⑨ 보험과 리스크 전가
⑩ 리스크 평가와 분석, 시험
⑪ 요인보호
⑫ 인수기업의 배경에 대한 실사와 조사
⑬ 비즈니스 수행과 보안규정의 이행확인
⑭ 외부조직과 정부의 관계협력
⑮ 비즈니스 정보와 대정보활동의 지원

2) 지금까지 일반적으로 환경, 보건과 산업안전은 보안업무영역 밖의 기능으로 분류되어 왔으나, 기업에서의 매우 중요한 리스크 문제이므로 오늘날 많은 기업에서는 EH&S와 보안기능을 통합하여 관리하는 추세이다.

(2) CSO의 주요한 기술과 능력

CSO의 주요한 역할을 수행하기 위하여 필요한 7가지 기능이다.

① 관계 관리자: 비즈니스부서 리더, 정부 관리나 전문조직과의 신뢰를 바탕으로 한 관계를 개발, 영향력과 긴밀성을 유지하는 업무를 수행하고, 모든 조직의 구성원들에게 고객으로서 자문역을 수행한다.

② 실행관리자 그리고 리더십: 조직문화에 기여하기 위하여 전문조직을 구성하고 동기를 부여하며 리드한다. 더불어 기업의 필요성에 대응하고 청렴성과 뛰어난 업무수행력을 과시한다.

③ 주제 전문가: 리스크에 대한 가장 적절한 전문적인 지식을 제공하고 핵심적인 보안서비스에 가장 비용편익적인 기법을 적용한다.

④ 지배구조팀 구성원: 조직의 지배구조팀을 역동적으로 지원하고 지적인 리더십을 제공함으로써 최고경영진과 위원회에 리스크를 명확하게 파악하도록 보장한다.

⑤ 리스크 관리자: 조직의 비즈니스나 보안과 관련된 리스크에 대한 규명, 분석 그리고 구성원과 소통한다.

⑥ 전략가: 조직의 주주와 협력하고 발생 가능한 리스크에 대한 글로벌 보안전략을 개발한다.

⑦ 창의적 문제해결사: 조직의 비즈니스 과정에서의 리스크를 완화시키는 업무에 참여함으로써 부가가치와 경쟁력을 배가하고, 조직보호의 대표자로서 적극적인 변화의 주도자가 된다.

7) 핵심 책임과 책임소재

CSO는 조직의 지배구조 체제에서 상위 파트너(full partner)이다. 다양한 리스크 영역에 대한 포괄적인 평가가 실시되는 경우에 구체적으로 보안직능에 대한 역할의 필요성을 지원하고, 임원들에게 책무를 할당하는 것은 중복되는 업무를 줄이고 통합된 보안전략을 확실하게 할 것이다.

핵심적인 책임감은 고객 집단 간의 효과적인 업무관계에 대한 관리를 의미한다. CSO 지침은 리스크 평가, 정책을 제공하고, 인프라를 보강하기 위하여 적절한 조직의 보안직능이 개별적인 운영부서의 관리자들에게 비즈니스를 보호하기 위한 최일선 책무를 부과하도록 권고한다.

이 모델은 최고경영진에게 정책의 시행하는 과정에서 직계라인의 비즈니스를 리드하고 용이하게 하는 역할을 수행하면서 시기적절한 방법으로 리스크를 감지하고 보고하게 한다. 효과적인 비즈니스 공정의 촉매자로서 현직에서의 창조적인 문제해결사가 되어야 하고, 비즈니스 공정을 효과적이고 생산적인 방법과 상식적인 통제로 조화시키는 지도자여야 한다.

또한 현직자는 자신의 위치에서 해당 주제에 대한 전문성을 갖추어야 한다. 보안 프로그램에 대한 다방면에 걸친 리더십에는 보안직능에 대한 전반적인 지식이 요구되나, 비즈니스, 지배체제 직능 또는 보안업무에서 몇 가지 요소에 대한 배경을 바탕으로 하는 경우가 일반적이다. 통합된 전략을 정교하게 만들기 위한 팀의 신뢰성과 비전은 다양한 보안업무를 이해하고, 가치를 부여하며, 논리 정연한 지식을 가진 CSO의 능력에 좌우된다.

(1) CSO의 핵심적인 성공요인

① 실질적이고 창의적인 보안관리 해결책을 통한 경쟁우위를 유지할 수 있는 역량의 유지한다.

② 조직의 내·외부의 압력에 대응하여 원칙을 유지할 수 있는 청렴성과 능력을 과시한다.

③ 상황에 대한 고도의 분석기법, 관리경험, 경영진과의 좋은 관계를 유지할 수 있는 특별한 친화력을 갖춘다.

④ 전략적 기획을 통한 정성적인 경험과 경영진으로서 정책을 개발한다.

⑤ 조직방침에서 내·외부 트렌드의 중요성과 환경의 변화에 신속하게 적응하고, 상황을 평가하여 조직에 도움, 예측, 영향력을 미치는 역량을 갖춘다.

⑥ 혁신적이고, 비즈니스 지향적인 대응책으로 권고된 행동방향에 대한 의사소

통의 효율성을 배가한다.

⑦ 최고에 대한 열정과 성공적인 구성원의 능력개발에 선도적인 역할을 한다.

(2) 전략의 개발

CSO의 핵심적인 책임은 전략을 개발하고 적용하는 것이며, 이러한 과정을 통하여 보안에 대하여 본질적으로 이해하는 공정과 재난의 개연성, 중요한 보안리스크 사건을 실증을 통하여 보여주는 것이다. 따라서 전략의 개요에는 조직 전체를 아우르는 최신의 보안프로그램과 프로세스를 교육하기 위하여 최신기법의 인식, 훈련, 연습과 방법론을 포함하고 반드시 원치 않는 사건에 대비하거나 예방하기 위한 상세한 계획이 언급되어야 한다. 또한 전략에는 어떠한 보안과 관련된 공격 또는 재난의 발생으로부터 비즈니스 연속성을 유지하기 위한 대응책이 포함되어야 한다. CSO는 반드시 이러한 전략, 비용 그리고 조직에 미칠 수 있는 최고수준의 관련 영향력에 대하여 이사회와 운영위원회에 명확하게 설득시킬 수 있는 능력을 보유하여야 한다.

(3) 정보의 수집과 리스크의 평가

CSO는 보안과 관련된 사고에 관한 광범위한 영역에서의 전개과정, 조직의 수익성과 평판, 그리고 구성원의 보안과 안전에 악영향을 미치는 다양한 운영, 조직과 관련된 구체적인 정보를 수집·평가하기 위한 책임과 의무를 가진다. 더불어 CSO는 반드시 보안과 관련된 사건이 발생할 개연성에 대하여 논리적으로 판단하여야 하며, 건전한 비즈니스 결정 그리고 내부통제와 연계하여 적절한 예방전략을 개발한다. 이러한 평가와 예방 전략을 전개하는데 필요한 정보는 조직의 기록물, 정부와 법집행기관, 미디어 조직, 다양하게 존재하는 보안조직의 정보를 포함하여 다양한 분야에서 수집된다.

CSO는 기업정보의 중요성을 이해하고 접근이 가능한 다양한 정보원으로부터 수집된 산재되어 있는 정보조각을 서로 연관된 분야 별로 구분하고 통합할 수 있는 정보 분석력이 요구된다. CSO는 이러한 정보수집과 평가과정에 도움이 되는 사람들의 기능과 기술적인 조력에 대한 지식에 능숙하여 명확하게 이해하여야 하고, 더불어 개념적 그리고 중대 상황에서 리스크의 우선순위를 판단할 수 있는 사고력과 이에 대응하여 조직 전반에 걸쳐 적절한 예방 전략을 개발할 수 있는 능력을 보유하고 있어야 한다.

(4) 조직의 준비상황

CSO는 기업이 공격가능성, 재난사고, 대규모 부정행위, 제품의 손괴 등과 같은 주요한 보안사고에 대비하는 것을 보장하기 위한 책임과 의무를 진다. 이러한 과정에는 정책개발과 훈련계획, 프로그램, 연습에 대한 관리를 포함한다. 공격이나 사고가 발생할 경우에 대비한 조직의 준비상황에 대한 정기적인 검토와 평가 프로세스가 CSO의 핵심적인 책무이다.

(5) 사고의 예방

CSO 또 다른 핵심적인 책임은 정보를 분석하고 재난상황과 공격을 예방하거나 사전에 알리기 위하여 조직 내·외부의 사람들의 활동을 조정하는 역할을 한다. 이러한 역할의 중요성은 상황전개의 불확실성 때문에 상당한 고통스런 상황을 감내해야 하는 환경과 보안리스크 프로그램과 프로젝트를 완수하기 위하여 상당한 정치적인 수완이 요구되기 때문에, 빠른 상황전개가 진행되는 매트릭스 경영환경에서 독립적으로 성공적인 운영을 진행하는 역량을 요구한다는 것이다.

또한 CSO는 반드시 비즈니스 환경에서 적용되는 보안리스크의 본질에 대한 정확한 이해와 규정할 수 있는 능력과 이러한 리스크를 완화시키기 위한 적절한 재정적, 관리적 통제의 적용에 대한 이해가 필요하다. 이러한 과정에서는 또한 CSO는 리스크관리, 내부감사, 통제관, 외부적인 제원, 법무, 인적 자원 부서의 지원을 적극적으로 활용하기 위한 시기와 방법에 대한 이해를 요구하며, 비즈니스와 관련된 다양한 리스크를 완화시키는데 여러 구성원들의 직능을 최대한 활용하여야 한다.

(6) 핵심자산의 보호

기업의 일관성, 구성원, 공정의 보호와 불이익과 손실로부터 자산을 보호하는 업무 또한 CSO의 핵심적인 책임이다. 현금, 시설물과 장비와 같은 기업의 금융자산과 시설자산을 보호하는 것도 중요하지만, 더불어 지적 자산, 영업비밀, 기업평판과 같은 손에 잡이지 않는 무형자산에 대한 잠재적인 리스크에 대한 대응책을 수립하는 것이 현대기업에서는 특히 중요하다. 더불어 조직은 경영진, 이사, 임직원, 고객 그리고 조직과 관련된 사람들의 신변안전에 대하여 보호하여야 할 의무가 있다.

(7) 사고의 대응절차

재난이나 공격이 발생할 경우에 CSO는 조직에서의 핵심시스템을 복구하고 조직의 직능을 수행하는데 필요한 시설을 제공하기 위한 행동을 조정하는 책임을 진다.

CSO는 적절한 의료, 금융과 정서적인 지원이 임직원, 고객, 조직의 공격이나 재난상황에 관련된 사람들에게 제공되는 것을 보장하기 위한 내·외부의 재원을 조정하여야 한다. 또한 CSO는 지역공동체, 국가, 국제기구의 협력이 필요한 경우에 조정하는 역할을 수행한다.

(8) 협력관계의 구축

CSO는 반드시 투자자와 관계, 공공기관의 업무, 금융, 인적 자원, 운영과 정부와의 관계에서 긴밀한 조정역할을 수행하는 책임이 있다. 따라서 CSO는 조직의 보안리스크와 관련된 사항에 대하여 미디어와의 인터뷰를 수행하고 정부규제기관이 조직과 관련된 규정을 시행하기 전에 참가하여 조직의 의사를 정확하게 전달하는 역할을 수행한다.

8) CSO의 핵심적인 임무

일반적으로 CSO가 반드시 지향해야 할 진로는 세부적인 보안에 대한 기법보다는 전략적인 사고를 필요로 한다. 더불어 CSO는 반드시 비즈니스와 대인관계 기법에 대하여 능숙하여야 한다. CSO 직위는 고도로 뛰어난 감정적 성숙성을 요구하는 자리이며 윤리적으로 판단하기 어렵거나 위기상황에 대한 적절한 해결책을 유연하게 제시하고 돌파해 나가는 능력이 필요하다. 또한 경영진과 이사회 구성원에게 보안주도권에 대한 가치주장을 설득력 있게 제안, 분석, 이해하도록 하는 능력이 CSO 직위에 핵심적으로 필요하다.

현대조직에서의 CSO는 조직내부의 관련 업무의 전문가 또는 외부 자문을 통하여 다양하게 활용이 가능한 기술적인 보안기법보다는 전체적인 전략의 수립, 비즈니스, 대인관계 능력이 더 중요할 것이다. 따라서 CSO의 대화나 문서를 통한 명확한 의사전달 능력은 매우 중요한 능력이 될 것이다. 경영진이나 이사회 구성원과의 원활한 교류를 통하여 편안한 상황에서의 제안과 질문을 할 수 있도록 하고 제안사항과 권고사항에 대한 의의 제기를 자연스럽게 할 수 있는 분위기를 조성한다.

CSO는 위에 언급한 다양하고도 중요한 업무를 수행하기 위하여 다음과 같은 능력과 기술을 필요로 한다.

① 경영진과 이사회 그리고 운영위원회와의 원활한 의사소통과 관계를 유지한다.

② 조직의 비즈니스의 목적과 전략적인 지침에 대한 명확한 이해를 바탕으로 조직의 목적과 보안업무의 필요성을 어떻게 조화시킬 것인가를 판단한다. 이것은 글로벌 비즈니스와 개별적인 비즈니스 보안프로그램에 대한 비전을 확립하는 능력과 보안프로그램의 적용과 계속적인 발전을 위한 지원을 유지하는 능력을 의미한다.

③ 경제적, 지정학적, 조직의 디자인과 기술의 영역에서의 변화의 영향력, 그리고 이러한 요인들이 어떻게 조직과 관련된 잠재적인 위협과 위험을 미치는가에 대하여 이해·평가한다.

④ 조직의 위험과 위협에 대한 평가에서 전통적인 방법과 선도적인 시나리오 계획기법의 사용을 조화롭게 촉진한다.
⑤ 조직전체를 통하여 핵심요인과 어떻게 성공적으로 업무관계를 개발하고 정보를 교환할 것인가를 이해한다.
⑥ 조직문화에서 내 · 외부 정보원과의 교류를 통한 조직체의 학습과 지식을 증진한다.
⑦ 정치적 상황에 의해서 고무되지는 않으나 정치적 상황에 대하여 기민하게 대응한다.
⑧ 금융, 임직원 또는 고객의 어떠한 계획이나 권고의 의미에 대한 평가의 필요성을 현실적으로 이해한다.
⑨ 계획과 자금지출에 관한 경영진의 핵심적인 구성원으로서 기능을 수행한다.
⑩ 조직의 문화와 비즈니스에 적합한 보안의식을 조직전체에 조성시킨다.

이상적인 CSO의 모습은 다음과 같은 개성을 유지하는 것이 필요하다.
① 필요시 전술적으로 행동하는 역량을 가진 전략적인 지침
② 매트릭스 관리환경에서 성공적으로 증명된 기법
③ 개념적이며 뛰어난 비판적 사고기법
④ 높은 도덕성과 청렴성
⑤ 정서적인 안정성
⑥ 뛰어난 협상가/촉진자/여론 수립자
⑦ 공정관리원리에 관한 완벽한 이해
⑧ 조직의 모든 직급의 사람과의 교류할 수 있는 역량과 부서나 조직경영에 관한 이슈에 관한 민감도
⑨ 변화를 적극적으로 선도하는 사람
⑩ 글로벌한 시각, 다문화에 대한 이해와 접근
⑪ 필요시 세부사항에 확실한 집중력

9) 경 험

CSO의 업무를 수행하는데 과거 업무경험의 기여 정도는 조직에서의 미래의 성공요인을 결정하거나 평가하는 핵심적인 요소이다. 그러나 실질적인 성과는 업무를 통하여 증명되는 경험이 핵심적이다.

광범위하고 잠재적으로 다양한 기량, 교육과 경험은 해당 직위가 필요로 하는 조직의 분석에 따라 다르다. CSO는 경영진으로 높은 신뢰성을 인정받을 수 있도록 현직에서 신속하게 변화에 적응할 수 있어야 한다. 조직의 시장 장악력과 업무범위에 대하여 국제적인 경험이 필요하고, 더 많은 부가가치를 창출하기 위해서는 한 가지 이상의 외국어에 대하여 능숙하여야 한다.

현재의 CSO는 반드시 과거 자신의 경험의 장점을 조직에 성공적으로 접목시켜야 미래의 어려움에 적절하게 대응할 수 있을 것이다. 오늘날 바람직한 CSO 후보자는 팀 플레이어이자 비즈니스 파트너로서 협력적인 가치관과 증명된 성과물을 겸비한 경험이 많은 관리자가 되어야 한다.

10) 교 육

CSO는 최고경영진에 속하는 직위이다. 그러므로 다른 동료들과 비교하여 교육과 경험에서 상당한 정도의 기대치를 가지고 있다. 대학원 정도의 학위는 모든 산업분야에서 상당히 가치 있고 비즈니스의 관계를 대표하며, 많은 기업에서 CSO의 자격을 강화시키는데 도움을 주는 것 같다. 법학, 경영학, 회계와 금융, 보안관리, 정보시스템관리, 형사사법 또한 CSO를 대표하는 학위로서 고려된다.

정보보안이 강조됨에 따라 컴퓨터공학이나 관련분야의 학위가 많은 산업분야에서 가치를 높여가고 있다. 직업 관련성과 학위의 장점은 반드시 조직문화에 반영하여 균형을 유지하여야 한다. 일반적으로, 학위의 특성, 경험의 유형, 다른 직접적으로 관련된 성취결과는 CSO를 채용하려고 하는 조직의 신뢰도를 제고하는데 도움이 될 것이다.

11) 급 여

CSO 직위에서의 급여에 대한 편차는 너무 크고, 주요 비즈니스에서의 급여지급에 대한 관행은 여기에서 기술하는 것과 같이 상당히 독특하다. 이 분야에서의 상당한 경험을 가진 채용담당자가 높은 신뢰도를 가진 연간급여분석을 근거로 고도로 효과적인 보안프로그램의 가치와 유사한 조직을 벤치마킹한 의견을 참조하였다. 전체적으로 CSO 기본급, 보너스, 각종 수당 등 근로의 대가로 받은 모든 혜택은 동일한 위치에 있는 다른 조직의 경영진 수준과 비교되어야 한다. 참고로, 여기에 글로벌 최고보안책임자의 급여에 대한 연구결과인 2007년 Foushee Group Salary Study의 결과를 첨부하였다.

(CSO 급여에 대한 내용요약)

급여분류	조직	재직자	평균	10%	25%	중간	75%	90%
기본급	54	54	241,117	205,290	214,075	237,750	260,489	289,990
보너스지급	54	54	241,117	205,290	214,075	237,750	260,489	289,990
보너스 액수	48	48	91,197	19,252	58,125	82,543	104,841	150,242
보너스 비율	46	46	36	25	30	35	40	48
총 급여	544	54	322,181	225,471	253,625	307,607	391,373	418,352

▶ 조직의 모든 네트워크와 I/S 시스템에 대한 안전성을 보장하는 책임을 지고 있는가?(그렇다-26%, 아니다-74%)

▶ 조직에서의 직위와 자격이 부합하는가?(미달한다-13%, 매우 근접한다-72%, 초과한다-2%)

▶ 스톡옵션 자격은 있는가?(있다-72%, 없다-28%)

12) 글로벌 보안책임자[3)]

(1) 업무 영역

글로벌 기업의 CSO 직위는 직접적으로 자신의 직무에 대한 책임을 지는 조직에서 최고경영진에 속하는 보안업무의 최상위 직위이다. 기본적으로 CSO는 조직의 글로벌 보안프로그램을 개발하고 지시하는 책무를 진다.

CSO는 조직의 리스크를 감소시키며, 사고에 대응하고, 금융, 시설, 네트워크/정보기술, 개인위험과 같은 모든 영역에서 임직원의 법적책임에 대한 노출을 제한하기 위하여 국내·외의 임직원에게 조직 전반에 걸친 보안 프로세스를 규정, 개발, 시행, 유지하는 업무를 수행한다.

하부 관리자를 통하여 인력과 장비를 최대한 활용하고 운영, 요인보호, 관리자, 임직원의 안전을 보장하기 위한 활동, 시설과 정보자산의 보호, 사업장 보안의 조정과 시행을 진행한다. 더불어 범죄로 인한 금융손실, 위조, 구성원에 대한 범죄, 사보타지, 위협, 위기상황, 불법행위, 자산과 환경적인 범죄에 대응하는 서비스를 개발하고 제공한다.

조직자산을 보호하고 신·구형의 IT시스템의 보안취약점을 보강하기 위하여 최신의 기술적인 해결책과 혁신적인 보안관리를 유지하기 위한 책임을 다하여야 한다.

해당 기업의 상황에 따라 기업의 운영되는 비즈니스 부서의 모든 네트워크와 정보시스템 환경의 안전을 보장하는 책임을 질 수도 있다. 그러므로 네트워크/IS 기술적인 보안체계, 네트워크와 시스템 디자인, 시스템 해킹과 바이러스로부터 보호하기 위한 시스템과 프로그램의 적용과 관리에 대한 책임을 진다. 조직 내부에서의 바이러스의 확산과 남용을 방지하기 위한 침입감지시스템(IDS)의 개발과 적용을 시행한다.

정부규정과 규제 그리고 법률, 제품의 수출입에 요구되는 보안 요구사항과 관련된 조약에 순응하기 위한 글로벌 정책과 표준을 개발한다. 해당 국가의 보안기관과 국제보안기구, 정보기관, 전 세계적인 민간분야의 보안기관을 포함하여 고

---

3) 2007 Foushee Group, Ic.

위급 규제기관과 국제기구의 담당자와의 협력관계를 유지한다. 마지막으로 경영진에게 보안 이슈에 대한 상황에 대하여 조언·설명한다.

(2) 자격 지침

CSO 업무와 관련된 학문분야의 대학원 학위나 동등하게 국제적으로 인정된 자격과 대기업에서의 20년 이상의 경험이나 법집행기관, 정보기관, 또는 민간분야의 보안조직에서의 경험이 필요하다. 또는 학사학위나 동등하게 국제적으로 인정한 자격과 25년 이상의 대기업에서의 경험이나 법집행기관, 정보기관, 민간조직에서의 경험이 요구된다. 국제적인 보안분야에서의 경험이나 보안업무와 관련된 자격증은 선호된다.

13) 모델 직위의 특성

CSO의 목적은 경영진으로서 조직의 보안전략과 프로그램의 규정, 개발, 시행과 관리의 모든 책임을 수행한다. 이러한 업무를 수행하는데 핵심적인 책임은 다음과 같다.

경영진과의 협력을 통하여, 위험을 경감하고 관리하며, 조직운영의 연속성을 유지하며, 조직의 보호대책에 대한 효과적인 전략개발을 개발하고 지시한다.

조직전반에 걸쳐 위험을 감소시키고, 사고에 대응하며, 정보, 금융, 물리적, 인적, 그리고 평판에 관한 위험에 대한 책임과 손실가능성을 제한하기 위하여 보안공정, 실행, 정책의 규정과 개발, 적용 그리고 유지하기 위한 국내·외 임직원을 감독한다.

지적재산을 포함한 조직의 모든 자산을 보호하기 위하여 창의적인 보안관리기법과 최신의 기술적인 해결책을 연구하고 적용한다. 이에 대한 적절한 기준을 확립하고 관련된 위험을 통제한다.

국내·외 법집행기관의 상급관리자들, 국내·외 보안기관과 정보기관, 민간부문의 동료들과의 유기적인 관계를 유지한다.

인력과 장비의 최적의 사용을 보장하고 물리적 자산과 정보자산, 경영진과 관리자, 임직원과 고객, 주주와 방문객들의 안전을 보장하기 위해서 부서 관리자를 통하여 사업장 보안관리, 운영, 활동을 조정하고 적용한다.

CSO는 다음의 핵심적인 기능과 역량을 보유하여야 한다.

① 조직 내부의 경영진과 전문 구성원에게 지침을 적용할 수 있는 리더십

② 다양한 기업 활동과 규제기관에 의해 부과된 종종 갈등을 야기하는 규정에 대한 조직의 분위기에서 합의를 도출하는 능력

③ 보안 이슈에 대한 상황에 대한 경영진과 지배체제위원회에 대한 간략한 보고를 포함하여, 조직의 모든 직급의 구성원과 효과적으로 의사소통을 할 수 있는 능력

④ 보안 이슈의 민감성과 영향력을 이해할 수 있는 감정적인 성숙성

CSO의 대체적인 자격조건으로 다음과 같은 사항이 권고된다.

① 최소한 3~5년의 중요한 리더십 역할을 수행한 경험이 필요하다. 이러한 경험을 통하여 직능비용과 비용예산을 관리하고 운영할 수 있는 능력을 보여준다.

② CSO와 관련된 학문분야의 대학원 정도의 학력과 최소한 10~15년 정도의 민간기업의 보안직능이나 공공분야에서의 경험이 필요하다.

③ 보안과 관련된 이슈를 다루어 본 국제적인 보안영역에서의 경험을 증명할 수 있어야 한다.

CSO의 필수직능으로 CSO의 책임기능에 포함되는 기업의 보안리스크는 인적 자원과 지적 자산, 기업윤리규정과 평판관리, 재무자산, 정보기술시스템, 운송과 배분 그리고 운송망, 법률, 규정과 법무팀, 시설과 경계구역, EH&S가 해당한다. 이러한 다양한 업무를 원활하게 수행하기 위해서는 검증된 역량이 요구된다.

CSO 직능모델 프로파일에서 언급한 업무를 원활하게 수행하기 위하여 오늘날 기업의 CSO는 첫째, 보안리스크관리에 대한 전략을 개발하고, 둘째, 정보수집과 리스크를 평가하며, 셋째, 미래의 위기상황에 대해 대비하고, 넷째, 사고를 예방하며, 다섯째, 조직원, 핵심 비즈니스, 정보 그리고 평판에 대한 안정성을 유지하고, 여섯째, 사고에 대한 대응과 관리 그리고 복구하며, 일곱째, 투자자와의 관계, 공공기관과의 업무, 정부기관과의 관계에서 조정자의 역할을 수행한다.

조직탄력성 표준지침

[조직탄력성의 목적]

조직탄력성관리프로그램은 최고경영진의 지원에 의한 지속적인 관리와 거버넌스 공정으로 잠재적인 손실의 영향력을 규명하기 위한 필요한 조치를 보장하기 위한 재원의 제공, 실행 가능한 복구전략과 계획을 수립하고, 연습, 실전훈련, 시험, 유지보수와 보증을 통한 기능, 제품, 서비스의 연속성의 보장하는 것을 목적으로 한다. 이에 따른 조직탄력성관리는 운영상의 위험과 관련된 잠재적 위협요소, 그에 따른 영향력을 관리하기 위한 조직의 체계적이고 조직화된 활동과 규범을 의미한다.

Ⅰ. 개 요

역사적으로 자연재해, 환경사고, 기술적 재난, 인위적 위기는 파괴적인 결과로 이어져 공공과 민간영역 모두에 충격을 주었다. 이러한 도전은 사전에 적용된 최고의 비상대응계획 또는 관리활동으론 미흡하고 기존의 재난대비 또는 비상 시나리오 대응계획의 초안으로도 불충분하다. 따라서 조직은 반드시 포괄적이며 체계적인 예방공정, 준비, 완화, 대응, 연속성과 복구에 착수하여야 한다. 오늘날의 위협요소는 연속적, 역동적, 쌍방향의 공정에 의한 창의적 대응을 요구하며, 주요한 위기상황 발생 전과 과정, 그리고 가장 중요하게 심각한 위기상황 이후에 조직의 핵심 업무의 연속성을 보장하도록 도움을 준다.

이 표준은 자신의 물리적 시설, 서비스, 활동, 제품, 유통망, 비즈니스 운영의 연속성과 관련하여 적극적으로 위험감소와 조직의 탄력성을 성취하고자 하는 필요성을 가진 모든 규모와 형태의 조직에 적용이 가능하다.

조직은 다음의 맥락이나 환경조건하에서 시행한다.

① 증가하는 보안위험과 위협요소

② 더 엄격한 법령과 규정

③ 더 경쟁이 치열해진 비즈니스 현실

④ 조직, 기능, 사법권 수준에서 사회의 독립성의 증가

⑤ 적절한 비상대응과 개선계획의 필요성에 대한 인식의 강조

⑥ 관련, 영향을 받는 관계자의 고려

⑦ 운영의 연속성과 탄력성 보장의 필요성

적절하게 관리되지 않는 파괴적 사고는 급격하게 비상상황, 위기로 전개되고 심지어는 재난으로 이어지기도 한다. 관리되지 않는 파괴적 사고는 조직 이미지, 평판과 브랜드를 훼손시키고 더불어 중요한 물리적·환경적 손상, 부상, 인명피해의 결과를 발생한다. 이 표준은 관계자와 투자자를 보호하기 위한 전략의 개발과 행동계획을 수립함으로써 파괴적 사고를 성공적으로 관리하고 조직에 도움이 되는 체계를 제공한다.

잠재적 사고와 파괴에 대한 적극적인 계획수립과 준비는 혼란의 기간과 충격 모두를 감소시키게 한다. 통합적 관리공정은 핵심적인 서비스와 운영의 정지를 피하거나 감소시키는데 도움이 되고 가능한 신속하게 일상의 서비스와 운영으로 복귀하도록 한다.

이 표준은 최고의 업무지침의 개발과 행동을 촉진하는데 민간, 비영리조직, 공공부문 모든 조직에 지침과 권고사항을 제공한다.

① 재산을 보호하고 조직의 탄력성을 보장하기 위한 전략으로 비전과 리더십을 최고경영진에게 제공한다.

② 비즈니스와 운영분야에 장단기 성공의 핵심적인 부분을 결정하기 위한 재산, 서비스, 기능을 규명·평가한다.

③ 잠재적 위해와 위협요소를 규명하고 위험과 영향력을 평가한다.

④ 자연재해, 기술적·환경적 사건, 테러와 범죄와 같은 인위재난을 포함하여 광범위한 위해와 위협요소의 영향력을 완화시킨다.

⑤ 재산의 보호와 회복탄력성의 향상이 필요한 역할과 책임을 이해하게 된다.
⑥ 불가피한 사고와 비상상황에 대한 준비, 대응재원을 관리한다.
⑦ 전력적인 협력과 상호조력협정을 개발한다.
⑧ 사고와 비상상황에 대한 준비와 대응계획, 관련된 운영절차를 개발·유지한다.
⑨ 사고와 비상상황의 준비, 대응계획, 운영절차를 평가·지원하기 위한 훈련·연습을 개발·시행한다.
⑩ 준비, 대응계획, 운영절차를 시행하기 위한 훈련프로그램을 개발하고 시행한다.
⑪ 관련 임직원, 고객, 공급업체, 다른 투자자들이 사고와 비상상황에 대한 준비와 대응계획에 대하여 인식하고 그들의 지원을 신뢰하도록 보장한다.
⑫ 대중매체로부터의 정보요청에 대한 대응을 포함하여 내·외부와의 의사소통 절차를 개발한다.
⑬ 성공여부의 평가와 입증을 위한 수치기준을 확립한다.
⑭ 핵심적인 운영기능을 지원하는데 필요한 핵심 재원, 기간설비, 업무와 책임을 문서화한다.
⑮ 변화하는 위험과 운영환경과 관련된 현재의 정보제공을 보장하기 위한 공정을 확립한다.

조직탄력성 표준이용지침은 간단하게 조직의 물리적, 실질적, 인적 재산을 보호함으로써 비즈니스 성과를 내는 것이다. 경영시스템의 성공은 조직의 모든 수준과 기능의 헌신에 달려 있고, 특히 경영진의 의지가 중요하다. 의사결정자는 반드시 조직탄력성에 필요한 재원을 확보하여야 한다. 여기에는 예방, 완화, 관리를 적시에 효과적으로 다루기 위한 적절한 관리체계가 필요하다. 이 지침에 의거하여 모든 관련된 사항에 대한 의사결정에 대한 이해, 어떻게 결정이 적용되고, 참여자는 어떤 역할과 책임을 지는지에 대하여 보장하게 된다.

사건관리업무를 수행하는 담당자는 자원자의 입장이 아니라 평상시 업무의 일부분으로써 이러한 역할을 수행하도록 지정되어야 한다. 영리조직 또는 비영리조직, 국가 또는 민간조직에 상관없이 조직의 생존차원에서 계획에서 이해관계자에게 임무를 부여하는 것은 리더십이다.

Ⅱ. 일반적 필요요건

조직탄력성관리시스템은 이 표준에 의해서 구체적으로 적용되어 향상된 보안관리, 준비, 대응, 연속성, 복구수행의 결과를 기대한다. 그러므로 이 표준은 조직에서 조직탄력성관리시스템에 대하여 주기적으로 검토 및 평가가 실시되어 개선의 기회를 규명하는데 토대가 된다. 지속적인 개선공정의 시간과 비율은 경제적 관점과 여러 가지 상황을 고려하여 조직에 의해 결정된다. 조직탄력성관리시스템의 개선은 보안, 준비, 대응, 연속성, 복구시행에서의 향상된 결과를 지향한다. 이러한 표준은 조직에 다음의 사항을 필요로 한다.

① 적절한 조직탄력성관리시스템 정책을 수립한다.

② 조직의 위험, 결과, 중요한 영향에 대하여 결정된 과거, 현재, 계획된 활동, 기능, 제품, 서비스와 관련된 위해와 위협요소를 규명한다.

③ 조직이 가입되어 적용되는 법적인 요구조건과 다른 규제에 대하여 규명한다.

④ 조직탄력성 관리목적과 목표의 우선순위를 적절하게 정한다.

⑤ 정책을 이행하기 위한 프로그램과 체계를 정립하고 목표와 목적을 성취한다.

⑥ 정책의 준수와 조직탄력성관리시스템의 적절성을 보장하기 위한 계획수립, 통제, 모니터링, 예방과 교정활동, 감사와 검토활동을 촉진한다.

⑦ 변화하는 상황에 적응할 수 있는 역량을 배양한다.

현재 조직탄력성관리시스템을 운영하고 있지 않는 조직은 평가수단으로써 조직의 핵심재산과 잠재적 위험 시나리오를 고려하여 탄력성시스템을 현재 직위에서 확립하여야 한다. 이러한 평가의 목적은 조직탄력성관리시스템을 확립하기 위한 토대로써 모든 조직의 위해와 위협요소에 대하여 고려하고 이에 관련된 위험과 핵심재산에 대한 영향력을 평가하기 위한 것이다. 이 평가에서는 다음의 4가지 핵심 분야를 포함하여야 한다.

① 일상적인 운영상황, 비상상황과 사고, 개시와 중단을 포함한 이상상황과 관련된 내용을 포함한 위험을 규명한다.

② 조직이 가입하여 적용되는 법적인 요구사항과 여러 가지 다른 요구조건을

규명한다.

③ 조달과 계약활동과 관련된 현재의 위험관리 실무와 절차를 검사한다.

④ 이전의 비상상황과 사건에 대하여 평가한다.

모든 사례에서 조직의 주어진 통상적 운영과 비정상적 운영, 기능, 이해관계자와의 관계, 잠재적 파열과 비상상황에 대하여 고려하여 한다. 평가수행의 도구와 방법은 체크리스트, 인터뷰, 직접적인 검사와 측정, 이전 감사 또는 다른 평가결과를 포함하며 활동성질에 좌우된다.

조직의 경계를 정하는 것은 유연하고 자유로우나 제안된 표준지침의 시행여부의 선택을 조직 전체나 구체적인 운영단위로 할 것인가를 고려하여야 한다. 조직은 조직탄력성관리시스템의 범위를 정하고 문서화하여야 한다. 범위설정은 조직탄력성관리시스템이 적용될 범위를 명확히 하기 위함이며, 특히 주어진 장소의 조직이 거대 조직의 한 부분에 해당하는 경우에 필요하다. 한 번 범위가 정해지면 조직의 모든 활동, 생산, 서비스가 조직탄력성관리시스템에 포함된다. 범위설정에서 조직탄력성관리시스템의 신뢰도는 조직의 경계의 선택에 좌우된다. 조직의 한 부분이 조직탄력성관리시스템의 범위에서 제외되는 경우에 조직은 배제사유에 대하여 설명하여야 한다.

만약 이 표준지침이 구체적인 운영단위에 적용된다면, 조직의 다른 분야에서 개발된 정책과 절차는 이 표준지침의 요구사항과 부합하여야 하고 구제적인 운영단위에 적용할 수 있도록 제공한다.

조직탄력성관리는 파괴적 사건의 전후, 과정의 행동과 이슈를 포함한다. 그러므로 이 표준지침은 예방, 회피, 제지, 준비, 완화, 대응, 연속성, 복구를 포괄한다. 비즈니스와 운영현실뿐만 아니라 위험환경은 이러한 개별적인 구성요소에 전략적으로 서로 다른 비중을 두나, 전혀 관심을 두지 않는 구성요소는 없다. 적용성보고서는 위험평가와 영향력분석을 근거로 관리시스템의 개발에서 보안관리, 준비, 비상관리, 재난관리, 위기관리, 비즈니스 연속성관리의 전략적인 비중에 대하여 상세하게 설명하여야 한다.

Ⅲ. 조직탄력성관리정책

조직탄력성관리정책은 조직탄력성관리시스템의 시행과 개선을 위한 견인차이며, 이 정책으로 유지가능성과 탄력성을 유지·강화할 수 있다. 그러므로 이 정책은 다음의 최고경영자의 책무를 반영하여야 한다.

① 적용되는 법적인 요구조건과 다른 요구조건을 수용한다.

② 파국적 사건의 완화, 예방, 준비한다.

③ 지속적으로 개선한다.

조직을 기반으로 한 조직탄력성관리정책의 형식은 조직의 목표와 목적을 설정한다. 조직탄력성관리정책은 내·외부 이해관계자가 명확하게 이해할 수 있도록 하여야 하며 변화된 상황과 정보를 반영하여 주기적으로 검토와 개정이 이루어져야 한다. 적용영역은 명확하게 파악되어야 하고 고유한 특성, 규모와 활동, 기능, 생산품, 서비스 위험의 영향력을 반영하여야 한다.

조직탄력성관리정책은 조직의 시설에서 근무하는 계약업체를 포함하여 조직의 모든 구성원과 소통하여야 한다. 계약업체와의 소통은 규정이나 지침, 절차와 같은 정책선언문 자체의 대체 형식도 가능하며 정책의 적절한 부분을 포함하고 있어야 한다. 조직탄력성관리정책에는 모든 광범위한 법인체의 조직탄력성관리정책의 내용을 최고경영진에 의해서 규정되고 문서화되어야 한다.

조직의 의사결정자인 최고경영진이 필요한 재원을 제공하고 포괄적인 조직탄력성관리시스템을 새로 만들고, 유지, 시험, 적용하는 책임을 지는 것이 필수적이다. 이러한 최고경영진의 지원이 조직의 경영진과 임직원 모든 직급에서 조직탄력성관리시스템이 핵심적인 최고경영진의 우선순위로 이해되는 것을 보증하게 된다. 동일하게 최고경영진이 조직탄력성관리시스템에 하향식(top down) 접근법으로 참여하는 것이 핵심적이며, 전체 거버넌스 우선순위의 관점에서 효율적·효과적인 계획 유지에 대한 책무성(accountability)을 조직의 모든 직급의 경영진이 이해하게 된다. 조직탄력성관리 기획팀에는 모든 주요한 조직기능에서부터 지원부서까지의 선임자를 포함하고 조직탄력성관리시스템의 광범위한 수용을 보장하기 위하여 담당자를 지정하여야 한다.

Ⅳ. 계획수립

1) 위험평가와 영향분석

여기에서는 조직이 위해, 위협요소, 위험을 파악하기 위한 공정을 제공하고 이렇게 파악된 중요한 요소들의 영향력과 조직탄력성관리시스템의 우선순위로서 역점을 두어 다루어야 한다.

핵심적 활동, 기능, 의무, 공정을 파악하고 문서화하여야 한다. 여기에는 구매, 제조, 유통망, 판매, 분배, 수취계정, 지불계정, 급여대장, 정보기술, 연구개발을 포함한다. 한 번 핵심적인 공정과 기능이 파악되면, 평가기준을 활용하여 개별적인 분석이 가능하다. 조직은 활동, 제품의 범주와 요소들의 치명성, 위험과 영향력을 파악하기 위한 서비스를 선정할 수 있다.

조직은 조직탄력성관리스템의 범위 한도에서 포괄적인 위험평가와 영향력분석을 실시하여야 하고, 이 과정에서 다음과 관련된 내용의 입·출력을 고려한다.

① 현재 그리고 관련된 과거의 활동, 제품, 서비스

② 계획되었던 사항 또는 새로운 개발, 새로운 사항 또는 개정된 활동, 기능, 제품과 서비스

③ 투자자와의 관계

④ 환경과 공동체와의 상호작용

⑤ 핵심적인 기간시설

이러한 공정은 복구목표시간(recovery time objective)과 요구되는 복구시간에 대한 대응을 결정하기 위하여 합리적으로 예측 가능한 파괴적 비상상황뿐만 아니라 통상적인 상황과 비정상적인 운영상황, 폐쇄와 개시상황에 대하여도 고려한다. 그런 다음, 위험평가와 영향력분석에 대한 많은 접근방법이 채택될 분석단계의 순서를 결정하게 한다. 어떤 방법론을 선택하든 상관없이 조직은 위협요소와 위해파악, 위험, 취약성, 치명성, 결과와 영향력분석에 대한 평가공정을 문서화하여 공식적으로 실시하여야 한다.

위험평가와 영향력분석에선 다음과 같이 하여야 한다.

① 조직의 활동, 기능, 제품의 치명성과 관련된 위험, 조직운영, 사람, 재산, 자산, 보상, 이미지와 평판, 수익, 신용, 환경에 대한 직·간접적인 잠재적인 영향력에 대하여 고려한다.

② 만약 사건이 현실화된다면, 사건의 영향력의 중요성과 잠재적 위험을 파악하고 가능성 또는 개연성을 측정하기 위하여 문서화된 정량적·정성적 방법을 사용한다.

③ 모든 잠재적인 위험에 대한 충분한 고려를 거쳐서 합리적인 기준을 토대로 하고 이것의 운영에 대하여 인지한다.

④ 핵심적인 기간설비와 유통망의 의존성과 의무를 포함한 조직의 상호의존성에 대하여 고려한다.

⑤ 데이터와 통신의 무결성과 사이버보안에 대하여 고려한다.

⑥ 법적 결과와 조직 활동에 영향을 미치는 다른 의무를 평가한다.

⑦ 투자자, 계약자, 공급업체, 다른 관련 조직과 관련된 위험을 고려한다.

⑧ 위험에 관한 정보를 분석하고 이러한 위험들 중에서 중요한 결과의 원인이 되는 것과, 중요성의 관점에서 위험의 결과를 결정하기 어려운 것을 선정한다.

⑨ 위험과 영향력을 평가한다. 모든 상황에서 조직은 위험에 대한 통제의 정도를 결정하고 위험의 수용, 회피, 관리, 최소화, 전가와 처리에 대한 전략을 수립한다.

어떤 조직이 운영되는데 약간의 장소에서는 핵심적인 기간시설, 사회적 재산, 문화유산이 조직 주변의 중요한 구성요소인 경우에 주변 환경에 대한 영향력에 대한 이해가 고려되어야 한다.

조직이 많은 위험과 영향력을 경험한 경우에는 이러한 중요성을 판단할 수 있는 문서화된 기준이나 방법론을 수립하여야 한다. 위험과 영향력의 중요성을 결정하는데 단일화된 방법이 존재하지는 않는다. 그러나 조직에서 사용되는 방법은 결과의 일관성을 유지하고 개별적인 조직의 활동과 기능, 법적 문제, 내·외부 투자가의 관심의 치명성과 관련된 내용의 평가기준의 정립·적용에 관한 것을 포함하여야 한다. 조직은 목표복구시간(RTO)을 설정하기 위해 복구에 필요한 가장 우선순위를 결정하기 위하여 운영중단의 영향력의 분석과 핵심적인 운영을 파악한다.

다음은 조직의 영향력을 평가하는 경우에 고려해야 하는 사항이다.

① 인적비용: 임직원, 고객, 공급업체, 기타 투자자의 물리적 · 정신적 손해

② 금융비용: 장비와 재산의 대체비용, 업무중단 시간, 과외시간 비용, 주가하락, 판매와 비즈니스 손실, 법적분쟁, 벌금 등

③ 기업이미지비용: 평판, 공동체의 태도, 부정적인 언론, 고객이탈 등

④ 조직을 운영하는데 공동체의 경제적인 손실: 지역경제의 간접적인 영향력, 지역경제의 침체, 지역공동체의 세금손실 등

⑤ 환경적 영향력: 환경의 악화 또는 멸종위기와 같은 서식환경의 악화에 직면한 동식물

최대허용장애기간(MAOT)[4]과 목표복구시간은 다음을 토대로 한다.

① 수용할 수 없는 정도의 영향력이 발생하기 전에 정상적인 기능을 수행하지 못하는 기능장애의 기간은 어느 정도인가?

② 얼마나 신속하게 복구가 가능한가?(최단기간에 업무중단을 재개하는 것이 우선이다)

③ 연중 시기에 따라 복구목표시간이 다르다.(연말, 세금신고 기간 등)

④ 전략적 협력, 상호조력, 회피방법의 지침, 통지와 경고조치 등을 위한 대안절차를 파악하고 문서화한다.

⑤ 시스템이 복구되기까지의 대기시간과 비교하여 대안절차에 소요되는 비용을 평가한다.

중요한 위험이나 영향력과 관련된 정보를 수집하는 경우에 역사적인 기록보관의 목적에서 정보를 보유할 필요성과 조직탄력성관리시스템의 설계와 시행에 어떻게 활용할 것인가를 고려한다.

위험과 영향력의 파악과 평가공정은 활동장소, 분석수행에 소요되는 시간과 비

4) Maximum Acceptable Outage Time.

용, 신뢰할 데이터의 가용성에 대하여 고려하여야 한다. 비즈니스 계획수립, 규제와 다른 목적으로 이미 수집된 정보는 이 과정에서 활용한다. 이러한 위험과 영향력의 파악과 평가공정은 조직의 법적 의무의 증가나 변화를 의도하지는 않는다.

2) 법적인 요구조건

조직은 활동과 기능에 적용하여야 할 법적인 요구조건을 파악할 필요성이 있으며, 다음의 내용을 포함한다.

① 국가나 국제적인 법적인 요구조건

② 지역/지방/부서에 요구되는 법적 요건

③ 지방정부의 법적인 요구조건

조직에서 가입한 다른 요구조건의 사례에는 적용 가능한 경우에 다음과 같이 내용이 포함되기도 한다.

① 공공기관과의 협약

② 고객과의 계약

③ 비규제적 지침(예, 사고지휘시스템, 에너지절약협약)

④ 업무의 자발적 원칙과 규정

⑤ 자발적 제품관리협약이나 표지

⑥ 동업자단체의 요구사항

⑦ 공동체 집단이 비정부조직과의 협약

⑧ 조직의 공적인 서약(Public Commitment) 또는 학부모 조직

⑨ 기업의 요구조건

조직의 위험평가에 적용되는 법적인 요구조건과 업무관련 요구조건을 어떻게 결정하는 가는 대체적으로 이러한 요구조건을 파악하는 과정에서 이루어진다. 그러므로 이러한 결정을 하기 위하여 추가적 또는 분리된 절차를 수행할 필요가 없다.

3) 목표, 목적, 프로그램

조직의 목표와 목적은 실제적으로 어디에서나 구체적이고 측정 가능하여야 하고 조직의 중·단기 이슈를 함유하여야 한다.

목표와 목적 그리고 프로그램은 위험평가와 영향력분석을 토대로 한다. 이에 대한 기술적인 선택을 하는 경우에 조직은 가장 유용한 기술의 사용을 고려하여야 하고 경제적으로 비용 효과적인 실행이 가능하도록 적절하게 판단하여야 한다. 조직의 재정적인 의무에 관한 내용은 조직에서 원가계산 방법의 의무적인 사용을 의도하는 것은 아니지만 조직은 직·간접비용과 숨겨진 비용에 대하여 충분하게 고려하여야 한다.

조직탄력성관리시스템의 성공적인 적용에는 하나 이상의 프로그램을 제작·사용하는 것이 중요하다. 개별 프로그램에는 시간척도, 필요한 재원, 프로그램을 적용하는 책임자에 대한 것을 포함하여 어떻게 조직의 목표와 목적을 성취할 것인가를 기술한다. 이러한 프로그램은 조직운영의 구체적인 요소에 관하여 역점을 두고 처리하기 위하여 세분화한다.

프로그램은 적절하고 실용적이어야 하며, 계획수립과 설계, 구축, 권한위임, 운영, 개량, 생산, 마케팅, 폐기물처리, 권한의 재위임에 관련된 조직의 활동과 기능의 모든 단계에서 고려되어야 할 것이다. 프로그램 개발은 현재와 새로운 활동, 생산과 서비스 모두를 포괄하여 수용한다.

예방, 준비, 완화 프로그램은 위험상황에서 사람과 재산, 보호시스템이나 장비의 지원, 정보, 데이터, 문서, 사이버보안의 재배치, 개량, 이동을 고려하여야 하며 위협요소와 위해의 경고와 소통절차를 확립하고, 파트너 사무소로부터의 지원을 포함하여 필수요원, 핵심시스템, 장비, 정보, 운영, 재료의 여분이나 중복을 고려한다.

조직은 사고대응과 복구계획에 대한 계획을 수립하여야 하고 핵심 업무, 계약의무, 임직원과 인근 공동체의 필요, 업무연속성, 환경개선에 대하여 고려하여야 한다. 조직들은 위기를 관리하는데 서로 다른 접근을 한다. 이러한 접근에도 불구하고, 파국적인 사고의 경우에 예방적인 계획수립과 이행을 필요로 하는 3가지의 포괄적이며 밀접한 관계가 있는 다음과 같은 관리대응 단계가 있다.

① 비상대응: 일반적으로 파국적 사건의 초기대응은 임박한 손해로부터 사람과 재산을 보호하는 업무가 필수적이다. 경영진의 최초반응(initial reaction)은 조직의 초기대응(first response)의 부분을 구성하게 된다.

② 연속성: 공정, 통제, 재원은 조직이 핵심적인 운영목표에 계속적으로 부합하는 것을 보장하여야 한다.

③ 복구: 조직의 공정, 재원, 역량은 지속적인 운영요구조건에 부합하도록 재정립되어야 한다. 여기에는 중요한 조직개선의 도입, 심지어 전략적 또는 운영적 목표의 재조명의 정도까지도 포함된다.

Ⅴ. 시행과 운영

1) 재원, 역할, 책임과 권한

조직탄력성관리시스템의 성공적인 정착을 위해서는 조직을 위해서 일하거나 조직을 대신하는 모든 사람들의 헌신을 요구한다. 그러므로 역할과 책임은 위험관리기능에서만 국한되는 것이 아니라 위험관리, 보안, 대비, 연속성과 대응보다는 운영관리 또는 임직원 직능과 같은 영역에서 구현되어야 한다.

이러한 헌신은 경영진과 같은 최고위층에서 시작한다. 따라서 최고경영진은 조직탄력성관리정책을 수립하여야 하고 시스템의 이행을 보장한다. 이러한 헌신의 부분으로써 최고경영진은 조직관리시스템을 적용할 책임과 권한을 가진 구체적인 경영진 대표를 지명한다. 규모나 복잡성이 큰 조직에서는 대표자가 한 명 이상이 되기도 하는 반면에 중소규모의 기업에서는 한 명의 대표자가 이러한 책임을 이행한다.

파국적인 사건 과정에서 위기관리를 효과적으로 다루기 위하여 적절한 관리구조가 필요하다. 여기에서는 관리구조, 의사결정권한, 시행책임에 대한 명확한 정의가 존재하여야 한다. 조직은 사건대응을 선도하는 위기관리팀을 조직·운영하여야 한다. 위기관리팀은 인적 자원, 정보기술, 시설, 보안, 법률, 통신과 미디어관계, 제조, 창고, 다른 핵심적인 비즈니스 기능을 지원하는 기능으로 구성되어야 하고 조직의 대표자 또는 최고경영진의 명확한 지시에 따라야 한다.

위기관리팀은 조직의 규모와 유형, 구성원의 수와 장소 등을 고려하여 적절하게 다양한 대응팀의 지원을 받게 된다. 대응팀은 다양한 잠재적 위기측면을 다루기 위하여 손해평가, 사업장복구, 임금대장, 인적 자원, 정보기술, 관리지원과 같은 부서에서 대응계획을 개발하여야 한다. 대응계획은 전체적인 조직탄력성관리시스템에 포함되거나 일치하여야 한다. 개인들은 조직에서의 자신의 기술, 헌신의 정도, 이해관계를 토대로 대응팀의 구성원에 소속되어야 한다.

또한 경영진은 조직탄력성관리시스템의 정립, 시행, 유지를 보장하기 위하여 적절한 재원의 제공을 보장하여야 한다. 핵심적인 조직탄력성관리시스템의 역할과 책임이 잘 규정되고 모든 조직구성원과 대리인에게 전달되는 것이 중요하다.

또한 외부 투자자와의 협력을 위하여 조직 구성원의 역할, 권한, 책임의 규정, 문서화, 소통이 이루어져야 한다. 여기에는 유통망, 공적조직, 금융기관을 포함한 계약업체, 파트너와 상호작용을 포함한다.

2) 역량, 훈련과 인식

조직은 책임과 권한을 가지고 조직의 업무를 대행하는 모든 사람이 필요한 인식, 지식, 이해, 기술을 규정하여야 한다. 여기에서의 표준은 다음과 같은 내용을 포함하여야 한다.

① 조직탄력성관리정책과 절차에 대한 순응과 조직탄력성관리시스템의 요구조건의 중요성

② 중요한 위해, 위협요소, 위험과 관련된 실제적 또는 잠재적 영향력, 업무와 관련되거나 개선된 개인성과의 이익

③ 조직탄력성관리시스템의 요구조건에 부합하는데 필요한 역할과 책임
④ 사고예방, 제지, 완화, 자기보호, 탈출, 대응, 복구에 관한 절차
⑤ 명시된 절차에서 벗어난 경우의 잠재적 결과

인식과 교육 프로그램은 파괴적 사고로 인해 잠재적으로 영향을 받는 내·외부 투자자를 위해 운영되어야 한다. 인식, 지식, 이해, 능력은 훈련과 교육 또는 현장경험을 통하여 개선되거나 습득된다. 조직은 조직의 업무를 일정부분 대신하여 수행하는 협력업체의 근로자들에게 조직시스템에 대한 필수적인 능력과 적절한 훈련이 요구되므로 이에 관하여 업체에 요구한다.

관리진은 개인의 능력을 보장하기 위하여 필요한 훈련, 능력, 경험수준을 결정하고 특히 특화된 조직탄력성관리기능을 수행할 수 있도록 보장한다. 모든 임직원은 파국적 사고나 위기의 경우에 개인의 임무를 수행할 수 있도록 훈련되어야 한다. 또한 임직원은 직접적으로 임직원에게 영향을 주는 대응계획과 더불어 조직탄력성관리시스템의 핵심적인 구성요소의 개요를 이해하여야 한다. 이러한 훈련에는 완화대책, 탈출, 적합한 장소로 대피(shelter-in-place), 체크인 공정에 관한 절차를 임직원에게 설명, 대체 작업장의 준비, 기업에 대한 미디어의 질문에 대처하는 내용을 훈련과정에 포함한다.

위기관리팀과 대응팀은 응급처지요원과 투자자와의 상호작용을 포함한 자신들의 임무와 책임에 대하여 교육을 받는다. 핵심적인 행동과 수집된 정보에 대한 체크리스트는 교육과 대응공정에서 매우 유용한 도구이다. 실무팀들은 주기적으로 훈련하고 새로운 구성원이 가입하는 경우에도 훈련이 필요하다. 또한 이러한 팀들은 위기로 전개될 수 있는 사건에 대한 예방에 관한 훈련을 받는다.

소방서, 경찰서, 공공의료기관, 제3자 공급업체와 같이 사고발생시 필요한 모든 외부 재원은 조직의 대응계획과 관련된 업무에 익숙해지도록 권고된다.

3) 소통과 경고

내부소통은 조직탄력성관리시스템의 효과적인 시행을 보장하는데 중요하다. 내

부소통의 방법은 정기적인 사내모임, 조직신문, 게시판, 인터넷 사이트가 포함될 수 있다.

조직은 공공기관, 조직과의 관계와 위험평가를 통하여 규명된 잠재적 위험과 관련된 정보, 경고, 예방, 대응 복구에 대한 공식적인 책임관계를 규명·정립하여야 한다. 조직의 내·외부에 통상적·비정상적 상태에 대한 소통과 경고절차에 관하여 사전에 정립한다.

조직은 수신, 문서화, 투자자와 이해관계자로부터의 소통과 관련된 대응에 대한 절차를 정립한다. 이러한 절차에는 그들과 관련 있는 관심사에 대한 고려와 이해관련 집단과의 의사교환을 포함한다. 경우에 따라서는 이해관련 집단의 관심사에 대한 대응에는 조직의 기능과 운영과 관련된 위험과 영향력에 대한 관련 정보를 포함한다. 또한 이러한 절차들은 비상시의 계획수립과 다른 관련 문제에 관한 공공기관과의 필요한 소통에 대하여 중점적으로 다룬다.

조직은 조직과 관련된 목표 집단에 대한 판단, 적절한 메시지와 주제, 방법의 선택을 고려해 소통에 관한 계획을 수립하기를 원한다. 외부의 위해, 위협요소, 위험, 통제절차에 관한 소통을 고려하는 경우에, 조직은 모든 투자자의 관점과 정보의 필요성에 대하여 고려하여야 한다. 만약 조직이 위해, 위협요소, 위험, 영향력과 통제절차에 관해서 외부와 소통하기로 결정하는 경우에 조직은 소통절차를 정립하여야 한다. 절차는 소통할 정보의 유형, 소통대상, 조직의 개별적인 상황을 포함한 여러 가지 요소에 따라 달라진다. 외부와의 소통방법은 연례보고서, 사보, 웹사이트, 경고, 공동체와의 모임을 통하여 이루어진다.

효과적인 소통에서 가장 중요한 요소 중의 하나가 위기관리이다. 내·외부 투자자에게 경계, 경고, 위기, 조직의 대응정보를 전달하기 위해서 파악되어야 한다. 다양한 집단에게 최상의 소통과 적절한 메시지를 제공하기 위해서 대상을 적절하게 분류하는 방법이 구체적으로 원하는 정보를 해당 집단에게 전달하는 방법이다.

소통의 사전준비가 매우 중요하다. 발췌문의 견본, 원고, 선언문은 위험평가를 통하여 사전에 위협요소에 대하여 파악되어야 한다. 소통은 간단한 내용으로 배포되도록 보장하고 인트라넷, 인터넷 사이트, 무료 핫라인과 같은 정보원을 사용하는 경우에 특히 중요하다.

조직은 단일 대변인을 지정하고 지정자가 대중매체나 다른 집단에게 위기관리에 관한 내용을 배포하거나 전달하는 역할을 한다. 대변인은 위기 이전에 대중매체와 관련된 훈련을 받아야 한다. 모든 정보는 단일 창구를 통해서만 일관성 있게 전달되도록 보장한다. 담당자는 어떤 매체가 정보를 원하는지와 지정된 회사 대변인이 이 매체에 메시지를 전달하는지에 대하여 정확한 정보를 신속하게 파악하여야 한다. 상황에 따라서는 사업장에 이러한 역할을 수행할 담당자를 지정하고 적절한 훈련이 필요하다.

4) 문서화

문서의 세부적인 내용은 어떻게 분야별로 업무를 같이 수행할 것인가, 조직탄력성관리시스템의 구체적인 운영부분에 관한 더 상세한 정보를 어디에서 얻을 것인가에 대한 지침제공에 대하여 충분하게 언급되어야 한다. 이러한 문서는 조직의 다른 시스템의 문서와 통합된다. 이에 대한 실무지침서와 같이 정해진 형식을 없다. 조직탄력성관리시스템의 문서의 한도는 다음과 같은 이유로 조직에 따라 다양하다.

① 조직의 규모와 유형, 업무, 생산품과 서비스

② 공정의 복잡성과 내부 관계

③ 개인의 능력

문서화의 사례에는 다음의 내용들이 포함된다.

ⓐ 정책, 목표와 목적에 대한 성명서, ⓑ 중요 위험과 영향력에 대한 정보, ⓒ 절차, ⓓ 공정정보, ⓔ 조직도, ⓕ 내·외부 표준, ⓖ 사업장의 대응, 완화, 비상상황, 위기관리 계획, ⓗ 기록.

문서화 절차에 대한 모든 판단은 다음과 같은 이슈를 토대로 한다.

사람, 물리적 재산, 환경에 대한 영향을 포함한 파급효과, 이에 대한 내용이 없는 경우에도 기록한다.

① 조직과 관련되어 있는 법적인 요구조건과 관련 요구조건에 대한 순응하는 것을 보여줄 필요성이 있다.
② 활동을 지속적으로 수행하는 것을 보장한다.
③ 문서화의 이점은 다음과 같다. ⓐ 소통과 훈련을 통한 신속한 이행, ⓑ 신속한 유지보수와 개정, ⓒ 애매모호함과 일탈위험의 감소, ⓓ 논증가능성과 가시성의 향상
④ 해당 표준지침에서의 요구사항

5) 문서 통제

문서통제의 의도는 조직탄력성관리시스템을 충분하게 적용하는데 문서를 생성하고 유지하는 것을 조직이 보장하는 것이다. 그럼에도 불구하고 조직의 주요한 관심은 조직탄력성관리시스템의 효과적인 적용과 보안, 준비와 대응, 연속성, 복구수행에 있으며 복잡한 문서통제시스템에 있는 것이 아니다.

조직은 문서가 쉽게 조작되지 않고, 안전하게 백업(backed up)되며, 인가된 사람만이 접근이 가능하고, 손상, 악화, 손실로부터 보호되고 있다는 것을 보장하여야 한다.

6) 운영통제

조직은 중요한 위험으로 파악된 것과 관련된 운영에 대한 평가를 하여야 하며 조직탄력성관리정책의 요구조건과 목표와 목적에 부합하기 위하여 관련된 부정적인 영향을 감소시키거나 통제방법의 실행을 보장하여야 한다. 여기에는 유지보수 활동을 포함한 모든 운영에 관한 업무가 포함되어야 한다.

조직탄력성관리시스템의 이 부분은 일간 운영에서 시스템이 요구하는 것에 대한 지침을 제공하고, 조직탄력성관리정책, 목표, 문서화된 절차가 없는 경우에 목적으로부터의 일탈할 수 있는 상황에 대한 통제에 관한 문서화된 절차의 활용을 필요로 하게 된다.

파괴적 사건의 발생가능성을 최소화하기 위해서 이러한 절차들에는 설계, 적용, 운영, 쇄신, 위험과 관련된 장비항목과 기계장치 등의 개정을 가장 적절하게 통제하는 과정을 포함한다. 기존의 처리방식이 개정되거나 새로운 처리방식이 도입되게 되면 운영과 활동에 영향력을 미치게 되므로 시행 전에 조직은 이와 관련된 위협요소와 위험의 최소화에 대하여 고려하여야 한다.

7) 사고예방, 준비와 대응

조직이 자신들의 독특한 필요성에 맞추어 사고예방, 준비, 대응절차를 개발하는 것은 개별 조직의 책임이다. 다음은 이러한 절차를 개발하는 과정에서 조직에서 고려하여야 하는 것이다.

① 잠재적인 파괴적 사건은 파악, 이해, 처리되어야 하고, 발생을 피하거나 예방하여야 한다. 위험평가는 모든 징후와 경고신호를 포함하여 잠재적인 파국적 사건을 구체적으로 파악하는데 활용된다.

ⓐ 최적의 해결방안을 제공하기 위하여 위험을 파악, 측정, 평가하기 위한 공식적인 위험평가에 의거한 위험관리는 체계적이고 포괄적인 공정이여야 한다.

ⓑ 위험처리에 대한 선택에는 위험의 회피, 제거, 감소, 분산, 전가, 수용과 같은 전략이 포함된다. 회피와 제거는 위험이 발생하는 활동을 피하거나 위험원을 제거하는 것이다. 감소는 위험이나 손실의 심각성을 낮추는 것이다. 분산은 재산이나 잠재적 손실가능성을 분산시키는 것이다. 전가는 위험을 다른 부서나 조직과 공유하는 것을 포함한다. 수용은 특정한 위험은 정확한 정보판단에 따라 수용하는 것이다.

② 예방은 정보기관, 법집행기관, 공공조직과 협력하여 적극적인 조치를 취하는 것을 포함하며, 여기에는 정보공유협정을 맺거나, 출입통제, 인식과 준비훈련 프로그램, 경보와 경보시스템과 같은 핵심재산에 대한 물리적 보호조치, 위협요소를 감소시키기 위한 업무관행이 해당한다.

③ 조직문화, 운영계획, 관리목적은 개개인에게 사고의 예방, 회피, 제지, 감지에 대한 책임이 있다고 느끼도록 동기를 부여한다.

④ 제지와 감지는 만약 사고의 영향력을 부정하기 어려운 경우에 조직 또는 중요한 한계에 대응하여 파괴적 행동 또는 활동이 발생하기 어렵도록 한다. 예방, 감지, 제지 전략에 대한 고려는 다음과 같다.

ⓐ 구조적: 자연적 또는 인공적 장벽, 기간설비의 재설계하거나 재배치한다.

ⓑ 운영적: 위험물질의 제거, 시스템과 운영의 재설계, 보안요원의 근무지시, 임직원 인식프로그램, 회피 목적으로 감시와 정보수집에 대한 대적활동, 시스템, 운영, 기간시설, 사람을 재배치한다.

ⓒ 기술적: 대체 재료와 공정, 공용통신설비와 정보망, 침입감지, 출입통제, 감시기록, 휴대품 검색, 시스템을 통제한다.

⑤ 개인보안에 대한 계획수립에는 경계구역의 보호, 건물 경계구역, 내부공간 보호, 내용물 보호를 포함한다. 방어선은 외부 경계구역에서부터 시작한다.

ⓐ 물리적 보안계획수립은 감지, 제지, 대응의 기능이다.

ⓑ 물리적 보안측정은 가능한 목표물로부터 멀리 떨어진 장소에서 감지가 가능하도록 설계되어야 하고, 침입지연설비는 목표물의 근처에 설계된다.

ⓒ 물리적 보안설계는 평가와 대응과 더불어 내·외부 감지장치와 연동되도록 한다.

ⓓ 물리적 보안측정은 환경적 설계를 통한 범죄예방을 포함하고 물리적 장벽과 사업장 강화조치, 물리적인 출입통제, 보안조명, 침입감지시스템과 경보기, CCTV, 보안요원, 보안정책과 절차가 포함된다.

⑥ 비용효과적인 완화 전략은 잠재적 위기의 영향력을 방지하거나 축소하는 방법이다.

ⓐ 완화전략은 시간에 대하여 즉시, 임시적, 장기간 행동을 고려하여야 한다.

ⓑ 완화공정에 기여하는 다양한 재원에 대하여 파악한다. 이러한 재원에는 필수 인력과 그들의 역할 그리고 책임, 시설, 기술, 장비가 포함되므로 계획단계에서 문서화하고 '일상생활'의 부분이 되어야 한다.

ⓒ 시스템과 재원은 계속적으로 완화전략의 부분으로서 모니터링 한다. 이러한 모니터링은 간단한 재고관리와 연계될 수 있다.

ⓓ 재원은 위기를 완화하고자 하는 조직을 지원하게 되며 또한 위기 시에 계획된 임무를 유용하게 수행할 수 있는지에 대하여 계속적으로 모니터링 한다. 이러한 시스템과 재원의 사례에는 응급장비, 화재경보기와 진압시스템, 지역의 재원과 공급업체, 대체 사업장, 지도와 평면도, 시스템 백업, 원격지 저장설비가 포함되나 언급한 항목들이 한계는 아니다.

⑦ 조직은 대응수준이 필요한 구체적인 위험이 발생하는 것을 발견하기 위한 절차를 확립하여야 한다. 감지와 회피에 관한 정책과 절차에 관한 강력한 프로그램은 이러한 공정에 도움이 될 것이다. 특정 부서나 기능은 긴급한 위기의 경고신호를 관찰하기 위해서 정해한 위치에 있어야 한다. 이러한 부서나 기능을 지정받은 담당자는 적절하게 훈련되어야 하고, 통지체계를 포함한 잠재적인 위기에 대한 보고책임은 모든 임직원에게 소통되어야 한다. 또한 일반적인 임직원들은 문서화된 보고체계가 운영되는 경우에 뛰어난 예상 정보원이므로 임직원 중에 누구에게서 보고가 되었는지 주의를 기울여야 한다.

⑧ 잠재적인 파국적 사건이 한 번 인식되게 되면 즉시 상급 관리자, 경영진, 위기통지와 관리를 책임지는 업무를 수행하는 담당자에게 보고하여야 한다.

ⓐ 구체적인 통지기준의 정립과 문서화가 이루어지고 모든 임직원에 의해서 지켜져야 한다. 시간과 통지전화의 결과는 명확하게 기록되어야 한다. 대응공정의 실제적인 활성화는 매우 특정한 자격에 부합하여야 한다.

ⓑ 자격을 가진 사람은 갱신된 정보에 대하여 신속한 접근해야 하고, 사람과 조직의 기밀목록은 특정한 잠재적인 위기상황 또는 조건에 부합하게 될 경우에 연락을 한다.

ⓒ 위기상황의 통지는 적시에 명확하여야 하고 사용되는 장비의 장단점을 인지하고 다양한 절차와 기술을 활용한다.

ⓓ 특정한 위기의 유형에는 통지시스템 자체가 재난에 의해서 영향을 받거

나 조직전체의 생산능력이나 기간설비의 손상이 발생하는 경우이다. 그러므로 통지시스템의 추가적인 대책이 중요하고 개인이나 조직에 접촉할 수 있는 몇 가지 다른 방법이 구축되어야 한다.

⑨ 의사결정의 평가공정은 역점을 두어 다루어야 할 이슈의 상태를 결정하는 문제점 평가와 위기의 심각성을 결정하는 공정과 종국적으로 모든 관련 비용에 대한 심각성 평가는 위기의 초기에 이루어져야 한다. 여기에서 고려할 요소는 문제의 크기, 확대가능성과 예상 가능한 상황에 대한 영향력을 포함한다.

⑩ 비상상황 또는 위기상황의 발생에 대해서 명확하게 규정되고 문서화되어 공표되고 매우 구체적이고 통제되는 조건에 맞추어야 한다. 또한 위기공표의 책임은 명확하게 규정되고 지정되어야 한다. 책임자와 부책임자와 대리인이 확인되어야 한다. 비상상황 또는 위기선언이 개시될 경우의 활동에는 추가적인 전화통지, 사업장 탈출, 안전대피소, 재배치, 안전의정서, 대응 사업장과 대체 사업장의 활성화, 팀배치, 개인임무와 접근성, 비상연락망의 활성화, 운영상의 변경 등의 사항들이 포함된다.

⑪ 실제적인 위기상황에 맞추어 적절하게 평가된 대응에 대한 이해와 더불어 준비와 대응계획은 '최악의 상황 시나리오'를 가정하여 전개하여야 한다.

⑫ 모든 준비와 대응계획에서 가장 중요한 요소는 인간이다. 조직에서 어떻게 인적 자원을 관리하느냐에 따라서 사고관리의 영향의 성패가 결정된다.

ⓐ 시스템은 위기상황이 발생하는 경우에 모든 사람들의 신원을 신속하게 확인할 수 있도록 준비되어야 한다. 이러한 시스템은 단순한 비상연락망에서부터 상세한 외부 공급업체 사업장의 전화통지까지 포함한다. 모든 구성원의 현재 정확한 연락정보가 유지되어야 한다. 기업체는 여행서비스 업체의 협조를 통하여 출장 중인 임직원에 대한 배려를 하여야 한다.

ⓑ 위기상황으로 인한 부상이나 사망의 발생하는 경우에 가까운 친인척에게 통지하는 상황을 준비하여야 한다. 가능하다면 통지는 상급 경영진에 의해서 실시되고 이에 대한 적절한 훈련이 제공되어야 한다.

ⓒ 심각한 부상이나 사망하는 경우에 가족 대표자 프로그램을 시행하여야 한다. 이 경우에 가족대표자에게 통지하며, 이 대표자가 가족과 조직 사이의 중요한 가교역할을 하게 한다. 이러한 상황에 대한 포괄적인 훈련이 필요하다.

ⓓ 위기상황에 대한 카운슬링이 필요한 경우 제공된다. 많은 사례에서 이러한 카운슬링이 조직 임직원 조력 프로그램의 경험과 자격보다 훨씬 긍정적인 효과가 있다. 따라서 즉시 카운슬링의 도움을 활용하지 못하는 경우에는 위기상황 이전에 다른 카운슬링을 확인하여야 한다.

ⓔ 위기는 조직에 상당한 재정적인 영향을 미치게 되므로 임직원과 가족, 투자자에 예상되는 영향에 대한 준비와 대응계획은 중요한 부분으로 고려되어야 한다. 이러한 영향에는 희생자 가족에 대한 재정적인 지원이 고려되어야 한다. 추가적으로 세금과 관련된 영향도 사전에 명확하게 확인하여야 한다.

ⓕ 급여지급시스템은 위기상황에서도 기능을 유지하여야 한다.

⑬ 사전에 물품보급에 관한 결정은 준비와 대응계획의 성패에 영향을 미치게 된다.

ⓐ 사전에 위기관리센터가 정해져야 한다. 여기에서 위기관리팀과 대응팀의 초기 활동이 개시되고 위기관리활동의 지시와 활동상황을 감독하게 된다. 위기관리센터는 전력공급의 안전성, 필수적인 컴퓨터와 전화, 공조시스템과 다른 활동에 필수적인 지원시스템을 구비한다. 추가적으로 비상공급물자가 센터에 준비되어야 한다.

ⓑ 위기 시에 사용가능하도록 쉽게 접근 가능한 장소에 필요한 현금이 보관되어야 한다. 위기 상황에서는 약간의 현금과 신용카드가 주말이나 업무시간 이후에 필요하다.

ⓒ 모든 위기에서 비용과 관련된 부분은 대응과 복구기간 내내 모두 기록되어야 한다.

ⓓ 보험업체는 가능하면 위기상황 초기에 접촉한다. 특히 광범위한 위기상

황에서는 보험업체 간의 경쟁이 치열하다. 모든 보험약관과 연락처는 위기관리팀에서 쉽게 활용하도록 준비하거나 적당한 원거리에 보관되어야 한다.

⑭ 위기상황이 발생하는 경우에는 이동수단은 어려움에 처하게 된다. 따라서 가능하다면 사전에 이동수단에 대한 준비가 이루어져야 한다. 이동장소가 핵심적이므로 다음의 사항을 고려한다.

ⓐ 사업장 유지가 어려운 경우에 사람의 대피가 가장 중요하며, 사업장이 파괴되거나 다른 지역이나 나라에 위치한 지부에서도 발생한다.

ⓑ 대체 사업장으로 이동

ⓒ 사업장으로 공급 또는 대체사업장으로 공급

ⓓ 업무장소로 핵심 데이터의 이동

ⓔ 특수한 필요성에 따른 임직원의 이동

⑮ 핵심적인 공급업체 또는 서비스 제공자의 준비는 준비와 대응계획의 일부분으로 적절하게 확립되어야 하고 관계자의 연락정보가 필수적이다. 이러한 정보에는 전화번호, 담당자 이름, 계좌번호, 필요한 경우 출입암호, 이러한 공정에 대하여 익숙하지 않은 경우에는 추가적인 정보도 필요하다. 경우에 따라서는 준비와 대응계획을 적절하게 평가와 검토를 실시할 필요성이 있으며, 핵심적인 공급업체의 경우에 원거리에서 위기가 발생하였을 경우에 필요한 공급품과 서비스의 지속적인 제공능력에 대한 평가는 필수적이다.

⑯ 상호원조협약은 위기상황에서 조직 간에 상호 재원을 공유하거나 빌려주는 방법에 대한 내용을 확인한다. 이러한 협약은 법적으로 합리적이고 적절하게 문서화하여 모든 참여자들이 조직 간의 약속뿐만 아니라 공급될 재원의 대표업체를 명확하게 이해하여야 한다.

⑰ 전략적 협력관계는 다른 조직이 생산·공급하고 서비스와 위험을 공유하는 독립적인 관계를 유지하는 공급 파트너와의 관계를 확인한다.

⑱ 한 번 손상의 범위가 알려지게 되면, 복구공정의 필요성이 우선시되어야 하고 재개 일정이 결정되고 문서화한다. 복구 우선순위는 공정의 기본적인 치

명성을 고려하고 영향력분석에 의해 규명된 다른 공정과의 관계, 핵심일정, 법적인 의무사항을 포함하게 된다. 공정의 우선순위에 대한 결정은 일자, 시간, 결정의 정당성을 포함하여 기록으로 유지한다.

⑲ 한 번 복구공정에 관한 우선순위가 결정되면, 재개작업은 우선순위 일정에 따라 복구가 진행된다. 이러한 공정의 재개는 현재 사업장이나 대체 사업장 중에서 위기상황에 따라 진행된다. 공정이 재개되는 경우에 상황은 문서로서 유지되어야 한다.

⑳ 한 번 핵심공정이 재개되면, 남아 있는 공정의 재개에 대하여 역점을 두고 다룬다. 가능하면 이러한 공정의 우선순위에 관하여 사전에 완벽하게 준비하고 실제적인 재개시간결정도 한다.

㉑ 조직은 '평시로 복귀'하기 위한 방법을 찾는다. 그러나 만약 위기 이전에 상태로 복귀가 불가능한 경우에는 '새로운 평상상태'를 확립한다. 이러한 '새로운 평상상태'는 사업장의 변화와 구조개편이 필요하고 조직은 새로운 생산활동 단계로 돌아가는 것이다. 공정과 모든 판단의 개별 단계는 신중하게 문서화한다. 일반적으로, 이시점이 위기가 공식적으로 '종료'되었다고 선언하는 지점이므로, 이러한 결정을 문서로 남기는 것은 중요하다. 기자회견과 대중매체를 통한 공지는 임직원의 지지와 고객의 신뢰를 얻게 될 것이다.

Ⅵ. 확 인

1) 모니터링과 측정

모니터링과 측정을 통하여 자료가 수집되면 패턴을 파악하고 정보를 수집하기 위하여 분석한다. 이러한 정보를 통하여 지식이 수집되고 개선의 이행과 예방활동에 활용한다. 측정기준이 조직탄력성관리시스템의 성공을 측정하기 위하여 정립되어야 한다.

어떻게 주요한 위험과 영향력, 목표와 목적의 성취, 보안의 개선, 준비와 대응, 연속성, 복구수행을 관리할 것인가를 결정하기 위한 고려가 조직의 필요성의 핵심적인 특징이다.

국제 또는 국내평가표준에 기인한 평가표준을 고려하여 명확한 결과를 보장하기 위하여 필요한 경우에 측정 장비는 구체적인 기간 또는 사용하기 전에 기기를 검증한다. 해당 표준이나 기준이 존재하지 않는 경우에는 측정된 기준을 기록한다.

2) 순응과 시스템성능의 평가

(1) 순응평가

조직에 적용되는 인가와 자격요건을 포함하여 법률조항에서 규정하고 있는 요구조건에 조직이 부합하는지에 대하여 평가능력을 보여주어야 한다. 더불어 조직은 조직과 관련되는 규정이나 가입된 요구조건에 규정되어 있는 순응여부의 평가능력을 보여주어야 한다.

(2) 연습과 테스트

시험 시나리오는 위험평가와 영향력분석을 통해 규명된 사고를 활용하여 설계한다. 시험은 대응팀과 임직원의 업무효과를 유지하기 위하여 개개인의 역할을 명확하게 하고 조직탄력성관리시스템의 약점을 발견하여 교정한다. 시험의 성실한 수행은 조직탄력성관리시스템의 신뢰도와 권위를 부여한다.

시험의 첫 번째 단계는 목표와 기대를 정하는 것이다. 핵심적인 목표를 어떤 위기대응공정인지 여부를 결정하고 어떻게 개선할 것인가를 정한다. 목표의 사례에는 다음과 같은 내용을 포함된다.

① 용량 시험(예, 전화시스템의 수신전화와 발신전화의 용량)

② 공정을 달성하는데 필요한 시간을 단축시킨다.

③ 일반 임직원에게 조직탄력성관리시스템에 대한 인식과 지식을 제공한다.

실제적인 사건경험과 더불어 이전 시험으로부터 배운 교훈을 토대로 조직탄력성관리시스템의 시험 사이클을 구축한다. 조직탄력성관리시스템의 시험책임자가 지정된다. 규모가 큰 조직에서는 시험팀을 구축하는 것도 고려한다. 가능하다면 위기관리 전문가나 지역 비상조직과 같은 외부 전문가를 활용한다.

계획과 요소에 대한 시험빈도를 결정하고 시험일정과 시간표를 정한다.

시험범위는 시간외 근무에 대한 것까지 개발계획을 세운다. 시험은 처음에는 상대적으로 단순한 것부터 시작하여 시험공정이 발전함에 따라 점차적으로 복잡한 것으로 진행한다. 시험초기에는 체크리스트, 간단한 연습, 조직탄력성관리시스템의 간단한 구성요소에서 시작한다. 점차적으로 시험일정이 발전함에 따라 시험은 점차적으로 복잡성이 증가하고 조직외부 공공안전과 비상대응조직의 참여를 포함하여 전체 조직탄력성관리시스템의 활성화까지 이른다.

시험참여자는 몇 가지 역할을 충족하여야 한다. 모든 참여자는 연습과정에서 자신의 역할을 이해하여야 하고 연습에는 모든 참여자가 참가한다. 시험에는 공공부문뿐만 아니라 조직 자체의 다양한 집단이 참여한다. 연습의 일부분으로서 참여자는 상호교류와 이슈에 대한 토론과 교육에 참여가 허용된다.

연습이 끝난 다음에 연습과 시험에 대한 비판적 평가가 실시되어야 한다. 평가에는 시험의 목표와 목적이 얼마나 잘 성취되었는가, 참여자의 효과성, 조직탄력성관리시스템 자체의 기능이 실제적인 위기의 경우에 작동 여부가 그 중에서도 핵심적으로 평가되어야 할 내용이다. 조직탄력성관리시스템 자체뿐만 아니라 미래의 시험에서는 시험결과를 토대로 필요한 경우 변경하여야 한다.

시험설계는 필요한 경우 평가·변경되어야 한다. 시험은 역동적이어야 하고, 조직탄력성관리시스템의 변화, 임직원의 이직률, 실제적인 사건, 이전 연습의 결과에 대하여 고려한다. 연습과 시험결과는 기록된다.

3) 불일치, 개정과 예방활동

불일치의 상태에 따라서 이러한 요구조건을 다루기 위한 절차의 정립하는 것이 좌우되는데 조직의 최소한의 공식적인 계획수립으로 성취할 수 있거나 또는 더 복잡하고 장기간의 활동이 필요하기도 하다. 모든 문서화는 행동수준에 적합하여야 한다.

4) 기록의 통제

관리시스템기록에 포함되어야 하는 대표적인 항목들이다.

① 요구조건 준수기록
② 훈련기록
③ 공정 모니터링 기록
④ 조사, 유지보수와 측정기록
⑤ 적절한 계약자와 공급업체의 기록
⑥ 사고보고서
⑦ 사고기록과 비상준비훈련
⑧ 감사결과
⑨ 경영평가결과
⑩ 외부와의 의사소통 결정
⑪ 적용되는 법적인 요구조건의 기록
⑫ 주요한 위험과 영향력 기록
⑬ 경영시스템 모임기록
⑭ 보안, 준비, 대응, 연속성, 복구수행정보
⑮ 법준수 기록
⑯ 투자자와 이해관계자와의 소통

적절한 설명이 기밀정보에 기록한다.

조직은 기록물이 훼손되지 않고, 안전하게 백업, 단지 인가된 사람만이 접근가능, 손상이나 훼손, 손실로부터 보호된 상태로 유지되도록 기록물의 무결성을 보장하여야 한다. 조직은 적절한 기간 동안 공정을 효과적으로 수행하기 위하여 문서의 보유와 유지, 이행, 정립에 관하여 결정하고 이에 관하여 적절한 법률당국과 협의하여야 한다.

5) 내부감사

조직탄력성관리시스템의 내부감사는 조직에서 선정하거나 또는 조직을 대신하여 내·외부의 전문 인력에 의해 수행된다. 어느 경우이든 간에 감사를 수행하는 사람은 충분한 자격이 있고 공평하고 객관적으로 업무를 수행할 위치에 있어야 한다. 소규모 조직에서는 감사의 독립성은 감사를 수행하는 감사가 감사행위의 책임으로부터 자유롭다는 것을 보여주어야 한다.

Ⅶ. 경영진 검토

비록 조직탄력성관리시스템의 모든 요소가 한 번에 검토되어야 할 필요성은 없고 검토과정이 정해진 기간을 넘겨 이루어지기도 하지만, 경영진에 의한 검토는 조직탄력성관리시스템의 전체를 다루어야 한다.

조직탄력성관리시스템은 정기적으로 평가(evaluation)와 검토(review)가 이루어져야 한다. 검토는 사전에 결정된 일정에 따라서 진행되고 검토의 문서화는 필요한 경우 실시한다. 다음의 요소들은 검토의 촉매제이나 그렇지 않으면 한 번 검토일정에 따라 조사해 보아야 한다.

① 위험평가와 영향력분석: 조직탄력성시스템은 위험평가가 완료될 경우 언제나 검토하여야 한다. 위험평가결과와 영향력분석은 조직탄력성관리시스템이 조직이 직면한 위험에 대하여 지속적으로 적절하게 다루고 있는가의 여부를 결정하는데 사용된다.

② 분야/산업 트렌드: 주요 분야와 산업의 주도권은 조직탄력성관리시스템의 검토에서 시작한다. 분야/산업과 비즈니스/운영의 연속성계획기법에서 일반적인 트렌드는 벤치마킹의 목적으로 사용된다.

③ 법적인 요구조건: 새로운 법적인 요구조건은 조직탄력성관리시스템의 검토를 요구한다.

④ 사건의 경험: 검토는 대응계획의 활성화 여부에 상관없이 파국적 사건에 대

한 대응에 따라 수행된다. 만약 계획이 활성화된다면, 검토는 어떻게 작동하였고 왜 작동하였는가와 같이 자체적인 계획의 이력을 고려한다. 만약 계획이 활성화되지 않았다면, 검토는 판단의 적절성 여부에 대하여 확인한다.

⑤ 시험과 연습결과: 시험과 연습결과를 토대로 조직탄력성관리시스템은 필요한 경우 개정되어야 한다.

지속적인 개선활동과 조직탄력성관리시스템의 유지는 조직탄력성관리시스템에 영향을 주는 위험, 활동, 기능, 조직의 운영변화를 반영하여야 한다. 다음은 계획에 영향을 주는 절차, 시스템, 절차의 사례이다.

① 정책의 변화

② 위해와 위협요소의 변화

③ 조직과 비즈니스 공정의 변화

④ 위험평가와 영향력분석의 가정의 변화

⑤ 유통업체와 유통망의 변화

⑥ 공정과 기술의 변화

⑦ 시스템과 응용소프트웨어의 변화

⑧ 시험으로부터 학습된 핵심적인 교훈

⑨ 위기진행에서 계획의 실제적인 적용 중에 발견된 이슈

⑩ 외부환경의 변화(산업분야에 새로운 기업, 새로운 도로 또는 현재 교통유형의 변화 등)

⑪ 계획의 검토 중에 발견되거나 위험평가와 영향력분석 중에 파악된 여러 가지 사항들

위기관리 지침

Ⅰ. 위기관리 일반

1) 위기(Crisis)의 정의

① 특정 업무에서 불안전하고 피할 수 없는 시간이나 상태로 이것의 결과는 이전상황과 비교하여 결정적인 차이를 만들어 낸다.(웹스터 사전)

② 대중매체의 광범위한 관심을 끄는 중요한 비즈니스의 중단이나 혼란 상태.(영국 위기관리연구소)

③ 절박하고 갑작스럽고 중요한 변화를 포함하는 불안전한 상황으로 생명, 재산, 환경을 보호하기 위하여 신속한 대응을 필요로 한다.(ASIS)

④ 우발상황이 구체적으로 이미 발생하였거나 긴박하게 발생할 가능성이 있는 상황이나 상태를 말한다.

⑤ 위기는 갑자기 진행되는 변화로 긴급한 문제를 발생하므로 반드시 즉시 대응하여야 한다. 기업에서의 위기는 임직원과 기업의 평판에 긴급하고 치명적인 손상을 발생시키는 원인을 내포한다.

⑥ 위기는 긴급성과 치명성을 동시에 포함한다.

⑦ 우발상황(contingency)이란 잠재적인 사건이나 사건의 발생, 통상적인 비즈니스 활동범위를 벗어난 상황으로 사망, 부상, 재산손실, 자산유용과 더불어 다양한 손실을 야기하는 중요하고 영향력 있는 불확실한 손실가능성을 의미한다.

⑧ 비상상황(emergency)은 일반적으로 예상하지 않는 긴박한 상황에서 발생한 중요한 사건으로 신속한 대응을 필요로 하는 경우로 위기와 유사한 의미로 사용하다.

⑨ 재난(disaster)은 중대한 손상이나 손실이 발생하는 사건으로 위기가 확대되어 전개되는 상황을 말한다.

⑩ 위험(risk)은 어떤 사건이나 부정적인 영향이 일어날 확률이나 규모로 목표에 대한 불확실한 영향이나 예상되는 영향력의 개연성을 의미한다.

2) 위기관리 기본 3원칙

① 모든 유형의 위기는 정형화되어 있지 않으며, 정형화는 거의 불가능하다.

② 위기관리 능력에는 위기를 생각하는 방식과 학습능력이 요구되며, 전사적 차원의 학습과 훈련이 필수적이다.

③ 대부분의 위기판단은 긴박한 상황에서 이루어지며, 자기통제에 의해 결정되기 때문에 개인의 주도적 학습이 필수적이다.

3) 위기관리 프로그램의 목적

① 조직의 장단기 이익을 보호한다.

② 비즈니스의 연속성을 유지한다.

③ 어떠한 위기에 직면하더라도 만족할 만한 결과를 이룬다.

④ 어떤 비상상황이나 위기라도 재난으로 전개되지 않도록 한다.

⑤ 피할 수 없는 위기라도 신속하게 정상적인 비즈니스 운영으로 복귀하도록 한다.

⑥ 위기 시에 말과 행동으로 외부와 원활하게 소통이 유지되도록 한다.

4) 위기관리계획에서 고려할 핵심내용

① 경험상 발생가능성이 있는 분야와 더불어 예상하지 못한 분야나 가능성이 희박한 분야도 위기관리 계획수립 시 고려하여야 한다.

② 위기관리계획은 계속적으로 테스트와 개정이 반복되어야 하며, 위기 시 임무수행자는 반드시 자신의 역할에 대하여 훈련되어야 한다.

③ 모든 구성원은 위기관리계획을 이해하여야 위기 시 주어진 역할을 할 수 있다.

④ 비상연락망(전화번호, 비상버튼, 응급물자 등)은 항상 즉시 가용될 수 있어야 한다.

⑤ 위기관리위원회, 소위원회 구성원은 위기관리계획을 단계별로 세밀하게 검토하여야 한다.

⑥ 위기관리계획은 항상 업데이트되도록 담당자를 지정하여야 한다.

⑦ 위기관리계획은 업무연속성계획과 재난복구계획과 조화를 이루도록 하여야 한다.

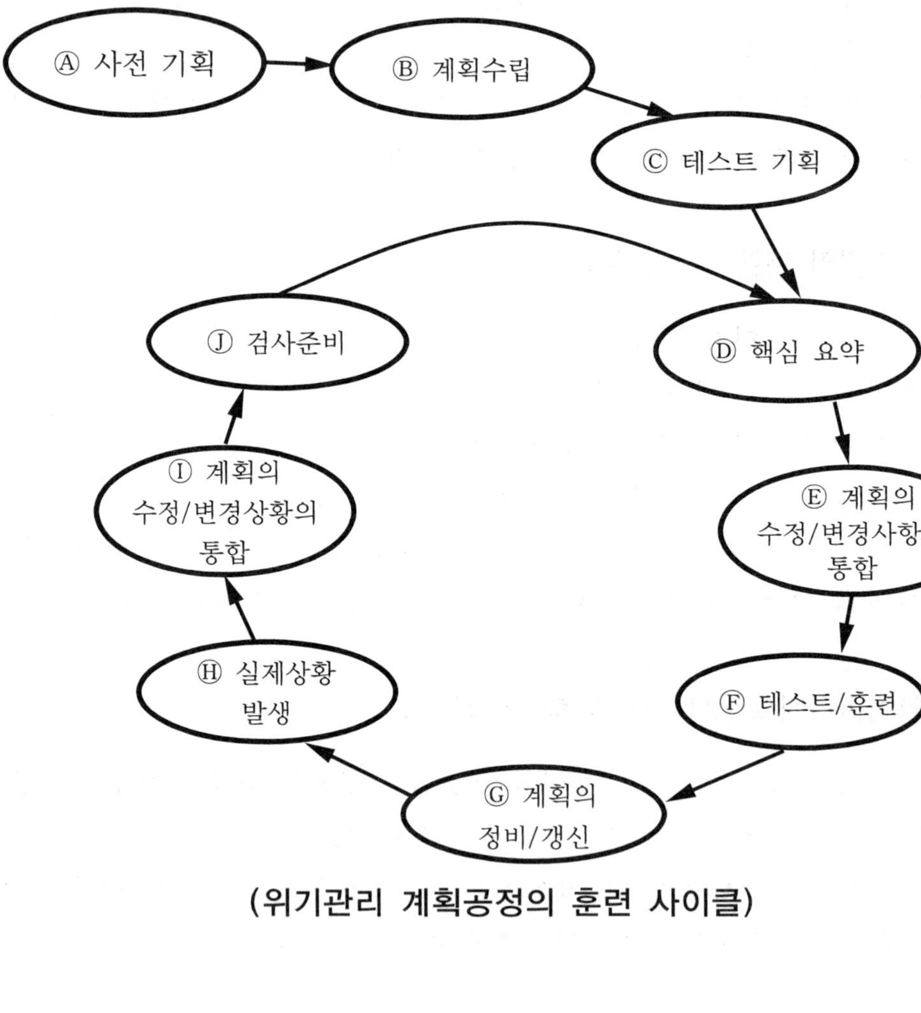

(위기관리 계획공정의 훈련 사이클)

Ⅱ. 위기대비 훈련과 테스트

모든 위기대비계획의 성공의 핵심은 체계화된 지침과 시나리오를 토대로 반복적인 훈련과 테스트를 실시하는 것이다. 어떠한 잘 정비된 위기대비계획도 실제적인 재난이 발생하기 전에 테스트 하지 않으면 비상시에 적절하게 적용하는 것을 기대하기는 어렵다. 따라서 진지한 대상대비 실제적인 훈련은 실제 비상상황 발생 시 예측 가능한 대응을 가능하게 한다. 위기대비 계획은 실제적인 훈련을 통하여 계획의 문제점과 취약점을 발견하거나 계획의 적절한 개정을 촉진하는 역할을 한다. 훈련과 테스트의 위기대비 기획의 관계는 다음의 절차와 같다.

위기대응과 위기관리의 훈련, 테스트, 연습은 몇 가지 목적으로 시행된다. 훈련이나 테스트를 통하여 경영진들은 실제상황에서 위기대비 계획이 실제적으로 적용가능한가에 대한 결정을 하는데 중요한 판단근거를 제공하게 되며, 구성원 중에서 누가 위기대응의 기능과 업무에 대하여 정확히 이해하는가에 대한 정보를 얻게 된다. 더불어 개선하여야 할 분야에 대한 결정, 협력과 의사전달 수단을 강화하고 위기관리 대응팀의 효율성을 제고하고 위기상황에 대한 경영진과 구성원의 역량을 강화한다.

이러한 훈련을 통하여 발생한 실수는 프로그램에 대한 중요한 통찰을 제공하므로 계획수립과정에 중요요소로 포함되어야 한다. 더불어, 관련 법규에 의해서 주기적으로 실시하여야 하는 훈련에 숙련된 소방관을 참여시킨 테스트는 기업의 대외적인 이미지를 강화시킨다. 또한 위기대응 훈련에 과감하게 미디어 관계자를 초대하여 기업의 위기대응에 대한 책임감 있는 행동을 보여주는 것도 고려되어야 한다.

1) 사전 훈련

모든 구성원은 위기대응훈련에 참여하여야 하고, 개별적인 직분에 부합하는 업무를 수행하여야 한다. 기본적으로 훈련에는 3개의 그룹으로 분류되는데, 직원, 경영진, 위기대응팀으로 분류한다.

(1) 구성원

일반적인 직원훈련에서 모든 직원들은 긴급 상황이나 비상상황시에 자동적으로 경보나 신호에 반응하도록 학습되어야 한다. 또한 직원들은 모든 각자의 비상시의 임무에 대하여 숙지하고 훈련되어야 한다. 위기대비훈련에서 가장 주요한 분야에 대한 위기대응관리에 대한 기본적인 이해와 어떻게 정보를 얻고 비상시 행동지침을 이해하여야 한다.

① 전직원을 위한 일반훈련에는 다음의 내용이 포함된다.

② 시설물과 인근 시설물의 위험요소

③ 경보신호와 신호의 의미, 그리고 어떻게 신호에 대응해야 하는지에 대한 이해

④ 비상시 행동요령에 대하여 정확하게 규정된 구체적인 업무책임

⑤ 비상시에 취해야 하는 행동요령, 어떻게 사고를 보고하고 누구에게 하는지

⑥ 신분, 장소, 비상용 장비사용(소화기, 보호의, 개인보호의와 같은 호흡장비)

⑦ 비상폐쇄절차

⑧ 비상탈출절차, 루트, 집합장소와 인원파악 절차

(2) 경영진

비상시의 리더십은 위기관리계획의 성공의 핵심이므로, 위기상황에 대비한 경영진에 대한 더욱 구체적인 훈련이 요구된다. 더불어 비상시 경영진의 임무와 책임에 대한 훈련에는 위기관리계획에 규정되어야 하고 경영진은 반드시 숙지하여야 한다.

① 재난계획수립과 대응, 복구, 인근 공동체와 연락

② 위기관리계획에 대한 책임

③ 위기관리계획에 포함되는 정부기관과의 협력

④ 재난관리에는 리더십과 미디어에 대한 기법이 필요하다.

⑤ 위험물질과 같은 기업에서 특별히 관심을 기울이는 물질에 대한 이해

(3) 위기대응팀

팀원은 위기관리계획에서 계획과 지원 절차에 대한 구체적인 대응책임과 요구사항을 수행하도록 한다. 여기에는 구체적인 업무수행목적에 요구되는 사항을 결정하기 위한 구체적 업무분석이 요구된다. 한 번 업무수행목적이 결정되면, 훈련프로그램이 해당 목적에 부합하도록 디자인된다. 예를 들어, 위기관리팀의 조정관은 광범위한 위기업무와 기능을 수행하도록 한다. 훈련프로그램에는 반드시 적절하게 업무를 수행하도록 비상시 업무를 보장한다. 훈련대응팀의 일반적인 고려사항은 다음을 포함한다.

① 재난의 원인이 되는 기업시설물의 위협요소와 취약성

② 계획에 포함되어야 할 재난 시 대응절차

③ 지시, 통제, 보고라인

④ 특별장비의 장소와 사용방법

⑤ 장비와 시스템(예, 스프링클러, 전원과 유틸리티, 폐쇄시스템)

⑥ 상황보고방법

위기대응 훈련정책과 프로그램의 개발에 포함될 사항

① 훈련에 대한 책임을 규정

② 훈련의 주제를 결정

③ 훈련프로그램의 디자인(업무수행분석, 수행목적, 프로그램 목적, 훈련방법)

④ 훈련교관의 지정

⑤ 프로그램의 평가, 상태, 개정

훈련의 복잡성 혹은 단순함에 상관없이 각각의 직원들과 관리자은 반드시 위기상황 시 그들에게 주어진 업무가 무엇인가를 숙지하여야 하고, 어느 분야에서 참여하여 위기대응을 하여야 하는지 명심한다. 사전 훈련이 이러한 사항을 성취할 수 있도록 기회를 제공하여야 한다. 테스트, 훈련과 연습은 경영진에게 위기상황에 대한 정보를 제공하고 기업이 위기대비계획을 수행할 수 있는 준비를 할 수 있게 한다.

2) 반복 연습

반복 연습(Drill & Exercise)은 참여자들이 자신의 비상시 책임을 훈련하고, 세미나 또는 워크숍에서 선행적으로 교육시킨다. 공식적으로 정해진 연속되는 훈련, 연습은 현재의 기술을 활용하는 기회를 제공하고 새로운 기법을 배우는 기회이다.

모의훈련을 이용한 위기관리계획의 연습은 위기대응 기법과 지식을 시험할 기회를 제공하고 장단점을 파악하게 한다. 새로운 기법의 학습, 의사결정 시연, 기법과 의사전달, 경영진의 관심이 되는 계획과 절차의 차이의 발견, 위기관리계획의 개정이나 수정을 촉진하는 방법과 절차를 상세하게 검토한다.

모의훈련은 3가지 유형으로 탁상훈련, 제한된 영역훈련, 전방위 훈련이 있다.

탁상훈련은 작은 집합에서 발생한 가상 시나리오를 상호 토론하는 것을 말하며, 이것은 사고의 요인에 대응하기 위한 위기관리의 효율성을 테스트하고 관리진의 의사결정 시나리오에 가장 유용하다. 훈련에는 제한된 인원과 장비가 동원되고 해당 부분에 대하여 구체적으로 평가하고 참가자의 활동을 촉진시킨다.

훈련영역은 제한되고 구체적으로 설계된 집단에서 협력과 교류에 관하여 제한적으로 테스트한다(예, 건물탈출). 여기서 참가자의 요구된 절차에 대한 지식수준을 알게 된다. 전방위 훈련은 위기계획프로그램의 교류와 협력에 관한 포괄적인 테스트로 비상시 책임에서 가장 핵심적인 요인의 지식과 기술을 테스트한다.

모든 연습은 사람과 장비가 동원되고 통제와 평가를 위하여 훈련된 인력이 참가하고 큰 틀에서 참가자의 활동을 촉진시킨다. 이때 외부 위기관리 기관의 참가도 고려한다.

훈련과 연습의 범위는 학습목표를 보장하기 위하여 필요한 것이 무엇인가를 결정하고 참가자들이 달성하도록 한다. 예를 들어, 만약 위기관리계획에서 구체적으로 최고경영진의 의사결정력을 측정하기 위한 목적이라면 비록 동일한 목적이 전방위 훈련 동안에 테스트가 가능하더라도 탁상훈련이 적절하다.

모의훈련 또한 통제관이나 평가자에게 요구된다. 이들은 반드시 위기관리계획의 실행에 대한 해박한 지식을 필요로 하고 또한 연습시나리오를 준비하여야 한다. 선임통제관은 평가 팀에 대한 전반적인 지침을 제공하고 참여자와 조정자 역할을 보장한다.

① 참가자 지침을 준비한다.(예, 테스트 법위, 목적, 규정과 절차)

② 통제의 지침과 통제관의 구체적인 임무를 부여한다.

③ 전체 시나리오와 참가자의 시나리오와 전체 사건의 진행에 대하여 준비한다.

④ 평가표를 준비하고 간략한 추가 훈련을 준비한다.

모의훈련을 효과적이고 해당 목적을 성취하기 위해, 결과는 반드시 평가되고 재검토되어야 한다. 평가자는 개별적인 잘잘못을 지적하고, 모의훈련으로부터 학습된 교훈을 토대로 보완절차를 지시한다. 이러한 행동은 통제된 모의훈련에서 가장 기본적으로 요구되는 사항을 강조하므로, 기업 지부의 경험과 절차를 개발하는데 도움이 된다.

3) 주요계획 고려사항 체크리스트

위기관리계획 공정에서 규정된 주요한 고려사항을 보장하기 위한 지침으로서 체크리스트이다. 공정 진행에 따라 계획이나 체크리스트의 현재 상황에 대한 기록을 빈 공간에 기록한다.(완료=예, 추가행동=아니오, N/A=적용불가능, 알 수 없는 사항에 대해선 답변이 필요 없다)

체크리스트는 조직의 준비상황을 평가하거나 계획의 미비점을 발견하기 위하여 위기관리계획을 수립하기 전에 적용한다.

4) 방향과 통제

위기대비 계획과 체크리스트에 포함되어야 할 사항은 다음과 같다.

① 개별적인 위기상황, 재난상황에 대한 책임자는 지정되어있는지, 위기운영센터(EOC)의 위치에 대한 지정, 지침이나 통제를 시행하는 장소는 지정되어 있는가?

② 시설물, 사업장의 평가의 필요성에 대한 결정, 탈출지시는 언제 할 것인가

에 대한 결정은 문서화되어 있는가?

③ 탈출지시를 할 경우 개별 책임은 규정되어 있고 어떻게 전파하는가?

④ 만약 위기운영센터가 정해진 기능을 수행하지 못할 경우에 대안으로서 다른 EOC에 대하여 규정되어 있는가?

⑤ 위기운영을 위한 EOC 담당자는 지정되어 있는가?

⑥ 리더십의 연속성을 보장하기 위하여 핵심보직에 대한 책임과 권한, 승계라인은 정해져 있는가?

⑦ 음식물, 식수, 조명, 연료 등, 위기대응팀을 위한 물자지원은 제공되는가?

⑧ 위기대응팀과 구성원은 정확하게 구성되고 운영가능한가?

⑨ 위기대응활동의 운영적 관리적 지원은 부여되는가?

⑩ 비상기능, 지침과 통제 연관성, 지원 통신시스템은 명확하고 간략하게 요약되어 있는가?

⑪ EOC 구성원은 신속한 소집이 가능한가?

⑫ EOC 기능, 배치도, 운영개념, 구성원의 임무, 진열용품의 사용법, 24시간을 기본으로 모든 준비를 EOC로 가져오는 과정에 대하여 명기하였는가?

⑬ 재난상황에서 보호되어야 하는 재원(핵심 요원과 장비)은 무엇인가?

⑭ 재원통제에 관하여 구체적으로 명기되었는가?

⑮ 핵심 기록물에 대한 보호조치는 되어있는가?

⑯ EOC 구성원과 대응팀을 위한 접수, 분석, 보고, 유지에 관한 정보의 중앙 협력부서는 존재하는가?

⑰ EOC 구성원은 보고서의 사실여부에 대하여 알고 있는가?

5) 교신수단

다음의 내용들은 위기대비 계획과 체크리스트에 규정되어 있는가?

① 주요교신수단과 보조무선통신, 가스발전기 또는 보조 전원(고정이나 이동식 중에서 가용성 있는 것)은 준비되어 있는가?

② EOC와 대응팀간의 교신방법에 대한 구체적인 규정, 산재된 기업체/사업장 운영 장소, 인근 기업체, 지역 위기대응서비스(소방, 경찰 등)
③ 가능하면 위기대응팀을 위한 양방향 무전기가 준비되었는가?
④ 대응팀 구성원들은 통신용어에 대하여 이해하고 어디서 통신장비를 가져오며, 어떻게 작동하는지에 대하여 숙지하고 있는가?
⑤ 단기간에 통신요원을 호출하는 것이 가능한가?
⑥ 위기상황 시에 추가적인 전화서비스가 가능한가?
⑦ 위기 시 조력조직에 관한 핵심적인 전화번호목록의 유지한다.

6) 경계와 경고

위기대비 계획과 체크리스트에 다음의 내용이 포함되는가?
① 시설물에 위협이 되는 위기상황에 대한 기상청과 지방정부로부터 수신된 경고
② 재난상황에 처한 직원에 대한 경고
③ 근로자에게 경고를 발하기 위해 사용되는 경보시스템(경보기, 감지기, 소리치기, 무선호출기 등)에 대한 설명
④ 주요시스템을 보강하기 위한 경보수단의 대안
⑤ 인사부서의 책임과 작동절차에 대한 설명
⑥ 재난현장의 인근 시설이나 지방정부의 경보가 반드시 시설물 주변으로 전파되어야 한다.
⑦ 지방정부로부터의 위기대응(소방, 경찰, 의료 등)에 관한 협조요청?
⑧ 경보신호의 차별화된 구분이 가능하도록 구체적인 위협에 대한 구분이나 구체적인 대응 행동요령을 내포하고 있는가?
⑨ 경보신호는 청각에 문제가 있는 사람이나 자국어를 이해하지 못하는 사람들에 대한 경보대책은?
⑩ 모든 경보장치가 동시에 작동하도록 준비되거나 핵심요원에게 알리기 위한

24시간 경보가 수신이 가능한 장소는 지정되었는가?

⑪ 비상시 핵심요원에게 알리기 위한 호출절차나 외부 도움을 요청하기 위한 절차는 수립되어 있는가?

⑫ 경보시스템의 기능이 적절하게 작동하는가를 보장하기 위한 평상시의 확인

7) 시설물의 폐쇄

위기대비 계획과 체크리스트에 다음의 내용이 포함되는가?

① 어떠한 상황에서 폐쇄조치를 하는가에 대한 고려사항에 대한 지침

② 폐쇄 장비, 유틸리티, 시설물에 의사결정자를 지정

③ 누가 사업장폐쇄에 대한 책임자인지를 구체적인 지정, 장비와 유틸리티의 폐쇄의 구체적인 역할을 지정, 자동적인 폐쇄시스템을 확인하고 작동하지 않는다면 수동으로 작동, 장비폐쇄의 백업은 누가하는지 지정하고 폐쇄조치가 완료되면 EOC에 보고서의 제출하는 절차수립

④ 사전조정 순서를 확립하거나 긴급한 위험에 절절하게 폐쇄절차를 시작하는 신호체계를 확립한다.

⑤ 비상시 폐쇄절차에 관한 완전한 체크리스트.

⑥ 전체를 폐쇄하는 장소를 보여주는 도면

⑦ 폐쇄지침을 통제패널, 밸브, 스위치 근처에 부착하거나 주요장비의 개별적인 부분의 작동원리를 보여준다.

⑧ 비상폐쇄절차를 수행하는 담당자를 교육·훈련시킨다.

⑨ 화재를 진압하기 위한 소방호수에 담당자를 지정한다.

⑩ 중요한 도구, 장비와 재료와 귀중품의 보호와 명시

⑪ 상황의 필요나 시간이 허용되는 경우에는 외부에 적재된 장비와 재료의 보호, 핵심적이고 귀중한 품목은 창고내부로 이동, 이동 가능한 장비는 높은 장소로 이동하거나 건물의 보호 장소에 이동한다.

⑫ 재난 진행과정에 자산손실을 최소화하고 손실평가와 통제기법을 수립한다.

⑬ 부서관리자에 의해서 유틸리티 서비스와 장비의 폐쇄절차를 확인한다.

8) 탈 출

위기대비 계획과 체크리스트에 다음의 내용이 포함되는가?

① 어떤 탈출지시가 내려졌는지 상황을 기록하라

② 다양한 위협요인에 따른 최적의 선택을 하고 탈출절차를 개발하고, 잠재적인 2차 재해를 피해야 한다.

③ 탈출기능을 수행하는 업무라인을 확립하고 탈출지시에 대한 개별적인 책임에 대하여 규정한다.

④ 어떤 상황에서 전체적인 탈출을 지시하기 전에 시설폐쇄를 완료하는 것이 안전한가에 대하여 규정한다.

⑤ 만약 탈출경보가 울리지 않는 경우에, 수색 및 구조팀의 절차

⑥ 건물과 사업장으로부터 탈출경로를 표시하는 지도

⑦ 모든 직원의 2개의 탈출경로 선택이 포함된 사업장 전반에 걸친 탈출경로의 명확한 표시

⑧ 계단과 복도의 안전조명(정전 중에 탈출에 필요한 조도를 보장하는 수준

⑨ 구역과 현장탈출 모두에 적용되는 탈출경로, 일반절차, 체크인 절차에 대하여 모든 임직원이 숙지하는가?

⑩ 모든 장애 직원을 위한 탈출 시에 도움에 대한 언급

⑪ 자국어를 사용하지 않는 직원들이 경보신호를 인지하고 어디서 어떻게 탈출하는지에 대하여 특별히 관심을 기울인다.

⑫ 공공 혹은 기업에서 제공한 안전한 재모집장소가 탈출자들에게 혹독한 날씨에 노출되지 않도록 보장한다. 핵물질사고나 공격에 수반되는 방사능물질에 대비한다.

⑬ 후방에 위치한 보안요원은 임직원이 모두 탈출하였는지에 대하여 확인하는 책임을 명기한다.

⑭ 실종된 사람을 확인하는 시스템을 구축한다.

⑮ 핵심적인 기록물을 탈출시키는 절차를 구축한다.

⑯ 탈출시켜야 하는 핵심적인 장비를 명기하고 어떻게 누가 업무를 수행하는가를 명기한다.
⑰ 현장탈출을 수행한 현장책임자로부터 시설물에 상황에 대하여 지정된 기업과 민간기관에 보고한다.
⑱ 모든 시설물에 대하여 주기적인 탈출훈련계획과 훈련이 실시되는가?
⑲ 대기상태에서 탈출계획을 갱신하고 책임자를 지정(이름과 직책)하고 유지한다.

9) 피신처

위기대비 계획과 체크리스트에 다음의 내용이 포함되는가?
① 기업시설물 내에 위치하는 피신처를 지정한다.
② 사전에 정해진 지정신호에 따라 현장피신처에 질서 있게 이동한다.
③ 복도, 계단, 건물창고를 직원이동에 도움이 되도록 지정한다.
④ 외부 대피소에 피신할 경우에 필요한 음식물, 음료, 상비약과 같은 위기 시 저장품은 확인하는가?
⑤ 만약 기업의 시설물에 지역 피신처 제고물품을 포함하고 있다면, 수납과 기록에 대하여 정부관련 담당자와 긴밀하게 협조한다.
⑥ 피신처 관리자와 지원 인력을 지정한다.
⑦ 피신처 관리자를 위한 훈련을 정립하고 지방정부의 위기관리공무원의 방사능 감시시스템을 확인한다.
⑧ 인근 지역의 추가적인 거주자를 등록과 접수하고 공무원과 긴밀하게 협조한다. 만약 기업시설물에 지역의 피신처를 포함하는 경우에는 긴밀히 협조한다.
⑨ 인쇄된 지침서에 임직원에게 알리는 피신처장소와 경로에 대하여 알린다.
⑩ 현장 피신처를 유지하는 책임자를 지정한다.
⑪ 책임 근로자의 중요업무의 연속성을 보장하기 위하여 작업장 근처에 방폭 대피호를 제공한다.

⑫ 모든 핵심 근로자의 대피소는 지역정보와 협력하여야 한다.

⑬ 언제 대피소의 거주자들이 해지되는가를 결정하여야 한다.

10) 위기대비 서비스

위기대비 계획과 체크리스트에 다음의 내용이 포함되는가?

전반적인 서비스(첨부한 항목은 모든 위기상황에 적용되지는 않는다)

① 현재 통제자/호출 대기자 명단을 개별적인 위기대응팀에 맞추어 유지한다.

② 위험물질 취급자와 연관된 구체적인 위험에 대하여 당사자에게 권고하고 자신을 보호하기 위한 최상의 방법을 교육한다.

③ 위험물질, 화학물질, 방사능 환경에서 적절한 장비, 도구, 해독제, 보호구, 보호의를 ERT 구성원이 위기업무를 수행하도록 준비한다.

④ ERT 구성원은 언제 어떻게 대응장비, 도구, 항생제와 보호의를 사용하는가를 결정한다.

⑤ 팀구성원이 오염에 대하여 확인하고, 오염된 의복을 폐기할 수 있도록 일반적인 절차를 확립한다.

⑥ 개별적인 대응팀을 위한 표준화된 운영절차, 어떻게 팀이 주어진 임무를 달성하는가에 대하여 기술하고 어떻게 인지된 다양한 상황을 처리하는가를 규정한다.

⑦ 다른 기업이나 조직(국가, 지방정부, 자원봉사단체)과 상호협력약정을 맺는다.

⑧ 유틸리티의 폐쇄장소, 급수전과 메인수원, 빗물배수관과 하수구, 담장, 출구, 천연가스, 화학물질배관, 개별건물 이름, 도로명과 도로번호 방향을 포함한 배치도(현장배치도, 건물과 대지의 도면)를 준비한다.

⑨ 조직구상과 건물계획을 인근 소방서와 경찰서에 복사본을 제공한다.

⑩ 재난 진행과정에 부상이나 실종되거나 동료로부터 이탈된 임직원의 상황을 가족에게 알리거나 문의에 답변하는 절차를 수립한다.

⑪ 위기대응 과정에 필요한 물자를 지원한다.

⑫ 부상, 손상의 정도, 탈출상황 등에 관한 적절한 정보를 제공한다.
⑬ 재난활동 중에 ERT 구성원의 통제와 지침을 규정한다.
⑭ 개별 ERT 요원을 위한 대표자를 지명하고 의사결정자에게 조언하기 위한 EOC에 보고체계를 확립하고 팀대응을 조정한다.
⑮ 재난상황 전개 중에 복구활동을 전개한다.

Ⅲ. 개별 분야별 서비스

1) 보안부서

① 재난 중에 교통통제
② 시설에서 피신처로 탈출하는 이동을 돕는다.
③ 핵심자원에 대한 보호조치
④ 비상피난처에서 질서유지
⑤ 파괴된 지역의 기업자산의 보호
⑥ 위기상황 과정에 재난구역의 탈출
⑦ 보안팀의 사보타지 예방훈련

2) 소방과 구조

① 위기상황에서 소방, 구조팀과 장비의 배치
② 직접적인 위험상황의 영향에도 불구하고 접근 가능한 장소에 화제통제장비를 보관한다.
③ 팀구성원은 언제 어떻게 구난장비를 사용하는지 보장한다.
④ 비상피난처에서의 화재보호
⑤ 위험물질과 관련된 위험에 관하여 의사결정자에게 조언한다.
⑥ 위기상황 중에 부상자를 구조한다.

⑦ 기술적인 위험과 관련된 위험의 모든 비상서비스, 비상상황시의 화재를 진압한다.
⑧ 방사능 감시에 관한 훈련을 실시한다.

3) 건강/의료

① 필요하다면 의료시설의 이동을 조정하거나 부상자를 찾아내기 위한 비상재난집합소를 선정 · 구축하고, 응급조치를 관리하고 부상자의 기록과 신원을 확인한다.
② 비상시 응급의료지원을 받는다.
③ 비상시 사용하기 위한 의료보급품의 적절한 재고를 유지한다.
④ 화학물질에 오염된 부상자를 관리하고 현장 화학물질에 노출되는 경우의 비상절차를 확립한다.
⑤ 의료지원인력을 지정하고 응급처지방법을 훈련한다.
⑥ 모든 시설물의 피난처에 건강과 의료처치를 한다.
⑦ 피난시설에서 건강한 상태를 보장하기 위한 정보프로그램을 구비한다.

4) 기 술

① 사업장 폐쇄절차를 수립하고 시험한다.
② 사업장 폐쇄과정에서 주요장비를 보호하는 사전조치를 하고 사용하지 않는 동안에 유지 · 관리한다.
③ 핵심밸브, 스위치, 공급라인과 위험물질구역을 도면으로 보여준다.
④ EOC와 핵심 공급라인의 예비전원을 확보한다.
⑤ 대규모 토목공사, 덤프트럭, 연료 등의 가용성과 공급원과 장소를 지정하는 재원 리스트를 준비 · 유지하며, 재난대응 복구활동을 지원한다.
⑥ 재난상황에 대한 피해평가보고서를 작성한다.
⑦ 핵심적인 유틸리티와 필수적인 시설을 복구한다.

⑧ 재난 후 보수와 시설물의 복구와 서비스를 준비한다.

⑨ 비상대응 시설물의 위생서비스의 제공한다.

⑩ 폐쇄조치 후에 음료, 소방, 기록과 위생에 위한 적절한 식수원 공급을 유지한다.

5) 위기상황 정보

위기대비 계획과 체크리스트에 다음의 내용들이 포함되어야 한다.

① 모든 임직원은 경보신호에 대한 의미에 대하여 이해하고 있어야 하며, 위기시 어떤 행동을 하여야 하는지에 대한 전반적인 지침을 이해하고, 피신처에 어떻게 어디로 가는지에 대하여 인지하여야 한다.

② 기업에 영향을 미치는 모든 위험상황을 토대로 한 임직원을 위한 위기상황 대응 지침서를 준비한다.

③ 임직원에게 위기상황에 대한 정보를 제공한다.

④ 위기상황에 대한 정보와 지침 경로 등에 관한 내용을 게시판이나 잘 보이는 장소에 게시하거나 휴대폰 메시지로 실시간 전달한다.

⑤ 모든 핵심 임직원에게는 자신의 역할을 계속적으로 수행하기 위한 특별지침을 전달하고 여기에는 임직원과 가족들의 안전에 관한 정보도 포함한다.

⑥ 관리자의 정기적인 회의의 의제에는 위기대응활동에 대한 내용을 포함한다.

⑦ 관리자와 선임자는 정기적으로 임직원과 위기관리계획에 대한 준비에 대하여 토론하도록 보장한다.

⑧ 모든 신입직원이 입사하는 초기에 교육과 훈련과정에 위기관리계획과 대응시 역할에 대하여 학습하고 이들이 위기대응에 대하여 생각하는 시간을 제공하고 임직원에게 주기적으로 일상적인 간략한 위기대응정보를 제공한다.

⑨ 비상상황 시에 연락관 역할을 하는 정보관을 지정한다.

⑩ 뉴스 미디어와 접촉하는 대변인의 책임을 지정한다.

⑪ 모든 수집된 정보를 검증하는 절차를 확립하고 개별정보의 정확성을 검증

한다.

⑫ 조직에 부정적인 루머의 확산을 통제한다.

6) 정책과 물류

위기대비 계획과 체크리스트에 다음의 내용들이 포함되어야 한다.

① 모든 기업의 부서에는 비상시의 책임에 대하여 부여하고 주기적으로 내용에 대한 검토와 개정의 필요성을 점검한다.

② 기업의 최고경영자에 의해 승인되고 배포한다.

③ 승인일자를 구체적으로 명기한다.

④ 위기관리계획의 검토와 갱신을 유지하는 책임자의 직책과 이름을 명기하고 변화의 개정의 필요성을 보장하기 위한 준비, 협력, 인쇄, 배포를 명기한다.

⑤ 훈련과 연습을 통하여 발견된 문제점을 토대로 조직구조, 기술적 변화 등이 필요하다면 개정한다.

⑥ 공급원과 품질을 포함한 재원재고목록을 개발 · 유지한다. 여기에는 조명, 구급약품, 소방과 다른 기초적인 위기대응지원장비를 포함한다.

⑦ 인력, 장비, 보급품 등 추가적으로 비상시에 필요한 요소를 규정 · 명기한다.

⑧ 항목과 지침서를 바탕으로 계획이나 체크리스트에 구체적인 주제를 포함한다.

⑨ 비상시의 기능을 수행하기 위한 대응팀과 특별 부서를 훈련한다.

⑩ 비상시 실제적으로 적용할 계획과 체크리스트의 항목을 검토하거나 재난대응과 복구활동을 향상시키기 위한 개정이 필요한지에 대한 고려로써 훈련을 실시한다.

7) 재난복구 계획서

위기대비 계획서에는 다음의 내용들이 포함되어야 한다.

① 비즈니스 기능의 민감도(sensitivity)나 최대허용고장시간(MAD)을 규정한다.

② 핵심적인 비즈니스 부서와 지원부서를 규정한다.
③ 주기적인 점검을 포함한 업무영향분석(BIA)을 활용한다.
④ 최고경영진에 의해 정책성명서, 사명 선언문, 재난관리 헌장을 발표 · 서명한다.
⑤ MAD 범위 내에서 중요기능의 시간을 재정립한다.
⑥ 언제, 어디서, 어떻게 이러한 기능들이 진행되는지 확립한다.
⑦ 필수적인 운영을 계속하는 담당자를 지정한다.
⑧ 임직원의 숙박에 필요한 시설을 지정하고 필요하면 장소를 지정한다.
⑨ 임직원을 위한 운송방법을 지정하고 대안장소나 보조 장소를 사용하는 경우 서비스를 유지하고 필수품을 공급한다.
⑩ 음식물, 음료, 필요한 필수품을 직원에게 공급한다.
⑪ 필수품의 위탁보관, 훈련된 인력, 장비와 재료의 백업, 대안장소 혹은 다른 장소에 사용할 서비스나 제품공급을 유지한다.
⑫ 임직원에게 조직의 복구계획, 그들의 역할과 책임을 알려주고 필요한 재원을 공급한다.
⑬ 복구관리팀을 구축한다.
⑭ 복구팀의 구체적인 기능과 임직원의 구체적인 복구업무에 대하여 명기한다.
⑮ 모든 부서와 복구기능팀의 재난복구에 관한 구체적인 절차와 임무에 대하여 명기한다.
⑯ 연락망과 연락절차에 대하여 구체적으로 명기한다.
⑰ 재난의 선언과 계획의 실행에 대한 절차에 대해 명확하게 규정한다.
⑱ 복구정보 데이터베이스를 생성한다.
⑲ 복구를 지원하기 위한 필요한 시간을 확보하기 어려운 경우에는 사업장 외부에서 핵심적인 보급품의 공급한다.
⑳ 백업과 사업장 외부 저장소를 포함한 핵심기록물 프로그램을 수립한다.
㉑ 복구공정 과정에 경영진과의 연락을 유지한다.
㉒ 대변인의 지정과 위기 시 교신계획과 절차를 수립한다.

㉓ 다른 위기관리계획과 비상대응절차와의 연속성을 유지한다.
㉔ 손상품의 사용과 재난복구 전문기업을 확인하여 둔다.
㉕ 신입직원에게 재난관리계획에 관한 오리엔테이션과 훈련을 실시한다.
㉖ 주기적으로 재난관리계획을 갱신하는 절차를 유지한다.
㉗ 재난관리 프로그램을 테스트한다.
㉘ 배포물의 통제와 복구계획기록물의 보안유지절차를 수립한다.
㉙ 조직의 전략기획의 일부분으로써 재난복구계획을 주요한 고려사항으로 포함하고 신제품과 새로운 서비스개발절차에도 적용한다.

8) 위기대비 과정의 필수 고려사항

① 핵심 임직원과 고객의 전화번호를 유지하고 복사본을 핵심 위기관리팀원에게 제공한다.
② 사무실에 음성메일 시스템을 운영하는 경우에는 하나의 원거리 번호를 지정하고 임직원을 위한 메시지를 녹음하여 모든 임직원에게 번호를 제공한다.
③ 기업의 주요 비즈니스 라인에 전달이 가능한 번호를 지정하고, 사무실에 가기 어려운 경우에 지정번호로 전화하거나 어디서나 전화번호를 다시 지정한다.
④ 비상상황에서 실무자가 신속하게 자신의 비즈니스로 복귀하는 것이 어려운 경우에는, 열쇠나 알람 코드를 신뢰하는 동료나 가까운 친구에게 위임한다.
⑤ 정전을 대비하여 비상등을 설치한다. 비상등은 건물 전체에 거쳐 설치하여야 하므로 저렴하고 가장 손쉽게 구입이 가능한 것으로 한다.
⑥ 업무 중에 주기적으로 컴퓨터자료를 백업하고, 자료는 원거리에 보관한다.
⑦ 비상시에 비상장비의 불량은 참사로 이어질 수 있으므로, 비상시 장비에는 반드시 규격화된 제품과 엄격하게 품질이 검증된 제품을 사용한다.
⑧ 비상상황에 대비한 휴대용 라디오를 구입하여 날씨의 변화에 대하여 확인한다. 기후로 인한 재난 시 기상정보는 앞으로 어떻게 대비해야 하는지를 알려주는 핵심적인 정보이다.

9) 위기관리기획

① 위험분석과 평가를 통하여 발생가능한 치명적인 사고에 대하여 사전에 예측·대비하도록 노력한다.

② 개별적으로 이해관계자의 비즈니스와 관련된 발생 가능한 영향력을 분석한다.

③ 개별 사건에 효과적·효율적으로 대응하기 위하여 필요한 핵심 시설, 장비, 직원과 대책을 결정한다. 여기에는 내·외부 재원들을 포함한다.

④ 적절한 기간시설과 대응훈련의 준비, 능동적인 계획을 통하여 예상하지 못한 사고에 대하여 유연하게 대비하여 위기전개로 인한 손실을 최소화한다.

⑤ 비즈니스 연속성이 유지되도록 하는 방법을 규정하고, 여기에는 현장이나 외부 장소에 사용 중인 시스템이 아닌 개별적인 시스템으로 IT 처리능력을 재개하는 것을 포함한다.

⑥ 위기의 영향을 받은 사업장이나 비즈니스가 결정적으로 영향을 미치는 고객서비스의 연속성을 유지한다.

10) 위기상황 전(Pre)의 확인사항

① 발생 가능한 위기상황의 시나리오를 결정한다.

② 발생가능성을 최소화하는 조치를 취한다.

③ 우발상황 발생 시 대응력을 높인다.

④ 위기상황의 확산방지나 억제조치를 실시한다.

⑤ 지도나 계획에 비상장비 위치를 표시한다.

⑥ 위기 시 필수적인 보호장비를 구비한다.

⑦ 위기대응절차를 문서화한다.

⑧ 비상시 연락망을 구축한다.

⑨ 사업장 위기대응팀의 리스트를 구축한다.

⑩ 외부 위기대응조직과의 네트워크를 구축한다.

⑪ 외부 조력기관의 전문가를 파악한다.

⑫ 지시와 통제시스템을 구축한다.
⑬ 실무자의 책임과 권한을 명확하게 명기한다.
⑭ 위기발생시 자동적으로 연락되는 통신시스템을 구축하고 갱신한다.
⑮ 알람과 경보시스템을 구축한다.
⑯ 미디어 대응팀과 대변인을 선임한다.
⑰ 피난과 집합장소를 명기한다.
⑱ 탈출로를 잘 보이는 곳에 부착한다.
⑲ 비상시 출입권한을 표시한다.
⑳ 훈련과 제원, 연습과 조사절차를 확립한다.

11) 위기상황 중(During)의 확인사항

① 명확하게 어떤 상황인가에 대하여 파악한다.
② 비상서비스 관련기관에 연락하고 대응한다.
③ 피해자를 포함한 현장상황의 정도에 대하여 파악한다.
④ 위기관리센터에서 가능한 활동을 전개한다.
⑤ 비상대응을 위한 협력과 의사소통 네트워크를 구축한다.
⑥ 비상시 최초 대응에 대한 행동요령을 명기한다.
⑦ 응급구조와 후생복지에 대한 조언을 구한다.
⑧ 모든 위기상황의 확대에 대하여 규정한다.
⑨ 비상대응서비스의 조력과 지침을 명기한다.
⑩ 대응팀 운영의 초기영향에 대하여 평가한다.
⑪ 직원들에게 상황지침에 대한 전달수단을 명기한다.
⑫ 상황의 전개에 따라 전원 혹은 부분적인 대피조치를 실시한다.
⑬ 신속하게 임직원을 소집하고 인원을 확인한다.
⑭ 상황전개에 대한 문서화된 기록물을 유지한다.
⑮ 미디어의 관심에 대하여 체계적으로 대응한다.

⑯ 핵심적인 비즈니스 운영활동을 유지한다.
⑰ 비상발생 현장에 출입을 통제한다.

12) 위기상황 후(Post)의 확인사항

① 평상시 운영상황으로 신속하게 복귀한다.
② 자신감과 연민의 이미지를 창출한다.
③ 조직의 이해관계자나 고객들과 소통한다.
④ 위기상황이 발생에 대하여 조사한다.
⑤ 외상후 스트레스 증후군을 포함한 임직원의 복지를 점검한다.

위기관리 체크리스트

Ⅰ. 위기관리 일반

1. 조직의 핵심적인 업무를 수행해야 할 사무실을 사용하지 못할 경우에는 즉시 대체본부를 사용가능하도록 유지하는가?
2. 대체본부에는 주요한 데이터가 항상 업데이트되어 유지되는가?
3. 대체본부는 지역적으로 재난상황이 발생한 구역의 영향권에서 벗어나 있는 곳에 위치하는가?
4. 비상시 대응 프로그램은 즉시 적용 가능하도록 준비되어 있으며, 주기적으로 업데이트 되고 있는가?
5. 비상시 구성원 모두가 자신의 임무를 숙지하고 있는가?
6. 준비된 비상계획 프로그램에 의하여 주기적으로 대비훈련을 실시하는가?
7. 훈련에 따라 발견되는 문제점은 협의를 거쳐서 즉시 수정되는가?
8. 비상시 필요한 인력에 대한 비상연락망은 항상 최신의 것으로 업데이트 되는가?
9. 경찰이나 소방인력에 대한 비상연락망은 준비되는가?
10. 인근 경찰이나 소방인력이 비상시에 도착할 수 있는 최소한의 시간은 확인되었는가?
11. 공공조직의 인력이 도착하기 전까지의 대응에 대한 시나리오는 존재하는가?
12. 자체 비상대응팀과 외주 인력과의 업무분장과 교신은 원활한가?
13. 협력이 가능한 공공기관의 인력구성에 대하여 확인하였는가?
14. 개인용 컴퓨터나 전원차단에 대한 명확한 규정이 정립되어 있는가?
15. 개인용 컴퓨터나 기업의 메인 컴퓨터를 가동하기 위해서는 철저한 비밀번

호체계를 운영하는가?

16. 이러한 비밀번호체계의 운영에 대하여 주기적으로 점검하는가?
17. 사무용건물의 전원차단에 대한 결정은 누가 하는가?
18. 당직자는 이러한 결정에 대한 권한을 위임받았는가?

Ⅱ. 지침과 통제

비상계획과 체크리스트의 규정에는 다음의 내용을 포함한다.

1. 각각의 비상상황과 재난의 경우에 책임자를 명시하고 재난운영센터(EOC)의 위치를 명기하거나 지침과 통제를 전파하기 위한 현장 지휘소를 명기한다.
2. 비상탈출명령이 내려질 경우나 시설물이나 특정 장소로부터의 탈출할 필요성에 대하여 고려한다.
3. 비상탈출명령이 내려질 경우에 각자의 책임에 대하여 규정하고 어떻게 개인에게 전달되는가를 명기한다.
4. 주요한 재난운용센터가 기능을 수행하지 못할 경우에는 대체되는 재난운용센터를 지정한다.
5. 재난시의 재난운용센터의 운용에 관한 개별적인 임무에 관하여 지정한다.
6. 주요 직책의 업무연속성을 위해서 후임자를 지정한다.
7. 비상대응팀에 제공하기 위한 음식물, 음료수, 조명, 연료 등과 같은 필수품을 준비한다.
8. 비상대응팀이나 인력구성과 활동은 시기가 가장 중요한다.
9. 비상대응활동의 관리적 · 운영적 지원업무를 지정한다.
10. 지침과 통제관계, 지원통신시스템과 같은 비상기능에 관한 명확하고 간략한 대응지침에 관한 요약이 필요하다.
11. 재난운용센터 구성원이 시속하게 업무를 수행하도록 보장한다.
12. 재난운용센터의 기능, 레이아웃, 운영의 개념, 구성원의 임무, 표식의 사용

에 대하여 상세하게 규정하고, 재난운용센터가 24시간 이내에 완전한 준비 태세를 갖추도록 상세과정을 정한다.

13. 재난상황 동안에 핵심인물이나 장비에 대한 대비계획을 세운다.
14. 핵심자산에 대한 통제절차를 적용한다.
15. 핵심 기록물에 대한 보안대책을 세운다.
16. 재난의 영향을 감시하고 특성에 대하여 보고한다.
17. 재난운용센터요원이나 대응팀에게 재난과 관련된 정보(재산피해, 화재상황 등)를 수집, 분석, 보고, 유지하기 위한 중앙통제센터는 운용한다.
18. 재난운용센터요원은 보고내용에 대하여 확인한다.

Ⅲ. 통신수단

1. 가스발전기 혹은 추가적인 전원을 사용하는 통신장비 혹은 보조무선장비(고정식 또는 이동식)는 사용이 가능한가?
2. 재난운용센터와 대응팀, 원거리 회사, 사업장 운영 장소, 인근 기업, 지역 경찰이나 소방기관과의 통신수단에 대하여 명기하였는가?
3. 비상대응팀을 위한 양방향 통신수단이 준비되었는가?
4. 비상대응팀의 구성원은 교신시의 용어에 대하여 이해하고 있으며 통신장비의 위치와 어떻게 효과적으로 사용하는지에 대하여 교육되었는가?
5. 빠른 시간 내에 통신요원의 호출은 가능한가?
6. 비상시에 추가적인 전화서비스는 가능한가?
7. 비상조직을 위한 핵심전화번호는 잘 정리되어 있는가?

Ⅳ. 감시와 경고

1. 시설물의 위험상황에 대한 공공기관이나 관련정보를 대한 경보수집시스템이 구축되어 있는가?
2. 재난상황에 대하여 구성원들에게 경보전달시스템은 구축되어 있는가?
3. 구성원에게 경계경보전달에 사용되는 경보시스템(장치의 유형, 경보, 호출방식, 감지기, 구두)에 대하여 상술하였는가?
4. 주요시스템을 보완하기 위한 대체 경보수단은 무엇인가?
5. 부서나 개인의 책임과 활동절차에 상세하게 규정되었는가?
6. 현장재난상황을 신속하게 시설물 외부로 전달하는 방법은 무엇인가?
7. 근처 재난관리기관(소방, 경찰, 의료 등)에 도움요청에는 어느 정도 시간이 소요되는가?
8. 경보신호는 특정한 위협요소나 특정한 대응행동을 요구하도록 차별화되어 있는가?
9. 경보는 장애인이나 특정 언어를 사용하는 구성원에게는 어떻게 전달되는가?
10. 비상경보센터는 핵심임원에게 알리고 동시에 모든 경보장치를 가동하는가?
11. 비상상황 발생 시에 핵심임원에게 소집절차의 통지와 원거리 원조를 요청하였는가?
12. 비상경보시스템의 적절한 동작을 확인하기 위해서 일상적인 점검을 실시하는가?

Ⅴ. 시설물 폐쇄

1. 시설물 폐쇄에 대한 구체적인 규정이 마련되었는가?
2. 장비, 시설물, 공익설비에 대한 폐쇄조치에 대한 결정자는 정해졌는가?
3. 폐쇄조치를 시행하는 책임자는 지정하였는가? 가스나 식수와 같은 공익설비

나 장비를 차단하거나 자동차단확인을 위한 특정 역할을 지정하였는가? 시설물의 폐쇄가 완료되면 비상경보센터에 보고절차가 확립되어 있는가?

4. 비상시 폐쇄조치에 대한 완전한 체크리스트가 존재하는가?
5. 재난상황 일람표는 모든 시설물의 폐쇄위치가 나타나는가?
6. 각종 주요 장비들의 작동절차와 폐쇄지침서를 컨트롤 패널, 밸브, 스위치 상단이나 근처에 부착되어 있는가?
7. 비상시 폐쇄절차를 수행하는 담당자를 훈련·지도하였는가?
8. 문과 창문을 폐쇄하는 담당자를 지정하고, 느슨한 장비를 고정하며, 장비와 보급품은 안전한 공간으로 이동하며, 창문과 문은 바리케이드를 친다.
9. 화재진압을 위하여 소방호수와 장비를 준비하는 담당자를 지정하였는가?
10. 조직 운영에 필수적인 도구나 장비, 기계 그리고 재료를 보호하기 위해서 담당자를 지정하였는가?
11. 상황이 허용한다면, 외부에 적재된 원재료들은 단단하게 고정하고 보호시설로 이동하거나 중요 항목들은 저장소 내부로 이동하여야 한다.
12. 재난기간 동안에 자산손실을 최소화하기 위한 통제기법과 손실평가방법을 확립하였는가?
13. 부서관리자가 공공서비스와 장비를 폐쇄하는 절차를 시험하였는가?

Ⅵ. 탈출 시나리오

1. 어떤 상황에서 탈출이 결정되고 누구에 의해서 지시되는지에 대하여 구체적으로 명기되어 있는가?
2. 잠재적인 이차적인 재앙(고압선 주변에 거주할 경우에 고압선이 넘어질 경우, 지진에 의해서 송유관이 파괴될 경우, 화재 손상 등)을 피하기 위하여 다양한 위험요소에 대하여 적절한 대안을 강구하고 탈출절차를 개발한다.
3. 탈출지시에 개별적인 책임자를 지정하고 탈출업무를 수행하는 후임자를 지정한다.

4. 전반적인 탈출을 지시하기 전에 재난 확산을 방지하기 위한 시설물의 폐쇄를 완료하여 안전성을 확보되었는가를 확인한다.
5. 시설물에서 각각의 상황에 따른 신속한 탈출을 위하여 경보음과 통신시스템에 대하여 명기한다.
6. 만약 탈출 경보음이 작동하지 않을 경우에는 구조팀의 업무수행절차에 대하여 규정하였는가?
7. 건물이나 시설물에서 탈출경로에 대한 구체적인 도면이 마련되었는가?
8. 모든 임직원을 위한 2개의 선택 가능한 탈출로(필요할 경우에 화재 시 탈출구)가 기업전체 시설물에 걸쳐서 명확하게 표시되어 있는가?
9. 정전 시에 대비하여 탈출하는 동안의 적절한 조명확보를 위하여 보호조명이 계단과 통로에 설치되어 있는가?
10. 모든 구성원은 탈출경로와 절차를 잘 숙지하고 있는가?
11. 장애인의 탈출을 돕기 위한 절차는 수립되어 있는가?
12. 외국인 근로자와 같이 경보신호나 메시지를 알지 못하는 사람들을 위하여 그들이 이해할 수 있는 다른 신호체계를 개발하였는가?
13. 혹한과 폭우 또한 방사능 위험으로부터 안전한 공공시설이나 회사 내 보안구역이 확보되어 있는가?
14. 모든 구성원들의 탈출여부를 확인하는 보안요원이 배치되어 마지막까지 점검을 실시하도록 보장하고 있는가?
15. 시설물에 근무하는 모든 근로자의 탈출을 보장하는 체계화된 인원확인절차가 명기되었는가?
16. 인원확인절차에 따라서 실종된 구성원을 확인할 수 있는가?
17. 핵심 기록물을 안전한 구역으로 이동시키는 절차가 명기되었는가?
18. 비상시 이동하여야 할 핵심장비를 지정하고 어떻게 누가 이동할 것인지 지정하였는가?
19. 탈출이 시행된 이후에 현장 책임자로부터 정보당국이나 기업책임자에게 시설물현황보고서를 제출하도록 되어 있는가?

20. 모든 시설물에 주기적으로 탈출훈련이 실시되고 문제점은 즉시 토론되는가?
21. 비상상황을 가정하여 탈출계획은 업데이트 되고 책임자의 이름과 직위를 명기하고 있는가?

Ⅶ. 보호구역

1. 회사 시설물 내에 보호구역을 지정하여 운영하는가?
2. 전반적인 이동형태와 준비된 방향신호에 따라 정해진 보호구역으로 질서 있게 이동하도록 유도되는가?
3. 기업 내 보호구역에는 음식물, 음료, 의약품과 같은 필요한 물품이 준비되어 있는가?
4. 보호구역을 관리하는 관리자와 지원요원이 지정되어 있는가?
5. 임직원에게 보호구역의 위치와 이동경로에 대한 지침서를 배부하였는가?
6. 보호구역의 운영에 관한 개인적인 책임에 대하여 지정하였는가?
7. 핵심 근로자가 기업의 필수업무를 수행할 수 있도록 안전한 작업공간을 제공하는가?
8. 모든 핵심 근로자의 보호구역은 공공기관과 긴밀하게 조정하여 유지되는가?
9. 재난상황이 안정되어 보호구역에서 벗어나게 되는 상황에 대하여 규정되어 있는가?

Ⅷ. 재난 서비스

1. 각각의 비상대응팀을 위한 호출 명단과 공지사항은 유지하는가?
2. 특정 위험과 관련된 위험물질을 다루는 작업자의 안전을 보장하기 위한 최선의 수단을 조언해주는 전문가를 지정하였는가?

3. 위험물질, 화학물질, 방사선 환경과 같은 위험한 업무수행을 행하는 비상대응팀을 위한 보호의, 해독제, 적절한 장비와 도구는 준비하였는가?
4. 비상대응팀원들은 대응장비와 도구, 해독제, 보호의를 언제 어떻게 사용하는가에 대하여 잘 숙지하고 있는가?
5. 팀원들은 오염된 의복의 소각과 오염상황의 확인에 대한 절차를 수립하였는가?
6. 비상대응팀은 관련 기관들과 어떻게 비상시 업무를 조정하고 주어진 업무를 어떻게 수행하는가에 대한 표준 업무수행절차를 수립하였는가?
7. 외부의 다른 비상대응기관의 도움을 요청하기 위한 결정과 조력기관의 구성에 대한 세부적인 내역을 보유하고 있는가?
8. 예상계획(현장도면, 건물과 운동장의 지도 등)에는 공공시설물의 폐쇄장소, 소화전과 주공급원, 폭우 시 배수관, 담장, 출입문, 도시가스, 화학물질 파이프라인, 각 건물의 이름과 도로의 번호와 방향에 대한 구체적인 내용을 포함하는가?
9. 건물계획(각 건물의 층별 계획)은 공간의 레이아웃, 각 공간에 저장된 물질, 저장실과 저장물질의 성질에 대한 내용을 포함하는가?
10. 비상조직계획과 건물소개계획은 지역 소방소와 경찰서에 사본이 제공되었는가?
11. 재난에 의해서 부상당하거나 실종된 사람에 대한 정보는 가족에게 내용을 제공하는 업무를 관리하는가?
12. 재난 시 운영업무에는 물자지원업무에 대한 구체적인 내용이 포함되어 있는가?
13. 재난운영업무에는 재난운용센터에 부상자와 손실정도, 대피현황 등에 관한 정확한 정보를 보고하는가?
14. 재난 과정 중에 비상대응팀의 통제와 지침은 마련되어 있는가?
15. 각 비상대응팀의 대표자는 재난운용센터에 보고하고 의사결정자에게 조언하거나 팀 대응을 조정하는 업무를 수행하는 담당자를 지정하였는가?
16. 재난발생중의 복구활동에 대한 지침은 마련되어 있는가?

Ⅸ. 건물 비상탈출

1. 각층에서 적어도 2개 이상의 탈출수단이 있는가?
2. 동일한 층에서 탈출구는 각각 분리되어 설치되었는가?
3. 탈출로는 막다른 길을 피하여 설치되었는가?
4. 탈출로에 대한 지시는 부착되어 있는가?
5. 탈출로는 섬광전구나 잘 보이는 표시장치로 강조되어 있는가?
6. 탈출구는 표시가 되어있거나 조명이 설치되었는가?
7. 탈출계단통은 비상등이 설치되어 있는가?
8. 탈출계단통은 장애물이 없는가?
9. 탈출계단통의 표면은 미끄러지지 않는 재질로 되어 있는가?
10. 계단통의 배치는 장애인들이 탈출을 용이하도록 위치하는가?
11. 즉시 사용할 수 있는 구급장비나 보급품(들것이나 구급약품)은 준비되었는가?
12. 탈출계단통은 내화재로 시공되었는가?
13. 탈출계단통은 연기를 시며들지 않게 하는 환풍기가 설치되었는가?
14. 하나의 계단통은 다른 계단통과 교차되게 설치되어 있는가?
15. 각각의 층에는 절절한 인원의 관리자가 상주하는가?
16. 각층의 관리자는 비상탈출절차에 대하여 훈련되었는가?
17. 각층의 관리자는 적절한 장비(손전등이나 호각)를 갖추었는가?
18. 건물 이용자에게는 비상시 탈출절차에 대하여 교육되었는가?
19. 비상탈출훈련은 적어도 매 6개월마다 실시되는가?
20. 소방서 경보시스템은 적절하게 작동되고 인근에 위치하는가?
21. 각층의 사용자들은 방송시스템을 모두가 청취할 수 있는가?

X. 보안통제센터

1. 중앙통제센터의 보조전원은 확보되었는가?
2. 중앙통제센터에 화재감시 패널이 위치하는가?
3. 중앙통제센터에 방송장비가 위치하는가?
4. 보안요원들은 중앙통제센터의 장비 운영에 대하여 훈련되어 있는가?
5. 보안요원은 중앙통제센터의 장비를 매월 1회 이상 시험 가동하는가?
6. 보안요원은 매달 소화기를 점검하는가?
7. 중앙통제센터에는 즉시 사용가능한 구급품을 구비하고 있는가?
8. 보안요원은 비상탈출절차에 대하여 훈련되었는가?
9. 비상탈출절차는 현재 문서화되어 있는가?
10. 보안요원은 소방차 주차구역에 대한 규정을 통제하는가?
11. 보안요원은 도착한 구급차의 차량과 인력을 통제하는가?

XI. 자산관리장소

1. 자산관리자는 비상시 대응계획을 각층 관리자, 보안요원, 정비요원과 같이 협력이 가능하도록 항상 준비하는가?
2. 비상시 대응계획은 관할 소방서와 경찰서와 협조체제로 구축되어있는가?
3. 자산관리자는 건물거주자와 대응 팀의 특정 훈련을 위하여 계속적으로 보안 인식 프로그램을 관리하는가?
4. 특정 훈련프로그램에는 화재예방, 비상탈출절차, 응급구조와 심폐소생술과 같은 초기대응 시 의료지원을 포함하는가?
5. 자산관리자는 소방관과 경찰관이 도착하기 전에 건물의 비상상황의 모든 통제를 관리하는가?
6. 정비담당 직원은 화재진압시스템과 환기시스템을 작동하고 폐쇄하기 위한 훈련을 실시하였는가?

7. 정비담당 직원은 주기적으로 화재감지기와 스프링클러 시스템, 저수탑장비 그리고 예비전원시스템을 점검하는가?
8. 정비담당 직원은 무전기로 중앙통제실과 교신이 가능한가?

XII. 비상서비스 항목

1) 보안서비스

① 재난 중의 교통흐름에 대한 통제
② 안전시설로 대피나 시설물에서 탈출을 조력하는 업무
③ 특히 중요 재원에 대한 보호업무
④ 보안시설에서 질서유지
⑤ 파괴된 지역에서 기업자산의 보호업무
⑥ 재난 진행 중 재난구역에서 탈출업무의 수행
⑦ 보안요원의 사보타지 예방에 대한 훈련

2) 화재와 구난

① 재난 발생 시에 화재와 구난 팀과 장비를 배치
② 재난발생의 경우에 접근이 용이한 구역에 화재통제장비를 비치
③ 화재구난팀은 어떻게 구난장비를 사용하는가에 대하여 익숙할 것
④ 재난시 안전구역의 화재방지
⑤ 위험물질과 관련된 위험에 관하여 의사결정자에게 조언
⑥ 재난활동 시에 발생한 부상자의 구조
⑦ 재난구조 활동 시에 기술적 위험과 화재와 관련된 모든 위험의 재난서비스의 경계
⑧ 방사선물질의 감시에 대한 훈련

3) 건강과 의료

① 필요한 경우에 의료시설의 운송 업무를 조정하고 부상자의 신원확인과 기록, 응급처지의 관리, 부상자의 선별을 위한 재난부상센터의 설치와 선정
② 비상시에 재난의료지원의 확보
③ 재난 시에 필요한 의료보급품의 적절한 제고유지
④ 화학물질에 노출된 사람들의 비상조치와 화학물질에 감염된 부상자의 관리
⑤ 보충된 의료요원이나 임무가 부여된 요원들에 대한 응급조치훈련
⑥ 모든 안전시설물에서 건강과 의료조치
⑦ 안전한 상황 하에서 좋은 건강상태를 유지하기 위한 정보 프로그램의 개발

4) 기술적 대책

① 각종 시설물과 장비의 폐쇄조치절차를 확립하고 시험한다.
② 필요하다면 폐쇄조치와 사용하지 않는 기간 동안, 장비보호를 위한 사전예방조치를 시행한다.
③ 공공설비의 주요밸브, 스위치, 공급라인, 위험구역의 위치를 보여주는 도면을 준비한다.
④ 재난운영센터와 필수적인 생산라인에 대한 예비전원을 준비한다.
⑤ 불도저, 덤프트럭, 연료의 가용성과 위치, 공급원을 규명하여 재원리스트를 준비하고 유지하며, 재난대응복구활동을 지원한다.
⑥ 손실평가보고서를 작성한다.
⑦ 핵심 시설물과 공공시설물을 복구한다.
⑧ 재난 발생 후에 시설물과 서비스의 복구와 수선업무를 수행한다.
⑨ 재난활동 시 필요한 시설물에 대하여 위생서비스를 제공한다.
⑩ 음료, 소방, 오염제거와 위생활동을 위하여 시설물 폐쇄조치 이후에 적절한 물 공급을 유지한다.

5) 재난정보

① 모든 종업원들이 재난신호에 대해서 이해하고, 재난 시 어떻게 행동해야 하는지에 대한 전반적인 지침을 숙지하고, 재난관리센터와 안전구역이 어디이고 어떻게 가야 하는지에 대하여 알 수 있도록 정보를 제공한다.

② 기업에서 발생가능한 모든 위험상황을 근거로 하여 구성원의 재난 시 지침서를 발행 · 배포한다.

③ 재난 시 정보와 지침을 게시판이나 건물의 잘 보이는 장소에 게시한다.

④ 재난 시에도 계속하여 자신의 업무를 수행해야 하는 모든 핵심적인 요원에게 요원들과 가족의 안전에 관한 특별지침과 같은 정보를 제공한다.

⑤ 감독업무를 하는 직원들을 위하여 정기적으로 예정된 모임의제에 재난대응 활동에 관한 내용을 포함한다.

⑥ 감독관과 선임자가 정기적으로 동료들과의 모임에서 재난관리계획의 내용에 관하여 토의하도록 보장한다.

⑦ 모든 종업원이 신규로 입사할 경우에는 기업에서 재난관리계획과 대응역할에 대하여 숙지할 수 있도록 정기적인 교육을 실시한다.

⑧ 정기적으로 모든 재난대응팀의 구성원들은 모든 구성원과 특정한 대응행동훈련에 관한 보안대책에 관한 전반적인 훈련을 받을 수 있도록 일정을 정한다.

⑨ 재난 시에 정부기관과 교신하기 위한 정보담당임원을 지정한다.

⑩ 모든 수신된 정보의 진실성과 정확성을 검증하기 위한 확립된 절차를 수립한다.

⑪ 재난에 관한 루머를 통제 · 관리한다.

6) 경영관리와 물자지원

① 모든 기업부서에 지정된 재난책임에 대하여 문서화한다.

② 기업의 이사회와 경영자가 승인하고 공표한다.

③ 재난관리계획의 승인날짜를 명확히 한다.

④ 재난계획의 책임을 맡고 있는 부서나 개인을 지정하고 해당 실무자가 재난 계획의 변경이나 개정이 필요한 경우, 준비, 조정, 출판, 배포의 업무를 수행한다.
⑤ 재난대비훈련을 통하여 문제점이 발견될 경우에는 조직구조나 기술적인 변화를 통하여 개정한다.
⑥ 재난 시 활용가능한 자원상태에 관한 재고 리스트(조명, 구급용품, 의료품, 소방, 여러 가지 기초적인 재난대응 지원 장비 등)를 만들고 주기적으로 갱신한다.
⑦ 개인, 장비, 보급품과 같은 재난 시 필요한 추가적인 자원에 관한 상황을 파악한다.
⑧ 재난 시 효과적인 업무를 수행할 수 있도록 대응요원과 특별조직을 훈련시킨다.
⑨ 재난대응과 재난 시 운영에 관한 기능을 향상시키기 위하여 실제로 훈련을 실시한 다음에 개정이 필요한 계획이나 체크리스트 부분을 검토한다.

7) 복구계획

① 비즈니스 기능과 최대 허용된 가동중단시간의 민감도를 규명한다.
② 핵심적인 비즈니스부서와 지원부서의 규명한다.
③ 주기적인 검토를 포함한 비즈니스 영향분석을 실시한다.
④ 최고경영진에 의해 인가된 정책성명서, 사시, 설립강령을 발표한다.
⑤ 허용된 최대 가동중단시간의 한도에서 중요기능을 재정립한다.
⑥ 핵심기능이 언제, 어디서, 어떻게 계속되는가에 대해서 정립한다.
⑦ 필요한 운영업무를 계속해야 할 근무자를 지정한다.
⑧ 필요할 경우, 종업원들이 거주할 시설을 마련한다.
⑨ 원거리와 대체요원의 지원사업장 서비스와 제품보급에 필요한 교통수단을 확보한다.

⑩ 근로자에게 필요한 음식물과 식수 그리고 필요한 생필품을 제공한다.
⑪ 복구관리팀과 재난운용센터를 설립하여 운영한다.
⑫ 특별복구 업무팀과 특수 업무를 수행하는 전문가를 선발한다.
⑬ 복구팀과 부서의 특수임무와 절차에 관하여 상세하게 명기한다.
⑭ 재난복구에 관한 데이터베이스를 구축한다.
⑮ 재난복구에 필요한 주요 보급품을 제때에 구하지 못할 경우에는 원거리에서 핵심보급품 목록을 작성하여 관리한다.
⑯ 백업이나 원거리 저장소를 포함한 핵심기록물 프로그램을 구축한다.
⑰ 재난복구 기간 동안에 최고경영진과의 연락관을 운영한다.
⑱ 지정된 대변인을 포함한 위기 시 통신수단과 절차를 확립한다.
⑲ 기업 내의 다양한 위기관리계획과 재난대응절차와의 연속성을 유지한다.
⑳ 복구나 파손된 기업자산의 사용에 관한 규정을 마련한다.
㉑ 재난상황에 관하여 신입직원의 오리엔테이션과 훈련을 실시한다.
㉒ 주기적으로 재난계획을 업데이트 하는 절차를 마련한다.
㉓ 재난계획 프로그램의 보안과 배포 통제에 관한 절차를 마련한다.
㉔ 기업 전략기획의 한 부분으로 재난복구계획에 대한 고려가 포함되고 새로운 제품과 서비스 개발절차를 마련한다.

8) 추가적인 고려사항

① 기업의 핵심적인 요원과 고객에 대한 전화번호부를 만들고, 사본을 핵심구성원에게 배포한다.
② 사무실에 음성메일시스템이 있다면, 직원에 대한 메시지를 기록한 원거리 번호를 하나 지정한다. 그리고 모든 직원들에게 그 번호를 알려준다.
③ 재난상황발생 이후에 신속하게 업무에 복귀할 수 없는 경우에는 열쇠와 경보기 암호를 신뢰할 수 있는 동료에게 맡긴다.
④ 정전이 발생할 경우에는 비상등이 들어올 수 있도록 설치한다.

⑤ 수시로 업무시간을 통하여 컴퓨터자료를 백업시키고, 백업데이터는 지역적으로 재난구역에서 원거리에 보관한다.

⑥ 보안담당자가 업무에서 이탈할 경우를 대비하여, 한 사람의 보안 코디네이터를 지정한다. 지정된 사람은 직원과 고객의 안전 그리고 비즈니스 자체의 보안에 대한 모든 결정을 하게 된다.

시설보안진단 체크리스트

Ⅰ. 보안정책 일반

1. 회사에는 명확한 보안정책과 절차가 문서로 존재하는가?
2. 보안정책에는 기업과 경영진의 책임이 명기되었는가?
3. 보안정책에는 모든 관리자의 책임이 명기되었는가?
4. 보안정책에는 모든 구성원의 책임이 명기되었는가?
5. 경영자는 보안정책에 대하여 엄격한 상벌을 적용하는가?
6. 보안업무를 총괄하는 독립적인 부서장이 존재하는가?
7. 보안부서의 업무와 예산은 독립되어 운영되는가?
8. 보안진단은 주기적으로 실시되고 결과는 경영자에게 직접 보고되는가?
9. 보안책임자는 경영진(CEO, COO)과의 직접적인 보고라인이 있는가?
10. 보안부서장(CSO)은 이사회에 참석할 권한이 주어지는가?
11. 물리적(시설) 보안과 기술적(IT) 보안업무는 통합되거나 상호 밀접한 업무 연관성을 유지하는가?
12. 보안정책과 절차를 위반한 사람에 대한 명확한 징계절차가 수립되어 있는가?
13. 보안교육은 매월 정기적으로 실시되며, 결과가 경영진에게 보고되는가?
14. 보안교육에는 주기적으로 외부 보안전문가를 초청하는가?
15. 기업의 전산센터는 분리되어 통제구역으로 관리되는가?
16. 기업 외부로 디지털자료의 이동은 엄격하게 통제되는가?
17. 경영진을 포함하여 모든 구성원은 보안규정의 통제를 받는가?
18. 구성원은 자신의 보안책임에 대하여 숙지하고 있는가?
19. 구성원의 보안활동은 인사고과에 반영되는가?

20. 청렴성관리부서는 상시 운영되고 핫라인이 존재하는가?
21. 구성원의 부정행위에 대하여 보안부서에서 조사하는가?
22. 신입사원 입사전후의 적격심사와 퇴직자관리는 엄격하게 시행되는가?
23. 주기적으로 구성원들의 비상훈련이 실시되는가?
24. 구성원들은 비상시에 자신의 임무에 대하여 알고 있는가?
25. 구성원의 통제구역에 대한 접근제한과 방문객의 안내절차는 모두가 알고 있는가?

Ⅱ. 사업장 보안업무

1. 문서로 사업장의 보안관리자와 보안부서의 업무가 명확하게 지정되어 있는가?
2. 문서로 다양한 직급의 보안요원(부서, 지점 등)이 지정되어 있는가?
3. 해당 사업장에서 보안관리자와 보안요원은 다양한 직분과 기능 그리고 책임에 대하여 인식하고 있는가?
4. 현재 각각의 보안 계획에 따라 사업장과 비즈니스 활동은 운영하고 있으며, 해당 계획의 날짜는 구체적인가?
5. 사업장의 보안부서는 보안규정(국가보안규정, 산업보안규정 및 지침서 등)과 참조사항에 대하여 반영하고 있으며 현재자료를 관리하는가?
6. 사업장 보안계획에는 화재, 폭발위협, 위기와 혼란, 사보타지, 폭발사고, 자연재해, 불법노사분규 등과 같은 예상치 않는 분야를 포함하는가?
7. 폭발사고나 위협에 대비한 계획에는 다음의 내용을 포함하고 있는가?
   ① 사업장에서 폭발사고 발생을 줄이기 위한 예방대책은 무엇인가?
   ② 위험평가절차나 위협을 처리하기 위한 지침을 포함하는가?
   ③ 구성원의 안전이나 대피절차에 대한 정책이 포함되는가?
   ④ 폭발물의 수색절차가 보안규정으로 존재하는가?

⑤ 필요한 전문가(경찰, 폭발물 처리반)의 도움을 요청하는 절차는 수립되었는가?

⑥ 만약 폭발물이나 폭발물 의심물질이 사업장에서 발견되었을 경우에 도움을 요청하는 절차는 있는가?

⑦ 폭발발생 시에 대피나 처리절차는 있는가?

8. 구성원들의 신원확인검사에 대한 보안요원의 신원확인절차가 구체적으로 명기되어 있는가? 만약 명시되어 있다면 절차는 언제 검토되고 갱신되는가?

9. 사업장에 반출·입되는 물품에 대한 검사프로그램은 운영되는가? 이 프로그램은 모든 물품을 검사하는가, 아니면 무작위로 검사하는가? 현재의 운영방식에 의해 적발한 가장 최근 사례는 언제인가? 지난 1년 동안 실시된 물품검사의 빈도는 얼마나 되는가?

10. 사업장과 비즈니스 과정에서 사업장의 전복계획이나 산업스파이 방지를 포함하는 다양한 보안 프로그램을 활용하고 있는가?

11. 사업장의 모든 구성원은 자신의 임무에 대하여 주기적으로 전달받는가?

12. 보안관리자와 보안요원은 해당 사업장에 최소 1년에 한 번 정도는 시설보안진단을 실시하는가?

13. 필요한 경우에 사업장 정보와 자산을 보호하기 위하여, 업무제한이나 배제, 통제구역을 지정할 수 있는가?

14. 업무제한이나 배제, 통제구역 지정을 위한 기초적인 보안 대책들은 실제적으로 효과가 있는가?

15. 사업장에서 기초적인 보안 대책기준에 적합하다 할지라도 3가지 구역에서의 이러한 보안 대책의 부족한 점을 보완하기 위한 조치는 실행되는가?

16. 보안대책들은 다음 내역을 보호하는데 실제적으로 효과적인가?

① 전원공급 장치와 전송시설

② 통신센터와 장비

③ 보안요원의 무기와 탄약

17. 문서로 잠금장치와 열쇠 관리인이 지정되어 있는가?

18. 잠금장치와 열쇠관리 프로그램에는 다음 내용을 포함하는가?
   ① 열쇠관리 기록부
   ② 관리인이 변경된 경우에 열쇠의 제고조사
   ③ 마스터키에 대한 통제
   ④ 복제 장비와 예비키의 통제
19. 소각 · 폐기할 기밀문서를 넣는 자루(burn bag) 보관소는 항상 잠긴 상태로 보안요원의 감시가 유지되거나 경보시스템이 설치된 장소로 유지되는가?
20. 번백을 파기하기 위해서 이동할 경우나 파기장소에는 신원이 확인된 최소한 2명의 보안요원이 동행하는가?
21. 복사실은 기밀자료의 복사를 허용되는가의 여부와는 상관없이, 복사실에서 보호조치가 되어 있지 않은 기밀자료들에 대하여 매일 확인이 시행되는가?
22. 유지보수요원들에 의한 쓰레기분리의 제한이 있는가?
23. 기밀로 분류되지 않은 쓰레기 처리는 통상 얼마 정도 되는가?
24. 보안용기의 조합번호는 적어도 1년에 한 번은 변경되는가?
25. 보안용기의 조합번호는 보안 구역 내에서 정비 · 보수되는가?
26. 사업장과 업무에 필요한 보호수준에 적합하도록 보안팀의 역량과 조직구성이 이루어졌는가?
27. 모든 보안요원은 문서와 관리되는 제품을 취급할 수 있을 정도로 최상의 신원확인절차를 실시한 다음 업무에 투입되는가?
28. 감독자는 최소한 1번의 근무교대에 1번 이상을 위치, 순찰, 활동에 관하여 확인하는가? 이러한 일정은 일정한 시간을 정하지 않고 불규칙적으로 실시하는가?

Ⅲ. 화재예방

1. 현재 사업장에는 화재예방계획이 수립되어 있는가?
2. 현재의 계획은 언제 갱신된 것인가?

3. 사업장 내에 자율소방대가 설치되어 있거나, 소방서가 10분 이내의 거리에 위치하는가?
4. 소방서에서 화재 시 대응시간은 어느 정도인가?
5. 화재 시 대응계획에는 대피절차에 대한 내용이 잘 보이는 장소에 게시되어 있는가?
6. 모든 화재 피난구는 잘 보이는 장소에 표시되어 있는가?
7. 비상구 표시는 깨끗한 상태로 유지되는가?
8. 모든 대피로는 장애물 없이 정리되어 있는가?
9. 사업장 건물내부나 근처에 인화성 쓰레기가 적재되어 있지는 않는가?
10. 모든 구성원들은 사업장내의 화재위험에 대하여 인식하고 있는가?
11. 사업장에는 화재경보시스템이 설치되어 있는가?
12. 화재경보장치는 모든 통로와 다중이 모이는 장소에 위치하는가?
13. 화재경보시스템이 마지막으로 시험 작동한 시기는 언제인가?
14. 정기적으로 위험감지를 위한 화재예방조치는 얼마나 자주 실시되는가?
15. 조사가 실시되는 도중에 어떠한 위험한 상황이나 물질이 발견되었는가?
16. 발견된 위험한 상황은 어떻게 조치되었는가?
17. 화재호스, 소화기, 펌프와 같은 화재진압장비와 구급품은 즉시 사용이 가능하도록 준비되어 있는가?
18. 어떤 유형의 화재진압장비가 유용하게 사용할 수 있는가?
19. 각각의 소화기 근처에서 근무하는 근로자는 소화기의 위치와 사용법을 잘 숙지하고 있는가?
20. 소화기는 언제 마지막으로 시험되거나 검사되었는가?
21. 사업장에선 종종 화재진압훈련이 실시되며, 가장 최근에 실시된 경우는 언제인가?
22. 소방훈련 시 발생한 문제점은 무엇이며, 대응책은 강구되었는가?
23. 소화요원은 주 스프링클러 밸브의 위치를 알고 있는가?
24. 밸브통제장치, 파이프, 스프링클러 헤드는 가용상태를 유지하고 있는가?

25. 얼마나 자주 화재시스템을 점검하는가?
26. 소화전은 쉽게 접근이 가능하고 항상 유용한 상태를 유지하는가?
27. 인화성물질이 적재된 장소에서는 금연정책이 엄격하게 적용되는가?
28. 저장소에는 폭발성가스나 물질이 저장되어 있지 않는가?
29. 위험물질 보관 장소는 눈이 띄게 표시가 되어 있는가?
30. 사업장에 화재에 취약한 실험실이 존재하는가?
31. 이 구역은 화재에 얼마나 민감한가?
32. 소방호스는 언제나 사용가능하도록 부식되거나 훼손되는 곳이 없는지 점검하였는가?
34. 소방호스에 대한 점검은 지난 1년 이내에 실시되었는가?

Ⅳ. 신분인식표

1. 통제구역 내에서 모든 사람들의 신원을 확인하기 위해서 사용되는 통행증이나 신원인식 시스템을 운영하는가?
2. 신원확인용 매체는 원하는 보안수준을 제공하는가?
3. 다음에 열거한 내용을 포함한 문서화된 지침이 존재하는가?
   ① 배지나 통행증서의 암호화 또는 인쇄된 내용물에 대한 보호
   ② 다양한 구역에서 요구하는 특별한 통제조치에 대한 지침
   ③ 신분확인 매체 발행의 통제
   ④ 다양한 신분확인증에 대한 구체적인 내용과 소지자의 권한과 제한사항
   ⑤ 종업원과 방문자 모두에게 적용되는 개별지역을 출입 시에 신분확인 기법과 적용
   ⑥ 언제, 어디서, 어떻게 배지를 착용하는지에 대한 자세한 내용
   ⑦ 신분확인 매체가 손상되거나 분실된 경우의 후속 절차
   ⑧ 배지의 실효나 복구에 관한 절차

4. 내부인 중에서도 보안구역의 출입이 매우 적거나 영구적인 신분확인증이나 통행증을 발급받지 않은 경우에는 방문자와 같이 방문자용 배지나 통행증을 발급하는가?
5. 개인 신분증에 대한 감독과 통제시스템이 모든 수준에서 적절하게 수행되는가?
6. 엄격한 책임추적절차에 의해서 배지와 일련번호는 기록·통제되는가?
7. 분실된 배지는 다른 일련번호의 배지로 대체되는가?
8. 발급된 배지를 분실한 개인에게는 임시배지를 발급하기 위한 절차가 확립되어 있는가?
9. 임시배지를 발급하는 기준과 확인은 누가 실시하는가?
10. 보안요원은 통제소에 분실된 배지의 목록을 기록되는가?
11. 배지 디자인과 외양은 보안요원이나 다른 사람들이 쉽게 인식하거나 착용자의 출입권한과 제한을 확실하게 구별할 수 있도록 되어 있는가?
12. 고용관계나 임무의 종료 시에 신분증 회수를 보장하는 절차는 적용되는가?
13. 보안구역에서 근무하는 계약직 직원에게 발급된 특정한 배지는 활용되는가?
14. 개인 신분증과 통제시스템의 발행과 운영의 모든 단계는 보안요원의 통제와 감시 하에서 운영되는가?
15. 단체나 다중이 사업장을 방문하는 경우의 효과적인 방문자 안내절차가 수립되어 있는가?
16. 보안구역에서 방문자의 이동에 관하여 적용되는 통제수단은 무엇인가?
17. 보안구역에서 방문자는 항상 신분확인증이 잘 보이도록 착용하는가?
18. 모든 방문객이 보안구역을 떠나는 시간에 신분확인증을 반납하고, 시간을 기록하는가?
19. 방문객이 나중에 방문증을 반납하는 경우가 허용되는가?
20. 보안요원이나 다른 통제요원은 방문객의 통제를 위해서 보안의 중요성에 따라 서로 다른 구역에 위치하는가?
21. 방문객의 기록은 누가 어느 정도의 기간 동안 유지·보관하는가?

22. 물품공급업체, 거래업체, 공공서비스업무, 특별한 장비 서비스요원과 같은 특별한 목적을 가진 방문객에게는 다른 방문객과 구별되는 배지가 발급되는가?
23.사업장에서는 통행증/배지 교환시스템이 활용되는가?
24. 통행증/배지 교환시스템이 활용된다면, 착용자의 사진이 신분인식표에 부착되었는가?
24. 보안요원은 통행증/배지의 소지자와 비교하고 통행증/배지는 교환되는가?
25. 동일한 일자에 시설물을 출입할 경우에도 반드시 출입 시마다 통행증/배지를 교환하고 확인하는가?
26. 각각의 배지와 통행증에 대한 결산절차는 실시되는가?
27. 보안요원에 의하여 순찰업무의 시작과 마무리에 실시한 제고확인에 대한 절차는 실시되는가?
28. 사용되지 않는 방문자용 배지와 통행증은 어떤 형태로 보호되는가?
29. 일일 업무마감에 시설물이나 특정지역에서 방문증이 확인되지 않는 방문객을 확인하는 절차를 운영하는가?
30. 상기의 경우 어떠한 방법으로 시설물에서 방문자의 신분을 확인하는가?
31. 방문자는 어떤 입구를 통하여 출입하고, 몇 개의 입구가 개방되며, 어떻게 통제되는가?
32. 방문자에게는 출입 시에 동일한 입구를 이용하게 하는가?
33. 사업장의 입구에는 방문자가 지켜야할 안내사항에 대하여 게시되는가?
34. 방문자를 위한 동행이나 안내절차는 이행되는가?
35. 동행요원이나 안내원은 몇 명이며, 어떻게 활용되는가?
36. 사업장은 방문자의 인원에 맞게 시설이 갖추어져 있는가?
37. 안내원은 방문자가 사업장을 떠날 때까지 방문자를 관리하는가?
38. 안내원은 방문자에게 허가되지 않는 구역을 인식하도록 하는가?
40. 사업장에서 어떻게 안내원을 확인할 수 있는가?
41. 안내원은 방문자가 머무르는 동안 계속 안내 업무를 수행하는가?

42. 방문자를 안내하는 도중에 방문자의 안내 업무를 중단할 경우에 어떠한 조치가 시행되는가?
43. 안내 업무는 분야와 방문자에 따라 다르게 시행되는가?
44. 만나고자 하는 구성원에게 어떻게 방문자의 방문을 통지하는가?
45. 보안요원은 어떻게 방문자의 방문허가 여부를 확인하는가?
46. 방문기록부에는 방문자와 안내원 모두의 내역을 기록하는가?
47. 어느 정도 기간까지 방문기록은 유지되는가?
48. 안내원은 방문자를 사업장을 떠날 때까지 안내하지 못할 경우에 어떠한 조치가 취해지는가?
49. 방문자가 안내원과 따로 떨어질 경우에 어떠한 조치가 취해지는가?
50. 특별 배지가 중요요인(VIP)을 위해서 활용되는가?
51. 공급업체, 공무원, 서비스업체를 위한 특별히 구별되는 배지가 사용되는가?
52. 상기 업무의 방문자는 다른 방문자와 같은 방법으로 통제되는가? 아니면 다른 절차가 적용되는가?
53. 정규직 직원들의 배지의 유효기간은 몇 년인가?
54. 직원들 중에서 외모가 현저하게 변화된 경우에는 배지 사진을 변경하는 것에 대한 확인절차가 존재하는가?
55. 다양한 업무가 통합된 사업장에서 사용되는 배지를 변경 또는 재생산하는 것에 대한 장애요인은 무엇인가?
56. 특별 지정된 구역의 출입, 이동과 같은 업무에 배지를 통합하여 활용하는 특정한 암호시스템은 존재하는가?
57. 사업장에서 전자적으로 이동을 확인할 수 있는 자동 신분인식시스템을 활용하지는 않는가?
58. 만약 활동된다면, 배지의 불시점검을 통하여 배지소지자의 신원을 확인하고 있는가?

V. 침입감지시스템

1. 어떤 종류의 침입감지시스템을 활용하는가?
2. 침입감지시스템이 필요하거나 사용되는 장소에는 최소한 다음사항을 충족시키는가?
   ① 모든 경계선 출입문에는 자석스위치가 설치되어 있는가?
   ② 감지기는 창문과 공기배출구에 부착되어 있는가?
   ③ 감지기는 단단한 구조물부위에 부착되었는가?
   ④ 침입감지시스템의 신호는 중앙통제실에서 감지하고 즉시 보안요원의 대응이 이루어지는가?
   ⑤ 모든 감지장비, 도어, 서랍, 이동 가능한 패널은 잠금장치나 고정장치 그리고 댐퍼스위치와 함께 보호되는가?
   ⑥ 정원공급장치는 퓨즈나 회로차단기의 과부하에 대하여 보호되는가?
   ⑦ 전원공급장치는 일시적인 전원 급상승에 대하여 보호되는가?
   ⑧ 위험을 방지하기 위해서 위험상황에 대하여 규명되고 통제되는가?
   ⑨ 침입감지시스템의 부품은 전자기적인 방해나 전자기적 적합성의 요구조건을 충족하는가?
3. 침입감지시스템은 적절하게 훈련된 보안 대응팀에 의해서 지원되는가?
4. 평상시에도 통행이 분주한 구역이나 구조물의 경보시스템이 접근모드로 설정되어 있는가?
5. 경보시스템은 작동 전에 테스트를 하는가?
6. 시스템은 방수이고, 주기적으로 검사되는가?
7. 정전에 대비하여 전원은 독립되어 있거나 대체가 가능한가?
8. 전원이 차단될 경우에 자동적으로 지정된 비상전원이 작동하는가?
9. 침입감지시스템은 숙련되고 신원이 확인된 서비스요원에 의해서 정비되는가?
10. 서비스계약의 정비와 검사는 얼마나 자주 실시하도록 하였는가?
11. 실제적으로 정비와 검사는 어느 정도 실시되었으며, 기록은 유지되는가?

12. 비상시 정비요원은 지정되어 있는가?
13. 테스트를 실시하는 경우, 시스템의 적절성과 경보신호에 대한 대응의 신속성을 점검하는가?
14. 수신된 모든 경보신호는 시간, 날짜, 장소, 대응, 경보의 원인에 대하여 기록하고, 얼마 동안 기록이 유지되는가?
15. 감독자는 항상 경보 기록을 검토하는가?
16. 오경보의 빈도는 얼마나 되고, 이러한 빈도를 줄이기 위해서 취해진 조치는 무엇인가?

Ⅵ. 잠금장치시스템

1. 사업장에 활용되는 모든 잠금장치에 대한 관리자는 지정되어 있는가?
2. 모든 건물과 출입구의 자물쇠와 열쇠에 대한 감독과 통제는 이루어지는가?
3. 모든 열쇠는 확실한 필요성이 있는 허가된 사람에게만 발급하는가?
4. 출입이 통제된 지역이나 지정된 특정분야의 모든 열쇠는 항상 제거되는가?
5. 열쇠발급의 기준은 정립되어 있는가?
6. 발급된 모든 열쇠는 적절한 기록부에 기록되는가?
7. 열쇠 소지자가 부재중일 경우(휴가나 이직 등)에 반납되는가?
8. 잠금장치의 보안에 문제가 발생할 경우에는 자물쇠는 변경되는가?
9. 적어도 1년에 한 번 이상은 잠금장치에 대하여 육안검사를 실시하는가?
10. 열쇠 복제에 대하여 허용한 종업원이 있는가?
11. 열쇠 복제는 보안요원에 의해서 사업장 내에서 실시되는가?
12. 열쇠 복제는 언제, 어디서, 누가, 어떻게 복제하는가?
13. 복제된 열쇠는 원래의 열쇠와 같은 보호수준이 유지되는가?
14. 모든 열쇠를 보관하는 열쇠 캐비닛이나 잠금장치가 된 보관함이 있는가?
15. 마스터키와 중요한 열쇠는 다른 열쇠와 분리하여 안전한 보관소에 보관하

는가? 마스터키와 중요열쇠는 절대로 동일한 장소에 보관하지 않아야 한다.

16. 시설물의 건축이나 실제적인 변화가 있을 경우에, 시공자는 개인적으로 혹은 마스터키로 시설물의 출입이 가능한가, 이 경우에 어떤 통제수단이 있는가?
17. 발행된 모든 열쇠 개수와 소지자에 대한 현재의 기록은 유지되는가?
18. 이 기록이 열쇠로 들어갈 수 있는 건물과 출입구를 알려주는가?
19. 보안 부서에서 사전에 열쇠의 암호나 일련번호를 지정하는가?
20. 상기의 경우, 어느 정도의 보호대책이 적용되는가?
21. 보안감독자에 의해서 개별적인 공간, 특정한 마스터키, 대체 마스터키가 관리되는가?
22. 이러한 열쇠들은 잠금장치가 된 안전한 보관함에 보관되는가?
23. 열쇠보관함에는 감독자 외에 또 다른 누가 출입이 가능한가?
24. 특정 열쇠는 감독자의 통제 하에 매일 확인이 되거나 보안초소에서 관리하는가?
25. 모든 열쇠는 보안요원의 통제 하에 검사되고 업무교대시마다 확인되는가?
26. 열쇠의 절도나 손실이 발생한 경우에 신속하게 관리자에게 보고하고 필요하다면 조사를 실시하는가?
27. 분실된 열쇠가 사용되었던 자물쇠는 즉시 교체되는가?
28. 사용되지 않는 출입문의 열쇠는 감독자의 관리 하에 안전한 보관함에 보관되는가?
29. 맹꽁이자물쇠(패드락)는 연간 또는 반년에 한 번 교환되는가?
30. 모든 출입구의 자물쇠, 패드락 그리고 조합 패드락은 쉽게 관리하도록 번호가 정해지는가?
31. 자물쇠 제조업체의 일련번호나 암호는 지워졌는가?
32. 개방된 문이나 펜스에 사용되는 자물쇠의 허가되지 않는 제거를 방지하기 위한 효과적인 대책은 무엇인가?
33. 매우 중요한 분야에 적용되는 민감하고 통제되는 잠금장치는 매우 열기 어려운 열쇠 실린더를 활용하는가?

Ⅶ. 보호조명

1. 시설물의 경계구역이나 보안구역의 담장은 적절한 조명이 설치되었는가?
2. 보호조명의 조도는 요구되는 적절한 기준에 부합하는가?
3. 램프의 조명은 직접 하방으로 향하거나 보안요원으로부터 떨어져 투사되는가?
4. 빛은 펜스의 내·외부를 모두 비추는가? 어느 것이 적절한가?
5. 경계구역의 조명이 관찰을 목적으로 사용할 경우에 보안요원이 위치하고 있는 구역이 상대적으로 어둡게 설치되었는가?
6. 어두워지기 전에 조명의 적절한 작동상태에 대하여 확인하였는가?
7. 조명의 수리와 작동하지 않은 조명등의 교체는 신속하게 이루어지는가?
8. 통행량이 많은 정문이나 침입가능성이 높은 지점에는 추가적인 조명을 설치하였는가?
9. 출입구의 보안요원초소는 적절한 조도를 유지하는가?
10. 조명의 전원은 어떻게 보호되는가?
11. 조명시스템은 신뢰할 만한 전원으로부터 전기를 공급받는가?
12. 조명시스템은 신뢰할 만한 보조전원을 설치하였는가?
13. 보호조명시스템은 사용 중인 조명이나 전원시스템과 독립되어 있는가?
14. 비상보호조명이나 예비설비가 준비되어 있는가?
15. 필요한 경우에 비상조명장비는 신속하게 작동되는가?
16. 예비, 비상조명장비는 얼마나 종종 시험되는가? 가장 최근의 시험에서 모든 비상조명장비는 신속하게 작동되었으며, 문제점은 무엇인가?
17. 적절한 작동을 보장하기 위해서 주기적으로 절연테스트가 실시되는가?
18. 절연시험에서는 병렬회로가 사용되는가?
19. 보호조명시스템은 비상시에 신속하게 수리가 가능하도록 디자인되고 장소가 표시되는가?
20. 시험에는 다용도 회로시험기가 이용되는가?
21. 보호조명을 위한 절연시험이 적절하게 시행되는가?

22. 쉽게 훼손되지 않는 도관을 사용하는가?
23. 절연설비는 지표면 위 또는 아래로 설치되어 있는가?
24. 지표면위에 설치된 경우에는 훼손을 방지하기 위한 조치는 충분한가?
25. 스위치와 통제장치는 적절한 위치에서 통제되고 보호되는가?
26. 이러한 장치는 날씨변화에 대한 대비를 하였는가?
27. 통제장치에는 보안요원이 쉽게 접근할 수 있는가?
28. 통제장치는 경계구역 외부에서 접근할 수 없는 위치에 있는가?
29. 보호조명을 통제하기 위한 스위치는 시설물의 중심부에 위치하는가?
30. 비상시의 유지보수요원은 지정되어 있는가?
31. 보안요원의 내부 순찰로를 따라서 적절한 조명이 설치되어 있는가?
32. 특히 출입구와 내부 중요구역과 통제구역 시설물에는 개별적으로 비상조명 시스템이 설치되어 있는가?
33. 최소한 매월 1번 이상의 테스트를 시행하는가?
34. 비상조명시스템의 축전지는 계속적으로 충전되는 축전지로 작동되는가?
35. 상기와 같지 않다면, 언제 축전지 충전수준을 마지막으로 확인하였는가?
36. 특별 보호구역의 비상조명시스템은 적절한가?
37. 조명시스템은 다른 영역을 보호하기 위하여 확장되는가?
38. 만약 상기와 같다면, 어떤 영역인가?
39. 보호조명은 두 조명사이의 빛이 비추지 않는 공간 맹지(blind)를 없애기 위해서 겹쳐서 설치되고 이것은 항상 밝은 상태를 유지하는가?

Ⅷ. 경계구역 보호

1. 시설물의 경계구역과 접근이 통제된 모든 구역은 펜스나 다른 물리적인 장벽으로 경계가 설정되어 있는가?
2. 물리적 장벽의 유형과 높이 그리고 일반적인 특성에 대한 설명과 현황을 명

확하기 파악할 수 있는 사진이 첨부된 현황판은 준비되어 있는가?

3. 경계구역의 물리적인 장벽은 손상되거나 유용성이 훼손되지는 않았는가?
4. 경계구역 담장보다 더 향상된 보호수준을 제공하는 다른 방호벽은 있는가? 만약 있다면, 특징과 한계를 보여주는 도표는 준비되어 있는가?
5. 경계구역 장벽으로써 펜스가 사용된다면, 보안장벽으로 최소한의 요구조건에 부합하는가?
   ① 펜스의 유형은 체인링크로 구성되었는가?
   ② 9게이지 혹은 그보다 더 무거운 철사로 구성되었는가?
   ③ 그물망의 구멍은 5cm가 넘지 않는가?
   ④ 상단과 하단에는 가시철사로 마무리되어 있는가?
   ⑤ 펜스의 기초는 견고한 바닥에서 2인치 이내에 고정되어 있는가?
   ⑥ 탑가드는 밖으로 45도 각도로 가시철사로 설치되었는가?
   ⑦ 모든 구역(외부로 돌출된 구조물 등)은 적절한 담장높이를 유지하는가?
6. 벽돌로 된 장벽의 경우에는 안전성 유지에 필요한 최소한의 요건에 부합하는가?
7. 만약 건물의 벽이 담장역할을 겸하고 있다면, 경계구역 담장에 연결된 부분은 잠재적인 침입의 위험성은 없는가?
8. 만약 건물 벽이나 마루 그리고 지붕이 담장의 역할을 겸하고 있다면, 체인링크펜스와 동등한 보호수준을 제공하는가?
9. 만약 그렇다면, 연결부분은 실제적인 담장의 높이가 유지되는가? 그리고 사용하지 않을 경우에는 모든 담장에 있는 출입구는 보안요원이 감시하거나 통제되는가?
10. 모든 개구부는 적절하게 보호되는가?
11. 보안요원은 장벽의 출입구와 장벽을 따라 걸으면서 번호, 장소, 물리적 특성 등 어떠한 취약점이 있는가를 목록화하여 점검하는가?
12. 장벽에 있는 게이트와 여러 출입구는 안전하고 효율적인 운영을 위한 적정수준보다 초과하여 허용되지는 않는가?

13. 모든 장벽 출입구는 안전한 잠금장치가 설치・운영되고 있는가?
14. 장벽의 모든 게이트는 장벽과 동등한 보호수준을 제공하는가?
15. 담장 출입구와 게이트는 사용하지 않은 경우에는 주기적으로 보안요원에 의해 점검되거나 잠금장치로 보호되는가?
16. 게이트의 잠금장치는 연차적으로 순환시키고, 마지막으로 순환하였던 시기는 언제인가?
17. 보안요원이 모든 경계구역 출입구 열쇠의 안전에 관한 책임을 지는가, 그렇지 않으면 누가 책임자인가?
18. 장벽 출입구의 열쇠가 설치요원이 아닌 다른 사람에게 발급되지는 않았는가?
19. 지난 보안검사 이후에 어떤 담장 게이트나 출입구가 사용되거나 폐쇄되었는지에 대하여 상세하게 기록하는가?
20. 통상적으로 사용하는 모든 보행자와 차량용 게이트와 다른 출입구는 효과적이고 적절하게 다음 사항을 보장하는 조명이 설치되어 있는가?
   ① 신원확인 배지의 조사와 개인의 신분확인이 가능한가?
   ② 차량내부의 조사가 가능한가?
   ③ 조명으로부터의 눈부심이 보안요원의 시야를 방해하지는 않는가?
   ④ 출입허용에 관한 절차를 유도하는 적절한 게시판이 잘 보이는 장소에 설치되었는가?
21. 주간에 담장으로 접근할 경우에 어디에서나 볼 수 있는 장소에 "출입금지" 신호표시가 부착되어 있는가?
22. 담장의 양쪽 면 모두를 시야를 가리지 않도록 장애물 등이 제거되는가?
23. 만약 이러한 시야의 확보가 어려울 경우에는 어떤 추가적인 보안대책이 적용되는가?
24. 차량은 담장에서 떨어져 정렬되어 주차가 허용되는가?
25. 보안요원은 경계구역을 불규칙적으로 순찰하는가?
26. 경계구역 담장은 보안요원에 의하여 얼마나 종종 확인되는가?

27. 경계구역의 취약점이 발견되며 즉시 조치되고 기록되는가?
28. 침입감지시스템에 의하여 보호되는 경계구역은 어디인가?
29. 시설물 기능의 재배치, 보안구역의 새로운 디자인, 물리적인 영역의 확장, 그리고 또 다른 요인은 추가적인 담장이나 경계조명의 설치를 필요로 하지 않는가?
30. 상기와 같다면, 어떠한 조치가 취해졌는가?

Ⅸ. 시설물 경계구역

1. 주요건물의 외장은 외부 침입자가 그림자 속에 숨는 것을 방지하기 위해서 바닥으로부터 8~10피트 정도는 밝은 색 페인트를 사용하는가?
2. 건물주변은 침입자가 몸을 숨길 수 있는 관목과 같은 은폐물질을 제거하는가?
3. 건물주변의 나무들은 침입자가 침입수단으로 사용할 수 있는 높이나 가지를 제거하여 침입자가 이용하는 것을 방지하였는가?
4. 낮은 장소에 위치한 창문들은 잠금장치와 쇠창살을 설치하였는가?
5. 2~3층의 창문은 잠기고, 쇠창살이 설치되었는가?
6. 1~2층 창문에는 경보장치가 설치되었는가?
7. 저층 창문에 설치된 에어컨 시설물은 외부로부터 제거하지 못하도록 보호장치가 설치되었는가?
8. 건물의 경계구역은 적절한 조명시설과 쓰레기 적제와 같은 방해물은 없는가?
9. 건물주변의 사다리, 긴 합판과 같은 물건들은 잠금장치가 있는 저장소에 보관되는가?
10. 보관 장소는 출입구와 떨어져 조명시설이 잘된 곳에 위치하는가?
11. 사용하지 않는 보관소는 보호조치가 되어 있는가?
12. 근무시간이 아닌 동안에 보관소는 보안요원에 의해서 순찰되고 빈도는 적절한가?

13. 보안요원의 순찰은 규정된 일정 또는 무작위로 시행되는가?
14. 문들은 내부 쪽 혹은 외부 쪽으로 개방되도록 되어 있는가?
15. 외부 쪽으로 열리도록 되어 있는 문의 핀은 제거가 불가능하도록 용접되거나 다른 대책이 적용되었는가?
16. 창고는 보안요원의 확인 없이는 접근이 불가능하고, 보안요원의 시선 안에 위치하는가?
17. 창고는 국부경보시스템이 설치되거나 주경보시스템에 연결되어 있는가?
18. 창고의 감시통제장치를 설치하기 위한 계획은 사전에 보호효과에 대하여 검토하였는가?
19. 창고의 자물쇠는 적어도 1년에 한 번은 교환되는가?
20. 창고에 출입이 가능한 열쇠는 필수적인 사람에게만 사용이 허용되는가?
21. 얼마나 많은 창고열쇠가 분실되었으며, 원인은 규명되었는가?
22. 모든 외부 출입구는 견고한 구조물로 구성되었는가?
23. 모든 유리문에는 경보장치가 설치되고 출입구는 보안요원이나 특히 근무시간 이외에는 항상 감시 하에 운영되는가?
24. 보호되지 않는 유리문들은 스틸 바나 철망에 의해서 보호되거나 경보시스템을 부착하는가?
25. 모든 유리문은 내부에서 쉽게 돌려서 열 수 있는 구조대신에 2중 열쇠 실린더를 사용하는가?
26. 오버헤드 도어(위로 수평으로 밀어 올리는 차고 문 같은 문)는 전동식이나 슬라이드 볼트의 잠금장치를 이용하는가?
27. 슬라이드 볼트는 내・외부 슬라이드에 장착하는가?
28. 슬라이드가 외부에 설치될 경우에는 일반적인 방법으로는 잘 열리지 않는 자물쇠(pick-resistant)를 사용하는가?
29. 모든 외부의 문들은 잘 열리지 않는 자물쇠 실린더를 사용하는가?
30. 모든 외부의 문들은 데드볼트(dead bolt) 모양을 가지고 있는가?
31. 모든 외부 문들은 업무시간이 끝난 다음에 잠금 상태가 확인되는가?

X. 보안관리자

1. 보안사고와 관련된 보고서 및 처리결과는 유형분석(profile)되어 보관되는가?
2. 보안부서의 업무분장은 명확하게 규정되어 있는가?
3. 보안관리자는 적어도 1년에 한 번 이상은 기업체 전반에 대한 보안진단을 실시하고 그 결과를 경영자에게 보고하는가?
4. 보안관리자는 기업의 위기관리 프로그램에 대한 개정을 매년 실시하는가?
5. 보안관리자는 개정된 위기관리 프로그램에 따라 전사적 훈련을 실시하고 문제점을 개선하는가?
6. 조직의 각 부서장으로 구성된 위기관리위원회는 주기적으로 개최되는가?
7. 보안부서는 기업체의 모든 구성원의 부정행위에 대한 조사권한을 가지고 있는가?
8. 보안부서는 정보기술과 회계부서에 대한 정기적인 조사를 실시하는가?
9. 보안관리자는 경영진회의에서 보안에 관련된 모든 문제에 대하여 주도적으로 업무를 수행하는가?
10. 보안관리자는 최고경영자에게 직속 보고라인을 유지하는가?
11. 보안관리자는 모든 구성원의 보안정책과 절차준수 여부에 관하여 관리·감독기능을 수행하는가?
12. 보안관리자는 구성원의 부정행위에 대하여 징계권고권한을 행사하는가?
13. 보안관리자는 각 부서장에게 보안 관련 업무에 대한 업무협조권한을 가지고 있는가?
14. 기업체의 파업과 같은 예상치 않은 재난에 대비한 재난관리 프로그램과 각자의 업무분장에 대하여 숙지하는가에 대하여 정기적인 훈련을 통하여 점검하는가?

XI. 보안요원

1. 보안요원 채용 시에 신분확인은 누가 실시하는가?
2. 보안요원은 업무에서 비상시나 재난계획의 적용에 관한 절차에 관하여 훈련이 되어 있는가?
3. 무장이 필요한 모든 보안요원은 지급된 무기를 취급할 자격을 가지고 있는가?
4. 모든 보안요원은 매년 무장에 관한 자격요건에 관해서 갱신하는가?
5. 모든 보안요원은 치명적인 상황에 대한 대처방안에 관해서 훈련을 받는가?
6. 보안요원의 무기는 비상시에 쉽게 사용이 가능하도록 유지하는가?
7. 보안팀의 활동에는 비상대응팀의 운영도 포함되는가?
8. 모든 보안요원들은 교대 시에 자신의 임무를 숙지하고 있는가?
9. 보안요원은 통제실과 직접교신이 가능한 통신시스템을 휴대하고 있는가?
10. 보안팀의 각각의 분야는 교신에 필요한 보조전원을 준비하는가?
11. 보안팀의 주요한 교신시스템은 무엇인가?
12. 교신시스템의 대체방법과 비상시 연력망은 무엇인가?
13. 무선교신은 어떤 방식인가? 적절한 교신절차가 실습되는가? 효과적인 일상적인 암호가 사용되는가? 적절한 인증방법이 요구되는가? 장비는 적절하게 유지되는가?
14. 무기와 탄약의 필요사항에 대한 적절한 사용을 보장하기 위하여 보안요원과 감독자는 얼마나 자주 점검을 실시하는가?
15. 보안요원이 사용하는 탄약은 누가 관리하는가?
16. 주기적으로 보안초소는 점검되고 재확인하는가?
17. 보안요원에 대한 모든 감독책임은 보안책임자에게 귀속되는가?
18. 3교대의 업무에 대한 보안요원의 감독자는 항상 상주하는가?
19. 중앙통제센터에서는 보안요원에 대한 감독을 실시하는가?
20. 중앙통제센터는 통제장비와 침입감지시스템, 경보 그리고 교신장치를 관할하는가?

21. 지역 소방서와 경찰서와의 직접적인 연락망은 구축되어 있는가?
22. 사용하지 않은 총기는 잠금장치된 보관함에 보관되는가?
23. 보안요원의 훈련기준에 대한 상태를 점검하기 위하여 주기적인 시험이 실시되는가?
24. 보안요원에 대한 감독 상태는 적절한가?
25. 일반적 또는 특정한 명령과 지시는 적절하게 게시되는가?
26. 보안요원은 통상적인 임무와 특별한 임무에 대하여 숙지하고 있는가?
27. 보안요원의 업무수행에 대한 적절성여부의 검토는 주기적으로 확인하는가?
28. 보안과 관련된 임무는 보안요원에 의해서 우선적으로 수행되는가?
29. 야간순찰 시에 보안요원은 각자가 손전등을 휴대하는가?
30. 보안요원의 업무보고서와 기록부는 다음의 방법으로 수행되는가?
    ① 휴대용 감시시계의 활용, ② 중앙감시시계위치의 활용, ③ 전화의 활용, ④ 무전활용 등
31. 보안요원의 임무, 초소의 위치, 순찰경로는 동일한 시간에 동일한 업무로 인한 형식적인 업무를 방지하기 위해서 주기적으로 변경되고 확인되는가?
32. 비상시에는 얼마나 많은 인력이 보안팀의 업무를 지원하는 것이 가능한가? 주간과 야간 그리고 주말과 휴일에 따라서 지원인력의 변화와 대응은?
33. 비상시에 얼마나 많은 경찰이나 소방인력이 현장에 도착할 수 있는가?(30분 이내, 1시간 이내, 2시간 이내)
34. 위험상황에 대한 조기경보와 같은 지원이나 정보를 제공받기 위해서 지역이나 국가기관과의 협력관계가 구축되어 있는가?
35. 보안구역 안에서 동일한 배지교환시스템이 활용된다면, 배지와 통행증 그리고 출입자는 비교되며, 출입 시의 배지와 통행증의 물리적인 교환, 배지와 통행증의 책임소재를 확인하는가?
36. 근무교대시의 처음과 마지막에 보안초소에서 모든 배지에 대한 책임이 인수인계되는가?
37. 분실되거나 원인불명의 배지에 대한 처리절차는 무엇인가?

38. 임시적인 용도로 배지 필요성이 생길 경우(대규모 방문객의 쇄도)에 추가적인 배지가 신속한 처리절차를 통해서 발급되는가?

XII. 유틸리티

1. 사업장에서 사용하는 전원은 어떠한 유형인가?
2. 전원은 사업장에 지상 또는 지하선로로 설치되어 있는가?
3. 전원케이블은 어디를 통과하여 설치되어 있는가?
4. 물리적인 훼손이나 사보타지로부터 전원케이블을 보호하기 위해서 취해진 조치는 무엇인가?
5. 최대전력사용량에도 충분한 용량의 전력이 공급되는가?
6. 주요한 변압기가 설치되어 있는가?
7. 변압기는 사업장으로부터 어느 정도 떨어져 있는가?
8. 보조기기의 개별적인 보호조치는 무엇인가?
9. 누가 전원시스템에 대한 정비책임을 지는가?
10. 얼마나 자주 전원시스템은 일상 점검 · 확인되는가?
11. 전원시설은 시설물의 어디에 있으며, 어떻게 보호되고, 점검되는가?
12. 불법적인 사용이나 사보타지로부터 전원시스템을 보호하기 위해서 취해진 추가적인 조치는 무엇인가?
13. 비상전원은 무엇이고, 비상시 즉시 사용가능한 상태를 유지하는가?
14. 비상전원은 기업의 핵심 업무를 유지하기에 충분하며, 누가 책임자인가?
15. 비상전원은 보호구역내부에 위치하며, 어떤 보호대책이 필요한가?
16. 시설물 전체의 메인 전원스위치는 어디에 있으며, 누가 통제하고, 이것을 보호하기 위해서 어떠한 보호대책이 필요한가?
17. 시설물에 대한 수원은 무엇이고, 안전대책은 무엇인가?
18. 물이 저수조, 탱크로부터 공급된다면 저수용량과 수위, 압력, 상태는 어떠

한가?

19. 시설물에 필요한 수량과 비교하여 적정하고 어떻게 보호되는가?
20. 펌프장은 어떻게 보호되고 종종 확인되는가?
21. 수원, 컨트롤밸브, 바이패스밸브는 어떻게 보호되는가?
22. 어떠한 방법으로 누가 수질을 측정하는가?
23. 비상식수원은 활용가능하며, 장소, 용량, 식수용도는 무엇인가?
24. 하수시스템의 유형은 무엇이고, 사업장의 목적에 부합하는가?
25. 하수시스템의 파이프를 경유한 시설물로의 접근을 방지하기 위해서 어떤 보호조치가 적용되었는가?
26. 사업장 건물의 난방유형은 중앙난방식인가?
27. 난방장치는 어디에 위치하고 어떻게 보호되는가?
28. 난방시스템은 주기적으로 점검되고, 정비요원은 중요구역의 접근로를 주기적으로 정리하는가?
29. 사업장의 비상난방장치나 비상시스템은 무엇인가?
30. 난방시스템의 연료는 어디에서 구입하는가?
31. 연료 오염에 관해서 주기적으로 점검하는가?
32. 연료는 어떤 방식으로 어디에 보관하는가?
33. 개별난방이 이루어진다면, 어떤 화재방지대책이 적용되는가?

XIII. 차량통제

1. 사업장에 진입하는 모든 차량들은 보안팀에서 지정한 위치에 주차하는가?
2. 승용차 소유자에게는 사업장에 주차가 허용된다는 문서화된 절차가 들어 있는 등록증이 발급되는가?
3. 주차허가증은 보안요원에 의해서 쉽게 분리될 수 있는가?
4. 통행증에는 차량소유자의 구체적인 업무나 부서를 알려주는 내용이 들어 있

는가?

5. 차량통행증의 만기일은 일련번호순으로 정해지는가?
6. 차량통행증에 일련번호가 없을 경우에 사업장에서 발행한 식별 가능한 다른 방법이 적용되는가?
7. 주차장은 통행증에 따라 구분되어 주차되는가?
8. 보안팀에 의해서 기록·유지되는 주차관련 내용과 범위는 무엇인가?
9. 모든 차량등록기록부에는 각각의 차량과 밴이 속하는 모든 차량을 식별할 수 있는가?
10. 차량등록절차에는 자가용통행증에 개인이 차량을 매각하거나 이직에 대한 내용을 알 수 있도록 규정하고 있는가?
11. 공무차량의 운행증은 어떤 방법으로 점검하는가?
12. 방문용 차량에 대하여 임시통행증이 발급되는가?
13. 방문자 차량은 방문자를 위한 주차구역에 주차되도록 지정하는가?
14. 직원들의 자가용은 지정된 보안구역에 주차되도록 지정되는가?
15. 만약 지정되지 않았다면, 자가용은 중요 시설물에서 떨어져 주차되도록 유도하는가?
16. 개별적으로 주차장에 주차된 차량이 사업장을 출입할 경우에 반드시 보행자 게이트나 보안요원의 통제에 의해서 통과되도록 하는가?
17. 자가용의 출입 시에 종종 그리고 불시에 조사가 실시되는가?
18. 자가용은 보안구역 펜스 옆에 주차되도록 허용하는가?
19. 화물용 차량은 일반차량과 다른 출입절차가 적용되고 주차구역은 지정된 특정구역에만 주차가 가능하도록 통제하는가?
20. 주차는 차량의 용도별(비상용 차량, 임원용, 안내원, 공급업체, 화물)에 따라 구역이나 출입절차가 다르게 적용되는가?

XIV. 서비스 요원의 관리

1. 미화요원은 누구의 관리에 의해서 사무실 청소업무를 수행하는가?
2. 미화업무 관리책임자는 청소시간동안 해당 지역에 상주하는가?
3. 청소시간에는 적어도 한 명 이상의 직원이 상주하는가?
4. 청소시간에는 업무용 책상에는 클린정책이 지켜지는가?
5. 미화요원의 쓰레기 처리절차에 관한 규정은 존재하는가?
6. 미화요원을 확인할 수 있는 인식표와 통행증이 발급되는가?
7. 미화요원의 신규채용이나 교체 시에 이력서를 보안팀에 제출하는가?
8. 감독자는 미화요원의 신원확인을 매일 실시하는가?
9. 서비스요원의 출입관리와 업무처리절차에 대한 규정은 존재하는가?
10. 서비스요원(A/S)의 업무는 제한된 구역에서만 수행되는가?
11. 서비스요원의 업무수행은 누가 관리하는가?
12. 서비스요원의 출입 시에는 특별 출입증이 발급되는가?
13. 서비스요원에 대한 신분확인은 어떻게 진행하는가?
14. 정기적으로 출입하는 서비스요원은 비밀보호규정에 서명하였는가?
15. 공무로 방문하는 출입자에 대한 신분확인절차에 대한 규정은 존재하는가?

참고문헌

〈국 내〉

김영욱, 위험, 위기 그리고 커뮤니케이션, 이화여자대학교 출판부, 2008.

성태경, 부정·사기에 대한 현황과 대책, 대성사, 2003.

유필화/지몬, 유필화와 헤르만 지몬의 경영담론, 오래, 2010.

정성본, 선불교 해설, 한국선문화연구원, 2005.

전쟁과 경영, 클라우제비츠에게 배우는 전략의 지혜, 보스턴컨설팅그룹 전략연구소 편저, 21세기북스, 2001.

최선태, 기업손실예방론, 백산출판사, 2005.

최선태, 기업보안핸드북, 진영사, 2008.

최선태, 21세기 산업보안론, 진영사, 2009.

최선태, 기업보안론, 진영사, 2014.

David Buss/홍승효 옮김, The Murderer Next Door/이웃집 살인마, 사이언스북스, 2006.

Dan Ariery/김원호 옮김, The Upside of Rationality/경제심리학, 청림출판, 2011.

Desmond Moris/김석희 옮김, The Naked Ape/털없는 원숭이, 정신세계사, 1991.

Desmond Moris/김석희 옮김, The Human Zoo/인간 동물원, 물병자리, 2003.

Edward T. Hall/최효선 옮김, The Hidden Dimension/숨겨진 차원, 한길사, 2005.

Edward T. Hall/최효선 옮김, Beyond Culture/문화를 넘어서, 한길사, 2013.

Frans de Waal/이충호 옮김, Our Inner Ape: A Leading Primatologist Explains Why We Are Who We Are/내안의 유인원, 김영사, 2006.

Paul Slovic/이영애 옮김, The perception of risk/위험판단 심리학, 시그마프레스, 2008.

Peter L. Berstein/안진환 · 김성우 옮김, Against The Gods/리스크, 한국경제신문사, 2008.

Security Management, 통합 시큐리티 디자인 방법과 사례, 에스원, 1997.

Steven Pinker/김한영 옮김, How the Mind Works/마음은 어떻게 작동하는가, 동녘 사이언스. 2007.

William G. Parrett/양승우 옮김, The Sentinel CEO/위기의 CEO, 서울: 중앙 books, 2008.

Zbigniew Brzeziński/김명석 옮김, The Choice: Domination or Leadership/제국의 선택, 황금가지, 2004.

〈국 외〉

Allen, H. Willett(1951), *The Economic Theory the Risk and Insurance*(Philadelphia: The University of Pennsylvania Press).

ARC Training(2008), *Security Management stage 1*(core skills), Understanding Security Risk Management, Principle of Security Design.

ARC Training(2008), *Security Management stage 2*(advanced Skills), Developing Security Risk Management.

ARC Training(2008), *Security Management stage 3*(strategic skills), Understanding Security Risk Management.

ASIS(2008), *Chief Security Officer Guideline*.

ASIS SPC. 1-2009, *Organizational Resilience Standard*.

AS/NZS 4360: 2004, *Risk Management Guidelines*.

AS/NZS 4360: 2004, *Risk Management Standard and Schneier*(2006).

A. Wildavsky(1979), *No Risk is the Greatest Risk of All*, American Scientist 67.

Blueler, M(1978), *The Schizophrenic Disorders: Long-Term Patient and Family Studies*, Yale University Press, New Havern, C. T.

Bruce Schneier(2003), *Beyond Fear: Thinking Sensibly About Security in an Uncertain World*, Springer-Verlag.

Bruce Schneier(2008), *The Psychology of Security*, January 18.

Carl A. Roper(1999), *The Risk Assessment: Five-Step Risk Management Process*, BH.

Cecere, Mark.(2001). *Drawing the Lines*, Harvard Business Review.

Daniel Gilbert(2006), "*If only gay sex caused global warming*," Los Angeles Times, July 2.

Daniel Kahneman(2003), "*A Perspective on Judgment and Choice*," American Psychologist, 58:9.

David Ropeik/George Gray(2002), *Risk: A Practical Guide for Deciding What's Really Safe and What's Really Dangerous in the World Around You,* Houghton Mifflin.

Department of defense(2005), *Human factors analysis classification system*(HFACS), Washington, D.C.

Dietz, Thomas M., R. Scott Frey, and Eugene A. Rosa(1993), "*Risk, Technology, and Society. Riley E. Dunlap and William Michelson, eds., Handbook of Environmental Sociology.*" Westport, CT and London: Greenwood Press.

Douglas Landoll(2011), *The Security Risk Assessment Handbook: A Complete Guide for Performing Security Risk Assessments*, Second Edition, CRC Press.

During, R, et al.(2005), *Vulnerability and Risk Assessment Using the Homeland-defense Operational Planning System*(HOPS), University of California, Lawrence Livemore National Laboratory, San Francisco, C. A.

E Boeodzicz.(1996). '*Security and risk: a new approach to managing loss prevention*' International Journal of Risk, Security and Crime Prevention 1, no 2.

Garcia, Mary Lynn(2001), *The Design and Evaluation of Physical Security System*, Woburn, MA, BH.

Garmezy, N.(1981), *Children under stress: perspective on antecedents and correlates of vulnerability and resistance to psychopathology*(pp.85~105). In A. I. Rabin, J.

A. Aranoff, M. Barclay, and R. Zucker(Eds.) *Further Exploration in personality.* Wiley-Interscience, New York.

George Akerlof/Robert Shiller(2009), *Animal Spirits, How Human Psychology Drives the Economy, and Why It Matters for Global Capitalism.*

Governance(2004), *Risk management and compliance: The value of integrated GRC in highly regulated industries*, 80-20 Software.

Hamel, G and Valikangas, L(2003), *The Quest for Resilience*, Harvard Business On Line.

Herbert A. Simon(1956), *Rational choice and the structure of the environment*, Psychological Review, Vol 63(2).

HM Treasury(2004), *The Orange Book Management of Risk-Principles and Concepts*, United Kingdom, London.

Human security Center(2005), '*The Human Security Report 2005*', Oxford University Press.

James Broder(2000), *Risk Analysis and the Security Survey*, pp.4~6. BH, Woburn M.A.

Julian Talbot/Miles Jackman(2009), *Security Risk Management Body of Knowledge*, John Wiley & Sons, Inc.

Karl E. Weick/Kathleen M. Sutcliffe(2001), *Managing the Unexpected: Assuring High Performance in an Age of Complexity*, John Wiley and Sons, San Francisco, C. A.

Kevin Hendricks/Vinod R. Singhal(2005), *The Effect of Supply Chain Disruptions on Long-term Shareholder Value, Profitability, and Share Price Volatility, Richard Ivey School of Business*, The University of Western Ontario London, Ontario, Canada.

Knight, H. Frank(1921), *Risk Uncertainty and Profit*(Boston: Houghton Mifflin Company).

Knight, R. and Pretty, D(2000), *The Impact of Catastrophes on Shareholder Value*, Oxford Executive Research Briefings, University of Oxford, U.K.

Office of Domestic Preparedness(2003), *Vulnerability Assessment Methodologies Report*, U. S. Department of Homeland Security, Washington, D. C.

Orshesky, C(2003), *Beyond technology-the human factor in business systems*, Journal of Business Strategy 24(4).

Paul Slovlc(1976), *Cognitive Processes and Societal Risk Taking*, Baruch Fischhoff and Sarah Lichtenstein, Cognition and Social Behavior, Edited by John S. Carroll & John W. Payne.

Paul Slovic(1987), *Perception of risk*, Science Volume 236.

Paul Slovic(2000), *Perception of risk, The nature of technological hazard*, Hohenemser C, Kates RW, Slovic P. Science. 1983 Apr 22:220(4595):378-384.

Rachel Briggs/Charlie Edwards(2006), *The Business of Resilience, Corporate security for the 21st century*, Demos, Cover Story.

Reason, J(1990), *Human Error*, New York, NY: Cambridge University Press.

Reason, J(2000), *Human Error*: Models and Management, BMJ, 320:768-770.

Reason James(1997), *Managing the Risks of Organizational Accidents*, Ashgate Publishing, London, U.K.

Richard Dawkins(2006), *The Selfish Gene*, Oxford University Press.

Russell L. Bintliff(1992), *Complete Manual of Corporate and Industrial Security*.

Ruth Benedict(1989), *The Chrysanthemum and The Sword: Patterns of Japanese Culture*, Mariner Books.

Starbuck, WH and Milliken, FJ(1998), *Challenger: Fine-tuning the odds until something break*, Journal of Management Studies, 25(4).

Schneier, Bruce (2003). *Beyond Fear: Thinking Sensibly about Security in an Uncertain World*. Copernicus Books.

Sherry L. Harowitz(2005), *The Very Model of a Modern CSO*, Security Management.

The Oxford Essential Dictionary of the U.S. Military

The Random House Dictionary, Revised Edition, 1980.

Thomas E. Cavanagh(2005), *Corporate Security Management: Organization and Spending Since* 9/11.

Timothy J. Walsh(1994), *Protection of Assets*, Volumn Ⅲ, The Merritt Company.

US Federal Emergency Management Agency(2003), *Reference manual to mitigate potential terrorist attacks against buildings(FEMA426)*, United States Department of Homeland Security, Washington, D.C.

Stephen Mugford and Steve Rohan-Johns(2006), *Weaving the Net, Promoting Mental Health and Wellness Through Resilient Communities*, November 2006, Mental Health Council of Australia.

Wood, C and Banks, W(1993), *Human error: An overlooked but significant information security problem*, Computer & Security, 12(1).

Yossi Sheffi(2001), *Supply Chain Management under the Threat of International Terrorism*. The International Journal of Logistics Management, 12(2).

〈논 문〉

최선태, 보안디자인을 활용한 시설보안시스템 구축 방안, 한국경호경비학회, 2011, 제27호.

Daniel Bernoulli(1954), Exposition of a New Theory on the Measurement of Risk(Specimen Theoriae Novae de Mensura Sortis, 1738), Econometrica, Vol. 22, No. 1.

〈인터넷〉

https://en.wikipedia.org/wiki/Security_theater.

https://en.wikipedia.org/wiki/Governance.

http://www.ted.com/talks/bruce_schneier, The security mirage.

http://www.arc-tc.com/

https://en.wikipedia.org/wiki/Human_security.

http://100.daum.net/encyclopedia/view/v050mc812a2,(다음백과사전).

http://www.jnd.org/dn.mss/being_analog.html. Donald A. Norman, "Being Analog," Originally published as Chapter 7 of The Invisible Computer, MIT Press, 1998.

전자신문, 2010.3.10.

색 인

저자 약력

최선태(崔善泰)

現 한국기업보안연구소 소장(이학박사) www.securityon.net
　미산업보안협회(ASIS International) 공인보안전문가(CPP)
前 경남대학교 법정대학 경호보안학부 교수
　서울과학종합대학원 산업보안 MBA 겸임교수
　세종시 정부청사 물리적 방호 보안전문위원(행정자치부)

저서

기업보안론, 2014, 진영사
기업보안관리론, 2011, 진영사
기업보안핸드북, 2009, 진영사
21세기 산업보안론, 2009, 진영사
기업보안관리전략, 2008, 인포더
기업손실예방론, 2005, 백산출판사
안전관리론, 2002, 백산출판사

논문

글로벌 비즈니스의 보안리스크 관리 방안에 관한 연구(2011)
보안디자인을 활용한 시설보안시스템 구축방안(2011)
한국 산업보안교육 프로그램의 정립에 관한 연구(2010)
산업보안 전문자격제도에 관한 연구(2010)
기업 안전관리 업무의 전문화에 관한 연구(2005)
한국 산업보안 발전방안 외 다수